Bernd Maether

Die Vernichtung des Berliner Stadtschlosses
Eine Dokumentation

Die Vernichtung des Berliner Stadtschlosses

Eine Dokumentation

Bernd Maether

BERLIN VERLAG
Arno Spitz GmbH

Die Deutsche Bibliothek – CIP-Einheitsaufnahme

Ein Titeldatensatz für diese Publikation ist bei
Der Deutschen Bibliothek erhältlich. (http://www.ddb.de)

ISBN 3-8305-0117-X

Farbabbildung 1. Umschlagseite:
Berliner Schloss und Lange Brücke
Ölgemälde von Maximilian Roch, 1842 (Ausschnitt)

© 1. Auflage 2000
BERLIN VERLAG Arno Spitz GmbH
Pacelliallee 5 • 14195 Berlin

Printed in Germany. Alle Rechte, auch die des Nachdrucks von Auszügen,
der fotomechanischen Wiedergabe und der Übersetzung, vorbehalten.

Inhalt

1. Einführung 7
2. Kurze Baugeschichte des Stadtschlosses 9
3. Zerstörungen im Zweiten Weltkrieg, Sicherung und
   Nutzung des Stadtschlosses nach 1945 35
4. Chronologie der Vernichtung 53
5. Der Umgang mit den künstlerisch wertvollen
   Architekturteilen des Schlosses 121
6. Planungen für die Umgestaltung der Mitte Berlins seit 1951 129
7. Lagerungsorte von Architekturteilen 135
8. Schlussbemerkungen 141
9. Dokumentation 147
10. Verzeichnis wichtiger Zeitungsbeiträge bis 1952 393
11. Abkürzungen 399
12. Ortsverzeichnis 403
13. Personenverzeichnis 407
14. Literaturverzeichnis 411
15. Bildnachweis 415
16. Grundrisse des Schlosses zu Berlin 417

1. Einführung

Der Standort des 1950 gesprengten Berliner Stadtschlosses, eines Baus von herausragender künstlerischer Meisterschaft, bildet heute immer noch eine Stadtwüste im Zentrum Berlins. Hier befand sich einst das Herz Preußens und später des Deutschen Reiches. Kurfürsten, Könige und Kaiser bestimmten von hier aus die Geschicke des Landes. Im Wettbewerb mit anderen europäischen Dynastien nutzten sie das Schloss zur äußeren Erhöhung ihrer Macht und setzten hierfür die besten Künstler ihrer Zeit für seine Ausgestaltung ein. Die berühmtesten Baumeister Brandenburgs und Preußens schufen ein Kunstwerk, das in den europäischen Kunstgeschichten als der bedeutendste Barockbau Deutschlands gerühmt wurde. So bildete das Berliner Stadtschloss eine einzigartige Ansammlung größter Kunst der Architektur und Ausstattung aus allen Jahrhunderten.

„Das Schloß ist kein Bau aus einem Guß, sondern es ist langsam geworden, [...]: es lebte mit einem kräftig fortschreitenden Fürstengeschlechte und durch diese. König Friedrich I. hatte sich mit der Absicht, all die verschiedenen Schloßteile zu einer Bauerscheinung zusammenzufassen und umzugestalten, eine Aufgabe gestellt, die für ein Leben zu gewaltig war und nicht voll gelingen konnte. Daher sind für den, der sich mit der historischen Würdigung des Schloßbaues beschäftigt, die Beiträge, die die einzelnen Fürsten zu dem Bau geliefert haben, noch heute erkennbar, und [niemand möchte sie] als wertvolle Glieder in der Kette der Entwicklung der Baugeschichte des Schlosses [missen]."[1]

Nach der Abdankung des Kaisers 1918 verlor das Schloss seine staatliche Bedeutung. Die Residenz wurde zum Museum, das sich mit seinen Schätzen jedermann öffnete.

Am Ende des Zweiten Weltkrieges wurde das Schloss schwer beschädigt, hätte aber wieder aufgebaut werden können. Durch staatliche Willkür wurde es 1950 auf Befehl Walter Ulbrichts, Generalsekretär der SED gesprengt, um Platz für einen großen Aufmarschplatz zu machen.

Früh wurde ich mit dem leeren Platzraum konfrontiert. Die vielen Fragen nach dem Warum der Sprengung blieben in der DDR weitgehend unbeantwortet, die Zerstörungsgeschichte wurde tabuisiert, als ob es das Schloss nie gegeben hätte. Nach der Wende, 1989, begab ich mich auf die Spurensuche. Ich wollte nach Dokumenten forschen, die die Ursachen für die Vernichtung des Berliner Stadtschlosses nach 1945 aufklären konnten. Viele Archive wurden gesichtet, um die nun vorliegende Dokumentation zu ermöglichen.

Für die Unterstützung bei meinen Recherchen und für die Möglichkeit, das Ergebnis zu veröffentlichen, danke ich der Stiftung Archive der Parteien und Massenorganisationen im Bundesarchiv, dem Geheimen Staatsarchiv Preußischer Kulturbesitz, dem Landesarchiv Berlin, den Archiven der Stiftung Preußischer Kulturbesitz, dem Landesdenkmalamt Berlin, der Akademie der Künste – Bauarchiv, dem Archiv der Berlin-Brandenburgischen

---

1 Albert Geyer: Die Geschichte des Schlosses zu Berlin – Vom Königsschloß zum Schloß des Kaisers (1698–1918), Bd. 2, Berlin 1993, S. 85.

Akademie der Wissenschaften, der landesgeschichtlichen Vereinigung für die Mark Brandenburg e.V. sowie dem Institut für Regionalentwicklung und Strukturplanung, alle in Berlin.

Für die Bereitstellung der Bilder danke ich der Reutti-Sammlung, Schloß Charlottenburg, der Landesbildstelle Berlin, dem Messbildarchiv des Brandenburgischen Landesamtes für Denkmalpflege, der Stiftung Preußische Schlösser und Gärten Berlin-Brandenburg, dem Bundesarchiv und dem Landesarchiv Berlin.

Prof. Dr. Margarete Kühn, deren Name mit der Rettung des Charlottenburger Schlosses unauflöslich verbunden ist und die unter der Sprengung des Stadtschlosses so sehr gelitten hat, gab mir in Gesprächen vor ihrem Tod Anregungen und Abschriften von Dokumenten. Dankbar gedenke ich ihrer.

Dank verdient der Förderverein Berliner Stadtschloss e.V. und dessen Vorsitzender Wilhelm v. Boddien für die ausführlichen und informativen Anregungen sowie die finanzielle Unterstützung für die Drucklegung. Damit ist es nun möglich geworden, anlässlich der 50. Wiederkehr des Jahrestages der Sprengung des Berliner Stadtschlosses dieses umfassende Buch zur Vernichtung des Berliner Schlosses, mit teilweise noch nicht veröffentlichten Dokumenten, der Öffentlichkeit vorzulegen.

Für seine ständige Gesprächsbereitschaft und Unterstützung danke ich meinem Kollegen Dr. Gerd-H. Zuchold. Dem Verlag danke ich für die sehr konstruktive Zusammenarbeit.

Meine Frau Corinna ermöglichte mir diese Arbeit mit viel Verständnis und Geduld, ihr danke ich herzlich.

Bernd Maether

2. Kurze Baugeschichte des Stadtschlosses

Nur wenige Bauwerke in Berlin haben sich bis 1945 über die Jahrhunderte erhalten. Das Berliner Stadtschloss war ein solches Architekturdenkmal von europäischem Format und bestimmte in den 500 Jahren seiner Existenz die Baugeschichte der Stadt, es war das Gravitationszentrum Berlins. Allerdings wurde es nicht gleich bei der Übernahme der Mark, 1411, durch die Hohenzollerndynastie[2] gebaut, diese nahm zunächst ihren Sitz in der ersten Residenz der Markgrafen von Brandenburg, dem „Hohen Haus" in der Klosterstraße 76. Dieser Markgräfliche Hof „aula berolinensis" wurde rasch zum Fokus der Interessen des Herrscherhauses und den hierzu im Widerspruch stehenden Bestrebungen der Bürgerschaft der Stadt. Ursprünglich unterhielten die Markgrafen in allen wichtigen Städten ihres Herrschaftsbereiches einen solchen Markgräflichen Hof, man hatte also bis dato keine feste Residenz, sondern regierte von allen Landesteilen aus.

Die „aula berolinensis" wird erstmalig 1261 urkundlich erwähnt, also nur wenige Jahre nach der urkundlich belegten Gründung Berlins im Jahre 1237. Der Wohnplatz war unbefestigt. Später kam die Bezeichnung „Hohes Haus" hinzu, wahrscheinlich aus dem Umstand, dass dort der Markgraf als Landesherr residierte. Es existieren kaum Überlieferungen vom ursprünglichen Aussehen des Markgräflichen Hofes. Durch Zufall wurde die ehemalige Residenz wieder entdeckt. Im Jahr 1931 begannen Abbrucharbeiten am barocken Haus Klosterstraße 76, um an seiner Stelle ein neues Kaufhaus zu errichten. Dabei trat ein frühgotischer Ziegelbau mit dreischiffiger Halle aus dem Ende des 13. Jahrhunderts bzw. Anfang des 14. Jahrhunderts hervor. Das „Hohe Haus" war wiederentdeckt, was aber niemanden daran hinderte, den Abbruch schleunigst zu vollenden. Lediglich einige Bauteile, wie das Portal, wurden dem Märkischen Museum übergeben.

Im 15. Jahrhundert wurde Berlin zur festen Residenz der Hohenzollern. Am 29. August 1442 erwarb Kurfürst Friedrich II., gen. Eisenzahn (1413–1471), von der Stadt Berlin einen Bauplatz für seine Burg auf der Mitte der Spreeinsel in Cölln, also am Rande der Stadt. Er fühlte sich dort sicherer als in der Mitte des alten Berlins. Der Platz war teilweise mit der cöllnischen Stadtmauer mit Wehrtürmen, Weichhäusern und Gräben bebaut. Die Befestigungsanlage von Cölln ist wohl um 1260 entstanden. Einen urkundlichen oder archäologischen Beweis hierfür gibt es allerdings nicht. Nur der Analogieschluss zu ähnlichen Bauten jener Zeit, wie der frühgotischen Klosterkirche[3], zwischen 1250 und 1265, macht diesen Zeitraum wahrscheinlich.

Die Grundsteinlegung für die neue Residenz, einer Wehrburg (arx berolinensis), fand am 31. Juli 1443 statt. Die Berliner Bevölkerung empfand den Bau der festen Burg, direkt an der Langen Brücke, der wichtigsten Zufahrt nach Berlin, als Einschränkung der städti-

---

2 Am 8. Juli 1411 ernennt König Siegmund (1368–1437) seinen engsten Ratgeber, den Burggrafen Friedrich VI. von Nürnberg, aus dem Geschlecht der Hohenzollern, zum rechten Obristen und gemeinen Verweser und Hauptmann der Mark.
3 Übereinstimmung in der Bautechnik der Fundamente.

Neubau des Kurfürsten Joachim II., erbaut ab 1537, Holzstich nach dem Ölgemälde von Ende des 17. Jh. aus dem Schloss Tamsel bei Küstrin

schen Autonomie, konnte doch der Kurfürst den für Berlin so wichtigen Handelsweg damit kontrollieren. Die Bürger revoltierten im sogenannten „Berliner Unwillen" (1447/48) und versuchten, den Schlossbau zu verhindern: Man setzte den Bauplatz einfach durch Öffnung der Schleusentore unter Wasser. Der Kurfürst ging dagegen mit Gewalt an und erließ an die Ratsleute der Doppelstadt Berlin und Cölln am 18. Januar 1448 den folgenden Befehl:

„Friedrich von Gottes Gnaden etc. Marggraff zu Brandenburg. Lieben getreuen! Wir sind von vnsern Amptleuten vnd Gewaltigen berichtet worden, wie dasz ihr vnsere Arche ohn vnser vnd derselben vnser Amptleute willen vnd volbort vffgezogen habet, das vns dan, so ihr selbst wohl muget merken, fast Schaden inbringt vnd von Euch verfrombdet. Wie doch dem allen, ist vnser Begehr vnd Meinung, dasz ihr sothane vnser Arche von Stund an wieder schützet vnd vns ein solchs fürbas nicht mehr thut. Denn würdet ihr vns vor solche Gewalt vnd Veberfahrunge nicht was pflichtig, zweifeln wir nicht, ihr werdet vns davor Wandel thun."[4]

Damit hatte er sich durchgesetzt und nachdem die Streitigkeiten beigelegt waren, wurde das Bautempo erhöht, um zu demonstrieren, wer die Macht im Lande ausübte. 1448 war der Rohbau fertig und schon im Frühjahr 1451 wurde die Burg bezogen.

---

4   Ernst Fidicin (Hrsg.): Historisch-diplomatische Beiträge zur Geschichte der Stadt Berlin, Zweiter Teil – Berlinische Urkunden von 1261 bis 1550, Berlin 1837, S. 197 f.

Große Teile der cöllnischen Stadtbefestigung wurden für den Bau der Burg abgerissen, ein Turm jedoch in sie integriert, der als „Grüner Hut", so benannt wegen seiner Kupferhaube, der bis zur Sprengung des Schlosses 1950 existierte. Bei den Ausschachtungsarbeiten für die Errichtung des „Palastes der Republik" wurden vorübergehend die Reste der Fundamente der Stadtbefestigung freigelegt, kurz darauf jedoch endgültig vernichtet, weil die Bodenplatte der Wanne des Palastes mehrere Meter unter der bisherigen Sohle der Fundamente des Schlosses liegt.[5] Über das konkrete Aussehen der Burg zu jener Zeit ist kaum etwas bekannt.

Die zweite Phase des Schlossbaues wurde mit dem Neubau des Ost- und Südflügels unter Kurfürst Joachim II. (1505–1571) eingeleitet, bei dem nur wenige Bauteile der alten Burg in das neue Ensemble einbezogen wurden. Die Burg war ihm zu eng geworden und wurde deswegen weitgehend abgerissen. Als prachtliebender Landesherr wollte er sich eine neue, repräsentativere Residenz schaffen. Zuerst wurde der Spreeflügel errichtet, danach folgte der Schlossplatzflügel. Während der Bauarbeiten wohnte der Kurfürst zunächst weiter in der alten Burg. Die Entwürfe stammten ursprünglich von Konrad Krebs[6]. Caspar Theiss[7] übernahm später die Ausführungsarbeiten für den Neu- und Erweiterungsbau. Zusammen mit Kunz Buntschuh[8] baute er ab 1538 ein prächtiges Renaissanceschloss. Steinmetze und Bildhauer wurden hierfür im mit Brandenburg befreundeten Sachsen angeworben.

„Sein Grundriß bestand im wesentlichen aus zwei rechtwinklig aneinanderstoßenden Flügeln, die zwei Seiten des späteren Kleinen Schlosshofes begrenzten, der eine am Schlossplatz, der andere längs der Spree, und dieser letztere wurde zum großen Teil auf den Fundamenten und Mauern des Schlossbaus Friedrichs II. errichtet. Dazu kam nach dem Lustgarten zu ein zweigeschossiger Flügelbau, der im Erdgeschoß den Marstall und darüber das Zeughaus enthielt, dem sich nach dem Vorhof zu ein eingeschossiger Bau anschloß."[9]

Bedeutende Raumschöpfungen dieses Joachimbaus – nach dem Kurfürsten benannt – waren die Schlosskapelle, der Lange Saal und der Große Saal. Der Lange Saal befand sich im Schlossplatzflügel. Er wurde deshalb so bezeichnet, weil er die ganze Länge und Breite des Flügels einnahm.

Unter Kurfürst Johann Georg (1525–1598) fanden in den Jahren 1578 bis 1595 erneut umfangreiche Erweiterungsarbeiten am Schlosskomplex statt. Der italienische Architekt Graf Rochus Guerrini zu Lynar[10] erhielt den Auftrag zur Erweiterung der Residenz. Er errichtete das „Haus der Herzogin" und die Münzwerkstatt, die später Schlossapotheke wurde. 1590 kam der Entwurf eines Erkers für den „Grünen Hut" hinzu.

---

5   Heinz Seyer: Zur mittelalterlichen Stadtbefestigung von Berlin-Cölln, in: Ausgrabungen und Funde, Bd. 19, 1974, Heft 3, S. 164 ff.
6   Konrad Krebs (1492–1540); Steinmetz; 1532 kurfürstlich-sächsischer Baumeister; 1537 Übergabe seines Schlossentwurfes und Einführung seines Schülers Caspar Theiss als Schlossbaumeister.
7   Caspar Theiss (um 1510–um 1550); wahrscheinlich aus Sachsen stammend; Mitarbeiter von Konrad Krebs am Schloss Hartenfels bei Torgau; leitete den Schlossbau in Berlin; baute das Jagdschloss Grunewald (1542/43).
8   Kunz Buntschuh († 1559); ein aus Sachsen stammender Baumeister; Mitwirkung an den Bauten von Theiss, wie dem Berliner Schloss und dem Jagdschloss Grunewald; weitere Angaben sind nicht bekannt.
9   Albert Geyer: Geschichte des Schlosses zu Berlin, Erster Band – Die kurfürstliche Zeit bis zum Jahre 1698, Berlin 1936, S. 27.

Schloss, Lange Brücke und Kloster, Handzeichnung von L. L. Müller, Stich von Peter Schenk, um 1700

Das „Haus der Herzogin" lag etwas abseits zwischen dem Spreeufer und der Kapellenhofmauer. Der Bau diente als Witwensitz der alten Kurfürstin. Der Apothekenbau wurde 1585 außerhalb des eigentlichen Schlosses errichtet. Zwischen 1591 und 1595 wurde das Quergebäude als fürstliches Gästehaus durch Rochus v. Lynar erbaut. In den vier Geschossen befanden sich kleine Fürstenwohnungen. Unter Kurfürst Joachim Friedrich (1546–1608) wurde die Schlossanlage weiter ergänzt. Er ließ den späteren Großen Schlosshof zu einem würdigen Vorhof umgestalten.[11]

In den folgenden Jahren wurde das Schloss nicht mehr erweitert, bis schließlich der Dreißigjährige Krieg jegliche Bautätigkeit, auch die immer wieder nötigen Instandsetzungsarbeiten, zum Erliegen brachte.

Die Bautätigkeit des Großen Kurfürsten (1620-1688) konzentrierte sich nach dem Kriege zunächst auf die Sicherungs- und Unterhaltungsarbeiten des weitgehend baufälligen Schlosses. Baumeister wurde Johann Gregor Memhardt[12], unter dessen Leitung die Instandset-

---

10 Rochus v. Lynar (1525–1596); 1552/53 Mitarbeit am Ausbau der Festung Metz; 1556–1562 Neuanlage der Festung Metz; bis 1567 Kommandant der Festung Metz; nahm an Kriegszügen teil; 1554 in diplomatischen Missionen in Sachsen, Hessen und Berlin unterwegs; 1557 führte Lynar den Hugenottenaufstand in Metz an; 1559 Oberbaumeister der Festung Dresden; 1578 trat er in brandenburgische Dienste, als Generaloberst der Artillerie; 1578–1583 errichtete er die Zitadelle in Spandau; 1579/80 Entwurf und Ausführung des „Haus der Herzogin" und 1591–1595 das Quergebäude im Schlosshof; Bau der Schlösser Bötzow (Oranienburg) 1579, Köpenick (1580–1585) und Grunewald (1580).
11 Albert Geyer, a. a. O., S. 52.
12 Johann Gregor Memhardt (1607–1678); Ausbildung zum Festungsbaumeister in Holland; 1638–1640 in brandenburgischen Diensten; 1641 kurfürstlicher Ingenieur; 1650 Vorbereitung des Festungsbaus in Berlin und Aufnahme eines Stadtplanes; 1656 Aufsicht über alle kurfürstlichen Gebäude; 1658 Leitung des Festungsbaus in Berlin; 1661 Bebauung des Werders; 1669 Bürgermeister.

zung und der Weiterbau am Schloss nach dem verheerenden Krieg durchgeführt wurden. Der Kurfürst beauftragte Memhardt mit dem Einbau einer neuen Wohnung für sich im Spreeflügel (um 1679). Der Alabastersaal wurde für die großen, höfischen Feste in Verlängerung des Quergebäudes errichtet. Die Kurfürstliche Galerie als Verbindungsgang zwischen den Wohnungen des Kurfürsten und seiner Gemahlin längs der Spree folgte kurz darauf (1688–1690) als zweigeschossiger Bogengang. Im Schlosshof zwischen den Treppentürmen vor dem Schlossplatzflügel und dem Spreeflügel wurde die Kapelle für die Kurfürstin Luise Henriette (1646–1667) errichtet.[13] Schon 1659 wurden ein neues Schlossportal an der Breiten Straße mit Galeriebau, ein Schlosstor an der Hundebrücke sowie ein Pförtnerhaus am Lustgarten gebaut.

Das äußere Bild des Schlosses bis 1945 war im Wesentlichen von den Um- und Neubauten unter Kurfürst Friedrich III./König Friedrich I. (1657–1713) in der Zeit von 1699 bis 1713 geprägt. Mit der von ihm angestrebten Königswürde stieg auch das Repräsentationsbedürfnis des Brandenburgischen Staates. Andreas Schlüter[14], Hofbildhauer des Kurfürsten und Schöpfer des berühmten Reiterdenkmals des Großen Kurfürsten auf der Langen Brücke, wurde zum Schlossbaumeister ernannt. Er bekam den Auftrag, das Schloss zu einem großen Repräsentationsbau völlig umzugestalten, strebte doch der Kurfürst von Brandenburg die Königswürde in Preußen an, die er 1701 erlangte. Vorbild waren die Bauwerke des italienischen Barocks, insbesondere die Architektur des Palazzo Madama in Rom und die Bauten Palladios. Die Schlossplatzfront, der Neubau des Lustgartenflügels sowie die Gestaltung des inneren Schlosshofes sind schönste Architektur Schlüters. Die Innenräume, die sog. Paradekammern mit dem Rittersaal über Portal V als Höhepunkt, galten später als die reichsten und schönsten Raumschöpfungen des Norddeutschen Barocks. Der später nach Schlüter benannte Hof war sein Meisterwerk und kündete von der Genialität dieses großen deutschen Barockbaumeisters. Gekrönt werden sollte der Bau durch einen 120 Meter hohen Glockenturm, dem Münzturm. Als dieser, fast fertiggestellt, wegen Setzungen im Fundament sich neigte und einzustürzen drohte, musste er unter immensen Kosten abgebrochen werden. In der Folge wurde Schlüter Ende 1706 als Schlossbaudirektor abgelöst und wirkte aber als Hofbildhauer weiter. Nach dem Tod des Königs 1713 ging Schlüter als Baudirektor an den Zarenhof in St. Petersburg. Nur ein Jahr später verstarb er dort.

Sein Nachfolger wurde Eosander von Göthe.[15] Unter ihm wurde das Schloss unter Verdoppelung der Baumassen nach Westen erweitert. Kernstück seiner Architektur war im Westflügel an der Schlossfreiheit das Portal im Stil eines römischen Triumphbogens (Portal III).

---

13 Albert Geyer, a. a. O., S. 65.
14 Andreas Schlüter (1659–1714); 1691 Hofbildhauer in Warschau; 1694 Hofbildhauer in Berlin und zum Professor berufen; 1702–1704 Direktor der Akademie der Künste; 1701–1710 Mitglied der Akademie der Wissenschaften; 1698/99 Errichtung des Zeughauses; 1699 erfolgte nach Teileinsturz seine Suspendierung; gleichzeitig Ernennung zum Schlossbaudirektor; 1700–1704 Oberbaudirektor; 1713 Schlossbaudirektor in St. Petersburg.
15 Johann Friedrich Nilsson Eosander (1669–1728); 1690 schwedisches Militärbauwesen; 1688–1697 Teilnahme am Krieg gegen die Pfalz; 1699 Hofbaumeister in brandenburgischem Dienst; 1703 Generalquartiermeister; in diplomatischer Mission in Schweden und Sachsen tätig; 1707 Schlossbaudirektor; 1709 Baudirektor; 1713 kehrte er wegen beträchtlicher Gehaltskürzungen, durch Friedrich Wilhelm I., nach Schweden zurück; 1713 in Freiherrenstand erhoben; 1722 nach Sachsen; 1724 Chef des Ingenieurkorps.

Königliches Schloss – Entwurf Andreas Schlüter

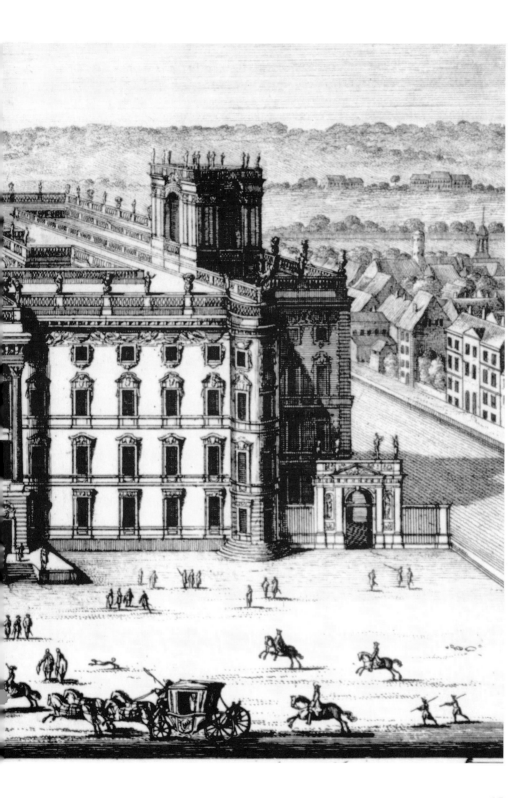

Friedrich Wilhelm I. (1688–1740) fand sein Land hochverschuldet vor, entließ fast alle Künstler und Handwerker, die mit dem Schlossbau beschäftigt waren, auch Eosander fiel in Ungnade. Mit strenger, ja militärischer Hand wurde das Staatswesen reformiert und mit eiserner Sparsamkeit entschuldet. Der schon begonnene Innenausbau der Schlosskapelle im Bereich des späteren Weißen Saales und anderer Räume wurde eingestellt. Bei seinem Regierungsantritt waren der Lustgartenflügel ganz und der Westflügel einschließlich Portal III im Rohbau fertiggestellt. Der König beauftragte einen Schlüter-Schüler, Martin Heinrich Böhme[16], die noch offene Südwestfront zu schließen. Er vollendete damit das Schloss. Die meisten Räume des Schlosses dienten nicht mehr nur der Repräsentation, sondern waren auch Sitz der neu aufgebauten Staatsverwaltung. So fand u. a. das General-Oberfinanz- und Domänen-Direktorium in drei Geschossen des Schlossfreiheitsflügels, vom Portal III bis zum Schlossplatz, seinen Platz.

Viele der Innenräume, die unter seinem Vater begonnen und nicht fertiggestellt wurden, waren weiß gekalkt und bildeten jahrelang eine ruhende Baustelle. Erst als 1728 Friedrich August I. (1670–1733), gen. August der Starke, nach Berlin kam, ließ Friedrich Wilhelm I. im Erdgeschoss des Lustgartenflügels, neben seinen Räumen mit den Polnischen Kammern eine prachtvolle Wohnung für seinen hohen Gast ausbauen. Der Weiße Saal wurde vollendet. 1739 veranlasste der König den Einbau eines massiv silbernen Balkons über dem Hauptportal des Rittersaales, den sogenannten Trompeterchor, von dem aus die Fanfaren für das höfische Zeremoniell geblasen wurden.

Friedrich II. (1712–1786) orientierte sich in seiner Bautätigkeit mehr an Potsdam als an Berlin. Für ihn war das Berliner Stadtschloss ein Ort, den er wegen seiner düsteren Strenge und Schwere nur zu den Karnevalsfestlichkeiten im Winter aufsuchte. Er ließ sich seine Wohnung im ersten Stock des Schlossplatz- und Spreeflügels in den Jahren 1742 bis 1747 einrichten. Diese Räume wurden im Wesentlichen von seinem Bildhauer Johann August Nahl[17] gestaltet. 1747 erfolgte der Ausbau des Audienzzimmers durch die Bildhauer Johann Michael und Johann Christian Hoppenhaupt. Sie waren 1747 auch am Ausbau der Wohnung der Königinwitwe Sophie Dorothee (1687–1757) im ersten Stock des Lustgartenflügels beteiligt. Georg Wenzeslaus von Knobelsdorff[18] entwarf nach einer Zeichnung Friedrichs II. ein Theater im Alabastersaal des Quergebäudes.

Durch den Abbruch der früheren Klosterkirche auf dem Schlossplatz um 1750 und den Neubau eines barocken Domes im Lustgarten veränderte sich die Umgebung des Schlosses erheblich.

Nach dem Tod des Königs, 1786, entfaltete sein Neffe, König Friedrich Wilhelm II. (1744–1797) eine rege Bautätigkeit am Schloss. Er holte die Baumeister Friedrich Wil-

---

16   Martin Heinrich Böhme (1676–1725); Schüler und Mitarbeiter von A. Schlüter; Kondukteur der Schlösser in Berlin und Potsdam; 1704 Leitung der Schlüterbauten in Freienwalde; 1706 in Berlin; 1711 Ingenieur; 1716 Vollendung des Schlossbaues in Berlin; 1719 Schlossbaumeister.

17   Johann August Nahl (1710–1781); Ausbildung in Sachsen und Frankreich; 1736 in Straßburg tätig; 1742–1746 schuf er Zeichnungen, Bildhauerarbeiten, stellte Kamine her, vergoldete und färbte Räume und übernahm die Bauleitung; 1746 heimliche Rückkehr nach Straßburg.

18   Georg Wenzeslaus von Knobelsdorff (1699–1753); 1714 Militärdienst; 1715–1720 Teilnahme am Pommernfeldzug; 1729 Abschied vom Militär; 1729 Ratgeber beim Kronprinzen Friedrich in künstlerischen Fragen; 1736/37 folgte er dem Kronprinzen nach Rheinsberg; 1740 „Surindendant der Königlichen sämtlichen Schlösser, Häuser und Gärten" und „Directeur und Chef aller immediaten Bauten in den sämtlichen Provinzen"; 1742 Sitz im Generaldirektorium; 1746 Rückzug aus gesundheitlichen Gründen von der Leitung der Bauten; 1748 Rang eines Ministers.

helm von Erdmannsdorff[19], Carl Philipp Christian von Gontard[20], Karl Gotthard Langhans[21] und andere Künstler an den königlichen Hof. Sie wurden beauftragt, mit den Königskammern im Lustgartenflügel eine neue Wohnung für ihn einzubauen. Die alten Paradekammern, Treppenhäuser und Nebenräume wurden in Stand gesetzt und gestalterisch überarbeitet und eine erste gründliche Renovierung des Schlüterbaues vorgenommen. Sieben Gemächer der Königskammern (Parolesaal und Großer Pfeilersaal über Portal IV, Speisesaal, Grüne Französische Kammer, Blaue Französische Kammer, Bibliothek, Eckkabinett an der Schlossfreiheit) wurden durch Erdmannsdorff neu gestaltet. Er beschäftigte viele hervorragende Künstler, wie Jean Pierre Antoine Tassaert, Johann Gottfried Schadow[22], Constantin Philipp Georg Sartori[23] und Johann Carl Wilhelm Rosenberg. Weitere fünf Räume dieser Wohnung (Rote Damastene Kammer, Grüne Damastene Kammer, Neuwieder Zimmer, Rot-lackiertes Zimmer, Grünes Vorzimmer) wurden von dem Schlossbaudirektor Carl v. Gontard ausgebaut.

Es ist anzunehmen, dass Gontard auch den Umbau des Thronzimmers, des Konzertzimmers und des Schlafzimmers des Königs leitete. Nach der Fertigstellung der Königskammern ordnete der König 1789 an, die bisherige gemeinsame Wohnung des Königs und der Königin im ersten Stock des Schlossplatzflügels zwischen dem Portal II und der Ecke an der Schlossfreiheit allein für die Königin herzurichten. Mit den Umbaumaßnahmen wurde Karl Gotthard Langhans betraut. Die Ausbauten betrafen den Pfeilersaal, die „Audienz" als Gesellschaftszimmer, das Konzertzimmer als zweites Gesellschaftszimmer und das Schreibzimmer wurden völlig umgebaut. Die anderen Räume wurden lediglich überarbeitet und renoviert.

1791/92 erfolgten Veränderungen an den Elisabeth-Kammern, die die Königin Elisabeth Christine (1715–1797), Gemahlin Friedrich II., im zweiten Stock des Schlossplatz-Spreeflügels bewohnte. Der Aufenthalt in den kühlen, nach Norden ausgerichteten Königskammern verschlimmerte das Gichtleiden des Königs. Um eine Linderung zu erreichen, erhielt Michael Philipp Daniel Boumann[24] 1795 den Auftrag, die unter den Königskammern liegenden Räume für den König herzurichten, da sie besser beheizt waren.

---

19 Friedrich Wilhelm von Erdmannsdorff (1736–1800); 1750–1754 Ausbildung in der Ritterakademie in Dresden; 1754–1757 Studium in Wittenberg; 1763 im Dienst des Dessauer Fürsten; 1767–1768 Bauaufgaben in Wörlitz; 1786 Ernennung zum Ehrenmitglied der Königlichen Akademie der Künste und mechanischen Wissenschaften in Berlin; 1787–1789 Baumeister in Potsdam und Berlin; 1796 künstlerischer Leiter des Direktoriums.
20 Carl Philipp Christian v. Gontard (1731–1791); aus altem Hugenottengeschlecht; 1749 Hofbaukonducteur in Bayreuth; 1752 in Frankreich; 1756 Hofbauinspektor in Bayreuth; 1765 nach Preußen; Ingenieur-Hauptmann und Chef des Baucomptoirs; 1767 Ernennung in den Adelsstand; 1769 Reform der Baubehörde; 1779 Königlicher Baudirektor in Berlin; 1786 Ehrenmitglied der Akademie der Künste; C. G. Langhans verdrängte Gontard aus dem Amt.
21 Carl Gotthard Langhans (1732–1808); 1753 Studium in Halle, Jura, Mathematik und Kunstgeschichte; 1770 Rheinsberg (Neugestaltung Treppenhaus und Muschelsaal); 1775 Oberbau- und Kriegsrat an der Breslauer Kammer; 1786 nach Berlin; 1788 Direktorat der Zentralbehörde des Oberhofbauamtes; weitere Bautätigkeiten in Potsdam.
22 Albert Dietrich Schadow (1797–1869); 1812/13 Studium an der Bauakademie; 1827 Baumeisterprüfung; ab 1831 bei der Schlossbaukommission tätig; 1849 Mitglied der Akademie der Künste; 1854 Mitglied der Technischen Baudeputation; 1862 wegen Erblindung in den Ruhestand.
23 Constantin Philipp Georg Sartori (1747–1812); Stuckateur.
24 Michael Philipp Daniel Boumann (1747–1803); 1767–1770 Dolmetscher; danach Baugehilfe bei seinem Vater; 1777 Assessor am Oberhofbaudepartement; 1778 Geheimer Oberhofbaurat, Intendant und Baudirektor; 1794 Oberfinanzrat; 1798 Gründungskommission der Bauakademie.

Die wichtigsten Baumaßnahmen unter Friedrich Wilhelm III. (1770–1840) waren Instandsetzungs- und Erhaltungsarbeiten, hauptsächlich der Dächer und Gesimse. Weitere Räume wurden der Verwaltung übergeben. 1816 waren 66 Räume des Schlosses von Behörden u. a. Staats- und Geheimen Cabinetsarchiv, General Militair Kasse, General Staats Kasse, General-Salz- und Kriegskasse, Ober Berg- und Hütten-Amt, Ober Medicinal Behörde und verschiedenen Kassen, belegt. Da der König die Behörden als störend empfand, ordnete er im November 1816 die schrittweise Räumung des Schlosses an.

Zwischen 1824 und 1828 baute Karl Friedrich Schinkel[25] die Kammern Friedrich II. zur Wohnung des Kronprinzen Friedrich Wilhelm um. 1826 erfolgte ein Ausbau des Hauses der Herzogin, um Platz für den Haushofmeister zu gewinnen. 1829 wurden die Elisabeth-Kammern umgebaut. Trotz aller Sparsamkeit und Beschränkung auf das Notwendigste fühlte sich der König verpflichtet, besonders die Paradekammern, die seine Ahnenherren zur Verherrlichung des Königtums und Brandenburg-Preußens erbaut hatten, in voller Pracht zu erhalten.

Zwischen 1844 und 1846 erfolgte, im Auftrage Friedrich Wilhelm IV. (1795–1861), die Aufstellung der Rossebändiger vor dem Portal IV, die Anlage der Lustgartenterrasse und die Aufstellung der Adlersäule an der Ecke Schlossfreiheit-Lustgarten.

1844 wurde die seit 130 Jahren unvollendet gebliebene Treppe zum Weißen Saal fertiggestellt. Zugleich begann die völlige Neugestaltung des Weißen Saales durch Friedrich August Stüler[26].

1842 begannen umfangreiche Planungen für den Bau einer neuen Schlosskapelle als Kuppelbau auf dem Eosanderportal (Portal III). Die ersten Pläne stammten aus der Feder Friedrich Wilhelms IV. und wurden 1829 von Karl Friedrich Schinkel in Architekturpläne umgesetzt. Mit der Bauausführung für die Kapelle wurde Stüler beauftragt, in Zusammenarbeit mit Albert Dietrich Schadow für die künstlerische Gestaltung. 1845 begannen die Arbeiten an der Kapelle. Ihre Kuppel gab dem Schloss eine neue städtebauliche Wirkung. Die Arbeiten wurden 1853 vollendet, nachdem sie während der Revolution 1848 kurzzeitig unterbrochen wurden. Die feierliche Einweihung fand am 18. Januar 1854 am Tage der Erlangung der Königswürde Preußens 1701 statt. Ansonsten führte Friedrich Wilhelm IV. die Instandsetzungsarbeiten (Dacheindeckungen und Erneuerung des Putzes), die sein Vater begonnen hatte, fort.

König und Kaiser Wilhelm I. (1797–1888) wohnte nicht im Berliner Stadtschloss sondern in seinem Palais am Opernplatz. Er nutzte das Schloss allerdings häufig für das Staatszeremoniell. So fand die Eröffnung des ersten Reichstages nach der Reichsgründung 1871 im Weißen Saal des Schlosses statt.

1875 bis 1876 veranlasste der Kaiser die Ergänzung der zweigeschossigen Bogenstellungen im Kleinen Schlosshof zwischen den beiden Portalen I und V und dem Quergebäu-

---

25 Karl Friedrich Schinkel (1781–1841); 1794–1798 Klostergymnasium in Berlin; 1798–1799 Privatschüler bei Gillys; 1800–1803 Privatbaumeister; bis 1810 ohne feste Anstellung; 1810 Anstellung an der Oberbaudeputation; 1811 Akademiemitglied; 1815 Geheimer Oberbaurat; 1820 Professor und Senatsmitglied; 1838 Oberlandesbaudirektor.

26 Friedrich August Stüler (1800–1865); 1817/18 in Erfurt und 1818/19 Feldmesserausbildung der Bauakademie; 1823 Kriegsministerium; 1826/27 Studium an der Bauakademie und Ablegung der Baumeisterprüfung; 1829 bei K. F. Schinkel tätig; seit 1831 Direktor der Schlossbaukommission; 1834–1854 Lehrer an der Bauakademie; nach Schinkels Erkrankung wurde er Bauberater von Friedrich Wilhelm IV.; 1854 Ministerialbaudirektor und Dezernent für Kirchenbau; 1851–1858 Hofbaumeister in Schwerin.

de. Die Fassade des Quergebäudes zum Schlüterhof wurde im Stil der Neorenaissance umgestaltet. Die Schlütertreppe und der Schweizersaal mit den anschließenden Paradekammern wurden restauriert und dabei geringfügig verändert. 1865 fand auf dem Großen Schlosshof die 1855 durch August Kiß[27] geschaffene Bronzegruppe des „Heiligen Georg" ihren Platz.

Der „88 Tage"-Kaiser Friedrich III. (1831–1888) hatte schon als Kronprinz große Pläne zum weiteren Ausbau des Schlosses an der Ostfront und für einen neuen, großen Dom als Staatskirche entwickelt. Durch seinen frühen Tod konnten seine Ideen nicht mehr umgesetzt werden.

Unter Kaiser Wilhelm II. (1859–1941) begannen die größten Veränderungen im Schloss seit der Umgestaltung unter Schlüter und Eosander. Er beauftragte 1889 die Hofarchitekten und das Hofbauamt mit den Planungen für den Umbau des Weißen Saales und vor allem mit der Fortsetzung der Enfiladen auch im Westflügel, wo bislang wegen des Blocks von Schlosskapelle und Eosanderportal ein Durchgang von Nord nach Süd im Paradegeschoss nicht möglich war. Hierzu wurde im Großen Schlosshof die Weiße Saal-Galerie vor die Ostwand gesetzt, die später bis zum Südflügel verlängert werden sollte. Ernst Eberhard v. Ihne[28], kaiserlicher Hofbaumeister, wurde mit den Planungen betraut und verwirklichte die Vorschläge aus der Feder des Baurates Adolf Heyden.[29]

Für diese Umbaumaßnahmen wurde der nördliche Schlossfreiheitsflügel Eosanders bis auf den Keller ausgekernt. Unter dem neuen und größeren Weißen Saal wurden die Wilhelmschen Wohnungen und die Mecklenburgischen Kammern neu gestaltet. Die unter Friedrich Wilhelm III. abgenommenen Balustradenfiguren des Schlosses wurden über den vier seitlichen Portalen durch Neuschöpfungen ersetzt. Portal III erhielt wieder seinen Volutengiebel, eine riesige bronzene Kartusche mit dem preußischen Adler, sowie vier große Reliefs.

Die erheblichen Budgetüberschreitungen Ihnes ließen eine Fertigstellung nicht mehr zu, sodass die Umbaumaßnahmen nur bis an das Eosanderportal heranreichten als der Umbau 1911 aus Geldmangel beendet werden musste. Eine riesige Brandmauer aus Klinkerstein dokumentierte bis zur Sprengung des Schlosses diesen fragmentarischen Umbau.

1888 begann der Ausbau der Kaiserlichen Wohnung vom Spree-Schlossplatzflügel bis zur Ecke der Schlossfreiheit. Die Polnischen Kammern, im Erdgeschoss des Lustgartenflügels zwischen Portal IV und V wurden 1892 prunkvoll umgestaltet.

1902 erfolgte der Ausbau der Marmortreppe im Vorbau zwischen Schlossplatzflügel und Quergebäude. 1908 veranlasste Wilhelm II. den Umbau des Apollo-Saales, im zweiten Stockwerk der Schlossplatzfront über Portal II. Der Saal wurde in „Joachim-Saal" umbenannt. 1909 bis 1911 fanden umfangreiche Umbau- und Erneuerungsarbeiten der Prinzess-Marie-Wohnung statt. 1911 erfolgte in der Nähe des Elisabeth-Saales der Einbau der Elisabeth-Saal-Treppe und eines Fahrstuhles. Das Schloss erhielt zwischen der Hof-

---

27 August Kiß (1802–1855).
28 Ernst Eberhard v. Ihne (1848–1917); studierte kurzzeitig Neue Sprachen und Schöne Wissenschaften; 1872 Baumeisterprüfung; danach Privatarchitekt in Berlin; 1888 Hofbaurat und kaiserlicher Hofarchitekt; 1899 Mitglied der Akademie des Bauwesens; 1906 geadelt; 1910 Ehrenmitglied der Ecole des Beaux Arts.
29 Adolf Heyden (1838–1913); 1861 Beginn der Bautätigkeit u. a. bei Stüler; bis 1866 Studium in Berlin; 1866 Regierungsbaumeister in Minden; 1868 Privatarchitekt in Berlin; ab 1879 Mitglied der Akademie der Künste; ab 1881 Mitglied des Senats der Akademie der Künste; 1880 Mitglied der Akademie des Bauwesens.

apotheke und Spree ein unterirdisch gelegenes eigenes Kraftwerk und war das erste voll elektrifizierte große Gebäude Berlins.

1901 wurde die Lustgartenterrasse mit kleinen Vorgärten und einer umlaufenden Balustrade bis an die Spree ergänzt. Dort wurde eine Terrasse mit Schiffsanlegestelle vor die Renaissancefront gebaut. 1907 ließ der Kaiser auf der Balustrade der Terrasse vor dem Lustgartenflügel fünf bronzene Standbilder der Oranierfürsten aufstellen, die auch Ahnherren des Hauses Preußen waren.

So hatte jeder Herrscher des Hauses Hohenzollern am Berliner Stadtschloss seine Spuren hinterlassen. Das Schloss war nie fertig, immer wurde an irgendeiner Stelle gebaut.

Mit der Revolution am 9. November 1918 brach die Monarchie zusammen, der Kaiser dankte ab. Karl Liebknecht[30] verkündete vom Schloss aus, dass nun das Volk Eigentümer des Riesenbaues sei. Von dem Balkon, von dem aus der Kaiser seine Ansprachen hielt, rief er die sozialistische Republik aus, allerdings ohne Wirkung, hatte doch Philipp Scheidemann[31] kurz zuvor im Reichstag die Republik ausgerufen.

In der folgenden Zeit wurde das Hohenzollernschloss von den Arbeiter- und Soldatenräten, vor allem meuternden Matrosen besetzt, dabei kam es immer wieder zu Plünderungen, da zu dieser Zeit das Schloss herrenlos war und die alte Verwaltung und Schlosswache aufgehört hatte zu existieren.

„Schon in den Abendstunden und während der ganzen Nacht vom 9. zum 10. November wurde überall im Schloss blindlings geschossen. Diese Knallerei hatte angeblich den Zweck der Abwehr gegen noch im Schloss sich aufhaltende Offiziere, tatsächlich wollte man dadurch nur die Unordnung steigern, um unter ihrem Schutz besser arbeiten zu können. Unter den Plünderern befand sich scheinbar eine große Zahl von Zivilpersonen, die Soldaten ihre Uniformen abgekauft hatten, um, durch diese ‚legitimiert', unbehindert ins Schloss zu kommen und sich dort freier bewegen zu können. [...] Sie konnten es nicht verhindern, daß, während bis dahin nur einzelnes hier und dort gestohlen wurde, das Diebesgeschäft jetzt systematisch und großzügig betrieben wurde. [...] In rohester Weise wurden die Akten des Oberhofmarschallamts, in denen man nach ‚das alte Regime' belastenden Belegen herumstöberte, umhergeworfen und zum großen Teil vernichtet. Auch die Büchersammlung des Oberzeremonienamts in der Archivwohnung, in der Ordonnanzen untergebracht waren, wurde zum Teil ein Opfer der Zerstörungswut der Matrosen."[32]

Bogdan Krieger, der Bibliothekar des Schlosses, berichtet in seinen Erinnerungen über die Wirren jener Zeit. Die bewohnten Räume des Kaiserpaares waren geplündert worden. Sämtliche Schränke, Schubladen der Kommoden und Fächer der Schreibtische waren aufgebrochen und vieles war gestohlen. Die meisten Vitrinen waren zerschlagen und der Inhalt geraubt worden. „Kopenhagener und Berliner Porzellane, Wedgewoodvasen, kleine Standuhren, Stehbilder, die in den Kommoden verpackt gewesen waren, [...], waren gestohlen. [...] Wie in dem Salon der Kaiserin, waren auch im Empfangszimmer des Kaisers [...] die Vitrinen aufgebrochen und Uhren, Ringe, goldene Schaumünzen, Emaillebildnisse Friedrichs des Großen, Anhänger mit Halbedelsteinen daraus entwendet worden."[33]

---

30 Karl Liebknecht (1871–1919); SPD; begründete mit Rosa Luxemburg den Spartakusbund; 1919, zusammen mit Rosa Luxemburg, ermordet.
31 Philipp Scheidemann (1865–1939); deutscher Politiker; SPD Mitglied; rief am 9. November 1918 die Republik aus; 1919 Ministerpräsident; 1933 Emigration.
32 Bogdan Krieger: Das Berliner Schloss in den Revolutionstagen 1918, Leipzig 1922, S. 11 ff.
33 ebd., S. 23 ff.

„So wurden nicht nur in der Wohnung des Kaiserpaares, sondern auch in der Wilhelmschen Wohnung und in den Parade- und Königskammern viele Kunstgegenstände, die in Kommoden verschlossen waren, Bronzen, Vasen, Nippsachen u. a. entwendet. [...] Im Laufe des November und Dezember wurden dann auch die im obersten Stockwerk nach dem Lustgarten zu gelegenen Livreekammern ausgeplündert. [...] In den letzten Tagen des November wurde die Wohnung der Hof- und Staatsdame Fräulein von Gersdorff, in den Tagen vom 5. bis 8. Dezember die der Gräfin Keller, beide im Erdgeschoß nach dem Schlossplatz gelegen, nach und nach ausgeplündert."[34]

Am 13. November wurde der gesamte Besitz der Hohenzollern dem neuen Finanzministerium unterstellt.

Zwischen dem 21. und 26. November 1918 konnte wertvolles Kunstgut, vor den Plünderern gerettet, aus dem Schloss geborgen und zur Museumsinsel gebracht werden. Die Aufsicht darüber führte der Generaldirektor der Museen, Geheimrat Wilhelm von Bode, und der Direktor des Kunstgewerbemuseums, Geheimrat Otto Ritter von Falk.

Karl Liebknecht hatte am 9. November, wie erwähnt, vom Balkon des Schlosses erklärt: „Das Schloss ist jetzt Eigentum des Volkes." Aber die mit ihm auch in das Schloss eingezogene Volksmarinedivision, die eigentlich das Schloss bewachen sollte, hatte ihre eigene Meinung von Volkseigentum gehabt. Am 12. Dezember veröffentlichte das Finanzministerium die folgende Denkschrift:

„Der tatsächliche Zustand ist, daß im Mittelpunkt der Stadt, unter den Augen der Sicherheitsbehörden, das Schloss, augenblicklich das wertvollste Nationaleigentum, einer Bande von Plünderern schutzlos preisgegeben ist. Die Verhältnisse dort hat der Kommandant selbst charakterisiert: Meine Leute sind eine organisierte Räuberbande. In 500 Zimmern des Schlosses ist jedes Behältnis geöffnet oder aufgebrochen oder seines Inhalts, wenn er wertvoll war, beraubt worden. Der Wert der geraubten Gegenstände dürfte bereits 1 Million erreichen. Der Plünderungszug der gesamten Wache in der Nacht vom 5. auf den 6. Dezember 1918 beweist, daß das Schloss den Plünderern vollkommen ausgeliefert ist.

Vor Weihnachten 1918 eskalierte die Lage. Die Matrosen verschanzten sich im Schloss. Ein Ultimatum des Militärs, das Schloss sofort zu räumen, verstrich. Am 24. Dezember begannen die Truppen, die den Befehl zur Niederschlagung der Revolution erhalten hatten, mit dem Beschuss des Schlosses. An der Lustgartenfront entstand größerer Schaden. Das Herz krampfte sich zusammen, als ich die Zerstörung der beiden Schlüterportale der Nordfront, die Einschläge der Geschosse in der Höhe des Weißen Saales, die Beschädigungen der schmiedeeisernen Tore und die in allen Stockwerken zertrümmerten Scheiben und zerschossenen Fensterkreuze sah. [...] Die Innenräume hatten durch die Beschießung weniger gelitten, als man zuerst hätte annehmen können."[35]

Im Jahre 1919 gab es kaum noch Leben im Schlossgebäude. Über das Krongut war noch nicht entschieden, als der kaiserlichen Familie zugestanden wurde, in gewissem Rahmen persönliches Eigentum aus den Schlössern für die Einrichtung ihres neuen Domizils in Doorn in Holland zu entnehmen. Nach Abschluss der Verhandlungen über die Regelung der Vermögensauseinandersetzung mit der früheren Dynastie im Jahre 1926 verließen weitere wertvolle Kunstgegenstände wie Möbel, Gemälde, Gobelins, Tafelsilber und Por-

---

34 ebd., S. 29 ff.
35 ebd., S. 33.

Folgen des Artilleriebeschusses am 14. Dezember 1918 am Portal IV, 1919

zellane, auf 53 Eisenbahnwaggons verpackt, das Deutsche Reich. Im Gegenzug akzeptierte das Haus Hohenzollern die weitgehende Enteignung des früheren Kronbesitzes.

Die Weimarer Republik verzichtete völlig auf die Nutzung des Schlosses für ihre repräsentative politische Selbstdarstellung. Zwischen den Weltkriegen fand keine einzige politische Veranstaltung im Schloss statt, während der Lustgarten sich zum Demonstrationsplatz der sich heftig bekämpfenden links- und rechtsradikalen Parteien entwickelte.

Im Verlaufe des Jahres 1920 begann die Umlagerung des Kunstgewerbemuseums aus dem Martin-Gropius-Bau in das Berliner Stadtschloss. Die Eröffnung der neuen Ausstellung fand am 1. September 1921 statt. Nun war das Schloss für alle offen. Das Interesse der Berliner richtete sich nicht nur auf die neue Ausstellung, sondern vor allem auch auf die prachtvollen Räume des Schlosses. Die historischen Paradekammern mit ihrer reichen dekorativen Ausstattung waren nun ständig für die Bevölkerung zugänglich.

Das Kunstgewerbemuseum führte von nun an den Namen „Schlossmuseum".[36] Neben der Präsentation wertvoller Möbel, Gemälde, Teppiche, Porzellane, Skulpturen, Tafelsilber etc. wurde am 4. April 1926 ein weiterer Museumsbereich, die historischen Wohnräume des Kaiserpaares, der Öffentlichkeit zugänglich gemacht.

Aber auch private Mieter, Behörden und andere Institutionen fanden seit 1920 ihren Platz im Schloss. So lebten und residierten dort der Generaldirektor der Staatlichen Museen, Otto Ritter von Falk, der Direktor der Skulpturensammlung, Theodor Demmler, die Kaiser-Wilhelm-Gesellschaft, das Phonogramm-Archiv, die Notgemeinschaft der deutschen Wissenschaft, die Österreichische Freundeshilfe, das Psychologische Institut der Universität, die Landesanstalt für Gewässerkunde, der Deutsche Verein für Kunstwissenschaft, das Museum für Leibesübungen, Schlossbauämter, die Zentrale für Kinderspeisung, das Fürsorgeamt für Beamte aus dem Grenzgebiet, die Gewerkschaft Deutscher Verwaltungsbeamter, das Helene-Lange-Studentinnenwohnheim, die Studentenhilfe, eine Mensa für Studentinnen in der ehemaligen Schlossküche, der Deutsche Akademische Austauschdienst, der Atlas der Deutschen Volkskunde, die Deutsche Akademie und die Deutsche Kunstgemeinschaft.

Um die Verwaltung der ehemaligen königlichen Schlösser besser zu organisieren, kam es am 1. April 1927 zur Bildung der Verwaltung der Staatlichen Schlösser und Gärten. Ihr erster Direktor war Paul Hübner. Schon 1930 folgte Ernst Gall im Amt, der bis 1945 Direktor der Schlösserverwaltung war. Sie befand sich bis 1948 im Berliner Stadtschloss, im Bereich des Hofmarschallamtes und später in der Krongutverwaltung.

Nach der Machtergreifung der Nationalsozialisten 1933 blieb das Schloss im Abseits. Hitler soll es nicht ein einziges Mal betreten haben. Der Lustgarten hingegen wurde 1935 zum Aufmarschplatz umgestaltet. Eine Pflasterung in streng geometrischem Raster zur besseren Ausrichtung der Marschkolonnen trat an die Stelle der heiteren, wohlüberlegten Gartengestaltung. Der Anlass zur Umgestaltung war die Einführung des 1. Mai als Tag der Arbeit. 1935 wurde unter einem riesigen Maibaum hierzu eine gewaltige Demonstration veranstaltet. Die Olympischen Spiele von 1936 fanden im Lustgarten und am Schloss ihre gesellschaftliche Mitte, u. a. begannen dort die Feierlichkeiten zur Eröffnung der Spiele am 1. August 1936. Vor der Lustgartenterrasse des Schlosses brannte die olympische Flamme inmitten eines Fahnenwaldes der teilnehmenden Nationen.

---

36 Irene Kühnel-Kunze: Bergung – Evakuierung – Rückführung: Die Berliner Museen in den Jahren 1939–1959, in: Jahrbuch Preußischer Kulturbesitz, Sonderband 2, Berlin 1984, S. 51.

Luftbild, Schloss von Süd-Westen, 1910

Ältester Teil des Schlosses – Spreefassade, mit der Schlossapotheke, 1910

Schlossplatzfassade – Portal I und II von der Langen Brücke aus gesehen, 1910

Königliches Schloss von der Zeughausstraße, 1910

Schlossfassade zum Lustgarten, 1910

Schlüterhof Gesamtansicht, 1925

Hauptrisalit des Schlüterhofes, 1925

Nordrisalit des Schlüterhofes, 1925

Portal V, 1925

Erasmuskapelle von Caspar Theiß von 1542, 1913

Parolesaal von F. W. v. Erdmannsdorf und J. G. Schadow 1789, 1910

Pfeilersaal von K. G. Langhans 1793, 1910

Weißer Saal, 1910

Der durch K. F. Schinkel geschaffene Sternsaal, 1910

Elisabethsaal im zweiten Obergeschoß über dem Portal I, 1918

Wendeltreppe – großes Treppenhaus an der Ostseite des Schlüterhofes, um 1930

Ausschnitt aus der Anlage der Wendeltreppe, um 1930

Schlosskapelle auf dem Eosanderportal, Mitte 19. Jh., um 1930

3. Zerstörungen im Zweiten Weltkrieg, Sicherung und Nutzung des Stadtschlosses nach 1945

Mit Beginn des Zweiten Weltkrieges am 1. September 1939 wurde das Museum geschlossen. Nach den ersten Bombenangriffen der Engländer auf Berlin begann die Auslagerung wichtiger Kunst- und Kulturgüter sowie, allerdings unwesentliche, Sicherungsmaßnahmen am Ort. Nach Abschluss der Arbeiten wurde eine kleine Anzahl von Räumen wieder eröffnet. Die letzte Ausstellung, die gezeigt werden konnte, befasste sich mit „Lederarbeiten aus fünf Jahrhunderten". Im Winter 1940/1941 wurden alle Ausstellungsräume endgültig geschlossen. Nun begann die weitere Auslagerung der Kunstwerke in als sicher geltende Gebäude wie Tresorräume der Neuen Münze, der Staatsbank, in die Kellergewölbe des Schlosses, und den Flakbunker im Friedrichshain. Eine Verlagerung fand aber auch in andere Orte statt, so nach Paretz, Oegeln, Rheinsberg, Zützen, Sonnenwalde, Sophienhof, Weißensee, Dobitschen, Salzbergwerk Kaiseroda, Grasleben und Schönebeck.[37]

Am 23. und 24. November 1943 wurde das Schloss an mehreren Stellen durch Brandbomben leicht beschädigt. Im Mai 1944 traf eine schwere Sprengbombe die Lustgartenseite. Dabei wurde eine bis in das Erdgeschoss reichende Bresche in den Lustgartenrisalit Eosanders gerissen. Im Inneren hatte dies die weitgehende Zerstörung der Großen Bildergalerie und der darunter liegenden Königskammern Friedrich Wilhelms II. zur Folge, auch wenn es dabei noch nicht zu einem Feuer kam.

Erst kurz vor Kriegsende, am 3. Februar 1945 um die Mittagszeit, kam es bei dem bis dahin schwersten Angriff der alliierten Luftstreitkräfte auf des Zentrum Berlins zu schwersten Zerstörungen durch Bomben und einen anschließend vier Tage lang wütenden Brand. Es gab keine Löschversuche, die Berliner hatten resigniert, wurde doch fast immer alles, was man mühsam gerettet hatte, schon am nächsten Tag bei einem neuen Angriff endgültig zerstört.

Nur weniges blieb verschont. Der Nordwestflügel an der Schlossfreiheit mit dem Weißen Saal blieb fast vollständig erhalten, ebenso einige Räume im Erdgeschoss des Schlossplatzflügels sowie fast alle Treppenhäuser, wenn auch ohne Dach.

Die große Kunst Schlüters, Eosanders, Gontards, Erdmannsdorffs, Schinkels und der vielen anderen berühmten Baumeister war vernichtet, wenn auch viele Stuckaturen fragmentarisch soweit vorhanden waren, dass daraus ein vollständiger Wiederaufbau, auch des Schlossinneren, möglich gewesen wäre. In seinen Mauern festgefügt, war das Schloss weniger zerstört, als das Schloss Charlottenburg im Westteil der Stadt, dem man heute seine schweren Schäden nicht mehr ansieht. Fast unbeschädigt waren vor allem wesentliche Teile der Architektur des Schlüterhofes, des wertvollsten Bauteils des Schlosses, das Eosanderportal und die Hauptfassaden des Eosanderhofes.

Während der Kämpfe um Berlin lag die Schlossplatzfront von der Breiten Straße und der Brüderstraße aus unter schwerem Artilleriebeschuss. Sie wurde äußerlich schwer beschädigt. Nach Augenzeugenberichten brannten am 27. April 1945 erneut Räume des Schlosses.

---
37 Renate Petras: Das Schloss in Berlin, Berlin 1992, S. 78.

Am 8. Mai 1945 war dann der Krieg vorbei. Für die Bevölkerung ging es danach nur noch um die Befriedigung elementarer Fragen der Lebenserhaltung. Die gesamte Innenstadt Berlins lag in Trümmern, wer interessierte sich da noch für das Schloss und die anderen berühmten Bauten der Stadt.

Der sowjetische Stadtkommandant von Berlin, Generaloberst Nikolai Erastowitsch Bersarin[38], setzte am 17. Mai 1945 den ersten Magistrat nach dem Zweiten Weltkrieg ein. Er bestand aus Persönlichkeiten verschiedener Parteien, die sich nicht für den Nationalsozialismus engagiert hatten. Die Schlüsselpositionen wurden zum größten Teil mit Mitgliedern der KPD besetzt. Eine Ausnahme bildete der Stadtrat für Bauwesen, der später berühmte Architekt Hans Scharoun[39].

Die von den Sowjets eingesetzte kommunistisch beeinflusste Stadtverwaltung hatte wenig Gespür für die Erhaltung des Schlosses. Die KPD und später, nach der Zwangsvereinigung mit der SPD, die SED wollten die Bauten Preußens beseitigen und mit diesen die Symbole der alten Machtstrukturen verschwinden lassen. Neues, den Idealen der neuen sozialistisch geprägten Gesellschaft entsprechend, sollte an deren Stelle treten. Den Anfang setzten die neuen Machthaber auf dem Lande. Sehr früh schon, verbunden mit der Bodenreform, war man dabei, Schlösser und Herrenhäuser in der sowjetischen Besatzungszone aus dem Bild der Dörfer verschwinden zu lassen, sie waren zum Abriss freigegeben worden.[40]

Für die Sicherung des Schlosses trat einzig Scharoun ein, allerdings weitgehend erfolglos. Schon die ersten heftigen Auseinandersetzungen im Spätsommer 1945 zeigten, dass die Zustände im Magistrat, der damals noch ganz Berlin, also auch die Westsektoren repräsentierte, von zunehmenden Machtkämpfen geprägt waren. Die Kommunisten, gefördert von den Sowjets, setzten alles daran, die alleinige Macht zu erreichen und versuchten in allen Bereichen ihre ideologiegefärbten Auffassungen durchzusetzen. Für sie war das Schloss schon frühzeitig zum Abriss freizugeben.

In den Kellern des Schlosses lagerten immer noch zahlreiche Kunstgegenstände, wenn auch viele durch Feuer zerstört waren. Dieses Museumsgut wurde durch Sachverständige der sowjetischen Armee inspiziert. Viele Bestände der Vor- und Frühgeschichte und anderer Abteilungen mussten danach verpackt werden und wurden in die Sowjetunion abtransportiert. Das alles geschah unter Ausschluss deutscher Fachleute. „Auch der Zutritt zu den Kellern im Schloss, in denen sich noch viel Bergungsgut befand, wurde Angestellten der Museen nicht gestattet, während es Plünderern gelang, einzudringen."[41]

---

38 Nikolai Erastowitsch Bersarin (1904–1945); 1915 Buchbinderlehre; 1918 Freiwilliger der Roten Armee; 1918–1923 Rotarmist; 1922 Komsomol; 1926 KPdSU; 1938–1941 Kommandeur einer Schützendivision; 1941/42 Oberkommandierender der 34. Armee; 1943 Oberkommandierender der 39. Armee; 1944 Oberkommandierender der 5. Stoßarmee, die als erste Berlin erreichte; 2. Mai 1945 1. Stadtkommandant von Berlin; 16. Juni 1945 tödlicher Motorradunfall. In: Peter Jahn (Hrsg): Bersarin, Nikolaj – Generaloberst – Stadtkommandant (Berlin), Berlin 1999, S. 33.

39 Hans Scharoun (1893–1965); 1912–1914 Architekturstudium an der Technischen Hochschule in Charlottenburg; 1911 Mitarbeit beim Berliner Stadtbaurat Ludwig Hoffmann; 1926 Berliner Architektenvereinigung „Der Ring"; 1932 nach Berlin; ab 1933 keine Aufträge mehr; 1945 Stadtbaurat für Bau- und Wohnungswesen beim Magistrat von Groß-Berlin; 1946 Lehrstuhl am Institut für Städtebau; 1955 Erster Präsident der neu gegründeten Akademie der Künste.

40 Bernd Maether: „Das Schicksal märkischer Schlösser und Herrenhäuser – 1945 bis 1952". Diese Dokumentation wird im Jahr 2000 erscheinen.

41 Irene Kühnel-Kunze: Bergung – Evakuierung – Rückführung: Die Berliner Museen in den Jahren 1939–1959, in: Jahrbuch Preußischer Kulturbesitz, Sonderband 2, Berlin 1984, S. 71.

Für die Magistratssitzung am 23. Juli 1945 erarbeitete Scharoun eine Vorlage, die zum Ziel hatte, das Berliner Stadtschloss, das Charlottenburger Schloss und das Schloss auf der Pfaueninsel vor dem weiteren Verfall zu schützen. Scharoun stellte darin fest:

„Im Berliner Schloss sind die Schlüter´schen Figuren, die teilweise schon heruntergefallen, wenigstens behelfsmäßig zu sichern. Die Kosten hierfür betragen 3 500 RM. Das Planungsamt ist dabei, die bergungswichtigen Gegenstände festzustellen, Wandbespannungen usw. und die Kosten der Sicherstellung zu ermitteln. Heute kümmert sich kein Mensch um unersetzliche Kulturdenkmäler."[42] Stadtrat Arthur Pieck[43], der Sohn von Wilhelm Pieck[44], betonte hingegen:

„Nur wirkliche Kunstwerke verdienen Bergung und Sicherstellung. Die Schlösser enthalten keineswegs nur Gegenstände von Wert, sondern auch viel Kunstkitsch. Niemand hat heute Interesse an Machwerken, die nur Ausdruck des hohenzollernschen Imperialismus sind."[45] Diese Auffassung fand ungeteilte Zustimmung unter den kommunistischen Abgeordneten. Deren Vertreter Noortwyck forderte größte Zurückhaltung in der Bewilligung von Ausgaben für derartige Zwecke. Nur wirkliche Kunstwerke von anerkanntem Kunstwert könnten geschützt werden. „Es kann nicht die Aufgabe des Magistrats sein, die Erinnerung an die Zeit der Hohenzollern zu konservieren. Die Schlösser gehörten dem preußischen Staat, und der Magistrat kann nur die Treuhänderschaft übernehmen."[46] Scharoun zog daraufhin seine Vorlage zurück, behielt sich aber vor, Einzelanträge zu stellen.

1945 stand der Abriss des Berliner Stadtschlosses noch nicht direkt zur Debatte. Veranlasst von Hans Scharoun begannen sogar erste Sicherungs- und Instandsetzungsarbeiten. In einer weiteren von ihm vorgelegten Magistratsvorlage am 15. August 1945 wurden der bauliche Zustand, die notwendigen Sicherungsarbeiten und eine mögliche Nutzung umrissen. Zur baulichen Situation heißt es:

„Die Architektur als solche ist bis auf einige Einbruchstellen im Eosanderschen Teil im wesentlichen erhalten und kann unter Zuhilfenahme von Zeichnungen und Photographien

---

42 Berlin, Quellen und Dokumente 1945–1952, Schriftenreihe zur Berliner Zeitgeschichte, Band 4, 1. Halbband, Berlin 1964, S. 482.
43 Arthur Pieck (1899–1970); Sohn von Wilhelm Pieck; Schriftsetzer; 1914 Leiter der sozialistischen Arbeiterjugend in Berlin-Steglitz und 1915 für ganz Berlin; 1916 Mitglied der Spartakusgruppe; 1921–1932 Mitarbeiter der sowjetischen Handelsvertretung in Berlin; 1933 Emigration in die UdSSR; 1933–1938 hauptamtlicher Mitarbeiter im Sekretariat des IRTB; 1938 Mitarbeiter der Presseabteilung der KI; 1941–1945 Offizier in der Politischen Hauptverwaltung der Roten Armee; 1945–1946 Mitglied des Magistrats von Groß-Berlin und Stadtrat für Personalfragen und Verwaltung; 1946–1947 Mitarbeiter der Wirtschaftsabteilung des Parteivorstandes der SED; 1947–1949 Leiter der Abteilung Verwaltung und Personalwesen in der DWK; 1949–1955 Leiter des Hauptamtes für Personalwesen und Schulung bei der Regierung der DDR; 1955 Generaldirektor der Lufthansa (DDR); 1961–1965 Stellvertreter des Ministers für Verkehrswesen und Leiter der Hauptverwaltung der zivilen Luftfahrt; 1965 Rentner. In: Wer war wer – DDR, Berlin 1992, S. 349.
44 Wilhelm Pieck (1876–1960); 1890–1890 Tischlerlehre; 1896–1906 Tischler; 1895 SPD; 1905–1911 Mitglied der Bremer Bürgerschaft; 1906–1910 hauptamtlicher Sekretär der SPD; 1917 USPD; 1915–1917 Militärdienst; 1919 Mitglied der Zentrale der KPD; 1920–1933 Leiter des Organisationsbüros der KPD; 1921–1928 und 1932/33 Abgeordneter des Preußischen Landtages; 1928 Abgeordneter des Deutschen Reichstages; 1925 Vorsitzender der Roten Hilfe; 1926 Mitglied des Politbüros des ZK der KPD; 1928 Mitglied des EKKI; 1933 Vorsitzender der KPD; 1933 Exil; 1946 Mitbegründer der SED; 1946–1954 zusammen mit Otto Grotewohl Vorsitzender der SED; 1949 erster Präsident der DDR. In: Wer war wer – DDR, Berlin 1992, S. 349 f.
45 Landesarchiv Berlin (LAB), C Rep. 100, Nr. 759, Bl. 133.
46 LAB, C Rep. 100, Nr. 759, Bl. 134.

archäologisch getreu wiederhergestellt werden. Dies zu tun, dürfte bei der Bedeutung, die dem Schloss als dem hervorragendsten Bau des norddeutschen Barock und einzig erhaltenem Werk Schlüters zukommt, als ein Gebot erscheinen, zumal seine städtebauliche Funktion als Angelpunkt für die Wendung vom alten Berlin-Cölln zu den im Westen entstandenen Städten (Friedrich- und Dorotheenstadt) einen künstlerisch prägnanten Ausdruck verlangt."[47]

Aus der Notwendigkeit, die Bausubstanz zu sichern, stellte Scharoun am 20. August 1945 einen weiteren Antrag zur „Sicherung künstlerisch wertvoller Teile am Berliner Schloss, am Schloss Charlottenburg, am Haus Kamecke, Dorotheenstraße (Schlüterbau), und am Schloss Grunewald":

„Die Arbeiten erfordern einen einmaligen Aufwand von 71 200 RM. [...] In der Hauptsache handelt es sich um die Rettung unersetzlicher Denkmäler des nordischen Barock, um die Reste von Werken Schlüter´s und des Schlüter-Kreises. [...] Wenn diese Kunstwerke oder Kunstteile noch einen Winter lang unter Schutt liegen, sind sie verloren. [...] Der Aufwand sei im Vergleich zum Wert dessen, was hier gerettet werde, wahrhaftig gering. Eigentlich könne es niemand verantworten, Kunstschätze, die heute noch rettbar sind, aber nach einem halben Jahr nicht mehr zu retten sein werden, untergehen zu lassen."[48] „Vom Inneren sind an künstlerisch bemerkenswerten Räumen nur der Weiße Saal mit Treppenhaus und die zwischen Querhaus und Schlossplatzflügel gelegene Marmortreppe sowie der Staatsratssaal von Schinkel (Schlossplatzflügel) nahezu unversehrt geblieben. Außerdem sind der Elisabethsaal (Schlossplatzflügel) und das Schlütersche Treppenhaus so weit erhalten, daß sie von der Raumkunst Schlüters noch eine Vorstellung vermitteln können, falls sie durch Notdächer vor weiterem Verfall geschützt werden [...]. Im übrigen muß das Innere des Schlosses als künstlerisches und geschichtliches Dokument als verloren gelten. Obwohl alle Dekorationen bis ins Detail durchphotographiert worden sind, ist eine Nachschaffung natürlich nicht möglich. Eine moderne Ausgestaltung für Museums- und Repräsentationszwecke, welche die wenigen historischen Fragmente einbezieht, sonst aber frei von künstlerischer Scheu ist, würde auch der Vergangenheit des Schlosses am ehesten gerecht werden."[49] Die Kosten für die Notsicherung beliefen sich auf 19 000 Reichsmark.

Heftig wurde dem Ansinnen Scharouns widersprochen: „Heute braucht man Arbeitskräfte und Geldmittel vor allem für den Wohnungsbau. (Abgeordneter Schwenk) [...] Alle Mittel müßten eingesetzt werden, um diese Not zu mildern. Ein großer Teil der deutschen Kultur ist zudem durch die Schuld der Naziverbrecher untergegangen. Die vordringlichste Aufgabe ist, die Menschen, die aus der schauerlichen Katastrophe des Krieges gekommen sind, am Leben zu erhalten (Abgeordneter Noortwyck)".[50] Scharouns Antrag wurde abgelehnt.

Der Magistrat stimmte schließlich doch noch am 1. Oktober 1945 einer Vorlage zur „Unterbringung geborgener Kunstgegenstände im Stadtschloß" zu und bewilligte 45 000 Reichsmark für die Sicherung der Räume. Kunsthistoriker betonten in einem Gespräch mit dem Stadtkämmerer, wie dringlich die Unterbringung geborgener Kunstgegenstände im Stadtschloss sei. Daraufhin wurde dem Amt für Volksbildung, Abteilung Museen und Sammlungen, mitgeteilt:

---

47   LAB, C Rep. 100, Nr. 760, Bl. 59.
48   Berlin. Quellen und Dokumente 1945–1951, 1. Halbband, Berlin 1964, S. 483.
49   LAB, C Rep. 100, Nr. 760, Bl. 69.
50   ebd.

„Wegen der vorgerückten Jahreszeit ist zur Vermeidung schwerer Schäden an den für Kunst und museale Zwecke nutzbaren Räumen ein möglichst schneller Beginn der Arbeiten erforderlich. Es handelt sich hauptsächlich um:
1) Wiederherstellung des teilbeschädigten Daches über dem Weißen Saal (Bergungssaal für Schlüterskulpturen) und den Prunkräumen von Eosander, die vom Kunstgewerbemuseum genutzt werden, zum Schutz der letzten noch gut erhaltenen Teile des Schlosses gegen Verwitterung.
2) Errichtung von Schutzdächern über den Schlüterschen Plastiken im Rittersaal, Elisabethsaal und der grossen Wendeltreppe zur Erhaltung dieser wertvollen Architekturen vor dem völligen Verfall.
3) Instandsetzung von Türen und Fenstern zum Schutz der nutzbaren Säle gegen Zerstörung durch eindringende Feuchtigkeit.
4) Absteifungsarbeiten wertvollster Architekturen zur Erhaltung dieser Zeugen aus der Schlüterzeit.
5) Sicherung der Heizung in den nutzbaren Räumen gegen Frostgefahr.
Die Instandsetzung und Erhaltung des Weißen-Saal-Flügels ist eine Lebensnotwendigkeit für das dort untergebrachte Kunstgewerbemuseum."[51]

Um die notwendigen Sicherungsmaßnahmen vornehmen zu können, entstand im Berliner Stadtschloss eine Restaurierungswerkstatt. Hier wurden Kunstwerke aus allen Schlössern, wie z. B. aus dem Charlottenburger Schloss und Jagdschloss Grunewald sowie aus dem Berliner Stadtschloss, gesichert und schrittweise wiederhergestellt.[52] Schlosshof und Keller des Schlosses dienten zur Aufbewahrung der Reste der zerstörten Denkmäler aus der Umgebung des Schlosses und wertvoller Architekturfragmente.

Im Wirtschaftsbuch „Schloss Berlin" finden wir am 27. März 1946 die Eintragung: „Bewilligung von 28 100,- RM für die behelfsmäßige Instandsetzung des Weißen Saales im Stadtschloß. [...] Bereitgestellt sind für Baumaßnahmen zur Schaffung besonders gesicherter Räume zur Unterbringung geborgener Kunstgegenstände im Stadtschloß lt. Schreiben des Magistrats der Stadt Berlin vom 20. 11. 45 bei Abschnitt b-IV, 45 000 RM."[53]

Hans Scharoun plante, Mitte April 1946 im Schloss eine Ausstellung der Arbeiten der Abteilung für Bau- und Wohnungswesen stattfinden zu lassen. Aus diesem Anlass wurde der Weiße Saal notdürftig in Stand gesetzt und erhielt ein neues Blechdach. Die noch weitgehend vorhandene Stuckdecke von Eberhard v. Ihne wurde zur Sicherheit der Besucher entfernt, da diese vor herabfallenden Teilen geschützt werden sollten. Mit den Arbeiten wurde die Baufirma Ferdinand Kranefeldt beauftragt.[54] Diese Firma hatte ihren Sitz im Berliner Schloss und nutzte einige Räume. Die Ausstellung wurde jedoch verschoben.

Die aus Kostengründen nur auf das Nötigste beschränkten Instandsetzungen wurden im Übrigen nur nach den dringendsten Anforderungen vorgenommen. Kurt Reutti bemerkt in seinen Aufzeichnungen:

„So wurde z. B. die Decke über den Diensträumen der Verwaltung der Schlösser und über der Wohnung des Kastellans mit einer wasserundurchlässigen Zement- und Teerschicht versehen, die Decke des architektonisch ungleich wichtigeren Staatsratssaals wur-

---

51 Landesdenkmalamt Berlin – Archiv (LDA – Archiv), Akte „Berliner Schloss", Schreiben vom 14. November 1945.
52 LDA – Archiv, Akte „Berliner Schloss", Schreiben vom 9. März 1946.
53 LAB, C Rep. 110, Nr. 912, Bl. 1 ff.
54 LDA – Archiv, Akte „Berliner Schloss", Schreiben vom 6. Februar 1946.

Eingang zur Ausstellung "Berlin plant", 1946

de dagegen nicht geschützt, und der Staatsratssaal, der praktisch unbeschädigt war, wurde erst Jahre später durch das eindringende Regenwasser zerstört."⁵⁵

Aber auch schon gegen diese geringen Baumaßnahmen gab es im Magistrat starken Widerstand, man sah eine Nutzung des Schlosses als kontraproduktiv an. „Starck ist mit Schwenk der Meinung, dass es nicht angebracht ist, in einem so zerstörten Gebäudekom-

---

55 Geheimes Staatsarchiv (GStA), I. HA, Rep. 92, Kurt Reutti, Nr. 4, Bl. 481.

plex einige Räume herzurichten." Heinrich Starck wurde Scharoun von der KPD als stellvertretender Stadtbaurat an die Seite gestellt, um über ihn eine bessere Kontrolle und Beeinflussung ausüben zu können.

Am 22. August 1946 wurde auf der Grundlage des Magistratsbeschlusses[56] vom 20. August 1945 die Ausstellung „Berlin plant – Erster Bericht" eröffnet. Während der Vorbereitungsarbeiten wurde bei dem Einzug einer provisorischen Decke im Weißen Saal, die sich im Treppenhaus befindliche Skulptur der kranzwerfenden Victoria demoliert. Sie stand bis vor kurzem, restauriert, in der Alten Nationalgalerie.[57]

Die Ausstellung fand im Weißen Saal, der Galerie und einem weiteren großen Raum an der Galerie statt. Sie stellte eine erste Zwischenbilanz über die Wiederaufbauplanung Berlins dar. Ihre Aussagen gingen unter dem Begriff „Kollektivplanung" in die Stadtentwicklungsgeschichte ein. Sie gab wohl zu jener Zeit die prägnanteste Deutung der Scharoun'schen städtebaulichen Konzeption für den Wiederaufbau Berlins wieder. In seiner Eröffnungsrede stellte Scharoun seine Vision von der künftigen Stadtgestaltung Berlins vor:

„Was blieb, nachdem Bombenangriffe und Endkampf eine mechanische Auflockerung vollzogen, das Stadtbild aufrissen? Das, was blieb, gibt uns die Möglichkeit, eine >Stadtlandschaft< daraus zu gestalten. Die Stadtlandschaft ist für den Städtebauer ein Gestaltungsprinzip, um der Großsiedlungen Herr zu werden. Durch sie ist es möglich, Unüberschaubares, Maßstabloses in übersehbare und maßvolle Teile aufzugliedern und diese Teile so zueinander zu ordnen, wie Wald, Wiese, Berg und See in einer schönen Landschaft zusammen wirken. So also, daß das Maß dem Sinn und dem Wert der Teile entspricht und so, daß aus Natur und Gebäuden, aus Niedrigem und Hohem, Engem und Weitem eine lebendige Ordnung wird. Die Stadtlandschaft zeigt nicht die eine Silhouette der kleinen oder mittelalterlichen Stadt, wie wir sie von vielen Städten im Gedächtnis haben, sondern von den Teilen der Stadtlandschaft hat jeder seine eigene, seinem Inhalt entsprechende Silhouette. In ihnen werden die Grundlagen des Bauens – das sind technische und wirtschaftliche Faktoren, das ist der Ausdruck der gesellschaftlichen Bindung usw. – zur künstlerischen Gestalt entwickelt. [...] Soweit es sich um die Neugestaltung von Stadtgebieten handelt, können Ideallösungen verhältnismäßig einfach durchgeführt werden. Unsere ganze Kraft und Energie muß sich den Gebäuden zuwenden, die erhalten blieben, in denen die Berliner Bevölkerung lebt und lange Zeit wird leben müssen. Wir zeigen in der Ausstellung Strukturuntersuchungen, die den Zustand in diesen Gebäuden spiegeln und uns die Möglichkeiten der Wandlungen aufzeigen."[58]

Das Echo der Ausstellung fiel unter den rund 25 000 Besuchern ziemlich unterschiedlich aus, der Katalog konnte 13 000 mal verkauft werden. Im Rahmen der Ausstellung fand eine Ausschreibung eines Wettbewerbs statt, der sich besonders an die Berliner Bevölkerung richtete. Seine Ergebnisse sollten in eine zweite, spätere Ausstellung einfließen.

Schon zwei Monate nach dem Ende der ersten Ausstellung eröffnete die viel besuchte Ausstellung „Kunst des französischen Impressionismus" mit Gemälden von Cézanne, Degas, Gauguin, van Gogh, Manet, Matisse, Monet und Renoir, ergänzt durch Bilder Chagalls

---

56 LAB, C Rep. 110, Nr. 762, Bl. 148.
57 LDA – Archiv, Akte „Berliner Schloss", Schreiben vom 6. Juni 1946.
58 Vortrag vom 5. September 1946 zur Ausstellung „Berlin plant – erster Bericht". Vgl. Peter Pfannkuch, Hans Scharoun, Bauten, Entwürfe, Texte, in: Schriftenreihe der Akademie der Künste, Bd. 10, Berlin 1974, S. 158.

Ausstellung französische Künstler im Schloss, 1946

und Picassos, ihre Pforten. In ihr wurden die geretteten Kunstschätze Berlins dieses Genres erstmalig wieder der Öffentlichkeit gezeigt. Die Berliner waren begeistert. Die Ausstellung fand vom 22. Oktober bis 6. November 1946 statt und wurde vom französischen Stadtkommandanten unterstützt.

Die dritte Ausstellung in den erhaltenen Schlossräumen eröffnete am 21. Dezember 1946 und stand unter dem Motto: „Wiedersehen mit Museumsgut". Sie wurde von Ludwig Justi[59] vorbereitet. Es gab ein Begleitheft mit 98 Positionen, in denen die Kunstwerke erläutert wurden. Die Ausstellung war noch bis 1947 zu sehen.

Die letzte Ausstellung im Schloss „Berlin 1848" fand aus Anlass der einhundertjährigen Wiederkehr der Revolution von 1848 statt und wurde am 17. März 1948 eröffnet.

Hinter den Kulissen ging indessen das Tauziehen um das Schicksal des Schlosses weiter. Noch hatten die Bestrebungen, es über eine Nutzung für die Zukunft zur erhalten, um damit seinen Wiederaufbau zu ermöglichen, die Oberhand. So heißt es in der Magistrats-

---

59 Ludwig Justi (1876–1957); Studium Kunstgeschichte an den Universitäten in Bonn und Berlin; 1898 Promotion; 1901 Privatdozent; 1902 Habilitation; 1903 Professor mit einem Lehrstuhl Kunstgeschichte an der Universität in Halle; 1904 Direktor des Städelschen Kunstinstituts in Frankfurt/Main; 1905–1909 Erster ständiger Sekretär der Preußischen Akademie der Künste zu Berlin; 1909 Direktor der Nationalgalerie; 1933 Amtsenthebung aus politischen Gründen; Ab 1933 Kustos an der Bibliothek der Staatlichen Museen; 1933–1945 schriftstellerische Tätigkeit; 1946–1957 Generaldirektor der Staatlichen Museen in Berlin; 1949 Ordentliches Mitglied der Deutschen Akademie der Wissenschaften. In: Wer war wer – DDR, Berlin 1992, S. 215.

vorlage Nr. 484 vom 10. Oktober 1947 zur gegenwärtigen Nutzung und weiteren Verwendung der staatlichen Schlösser u. a.:

„Das Schloss Berlin ist hinsichtlich seiner wirtschaftlichen Verwaltung durch Befehl der SMA seit 25. 4. 47 aus dem Amtsbereich des Finanzamtes für Liegenschaften herausgenommen und der ‚Deutschen Treuhandstelle' zur Verwaltung des sequestierten und beschlagnahmten Vermögens im sowjetischen Sektor Berlins, Berlin N 8, Französische Str. 15, unterstellt worden. Der Abteilung für Volksbildung sind eine Anzahl Räume für das Kunstgewerbemuseum sowie Diensträume der Verwaltung der ehemals staatlichen Schlösser und Gärten kostenlos zur Verfügung gestellt worden. Das Schloss Berlin insgesamt ist so zerstört, dass es als geschlossenes museal verwertbares Gebäude aufgehört hat zu existieren.

Am besten ist der nordwestliche Teil erhalten, in dem das Kunstgewerbemuseum der ehemals Staatlichen Museen untergebracht ist und in dem sich grössere Ausstellungsräume in zwei Stockwerken (darunter der wiederhergestellte ‚Weiße Saal') befinden. In diesen Sälen fanden dann auch verschiedene Ausstellungen statt, so z. B. Prof. Scharouns Entwurf für den Wiederaufbau Berlins und die französische Gemäldeausstellung. Z. Zt. befindet sich dort eine aus Objekten der ehemals staatlichen Museen zusammengestellte Ausstellung ‚Wiedersehen mit Museumsgut'. Da die Kälte des Winters sich ungünstig auf den Besuch auswirkte, ist die Ausstellungsdauer verlängert worden. Es werden besonders Führungen für die Betriebe, Schulen und den FDGB veranstaltet. Nach Abschluss dieser Ausstellung sind weitere Ausstellungen aus den Beständen der ehemals Staatlichen Museen geplant.

Der Südwestflügel mit dem ‚Staatsratsaal' von 1810 ist vom Finanzamt für Liegenschaften an eine Baufirma vermietet worden, doch soll versucht werden, den grossen und repräsentativen Saal, der relativ wenig beschädigt ist, für museale Zwecke zurückzugewinnen.

Im Berliner Schloss befinden sich auch Büroräume der Verwaltung der ehemals Staatlichen Schlösser und Gärten (Abteilung für Volksbildung) und des Amtes für Denkmalpflege (Abteilung für Bau- und Wohnungswesen)."[60]

Die neu gewählte Stadtverordnetenversammlung trat am 20. Oktober 1946 zusammen. Hans Scharoun wurde durch Karl Bonatz[61] ersetzt. Scharouns deutliches Eintreten für ein modernes Berlin unter Berücksichtigung des Wiederaufbaus der wichtigsten historischen Gebäude fand unter den SED-Genossen wenig Anhänger, er wurde ihnen lästig. Zudem wollte die Führung der SED, wenn möglich, alle Schlüsselpositionen mit ihren Leuten besetzen.

Bonatz entwickelte zum Erstaunen seiner Parteigenossen ebenfalls einen Plan, in dem er bewusst an die historischen Strukturen anknüpfte. Es sollte wieder eine klar definierte Stadtmitte Berlins geben. Aber auch seine Arbeit stand unter einem schlechten Stern. Die politischen Machtkämpfe im Magistrat, aber auch die materielle Not und der Geldmangel, verhinderten eine neue Stadtbaukultur. Dazu kam noch der unklare Status, der von den

---

60 LAB, C Rep. 100, Nr. 799, Bl. 143.
61 Karl Bonatz (1882–?); 1937 Oberbaurat in Neukölln; bis 1933 Mitglied der SPD; 1937 in den vorzeitigen Ruhestand versetzt; nach 1945 war er Bezirksstadtrat in Steglitz und von 1946 bis 1948 Stadtrat für Bau- und Wohnungswesen; Beruf Architekt; seit 1950 wieder als Architekt tätig; er schuf Siedlungen in Köpenick, Charlottenburg und Neukölln.
62 Stiftung Preußischer Kulturbesitz, Archiv, VA 926.

Siegermächten Berlin zugedacht war, verbunden mit ersten schweren Meinungsverschiedenheiten der ehemaligen Alliierten. So wurde zunächst einmal ein generelles Planungsverbot ausgesprochen. Städtebauliche Visionen waren damit nicht mehr zu verwirklichen.

Im Verlaufe des Jahres 1947 wurden verschiedene Rückführungsaktionen der aus dem Schlossmuseum ausgelagerten Kunst- und Kulturwerte unternommen. So kam ausgelagertes Museumsgut am 28. und 29. Mai 1947 aus Sonnenwalde und am 15. Juli 1947 aus Gebersdorf und Casel. Aus dem Thüringer Staatsgut Dobitschen wurden zwischen dem 1. November 1947 und dem 31. März 1948 fünf Transporte mit Kunstschätzen dem Schlossmuseum zugeführt.[62] Andere Bestände des Museums befanden sich weiter auf Irrfahrt. So wurden auf Veranlassung des Landrates in Weißensee (Thüringen) Möbel des Berliner Schlossmuseums, die bis dato im Schloss Weißensee lagerten, aus Gründen der Sicherheit in einen Speicher des Erfurter Museums überführt.[63]

Spreefront – der älteste Teil des Schlosses nach dem Krieg, 1947

---

63 Stiftung Preußischer Kulturbesitz, Archiv, VA 803, Schreiben vom 15. Februar 1949.

Schlossplatzseite von der Langen Brücke, 1947

Fassade an der Schlossfreiheit, 1947

Blick auf das Schloss von der Schlossbrücke, 1947

Schlüterhof, Juli 1950

Schlüterhof, Teil der Südfassade, Juli 1950

Schlüterhof, Nordseite, Juli 1950

Portal I des Schlüterbaues, Oktober 1950

Puttengruppe im Vestibül der großen Treppe am Schlüterhof, 1946

Stuckdecke an der großen Treppe, Schlüterhof, Juli 1950

Geniengruppe an der Südseite im großen Schlosshof, September 1950

Elisabethsaal – westliche Wandseite, Juli 1950

Schuttmassen im zerstörten Parolesaal, Juli 1950

Klassizistischer Staatsratssaal, Juli 1950

Sandsteinrelief „Die Gerechtigkeit" von Andreas Schlüter am Portal V, Oktober 1950

4. Chronologie der Vernichtung

Mit der Spaltung der Stadt und des Magistrats Mitte 1948 fiel der Bezirk Mitte und mit ihm das Schlossareal, endgültig unter ausschließlich kommunistische Herrschaft. Damit lief alles auf einen Abriss der Schlossruine hinaus. Zunächst versuchte man, weitere Ausstellungen zu verhindern und die letzten Nutzer des Schlosses auszuquartieren. Hierzu musste der Befund einer totalen Baufälligkeit, verbunden mit lebensgefährdender Einsturzgefahr erstellt werden. Bei einer Schlossbesichtigung durch Bausachverständige des Magistrats, die am 19. Oktober 1948 stattfand, wurde der Bauzustand analysiert.[64]

Die Begutachtung belegte nachdrücklich, dass der Wiederaufbau der Schlossruine und ihre spätere sinnvolle Nutzung im Bereich des Möglichen gewesen wäre. Bislang wurden mit geringem finanziellem Aufwand nur erste Instandsetzungsarbeiten und Restaurierungsmaßnahmen durchgeführt. Der Weiße Saal wurde für Ausstellungen genutzt. Andere Räume beherbergten das Kunstgewerbemuseum. Behörden und Einrichtungen der Stadt nutzten weitere erhaltene Räume des Stadtschlosses.

Dennoch erklärte am 21. Oktober 1948 das Baupolizeiamt Mitte das Stadtschloss für baufällig und ordnete die Absperrung und Räumung des Gebäudes an. Diese Anordnung ist heute in den Archiven leider nicht mehr auffindbar.

Die Abteilung für Volksbildung, das Amt Museen und Sammlungen, erhob Einspruch. Ebenso forderte die Leiterin der Schlösserverwaltung, Dr. Margarete Kühn, die Aufhebung dieser Entscheidung. Danach fanden verschiedene Gespräche und Begehungen des Schlosses durch die Verantwortlichen, insbesondere des Amtes für Stadtplanung und der Baupolizei statt. Es bestand zunächst noch die Absicht, die notwendigsten Reparaturarbeiten in den Bauplan des Jahres 1950 aufzunehmen, um die Sperrung des Schlosses rückgängig machen zu können. Wahrscheinlich nur deshalb, weil die Zeit für den offiziellen Abrissbeschluss noch nicht gekommen war. Man traute sich noch nicht.[65] Außerdem besaß die Firma Abbruch, Hoch- und Tiefbau Ferdinand Kranefeld einen bis zum 31. Dezember 1949 laufenden Mietvertrag. Eine beschränkte Zusage auf Weiternutzung ihrer Räume wurde ihr erst am 21. Oktober 1949 erteilt, allerdings ebenfalls nur bis zum 31. Dezember 1949.[66]

Das Schloss sollte entmietet werden. Der weitere Verfall der wertvollen Bausubstanz wurde billigend in Kauf genommen. Dies geht aus verschiedenen Dokumenten eindeutig

---

64 LDA – Archiv, Akte „Berliner Schloss, Einschätzung vom 10. Oktober 1948.
65 LDA – Archiv, Akte „Berliner Schloss", Schreiben vom 22. August 1949.
66 Stiftung Preußischer Kulturbesitz, Museen-Archiv, VA 605.
67 Selman Selmanagic (1905–1986); geb. in Srebrenica (Bosnien); 1919–1929 Tischlerausbildung; 1929–1933 Architekturstudium am Bauhaus Dessau und Berlin; 1939–1942 Mitarbeiter in der Bauabteilung der UFA; 1942–1945 Filmarchitekt der UFA; Teilnahme am Widerstandskampf in Berlin; 1945–1950 Mitglied des Stadtplanungskollektivs beim Magistrat von Groß-Berlin; 1950 Professor; 1950–1970 Leiter der Architekturabteilung an der Hochschule für angewandte Kunst (ab 1953 Hochschule für bildende und angewandte Kunst Berlin-Weißensee). In: Wer war wer – DDR, Berlin 1992, S. 424.

hervor. Ein Gutachten von Selmanagic[67], der eine Methode zur Sicherung von Mauerwerk entwickelt hatte (Injektion von Stahlbeton), blieb unbeachtet.

Im Mai 1949 verdichteten sich die Gerüchte, wonach die von den Sowjets eingesetzte Verwaltung der Ostzone und der Magistrat die Absicht hätten, das Berliner Stadtschloss abzureißen. Dazu trug u. a. eine erneute Schlossbesichtigung am 25. Mai 1949 bei. An ihr nahmen u.a. der Leiter des Hauptpolizeiamtes, Fahrenwald, der damalige Generaldirektor der Berliner Museen, Prof. Ludwig Justi, und Prof. Kühnel teil. Schwerpunkt war der Zustand des Weißen Saals und der Schlosskuppel. Nach der Begutachtung wurde die Sicherheit einzelner Räume bestätigt, die Kuppel jedoch für einsturzgefährdet erklärt. Man entschied, die Räume im Erdgeschoss des linken Schlossfreiheitsflügels und in dem darüberliegenden Stockwerk könnten weiterhin durch das Schlossmuseum genutzt werden.[68] Dennoch solle das Inventar des Schlossmuseums wegen vorhandener Gefahrenstellen evakuiert werden. Dem widersprach Justi, er forderte vielmehr die Beseitigung der Gefahrenstellen durchzusetzen.

Die Presse in den Westsektoren erfuhr von diesen Gerüchten und griff das Thema des bevorstehenden Schlossabrisses auf. Damit war eine breite Öffentlichkeit hergestellt. Den Machthabern der SED gefiel dies überhaupt nicht. Wahrscheinlich nahm deswegen die SED erst einmal Abstand von dem Vorhaben. Am 14. Juni 1949 dementierte die Abteilung Museen und Sammlungen des Magistrats offiziell die Bestrebungen, das Schloss abzureißen.[69]

Im „Planungskollektiv" zum Wiederaufbau Berlins war man noch am 28. August 1949 der Meinung, dass für das zerstörte Schloss eine Lösung gefunden werden müsse: „Bisher als Ruine behandelt, könnte es für übergeordnete repräsentative Zwecke ausgebaut werden."[70] Nur wenig später, am 3. September 1949, legte die Kollektivsitzung fest: „Berliner Schloss. Der Schlüterhof ist in seiner jetzigen Form zu erhalten, später auszubauen."[71]

Angesichts des guten Bauzustandes der Schlossruine kam ein Planungskollektiv der Abteilung Bau- und Wohnungswesen des Magistrats am 5. September 1949 zu dem Ergebnis, dass der gesamte Schlüterhof mit seiner Bebauung zu erhalten sei. Die Instandsetzung sollte in späteren Jahren erfolgen. Die Teilnehmer waren sich ebenso darüber einig, den Eosander'schen Bau, also die westliche Hälfte des Schlosses, wegen Baufälligkeit abzureißen. Daran wird die Gedankenlosigkeit und der politische Opportunismus sichtbar, war doch gerade der Westteil wesentlich besser erhalten, wie seine Funktion als Museum und Ausstellungsort beweist. Darüber hinaus sollte das Nationaldenkmal Kaiser Wilhelms I. auf der Schlossfreiheit abgetragen werden.[72]

Der neugegründete Arbeitskreis für die Geschichte Berlins des Kulturbundes wandte sich in einer öffentlichen Sitzung gegen diese Bestrebungen. Für die Anwesenden stand fest, dass nicht einzelne Teile, sondern das ganze Schloss gerettet werden musste.

Im Landesarchiv Berlin befindet sich ein Dokument[73], das eine zusätzliche politische Begründung für den Erhalt des Schlüterhofes enthält:

---

68 LDA – Archiv, Akte „Berliner Schloss", Schreiben vom 27. Mai 1949.
69 Tribüne, 14. Juni 1949.
70 LAB, C Rep. 110, Nr. 99, Bl. 102.
71 ebd., Bl. 115.
72 LDA – Archiv, Akte „Berliner Schloss", Schreiben vom 5. September 1949.
73 Das Dokument ist undatiert. Der Verfasser ist Dr. Reinherz.

„Eine Erhaltung des Schlüterbaues wäre nicht nur aus architektonischen und städtebaulichen, sondern auch aus historischen Gründen zu rechtfertigen. Dieser Teil des Schlosses erinnert an die brandenburgisch-preußische Vergangenheit um 1700. Damals wurde der Versuch gemacht, einen Kulturstaat zu begründen und Berlin zum Range eines deutschen Athen zu erheben. Preußen war damals durchaus noch reichstreu, der Militarismus späterer Zeit war noch nicht geboren. Diese Bestrebungen des Königs Friedrich I. haben allgemeine Ablehnung in der prorussischen Geschichtsschreibung gefunden. Gerade deswegen sind wir geneigt, die Erinnerung an eine Zeit zu pflegen, in der Berlin in städtebaulicher Beziehung Wien und Dresden nacheiferte (sogenannter Reichsstil) und man noch nicht von einem militaristischen, antideutschen, preußischen Staate träumte. Die anderen Teile des Schlosses erinnern an Friedrich Wilhelm IV., den erbitterten Gegner der 48er Revolution und den imperialistischen Wilhelm II. Es besteht kein Grund für uns, diesen Teil der deutschen Geschichte in irgendeiner Form zu pflegen."[74]

In den folgenden Monaten blieb das Schloss gesperrt. Alle weiteren Sicherungsmaßnahmen wurden untersagt. Der weitere Verfall war damit vorprogrammiert. Vor diesem Hintergrund ist auch zu verstehen, warum es dem Moskauer Studio „Mosfilm" erlaubt wurde, das Schloss als Filmkulisse zu benutzen. Zwischen dem 4. und 5. Oktober 1949 wurden im und um das Schloss herum Szenen zu dem russischen Film „Die Schlacht um Berlin" gedreht, der den Sieg der Sowjetunion verherrlichen sollte. Das inszenierte Geschützfeuer der Schlacht bei den Filmaufnahmen ließ im Schlossmuseum rund zweihundert Fensterscheiben platzen. Die eingesetzten russischen Soldaten vandalierten im Schloss. Eine Puttengruppe am unteren Lauf der Schlütertreppe wurde zerschlagen.[75] Ein wertvoller Kunstschrank aus dem 17. Jahrhundert wurde durch sowjetische Soldaten zerstört, die Stoffbespannungen von Ausstellungsschränken und Teile der Wandbespannung in einem Raum abgerissen.[76]

Zu jener Zeit existierte noch das Schlossmuseum. Im Bereich der Mecklenburgischen Kammern wurde all das, was aus den Auslagerungsorten zurück kam oder den Abtransport in die Sowjetunion überstanden hatte, deponiert. Allerdings waren dies nur wenige Stücke: von den ursprünglich ca. 100 000 Exponaten blieb ein kümmerlicher Rest von 8 000 Kunstgegenständen übrig.

Die neue politische Kaste und staatliche Stellen entnahmen für ihren eigenen Bedarf weitere Kunstschätze. Kurt Reutti[77] berichtet, dass am 13. Oktober 1949 die Herren Behrsing, Dr. Strauss und der Sohn von Ministerpräsident Otto Grotewohl[78] in die Nationalgalerie kamen und 33 Gemälde sowie drei Plastiken mitnahmen. Aus dem Kaiser-Fried-

---

74 LAB, C Rep. 101, Nr. 340, ohne Blattnummerierung.
75 GStA, I. HA, Rep. 92, Kurt Reutti, Nr. 2, Bl. 371.
76 LDA – Archiv, Akte „Berliner Schloss", Schreiben, 5. Oktober 1949.
77 Kurt Reutti (1900–1967); nach seiner Bürotätigkeit besuchte er zwischen 1921 und 1924 die Kunstschule Reimann und die Berliner Kunsthochschule; er wird Maler und Bildhauer; danach war er bis 1939 freischaffender Maler und Gebrauchsgrafiker; bis 1945 arbeitete er als Betriebstechniker; 1945 erst freischaffender Bildhauer und ehrenamtlicher Kustos des Schlosses Schönhausen; weiterhin wurde er freier Mitarbeiter der „Zentralstelle zur Erfassung und Pflege von Kunstwerken"; er arbeitete bis 1947 in der Abteilung, die sich mit der Sicherung des Kunst- und Kulturgutes in Berlin und Brandenburg befasste; zwischen 1947 und 1949 war er im Referat „Rückführung von Museumsgütern" beschäftigt; 1950 Mitarbeiter der Staatlichen Museen; am 16. Mai 1950 erhielt Reutti Hausverbot; im Dezember 1950 siedelte er nach Wilmersdorf um; er übernahm Aufgaben im Charlottenburger Schloss; seit 1956 war er wieder als Bildhauer tätig.

rich-Museum wurden 12 Gemälde zur Ausschmückung der Privatwohnungen der Regierungsmitglieder entfernt. Die Mitnahme erfolgte ohne Anmeldung und ohne Quittung. Friedrich Ebert[79] ließ für seine Villa in Niederschönhausen am 14. April 1949 weitere Kunstwerke abholen. Für den Sitz von Wilhelm Pieck im Schloss Niederschönhausen requirierte Dr. Strauss 45 Gemälde aus der Gemäldesammlung im Neuen Palais in Potsdam.[80]

Am 14. September 1949 stellte Kurt Liebknecht[81] den „Generalbebauungsplan für Deutschlands Hauptstadt" vor. Diesen Plan erläuterte er am 26. November 1949 vor dem Ministerrat der DDR. Später berichtete er:

„Während dieser Beratung stand ich vor dem bisher höchsten Gremium meines Lebens. [...] Doch meine Ausführungen wurden mit Wohlwollen aufgenommen und nach einer gründlichen Diskussion als Grundlage für die weitere Arbeit beschlossen. [...] Dennoch war nicht zu übersehen, daß es uns an Erfahrung fehlte, um den Wiederaufbau einer ganzen Stadt einschließlich ihrer zentralen Straßen und Plätze nicht nur zweckmäßig, sondern auch im sozialistischen Sinne zu planen. Man beschloß, eine Studienreise in die Sowjetunion zu organisieren, die unsere Kenntnisse erweitern sollte."[82]

Am 15. November 1949 lieferte der Magistratsdirektor für Bau- und Wohnungswesen, Strack, auf einer öffentlichen Sitzung des Arbeitskreises zur Erforschung der Geschichte Berlins des Kulturbundes zur demokratischen Erneuerung Deutschlands, der erst am 15. Juli 1949 gegründet worden war, einen Diskussionsbeitrag zum Thema: „Was kann von den alten Denkmälern Berlins erhalten bleiben?". Er sagte:

„Vom Berliner Stadtschloß liegt noch keine grundsätzliche Entscheidung vor, wahrscheinlich aber soll ein Teil des Stadtschlosses abgebrochen werden, damit mehr Platz für

---

78 Otto Grotewohl (1894–1964); 1908–1912 Buchdruckerlehre; 1908 sozialistische Arbeiterjugend; 1912 Mitglied der SPD; 1912–1914 Buchdrucker; 1914–1918 Soldat; 1918 USPD; 1918/19 Vorsitzender eines Arbeiter- und Soldatenrates; 1919–1921 Angestellter der Ortskrankenkasse Braunschweig; 1920–1926 Abgeordneter des braunschweigischen Landtages; 1924–1926 Studium; 1925–1933 Präsident der Landesversicherungsanstalt; Abgeordneter des Reichstages; bis 1938 selbständiger Kaufmann; 1940–1945 Geschäftsführer; 1946 Mitglied des Parteivorstandes bzw. des ZK der SED; 1946–1954 mit Wilhelm Pieck Vorsitzender der SED; 1946–1950 Abgeordneter des Sächsischen Landtages; 1949 Ministerpräsident bzw. Vorsitzender des Ministerrates der DDR; 1960 Stellvertretender Staatsratsvorsitzender; 1960 aus gesundheitlichen Gründen Rückzug von allen Ämtern. In: Wer war wer – DDR, Berlin 1992, S. 151 f.

79 Friedrich Ebert (1894–1979); 1909–1913 Buchdruckerlehre; 1913 SPD-Mitglied; 1919–1933 Redakteur verschiedener sozialdemokratischer Zeitungen; 1928–1933 Mitglied des Reichstages; 1945/46 Landesvorsitzender der SPD in Brandenburg; 1946 Präsident des Landtages Brandenburg; 1949 Mitglied des Politbüros des ZK der SED; 1948–1967 Oberbürgermeister von Berlin-Ost; 1950–1963 und seit 1971 Stellvertretender Präsident der Volkskammer der DDR; 1951–1958 Präsident der DSF; 1957–1964 Präsident des Städte- und Gemeindetages; 1971 Stellvertretender Vorsitzender des Staatsrates. In: Wer war wer – DDR, Berlin 1992, S. 93.

80 GStA, I. HA, Rep. 92, Reutti, Nr. 2, Bl. 372 f.

81 Kurt Liebknecht (1905–1994); Neffe von Karl Liebknecht; 1924–1929 Architekturstudium an der Technischen Hochschule Berlin-Charlottenburg; 1929–1931 als Architekt tätig; 1931–1948 als Architekt in der UdSSR; Internierung; 1943 Leiter der Abteilung Gesundheits- und Sozialeinrichtungen der sowjetischen Architekturakademie; 1945 Dr.-Ing.; 1948 Rückkehr nach Deutschland und Mitglied der SED; 1949 Direktor des Instituts für Städtebau und Hochbau im Ministerium für Aufbau; 1951–1961 Präsident der Deutschen Bauakademie; 1951 Professor; 1962 Direktor des Instituts für Theorie und Geschichte der Architektur; 1963–1970 Direktor des Instituts für Gesundheitsbauten. In: Wer war wer – DDR, Berlin 1992, S. 279.

82 Kurt Liebknecht: Mein bewegtes Leben, Berlin 1986, S. 123.

die Demonstrationen am 1. Mai vorhanden ist."[83] „An einen Wiederaufbau des Schlosses ist, vor allen Dingen wegen fehlender Mittel, nicht zu denken. Es gibt außerdem eine Reihe von Personen und Institutionen, die einen Abriß des Vorderteils d. h. des an das Eosanderportal anschließenden Teils befürworten. Wieweit diesen Plänen, die ein notwendiges Aufmarschforum fordern, nähergetreten wird, kann ich zur Stunde noch nicht sagen. Eines aber ist gewiß: Der wertvollste Teil des Schlosses, der Schlüterhof, wird auf jeden Fall der Nachwelt erhalten."[84]

Aus taktischen Gründen wollte man die Öffentlichkeit an den vollständigen Abriss des Schlosses in kleinen Schritten gewöhnen, schon damals trat im inneren Führungszirkel niemand mehr für den Wiederaufbau des Schlosses ein.

Während des Aufenthalts einer Delegation in Moskau zu den Feierlichkeiten zum 70. Geburtstag Stalins (1879–1953)[85], Ende Dezember 1949, unter der Leitung von Walter Ulbricht[86], kam es am Rande zu den vorher erwähnten Erkundungen über die sowjetisch-sozialistische Stadtplanung. Ulbricht sprach mit dem Präsidenten der Sowjetischen Architekturakademie Arkadi Grigorjewitsch Mordwinow[87] über Städtebau und Architektur. „Diese Aussprache war eine Lektion im wahrsten Sinne, eine Lektion über die Direktiven des Genossen Stalin über Städtebau und Architektur, wie sie bei der Umgestaltung der sowjetischen Hauptstadt und vieler anderer großer Städte der Sowjetunion zur Grundlage gedient hatten."[88]

Damit begann die endgültige Wende in den Auffassungen der Ostberliner Stadtplaner zum Städtebau und zur Architektur von den bisher eher westlich geprägten Traditionen hin zum sozialistischen Stadtbild der Stalinära. Als Ulbricht von den Feierlichkeiten Ende Dezember 1949 zurückkehrte, nahm er immer mehr Einfluss auf die Planung und Architektur des Wiederaufbaus, besonders in Berlin. Der bisherige, mäßigende Einfluss Otto Grotewohls wurde zurückgedrängt. Ulbricht bestimmte offen, was zu geschehen hatte und was nicht.

Die zunehmende Verunsicherung über die Zukunft der Repräsentationsbauten aus preußischer Zeit alarmierte Wissenschaftler der Deutschen Akademie der Wissenschaften un-

---

83 BArch, DBA, II/40/1, Bericht vom 17. November 1949.
84 Helmut Räther: Vom Hohenzollernschloß zum Roten Platz, Berlin 1952, S. 24.
85 Iossif Wissarionowitsch Stalin (1879–1953); 1917 an der Vorbereitung und Durchführung der Oktoberrevolution beteiligt; 1922 Generalsekretär der KP; Ausschaltung von Leo Trotzki (1879–1940); 1941 Regierungschef; Verfolgung Andersdenkender unter dem Mäntelchen der „Säuberung"; 1943 Marschall; 1945 Generalissimus; 1956 nach dem Tod (1953) Verurteilung des Personenkultes.
86 Walter Ulbricht (1893–1973); 1907–1911 Tischlerlehre; 1912 SPD; November 1918 Mitglied des Soldatenrates; 1919 Mitbegründer der KPD; 1923 Mitglied der Zentrale und des ZK der KPD; 1926–1929 Landtagsabgeordneter in Sachsen; 1928 Mitglied des Deutschen Reichstages; 1926–1946 Mitglied des Politbüros der KPD; 1929–1933 Leiter der Bezirksorganisation Berlin-Brandenburg-Lausitz-GrenzMark der KPD; 1938–1943 Vertreter der KPD im EKKI, 1943–1945 Mitglied des NKFD; 1945 Leiter der Initiativgruppe der KPD; 1946 Mitglied des Parteivorstandes bzw. ZK der SED; 1946–1950 Zentralsekretär des Parteivorstandes; 1949 Abgeordneter der Volkskammer; 1955–1960 1. Stellvertreter des Vorsitzenden des Ministerrates der DDR; 1953–1971 Erster Sekretär des Zentralkomitees der SED; 1971 Vorsitzender der SED; 1960–1973 Vorsitzender des Staatsrates der DDR. In: Wer war wer – DDR, Berlin 1992, S. 461.
87 Arkadi Grigorjewitsch Mordwinow (1896–1964); 1943–1947 Architekturminister; 1950–1955 Präsident der Akademie für Architektur der Sowjetunion.
88 Kurt Liebknecht: Jetzt schließe ich Freundschaft mit den Architekten. In: Deutsche Architektur, Berlin 1953, Nr. 4, S. 156.

ter ihrem Präsidenten Prof. Johannes Stroux[89]. Nach den Erfahrungen, die die Akademie im Zuge des Befehls Nr. 209 der SMAD auf dem Lande gewonnen hatte, wurde einigen klar, dass ein sofortiger Einspruch gegen die neuen Bestrebungen nötig war. Am 6. Januar 1950 schrieb Stroux an Oberbürgermeister Friedrich Ebert:

„Die Deutsche Akademie der Wissenschaften hat mit Besorgnis wahrgenommen, dass künstlerisch wertvolle Bauten und Bildwerke in Berlin zerstört sind, sowie Gerüchte vernommen, dass weitere Bauten dieser Art geopfert werden sollen. [...] Vielleicht gibt es Architekten, die sich an dem schönen und weltberühmten Teil Berlins zwischen den Linden und dem Lustgarten bestätigen möchten, es gibt wohl auch Heißsporne, die alles, was an frühere Zeit (abgesehen von der Hitler-Epoche) erinnert, beseitigen möchten – während in der Sowjetunion die alten Kathedralen und die Paläste der Zaren hergestellt oder von Grund auf in ursprünglicher Form neu erbaut werden. Die Namen derer, die zerstören wollen oder schon zerstört haben, werden bald vergessen sein, dagegen wird man gewiss in nicht ferner Zeit mit Ihnen, als dem Oberbürgermeister von Gross-Berlin, das auf dem Gebiet der baulichen Umgestaltung Geschehene und noch Geschehende in Verbindung bringen. Die Bedeutung, die das, was jetzt geschieht, für eine weitere Zukunft des Stadtbildes Berlins haben wird, und die Tatsache, dass damit die Beurteilung der Leistungen des neuen Volksstaates auf dem Gebiete der Kultur und Kunst verknüpft sein wird, veranlasst die Deutsche Akademie der Wissenschaften zu der besorgten Bitte, Sie möchten als Oberbürgermeister von Gross-Berlin an die betreffenden Stellen der Stadtverwaltung die Anordnung ergehen lassen, dass der Plan zur Beseitigung oder älteres Kulturgut opfernden Neugestaltung und Modernisierung der Gebäude, Strassen, Plätze und Anlagen der Stadt rechtzeitig der Deutschen Akademie der Wissenschaften zur begutachtenden Stellungnahme vorgelegt werde".[90]

In den Wochen danach gab es keine Reaktion auf diese Forderungen. Man hielt sich bedeckt. So heißt es in einer Aktennotiz vom 1. April 1950 über die Besichtigung des Berliner Schlosses am 27. März 1950, dass der zuständige Baustadtrat Arnold Munter[91] „über das weitere Schicksal des Schlosses z. Zt. noch nichts Endgültiges sagen könne."[92]

Die Nutzung der Erfahrungen aus der Sowjetunion war, wie erwähnt, schon am 18. November 1949 Gegenstand einer Beratung bei Otto Grotewohl. Zum ersten Mal wurde da-

---

89 Johannes Stroux (1886–1954); 1904–1909 Studium der klassischen Philologie und Geschichte an den Universitäten in Straßburg und Göttingen; 1909–1914 Schuldienst; 1911 Promotion; 1914 Habilitation; 1914 Privatdozent; Professuren in Basel, Kiel, Jena und München; 1935–1954 Professur in Berlin und zugleich Direktor des Instituts für Altertumskunde; 1945 Präsident der Preußischen Akademie der Wissenschaften; 1946/47 Rektor der Universität Berlin; 1946–1951 Präsident der Deutschen Akademie der Wissenschaften; 1951–1954 Vizepräsident der Deutschen Akademie der Wissenschaften; 1946–1954 Direktor des Instituts für hellenistische-römische Philosophie der Deutschen Akademie der Wissenschaften; 1949–1954 Abgeordneter der Provisorischen Volkskammer bzw. Volkskammer; Mitglied zentraler Gremien der DSF und des Kulturbundes der DDR. In: Wer war wer – DDR, Berlin 1992, S. 446.
90 Archiv der Berlin-Brandenburgischen Akademie der Wissenschaften (ABBAW), Bestand Akademieleitung 590, Schreiben vom 6. Januar 1950.
91 Arnold Munter (geb. 1912); 1929 „Reichsbanner Schwarz-Rot-Gold"; ab 1933 illegale Arbeit; 1942 nach Theresienstadt deportiert; 1945 SPD; Herbst 1948 Stadtrat für Bau- und Wohnungswesen des Magistrats von Groß-Berlin; 1955 Betriebsleiter eines Volkseigenen Betriebes für Glaserzeugung; 1957 Invalidenrentner; Mitarbeit in der Bezirksverordnetenversammlung Pankow; verschiedene Tätigkeiten im VVN; Bezirksvorstand der DSF Weißensee und in der Nationalen Front. In: Ruth Damwerth: Arnold Munter – Jahrhundertzeuge, Berlin 1994.
92 LDA – Archiv, Akte „Berliner Schloss", Schreiben vom 1. April 1950.

mals betont, dass für den Wiederaufbau Berlins die Erkenntnisse des Städtebaus in Moskau genutzt werden sollten.[93] Ausgehend von dieser Beratung regte Dr. Lothar Bolz an, den Aufbau Berlins zur Sache der Regierung und nicht des Magistrats zu machen.[94] Ende 1949, nach Gründung der DDR, nimmt Walter Ulbricht mit der SED-Führung immer mehr Einfluss auf die Planungsarbeiten. „Bei seinem letzten Besuch im Dezember 1949 hat Walter Ulbricht nach Beratung mit den zuständigen Moskauer Stellen wissen lassen, daß die vorgesehene Delegation nach Moskau fahren soll, um sich dort zu informieren."[95] Dr. Bolz trat entschieden dafür ein, dass die „Grundsätze für den Wiederaufbau der Städte" erst nach dem Studium der Erfahrungen des Wiederaufbaus in Moskau fertigzustellen seien.[96]

Eine weitere Reise begann so am 12. April 1950. Nach sechs Wochen kehrte die Delegation, die unter der Leitung von Bolz stand, am 17. Mai 1950 nach Berlin zurück. Als Ergebnis der Reise in die UdSSR sind die sechzehn Grundsätze des Städtebaus anzusehen. Vorbereitende Arbeiten zu diesem Papier fanden schon in der DDR statt. Aber erst nach der Auswertung der Erfahrungen der Sowjetunion, der vielfachen Diskussionen und Besichtigungen kam es zu ihrer endgültigen Formulierung.

Die in der Sowjetunion vorgestellten Pläne zur Neugestaltung Berlins erläuterte Edmund Collein im Ministerium für Städtebau. Im Wesentlichen beruhten sie auf dem „Generalbebauungsplan", der im Juli 1949 vom Magistrat von Groß-Berlin der Öffentlichkeit zur Diskussion vorgestellt wurde. Diesen Plänen standen die sowjetischen Kollegen jedoch ablehnend gegenüber.

Im Mai 1950 forderte Oberbürgermeister Ebert ein weiteres Gutachten[97] über den Zustand des Berliner Stadtschlosses an. Das Gutachten wurde jedoch nicht fristgerecht fertiggestellt. So schlug man auch ohne Gutachten auf der Basis der neuen Grundsätze vor:

„Der westliche Teil des Schlosses wird abgetragen. Der dadurch gewonnene Raum verlängert den Lustgarten bis zur Linie Marstall – Eingang Breite Str. – Eingang Brüderstraße. Der östliche Teil, Schlüterbau, bleibt als Ruine erhalten in Form eines nach Westen offenen Hufeisens, wobei der Platz zwischen dem Lustgartenflügel und dem Schlossplatzflügel mit einer Grünfläche bedeckt und auf der offenen Westseite durch ein Gitter abgeschlossen wird. Vom Lustgarten aus gesehen reicht der Schlüterbau bis zum 6. Fenster westlich des linken Portals. Das rechte Portal gehört schon zu dem abzutragenden Eosanderbau. Östlich des Schlüterbaues wäre nur der Überrest des sogenannten Apothekerturmes zu erhalten, der eine architektonisch wirkungsvolle Abgrenzung des Lustgartens nach Osten darstellt. Die dahinter liegenden Küchenräume am Wasser wären abzutragen, um evtl. einer Uferpromenade Raum zu geben."[98]

Eine Aktennotiz vom 20. Mai 1950 bemerkt, dass Dr. Strauss der Ansicht war, „dass es beim hohen Zerstörungsgrad des Schlosses am besten wäre, drei Stufen zu unterscheiden:
1. Die Teile, die vollständig aufzugeben sind.
2. Die Teile, die als Ruine konserviert werden müssen.
3. Die Teile, die wieder hergestellt und benutzt werden könnten.

---

93 BArch, DH 1, Nr. 44476, Beschlußprotokoll vom 18. November 1949.
94 BArch, DH 1, Nr. 44519, Aktennotiz vom 18. November 1949.
95 BArch, DH 1, Nr. 44519, Notiz von Tzschorn vom 20. Februar 1950.
96 BArch, DH 1, Nr. 44476, Schreiben vom 28. März 1950.
97 Das Gutachten kam vom Hauptamt Wissenschaft und Kunst. Der Name des Gutachters ist nicht im Dokument überliefert.
98 LDA – Archiv, Akte „Berliner Schloss", Schreiben vom 26. Mai 1950.

Weiter regte Dr. Strauss an, eine Kommission einzuberufen, die als beratendes Unternehmen gedacht ist und sich gutachtlich zu dem Problem äussern kann.

Bei stark zerstörten Objekten, wie dem ehemaligen Zeughaus, dessen Reparatur etwa in der Grössenordnung 6–7 Millionen DM liegt, habe sich dieses System einer beratenden Kommission sehr bewährt."[99]

Im Juni 1950 wurden auf einer Sitzung der Abteilung Volksbildung des Magistrats von Groß-Berlin verschiedene Vorschläge über das Berliner Stadtschloss diskutiert. Dabei wurden u. a. von den Erfahrungen der Sowjetunion, die die Delegation für Städtebau dort gewonnen hatte, berichtet. In der Stellungnahme heißt es:

„Maßgebend für die Beurteilung eines künstlerisch wertvollen Baudenkmals sollte nicht die heutige Einstellung zu dem einstigen Bauherrn sein, sondern zunächst die Frage nach dem Kulturwert des Bauwerkes, also die Beurteilung des Baukünstlers und seines Werkes. [...] Die deutsche Delegation für Städtebau konnte sich insbesondere in Leningrad und Umgebung davon überzeugen, mit welchem großen Einsatz dort die Wiederherstellung z. T. zerstörter ehemaliger Zarenschlösser im Gange ist. So wird z. B. der ehemalige Alexander-Palast als Puschkin-Museum ausgebaut und ist in einem Flügel schon geöffnet. Das gleiche gilt für den großen Katharinen-Palast, wo man ebenfalls das alte Kulturerbe erhält bzw. wiederherstellt. [...] Bevor also schwerwiegende Entscheidungen getroffen werden, zu denen wir auch gerade die über das Berliner Schloss zählen dürfen, sollten eingehende Untersuchungen über seine städtebauliche und baukünstlerische Bedeutung sowie über die Möglichkeiten einer harmonischen Einbindung in die Berliner Neuplanung angestellt werden."[100]

Dies war ein klares Bekenntnis dafür, die Geschichte und Traditionen der früheren Stadtarchitektur bei der Wiederaufbauplanung Berlins zu berücksichtigen. Das Beispiel der Sowjetunion gab den Deputierten die Möglichkeit, sich mit dem Kunst- und Kulturgut des historischen Berlins zu identifizieren. Eine Wiederherstellung des Berliner Stadtschlosses rückte damit wieder in den Bereich des Möglichen. Eine schnelle Entscheidung über sein Schicksal wurde zudem sowieso noch nicht erwartet.

Aber es kam anders. Nach den Erinnerungen von Hermann Henselmann[101] fiel die Grundsatzentscheidung gegen das Schloss schon kurz darauf, am 22. Juni 1950. Am gleichen Tag wurde Kurt Liebknecht vom Sekretär des Instituts für Städtebau, Edmund Collein[102] zum Leiter der Bauabteilung des Magistrats und Gerhard Strauss zum verantwortlichen Denkmalpfleger ernannt. Zusammen mit Henselmann wurden beide zum Ministerpräsidenten beordert. „Otto Grotewohl und Walter Ulbricht empfingen uns. Im Stehen erfuhren wir von letzterem, daß die leitenden Staatsorgane den Abriß des Schlosses befohlen hätten. [...] Wutentbrannt reagierte ich: ‚Kein Architekt von einigem Rang wird seine Hand für eine solche Tat hergeben.' Ulbricht trat auf mich zu und sagte: ‚Mit Ihnen werden wir uns

---

99 Landesgeschichtliche Vereinigung für die Mark Brandenburg e. V., Archiv, NL B 35.
100 LAB, C Rep. 101, Nr. 340, Brief vom 9. Juni 1950.
101 Hermann Henselmann (1905–1995); 1919–1922 Tischlerlehre; 1922–1925 Handwerker- und Kunstschule Berlin; ab 1927 als Architekt tätig; 1945 Kreisbaurat in Gotha; 1946 SED; 1945–1949 Direktor der Staatlichen Hochschule für Baukunst und Bildende Kunst in Weimar; 1951 Direktor des Instituts für Theorie und Geschichte der Baukunst der Deutschen Bauakademie; 1954–1959 Chefarchitekt von Berlin; 1964–1966 Chefarchitekt VEB Typenprojektierung; 1966–1970 Chefarchitekt im Institut für Städtebau und Architektur der Deutschen Bauakademie; 1970 Promotion. In: Wer war wer – DDR, Berlin 1992, S. 181 f.

auseinandersetzen wegen des von Ihnen geschriebenen Artikels, in welchem Sie die kosmopolitische Architektur propagieren.' Otto Grotewohl, der große Begütiger, meinte: ‚Warum habt Ihr Architekten denn keinen Vorschlag ausgearbeitet für die Verwendung der Schlossruine, wenn sie so kostbar ist?' Gerhard Strauss bat um die Erlaubnis, wertvolle Teile des Bauwerks dokumentieren und bergen zu können. Sie wurde ihm gestattet."[103]

Vorher, noch auf der Architekturtagung, die vom 2. bis 5. Juni 1950 stattfand, stellte Liebknecht fest:

„Wir haben schon einmal ein Gebäude gerettet, das Stadtschloß in Potsdam, wir werden wahrscheinlich noch manche andere Gebäude retten müssen." Später schreibt er in seinen Erinnerungen:

„Uns war, es muß im Frühjahr 1949 gewesen sein, zu Ohren gekommen, daß das zerstörte Stadtschloß in Potsdam gesprengt werden sollte. Das Schloss war besonders wegen seiner von Knobelsdorff stammenden Innenarchitektur ein Kleinod der Baukunst. Professor Scharoun bat mich, ihm zu helfen und die Sprengung zu verhindern. Gemeinsam fuhren wir zum damaligen Polizeipräsidenten von Potsdam, dem mir seit langem bekannten Richard Staimer. [...] Richard Staimer[104] willigte unter Berücksichtigung unserer Argumente ein, das Stadtschloß zunächst stehenzulassen. Uns leuchtete ein, daß im Moment die Mittel für einen Wiederaufbau fehlten. Wir glaubten aber fest an eine spätere Rekonstruktion."[105]

„Wir haben mit unseren sowjetischen Freunden über Denkmalschutz gesprochen. Diese sagten: Wir haben nicht das Recht, ein Werk zu entfernen, weil uns der Patriarch, unter dem so etwas wurde, unsympathisch geworden ist. Das spielt keine Rolle. Man muß auch die Berliner Schloss-Frage noch prüfen, ob es abgerissen wird."[106]

An diesen Dokumenten verdeutlicht sich die moralische Auseinandersetzung in der Anschauung von Politikern und Architekten. Wie ein roter Faden zieht sich der politische Wille zum Abriss, immer stärker sichtbar werdend, durch die Auseinandersetzung. Lediglich der günstigste Zeitpunkt der öffentlichen Bekanntgabe wurde noch gesucht.

---

102 Edmund Collein (1906–1992); 1925–1927 Architekturstudium an der Technischen Hochschule Darmstadt; 1927–1930 Fortsetzung des Studiums am Bauhaus Dessau; Architekt in verschiedenen Büros; 1940–1943 Soldat; 1945–1947 Stellvertretender Amtsleiter im Bezirksamt Berlin-Friedrichshain; 1949–1950 Amtsleiter der Hochbauämter I und II; 1950–1951 Leiter des Stadtplanungsamtes Berlin; 1951 Professor; 1951 Vizepräsident der Deutschen Bauakademie; 1954–1963 Kandidat des Zentralkomitees der SED; 1955 Vorsitzender des Beirates für Bauwesen beim Ministerrat; 1958–1960 Direktor des Instituts für Gebiets-, Stadt- und Dorfplanung der Deutschen Bauakademie; 1960–1971 Leiter der Sektion Städtebau und Architektur des Plenums der Deutschen Bauakademie; 1963–1975 Vorsitzender des Wissenschaftlichen Rates der Deutschen Bauakademie; 1966 Präsident des Bundes der Architekten der DDR; 1969 Mitglied des Nationalrates der Nationalen Front; 1974 Ehrenpräsident des Bundes der Architekten der DDR; 1978 Ehrenmitglied der Bauakademie der DDR. In: Wer war wer – DDR, Berlin 1992, S. 72 und Edmund Collein: Beiträge zu Städtebau und Architektur, Berlin 1986, S. 63 ff.
103 Erinnerungen von Hermann Henselmann – Brief beim Autor.
104 Richard Staimer (1907–1982); Lehre als Fliesenleger; 1924 KPD; 1931 Internationale Leninschule in Moskau; Gauleiter RFB Nordbayern; 1933 Flucht in die UdSSR und Studium an der Kommunistischen Universität der nationalen Minderheiten des Westens; 1936–1939 in Spanien; 1940 nach Moskau; Mitarbeit im NKFD; 1945 Rückkehr nach Deutschland; 1945/46 KPD/SED; 1947–1949 Chef der Landespolizeibehörde Brandenburg; 1953 Generalmajor; 1953/54 stellv. Minister für Verkehrswesen; 1955–1963 Leiter der GST; 1955 Mitglied des Zentralrates der FDJ; 1955–1965 Mitglied des Nationalrates der Nationalen Front. In: Wer war wer – DDR, Berlin 1992, S. 433.
105 Kurt Liebknecht: Mein bewegtes Leben, Berlin 1986, S. 115.
106 BArch, DBA, A/21.

Am 26. Juni 1950 wurde man schon etwas deutlicher: Mit aller Härte wurden alle Vorstellungen zur Sicherung und Nutzung des Schlosses abgelehnt. Die SED setzte sich ohne jedes Verständnis gegen die Geschichte durch. Nur die „kommunistische" Idee wurde als Perspektive akzeptiert. In der Sitzung des Sekretariats des Zentralkomitees der SED, an der Walter Ulbricht, Horst Sindermann[107], Fred Oelßner[108], Edith Baumann[109], Hermann Axen[110], Paul Verner[111] und Willi Stoph[112] teilnahmen, wurde unter Tagesordnungspunkt 5 die Durchführungsbestimmung zur Enttrümmerung und den Wiederaufbau der kriegszerstörten Städte im Bereich der DDR beschlossen. Dort heißt es:

---

107 Horst Sindermann (1915–1990); 1929 KJVD; 1933 Verhaftung; 1935–1945 Zuchthaus Waldheim, KZ Sachsenhausen und Mauthausen; 1945 KPD; 1946 SED; 1947–1949 1. SED-Kreissekretär in Chemnitz; 1950–1953 Chefredakteur der „Freiheit" in Halle; 1954–1963 Leiter der Abteilung Agitation und Propaganda des ZK der SED; 1958–1963 Kandidat, seit 1963 Mitglied des ZK der SED, seit 1967 Mitglied des Politbüros; 1973–1976 Vorsitzender des Ministerrates, seit 1976 Präsident der Volkskammer; 1989 Rücktritt von allen Ämtern. In: Wer war wer – DDR, Berlin 1992, S. 426 f.

108 Fred Oelßner (1903–1977); 1917 USPD-Jugendgruppe; 1920 KPD; 1923–1925 Gefängnis wegen Vorbereitung zum Hochverrat; 1926–1932 Studium der Gesellschaftswissenschaften in Moskau; 1932/33 Mitarbeiter des ZK der KPD; ab 1933 antifaschistischer Widerstand; 1935 UdSSR; während des Zweiten Weltkrieges Leiter der Deutschland-Abteilung des Moskauer Rundfunks; 1945 Leiter der Abteilung Agitation und Propaganda des ZK der KPD; 1947–1958 Mitglied des Parteivorstandes bzw. des ZK der SED; 1949–1958 Abgeordneter der Volkskammer; 1950–1958 Mitglied des Politbüros des ZK, 1950–1955 Sekretär des ZK der SED; 1953 Mitglied der Deutschen Akademie der Wissenschaften; 1956 Professor; 1958 aus dem Politbüro ausgeschlossen; 1958–1969 Direktor des Instituts für Wirtschaftswissenschaften der DAW. In: Wer war wer – DDR, Berlin 1992, S. 338 f.

109 Edith Baumann (1909–1988); Lehre als Stenotypistin; 1927–1931 SPD; 1933 Verhaftung und Gefängnis; 1945/46 SPD/SED; 1946–1949 Generalsekretärin und stellv. Vorsitzende der FDJ; 1946–1973 Mitglied des Parteivorstandes bzw. ZK der SED; 1949–1973 Abgeordnete der Volkskammer; 1958–1963 Kandidatin des Politbüros und 1961–1963 Sekretärin des ZK der SED; 1963–1973 Stadträtin und Sekretärin des Magistrats von Berlin. In: Wer war wer – DDR, Berlin 1992, S. 26.

110 Hermann Axen (1916–1992); 1932 KJVD, 1933 antifaschistische Tätigkeit; 1934–1937 Zuchthaus; 1940–1945 im französischen Internierungslager; 1942 KPD; 1946 SED; 1946–1949 Sekretär des Zentralrates der FDJ; 1949 Leiter der Abteilung Agitation und Propaganda im Parteivorstand bzw. ZK der SED; 1950–1953 Sekretär des ZK der SED; 1954–1989 Abgeordneter der Volkskammer; 1956–1966 Chefredakteur „Neues Deutschland"; 1963 Kandidat und seit 1970 Mitglied des Politbüros; 1966 Sekretär des ZK der SED für internationale Verbindungen; 1989 aus dem Politbüro ausgeschieden; 1990 Verhaftung und Haftentlassung. In: Wer war wer – DDR, Berlin 1992, S. 20.

111 Paul Verner (1911–1986); Lehre als Maschinenbauer; 1925 KJVD; 1929 KPD; ab 1933 Chefredakteur der illegalen Zeitschrift „Junge Garde"; 1936–1939 Leutnant der Interbrigaden in Spanien; 1939–1943 in Schweden inhaftiert; 1946 Rückkehr nach Deutschland; 1946–1949 Mitglied des Zentralrates der FDJ; 1948 Mitglied des Deutschen Volksrates; seit 1950 Mitglied des ZK der SED; 1950–1953 und seit 1958 Sekretär des ZK und Kandidat des Politbüros; seit 1963 Mitglied des Politbüros der SED; 1959–1971 1. Sekretär der SED-Bezirksleitung Berlin; seit 1969 Präsident des Nationalrates der Nationalen Front; seit 1971 Mitglied und 1984 stellv. Vorsitzender des Staatsrates; 1984 Rücktritt aus gesundheitlichen Gründen. In: Wer war wer – DDR, Berlin 1992, S. 465.

112 Willi Stoph (1914–2000); 1928–1931 Maurerlehre; 1928 KJVD; 1931 KPD; ab 1933 antifaschistische Tätigkeit; 1935–1937 und 1940–1942 Militärdienst; 1945–1947 Leiter der Abteilung Baustoffindustrie und Bauwirtschaft der Deutschen Zentralverwaltung der Industrie; 1948–1950 Leiter der Abteilung Wirtschaftspolitik beim Parteivorstand der SED; 1950–1989 Mitglied des ZK der SED; 1953–1989 Mitglied des Politbüros; 1950–1989 Abgeordneter der Volkskammer; 1952–1955 Minister des Innern; 1954–1962 Stellv. Vorsitzender des Ministerrates; 1956–1960 Minister für Nationale Verteidigung; 1964–1973 und 1976–1989 Vorsitzender des Ministerrates; 1989 Rücktritt der Regierung, Ausschluß aus der SED. In: Wer war wer – DDR, Berlin 1992, S. 442 f.

„Bei den Aufbauvorschlägen ist in erster Linie der Ausbau benutzbarer Ruinen vorzusehen, soweit ihre Wiederherstellung städtebaulichen Belangen nicht widerspricht und die Wiederherstellungskosten unter den Kosten für Abbruch und Neubau bleiben. Neubauten sind in erster Linie zum Wiederaufbau total zerstörter Gebäude, zur Schliessung von Baulücken und zur Abrundung der Ortsbebauung zu planen. Baudenkmäler, Kirchen und andere kunstgeschichtlich wertvolle oder historisch wichtige Bauwerke sollen besonders aufgeführt werden."[113] Das Berliner Schloss entsprach nicht diesen neuen städtebaulichen Belangen. Es sollte verschwinden.

Immer noch wurden unterschiedliche Konzepte der Gestaltung des Berliner Zentrums diskutiert. Ausgehend von den politischen Vorstellungen, dass die neue Mitte Berlins auch einen großen politischen Demonstrationsplatz haben müsse, entwickelte das Institut für Städtebau und Hochbau des Ministeriums für Aufbau mehrere Varianten, die den Abriss des Berliner Stadtschlosses vorsahen:

„Der historische Platz für Demonstrationen ist in Berlin der Lustgarten. In der jetzigen Größe kann er bei einer Standdemonstration 140.000 Menschen aufnehmen. [...]

Reißt man das Schloss und den Dom ab und rechnet den Platz zwischen den beiden Spreearmen und vom Marstall bis zum alten Museum, so bringt man auf ihm in der Standdemonstration 300.000 Menschen unter. Werden Schloss und Dom abgerissen, so fehlt dem Platz auf allen Seiten ein architektonischer Rahmen. [...]

Entschließt man sich zu einer fließenden Demonstration, wie die Demonstrationen auf dem Roten Platz in Moskau, so kann der historisch gewordene Platz in seiner Form erhalten werden. [...] Bei diesem Vorschlag ist die Schlosswand der Hintergrund. Der von der Tribüne einzusehende Platz hat die Länge von 300 m und die Breite von 100 m (Die Proportionen des Roten Platzes in Moskau sind 150 m x 400 m).

Für die Zukunft, als Ausdruck des Neuen, wäre ein zwischen Karl-Liebknecht-Straße und Neuer Königstraße liegender Platz, begrenzt im Süden von dem Spreearm und im Norden durch Hoher Steinweg, der von Gebäuden der Verwaltung und der Massenorganisationen eingefaßt sein kann."[114]

Die aufgezeigten Varianten zeigen auf, dass der Abriss des Schlosses schon seit einiger Zeit von der Planung als vorgegeben akzeptiert wurde. Dennoch erschien noch im Juni 1950 eine Teilrettung im Bereich des Möglichen zu liegen, ehe sich Walter Ulbricht am 22. Juli 1950 sehr nachdrücklich gegen den Erhalt aussprach. Die Dokumente belegen, dass nicht die ursprüngliche Gestaltung und der mögliche Wiederaufbau Maßstab der künftigen Planungen sein sollten, sondern der politische Wille, einen Aufmarschplatz für größere Standdemonstrationen zu schaffen. Damit war klar, dass das Berliner Schloss nicht mehr zu retten war.

Prof. Weidhaas, Weimar, der später bei dem Abriss im Schlossaktiv die Architekturdokumentation leitete, nannte auch den 22. Juli 1950 als das Datum, an dem wohl endgültig die Entscheidung abgesegnet wurde:

„Der Gedanke, das Berliner Schloss zu beseitigen, ist erstmalig von dem stellvertretenden Ministerpräsidenten, Herrn Walter Ulbricht, in seiner Rede auf dem 3. Parteitag der SED am 22. Juli 1950 ausgesprochen worden. [...] Niemand aus der damit angeredeten Öffentlichkeit hat aber Walter Ulbricht in der Sache angesprochen. Es scheint, dass die in

---

113 SAPMO-BArch, SED, J IV 2/3/117, Bl. 3.
114 BArch, DH 2, DBA A/47, Bl. 94 f.

der ganzen SED-Presse sofort zur Gänze veröffentlichte Rede zu wenig gelesen worden ist."[115]

In diesen Tagen, vom 20. bis 25. Juli 1950, fand der III. Parteitag der SED statt. Walter Ulbricht sprach in seiner Rede über den Fünfjahrplan und die Perspektiven der Volkswirtschaft. Im Abschnitt „Die Großbauten im Fünfjahrplan" führte er aus:

„Die wichtigste wirtschaftspolitische Aufgabe ist daneben der Wiederaufbau der zerstörten Städte der Republik, in erste Linie der Hauptstadt Deutschlands, Berlin. [...] Bisher wurde oft nach den Plänen der einzelnen Stadtverwaltungen gebaut und nicht genügend die großen Erfahrungen der fortschrittlichen Städteplanung berücksichtigt. Der Wiederaufbau der zerstörten Städte soll jetzt streng nach den Plänen durchgeführt werden, die vom Ministerium für Aufbau bestätigt sind.

Das Wichtigste ist, daß aus den Trümmern der von den amerikanischen Imperialisten zerstörten Städte solche Städte entstehen, die schöner sind denn je. Das gilt besonders für die Hauptstadt Berlin. [...] Einige unserer Architekten, besonders in der Bauabteilung des Magistrats von Groß-Berlin, wollen die Hauptstadt Deutschlands durch den Bau von niedrigen Häusern verniedlichen und Gebiete der Innenstadt nach den Richtlinien für Stadtrandsiedlungen bebauen. Der grundsätzliche Fehler dieser Architekten besteht darin, daß sie nicht an die Gliederung und Architektur Berlins anknüpfen, sonder in ihrer kosmopolitischen Phantasie glauben, daß man in Berlin Häuser bauen könne, die ebensogut in die südafrikanische Landschaft passen. Wir haben alle diese Pläne abgelehnt und ersuchen die Regierung der Deutschen Demokratischen Republik und den Magistrat von Berlin, die notwendigen Maßnahmen zu ergreifen, daß im Wettbewerb der Baufachleute und Architekten der Aufbau der Hauptstadt Deutschlands auf der Grundlage der geschichtlich entstandenen Struktur der Stadt erfolgt. Das Zentrum der Stadt soll sein charakteristisches Bild durch monumentale Gebäude und eine architektonische Komposition erhalten, die der Bedeutung der Hauptstadt Deutschlands gerecht wird. [...] Das Zentrum unserer Hauptstadt, der Lustgarten und das Gebiet der jetzigen Schlossruine, muß zu dem großen Demonstrationsplatz werden, auf dem Kampfwillen und Aufbauwille unseres Volkes Ausdruck finden können."[116]

Kurt Reutti schätzte den Zustand des Berliner Schlosses am 23. Juli 1950 wie folgt ein: „Das Berliner Schloss ist nicht nur das bedeutendste Baudenkmal Berlins, sondern eines der wertvollsten Baudenkmale Europas. [...] Die Außenmauern des Berliner Schlosses, soweit dieses von Andreas Schlüter stammt, sind im wesentlichen erhalten. Die meterdikken Mauern können auch noch in Jahrhunderten stehen. [...] Der berühmte Schlüterhof ist ebenfalls in seiner Fassade erhalten. [...] Im obersten Stockwerk an der Schlossplatzseite befand sich der Elisabethsaal mit reichen figürlichen Stuckdekorationen von der Hand Schlüters. [...] Der Elisabethsaal müßte entweder mit einem Notdach versehen werden, oder es müßte über den Figuren ein schmales Holzschutzdach angebracht werden. [...] Der zur Schlossfreiheit gelegene Teil des Schlosses stammt von Eosander von Göthe. Es ist der einzige Teil, wo die Schlossfassade durch 2 Bombentreffer stärker beschädigt ist, doch befinden sich diese Schäden an Stellen, die unschwer zu restaurieren sind, da sie keine besonderen Schmuckteile tragen. Die eine Hälfte des Teils an der Schlossfreiheit mit dem

---

115 Abschrift befindet sich beim Autor.
116 Walter Ulbricht: Rede auf dem III. Parteitag der SED, in: Zur Geschichte der deutschen Arbeiterbewegung, Bd. III, Berlin 1953, S. 750 ff.

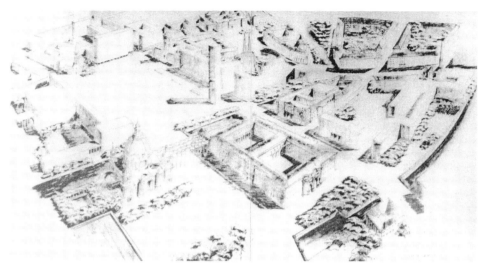

Richard Paulicks Vorschlag für ein „neues Forum" östlich der Spree unter Erhalt des Schlosses, Juli 1950

Weißen Saal ist soweit erhalten, daß heute noch die Sammlungen des Kunstgewerbemuseums (Schlossmuseum) darin untergebracht sind. [...] Nach dieser Sicherung kann der Neuausbau des Schlosses zu einem neuen Verwendungszweck späteren Jahrzehnten überlassen bleiben."[117]

Diese Einschätzung zeigt, dass eine Sicherung und Rettung der noch erhaltenen Substanz auch fünf Jahre nach Kriegsende immer noch möglich gewesen wäre. Relativ geringe finanzielle Mittel hätten aufgewandt werden müssen, um dieses Ziel zu erreichen.

Ausgehend von den Beschlüssen des III. Parteitages der SED fanden eine Vielzahl von Besprechungen über die künftige Gestaltung des Zentrums Berlins statt. In einer Besprechung am 26. Juli 1950 wurde eine Reihe von Plänen vorgelegt und diskutiert. Die Zeit für die Aussprache zu diesem Thema reichte nicht aus. Aus diesem Grunde beschlossen die Anwesenden, „den Text und die Pläne mit dem Vorschlag eines zentralen Kundgebungsplatzes für eine Diskussion mit führenden Politikern bis Freitag, dem 28. Juli fertigzustellen und zu vervielfältigen".[118] In der Erörterung waren sich die Teilnehmer aber völlig einig, dass der mögliche große zentrale Kundgebungsplatz zwischen Königsstraße, Hoher Steinweg, Liebknechtstraße und Spree entstehen sollte.[119] Zu diesem Zeitpunkt gingen die Stadtplaner immer noch von der Weiterexistenz des Stadtschlosses aus.

Am 31. Juli 1950 hatte dann diese Gruppe von Planern unter Richard Paulick einen Alternativvorschlag für die Anlegung eines großen Kundgebungsplatzes an die SED gesandt. Diese Auffassung wurde wie folgt begründet: „Erhaltung der alten Formen des Lustgartens in seiner von Schinkel gestalteten Schönheit, besonders wertvoll in einer Stadt, die arm ist an schönen und erinnerungsreichen Plätzen [...] Fortführung des historischen Erbes durch Einbeziehung der Marienkirche [...], des Roten Rathauses und des Schlosses."[120]

---

117 GStA I. HA, Rep. 92, Kurt Reutti, Nr. 4, Bl. 494 f.
118 BArch, DH 2, DBA, A/21, Bl. 276.
119 ebd., Bl. 282 ff.
120 LAB, Rep. 110, Nr. 11/12, Bl. 46.

Am 5. August 1950 fand eine Besprechung mit Walter Ulbricht, Hans Jendretzky[121], Baum, Walter Pisternik[122], Dr. Kurt Liebknecht, Edmund Collein, Willi Stoph und Arlt statt. In dieser Zusammenkunft wurde festgelegt:
„1. Das Schloss ist abzureißen. Verantwortlich für die zu treffenden Maßnahmen: Brockschmidt, Magistrat von Groß-Berlin.
2. Sicherung der künstlerisch wertvollen Teile des Schlosses. Verantwortlich: Strauß vom Ministerium für Volksbildung.
3. Gestaltung des Lustgartens. Verantwortlich: Hennig vom Magistrat von Gross-Berlin."[123]
Die Energie der Planer schien nach diesem Termin bei Ulbricht erloschen zu sein. Der Versuch, über eine solche Eingabe demokratischen Einfluss auszuüben, scheiterte. Hinderlich waren auch die persönlichen Profilierungen der Beteiligten. Zu beachten waren aber auch die politischen Hintergründe. Einerseits wollte Ulbricht gegenüber der Sowjetunion eine gewisse Unabhängigkeit demonstrieren, andererseits war eine Welle von innerparteilichen Säuberungen im vollem Gange. Auslöser waren die stalinistischen Prozesse in Prag und Budapest. Der Entstehung von jeglicher Opposition sollte vorgebeugt werden. Einzelne Personen befürchteten Repressalien. Sie waren damit für politische Zwecke zu missbrauchen. Letztlich verhinderte dies eine konsequente Haltung.

Der wissenschaftliche Sachverständige, der die Abbrucharbeiten begleiten und eine Dokumentation über das Schloss erstellen sollte, wurde kurz darauf benannt:

„Durch das Ministerium für Aufbau, Herrn Junghans, wurde der Unterzeichnete [der Kunsthistoriker und Denkmalpfleger Dr. Gerhard Strauß] am 9. Aug. 1950 über den beschlossenen Abbruch der Ruine des Berliner Stadtschlosses unterrichtet und ebenso von der Übertragung der dabei notwendig werdenden denkmalpflegerischen Angelegenheiten an ihn lt. Sitzung beim Herrn Stellv. Ministerpräsidenten Walter Ulbricht vom 4. August 1950."[124]

Sofort geht Strauss an die Arbeit und entwickelte schon am 11. August 1950 einen Vorschlag für die „denkmalpflegerischen Arbeiten gelegentlich des erörterten Abbruches des Stadtschlosses Berlin". In diesem Vorschlag wird die bedeutende Leistung des Architekten und Baumeisters Andreas Schlüter gewürdigt und das Berliner Stadtschloss als letztes Zeugnis jener Zeit eingeschätzt. Weiterhin stellte Strauß fest: „Trotz der Zerstörungen durch anglo-amerikanische Bombardements sind, von relativ belanglosen Detailschäden abgesehen, erhalten:

Die Gesamtarchitektur des Schlüterhofes einschließlich drei der berühmten Treppenanlagen Schlüters. Dieser Schlüterhof war die weltberühmte Sehenswürdigkeit des Schlosses.

---

121 Hans Jendretzky (1897–1992); Fachschule für Metallarbeiter; Staatliche Bauschule; bis 1926 Arbeiter; 1912–1916 Metallarbeiterjugend; 1919 USPD; 1920 KPD; 1919–1927 gewerkschaftliche Funktionen; 1927–1929 Gauführer des RFB Berlin-Brandenburg; 1934–1945 Zuchthaus Luckau, KZ Sachsenhausen, Brandenburg-Görden und Nürnberg; 1945 Mitglied des ZK der KPD; 1945/46 Stadtrat für Arbeit in Berlin; 1946–1948 1. Vorsitzender des FDGB; 1946–1953 Mitglied des Parteivorstandes bzw. ZK der SED; 1950–1953 Kandidat des Politbüros der SED; 1953 Ausschluß aus dem Politbüro wegen der Unterstützung von Rudolf Herrstedt; 1953–1957 Vorsitzender des Rats des Bezirkes Neubrandenburg; 1957–1989 erneut Mitglied des ZK der SED; 1960–1962 Minister und Leiter der Zentralen Kommission für Staatliche Kontrollen; 1958–1990 Abgeordneter der Volkskammer, zuletzt Alterspräsident 1965–1990. In: Wer war wer – DDR, Berlin 1992, S. 210 f.
122 Hauptabteilungsleiter im Ministerium für Aufbau.
123 BArch, DH 2, DBA, III/40/1; BArch, DH 2, DBA, III/40/1, Bl. 430.
124 BArch, DH 1, Nr. 39075, Bericht vom 8. November 1951.

1. Die Architektur der beiden Längsseiten des Schlosses (Süd- und Nordseite), die ebenfalls auf Schlüter zurückgeht und die vier grossartigen Torlösungen umfasst, mit denen Schlüter dem Bau zur Stadt hin das Gesicht gab.
2. Der hervorragende Portalbau Eosanders an der Westseite mit den Fassaden zu beiden Seiten, dem Treppenhaus und den Innenräumen in allen Hauptgeschossen des Nordwesttraktes.
3. Die Fassaden des westlichen Hofes (nach Schlüter von Eosander erbaut)."[125]

Diese Einschätzung von Strauss lassen eher den Wunsch nach der Erhaltung des Schlosses sichtbar werden, als Vorschläge zur Rettung von Architekturteilen. Dennoch schlägt er vor, die Arbeiten sollten nach dem ersten Zeitplan am 14. September beginnen und bereits am 30. September 1950 beendet werden.[126] Ein widersprüchliches Verhalten wird sichtbar: Einerseits würdigte Strauss die großartige Architektur des Schlosses, andererseits drang er darauf, voreilig die Auflagen der politischen Führung zu erfüllen.

Um die Bergung von wertvollen Architekturteilen des Berliner Stadtschlosses vor der Sprengung umsetzen zu können, wurde vom Ministerium für Aufbau Dr. Gerhard Strauss eine Gruppe von Wissenschaftlern und Studenten der Architektur und Kunstgeschichte, das „Wissenschaftliche Aktiv", Ende August zur Seite gestellt. Seine Aufgaben formulierte Walter Pisternik.[127]

Verantwortlicher Leiter des Aktivs wurde Strauss, dem Dr. Konrad Kaiser vom wissenschaftlichen Nachwuchs der Universität in Berlin unterstützend zur Seite stand. Prof. Dr. K. H. Clasen, Direktor des Kunsthistorischen Instituts in Greifswald, übernahm die Leitung der kunsthistorischen Arbeitsgruppe. Die bauwissenschaftliche Arbeit wurde von der Arbeitsgruppe unter Prof. Dr. Dr. Hermann Weidhaas, Inhaber des Lehrstuhls für Denkmalpflege an der Bauhochschule Weimar, gebildet. Dem Aktiv gehörten 29 Mitarbeiter und eine Fotogruppe an. Der größte Teil der Mitarbeiter waren Studenten der Architektur und Kunstgeschichte, kaum ein Berliner war unter ihnen, da an der Humboldt-Universität zum Boykott der Arbeiten aufgerufen wurde. Keiner der Mitarbeiter hatte sich zuvor mit dem Berliner Stadtschloss beschäftigt, auch die drei Leiter waren keine Schlossexperten wie Ernst Gall oder Richard Hamann[128]. Dies hatte gravierende Folgen für die Sicherung der wertvollsten Teile, viel neubarocke Substanz aus der Zeit Kaiser Wilhelm II. wurde später geborgen, wertvollste historische Teile unerforscht gesprengt. Einige Mitarbeiter fassten zunächst die gesamte Literatur über das Stadtschloss zusammen, andere das vorhandenen Planmaterial.

„Als Aufgaben wurden gesetzt:
1. Die Durchforschung der gesamten Substanz in architektur- und kunstwissenschaftlicher Hinsicht einschließlich umfangreicher Untersuchungen zur Baukonstruktion, zur Materialverwendung usw. Die Ergebnisse dieser Arbeit werden in einer umfassenden Publikation veröffentlicht werden;
2. Eine umfassende, ausreichende Fotodokumentation;

---
125 BArch, DH 2, DBA, A/47, Bl. 124.
126 ebd., Bl. 128 f.
127 BArch-Coswig, Bündel 1255 H-1/9, Minister, Wiederaufbau Berlin 1949–51.
128 Richard Hamann; berühmter Kunsthistoriker; Professor; lehrte er an der Berliner Universität.

3. Das exakte, wissenschaftlichen Ansprüchen genügende und Rekonstruktionen erlaubende Aufmaß des Komplexes;
4. Die Bezeichnung der auszubauenden Teile, die Ermittlung geeigneter Ausbau-, Kennzeichnungs-, Transport- und Lagerverfahren, die Überwachung entsprechender Arbeiten und die Organisation auch dieser Maßnahmen im Hinblick auf Rekonstruktionen."[129]

Um diesen Aufgabenstellungen gerecht werden zu können, waren jedoch wirkliche Fachleute und auch ausreichende Zeit notwendig. Beides stand von vornherein nicht zur Verfügung.

In einem Aktenvermerk vom 12. August 1950 stellte Dr. Liebknecht, Ministerium für Aufbau, zu den Planungen über das Stadtzentrum Berlins fest:

„Da sich das Schloss in Reichsbesitz befindet, ist es Aufgabe der Regierung dem Magistrat Anweisung zu geben über Maßnahmen, die notwendig sind, um das Schloss abzureißen. Zu den Massnahmen gehören:
a) Eine Bestandsaufnahme des Schlosses.
b) Sicherung der künstlerischen Details (Skulpturen, Hof von Schlüter)."[130]

Liebknecht empfahl ebenfalls, dass Dr. Strauss durch seine Arbeit im Bereich der Denkmalpflege den Auftrag für die Leitung des wissenschaftlichen Aktivs erhalten sollte.

In dem Protokoll der Sitzung vom 5. August 1950 zum Arbeitsprogramm für die Planung des Zentrums, die bei Walter Ulbricht stattfand, heißt es am 11. August 1950 zu Punkt 1: (Abriss des Schlosses):

„Das Schloss ist Reichsvermögen. Die Regierung muss bis 19. August den Auftrag zum Abriss an den Magistrat erteilt haben."[131]

Ein Brief des Amtes Museen und Sammlungen vom 12. August 1950 an den Magistratsdirektor Markert belegt die Tatsache, dass es immer noch Unsicherheiten in den Behörden über die Zuständigkeiten und den nun durchzusetzenden Abriss des Schlosses gab.

„Am gestrigen Tage (11.8.50) rief mich Dr. Strauß an und sagte mir, er sei zum Beauftragten des Ministeriums für Aufbau in Sachen ‚Berliner Schloss' ernannt worden. Es habe gerade eine wichtige Sitzung in dieser Angelegenheit stattgefunden, an der Stadtrat Baum von der Abteilung Wirtschaft, Herr Collein von der Abteilung Aufbau, er selbst und noch verschiedene andere Sachbearbeiter teilgenommen hätten. Die Regierung der DDR werde alle Objekte, die Eigentum des früheren preussischen Staates waren, übernehmen. Über das Schicksal des Schlosses sei bereits entschieden, doch könne er mir noch keine Einzelheiten mitteilen."[132]

Das Politbüro der SED beschloss auf seiner Sitzung am 15. August 1950 ebenfalls den Abriss des Stadtschlosses. In der Anlage Nr. 1 des Protokolls wird festgestellt:

„Hauptstraßenzug Stalinallee–Brandenburger Tor: Diese Verbindung ist für das Zentrum von besonders architektonischer Bedeutung. Sie ist nicht für den Durchgangsverkehr vorgesehen. [...] Zentral im Zug der Stalinallee–Brandenburger Tor befindet sich der Mittel- und auch architektonische Höhepunkt des Zentrums Berlins, der Lustgarten. Der Lustgarten hat besondere politische Traditionen und eine günstige Lage als Abschluß der Haupt-

---
129 Gerhard Strauß: Denkmalpflege an der Schlossruine in Berlin, in: Planen und Bauen, Bd. 4, Nr. 12, Dezember 1950, S. 384.
130 BArch, DH 2, DBA, 1/21, Bl. 271.
131 BArch, DH 2, DBA, A/21, Bl. 269.
132 LDA – Archiv, Akte „Berliner Schloss", Brief vom 12. August 1950.

anmarschstraße für die Demonstrationen Unter den Linden. Er ist der beste Platz für fließende und stehende Demonstrationen. Die erforderliche Größe ist nur durch Abriß des Schlosses zu erreichen. Die Gestaltung des Platzes wird eine besondere Betonung erhalten durch den in der Achse der Linden zu erstellenden bedeutenden Baukomplex, eventuell Hochhaus. Außerdem wird vorgeschlagen, gegenüber dem Alten Museum die neue deutsche Staatsoper aufzubauen. Das FIAPP-Denkmal ist geplant gegenüber der Tribüne an der Stelle, wo etwa das Nationaldenkmal gestanden hat. [...] Abriß des Schlosses unter Berücksichtigung aller Maßnahmen, die zur Erhaltung architektonischer Einzelheiten und Bildhauerarbeiten notwendig sind. (Auftragserteilung zum Abriß des Schlosses auf Beschluß der Regierung durch das Ministerium für Aufbau an den Magistrat von Groß-Berlin – das Schloss gehört zu den der Regierung der Deutschen Demokratischen Republik zustehenden Vermögenswerten des ehemaligen Preußischen Staates.)

Gestaltung des Lustgartens zu einem Platz der Demonstrationen (Abriß des Schlosses, Restaurierung der Marstallfassade, Enttrümmerung des ersten Abschnittes von Block zwischen Brüderstraße und Breitestraße, Grundsteinlegung des FIAPP-Denkmals, Errichtung einer provisorischen Tribüne. [...]

Zur Einhaltung des Termins für den ersten Bauabschnitt (Fertigstellung des Lustgartens zum 1. Mai 1951) sind die Volkseigenen Baubetriebe und, soweit erforderlich, auch die Volkseigenen Baubetriebe des Ministeriums für Industrie mit Großgeräten für die Abriß- und Transportarbeiten einzusetzen."[133] Der Sitzungsleiter war Otto Grotewohl.

„Für heute früh hatte ich eine Zusammenkunft zwischen Herrn Weigert vom Amt Abräumung und Herrn Heisig vom Ministerium für Volksbildung im Schloss verabredet. Dies geschah auf die Bitte von Herrn Weigert, der von der Abteilung Aufbau den Antrag bekommen hatte, in kürzester Frist einen Kostenvoranschlag für Abrissarbeiten am Schloss herzustellen. Da Herr Heisig nicht erschien, rief ich ihn an und erfuhr von ihm, dass er an der Besichtigung nicht teilzunehmen gedenke, da inzwischen ein endgültiger Beschluss über das Schloss gefasst sei."[134]

Spätestens zu diesem Zeitpunkt wurde allen Beteiligten klar, dass der Abriss des Schlosses unumkehrbar war. Es sollte fallen. Den Dokumenten nach zu urteilen, wurde keine weitere Diskussion gewünscht. Die Würfel waren gefallen.

In der Terminplanung wurde festgelegt, dass der Lustgarten, die Anmarschstraßen und die erst provisorische Tribüne aus Holz bis zur Demonstration am 1. Mai 1951 fertigzustellen seien.[135]

Die Abteilung Wirtschaftspolitik des Zentralkomitees der SED legte am 21. August 1950 einen Termin- und Kostenplan zur „Umgestaltung des Lustgartens" vor. Demnach sollte die Sicherung der kulturellen Werte des Schlosses bis zum 15. Januar 1951 abgeschlossen sein und 1 540 000 Mark der DDR kosten. Die Enttrümmerung sollte im Wesentlichen bis zum 15. März 1951 beendet werden und nicht mehr als 2 300 000 Mark der DDR kosten. Für die Befestigung des vergrößerten Platzes belief sich die Summe auf 350 000 Mark der DDR. Wenn man die Errichtung der Tribüne mit Nebenanlagen dazu nimmt, so hätte man für das gesamte Vorhaben 4 815 000 Mark der DDR benötigt.[136]

---

133 SAPMO – BArch, SED, IV 2/2/104, Bl. 30 ff.
134 LDA – Archiv, Akte „Berliner Schloss", Brief vom 12. August 1950.
135 BArch, DH 2, DBA, A/21, Bl. 266.
136 BArch, I/3-28, Vorlage vom 21. August 1950.

Damit war der Abbruch des Schlosses planerisch vorbereitet. Die Führung der SED hatte sich durchgesetzt. Noch bevor die Regierung den offiziellen Beschluss fasste, hatte die Partei bereits den Termin- und Kostenplan fertiggestellt. Daran werden die politischen Machtmechanismen der DDR sehr deutlich: Beschlüsse, die die Regierung fassen sollte, wurden vorher von der SED-Führung festgelegt.

Am 21. August 1950 erfuhr Prof. Dr. Richard Hamann[137], der Dekan der kunsthistorischen Fakultät der Humboldt-Universität, auf privatem Weg von der endgültigen Absicht der SED und der Regierung, das Schloss zu vernichten. Dr. Strauss hatte jede Information an seine Kollegen vermieden. Hamann versuchte Grotewohl zu erreichen, bekam jedoch keinen Termin. Daraufhin setzte er sich mit Henselmann in Verbindung, der über alles informiert war. In einem Gespräch bestritt dieser nicht die Gefahr der Sprengung des Schlosses, ja er trat für seine Erhaltung ein. Henselmann vertröstete Prof. Hamann schließlich mit der Versicherung, dass eine solche Entscheidung erst im Frühjahr 1951 fallen würde.[138] Wörtlich sagte er: „Aber an den Abriß ist ja nicht zu denken, und wenn der Abriß wirklich erwogen wird, würden wir Sie, Herr Professor, doch selbstverständlich als Gutachter zu Rate ziehen."[139] Dazu kam es jedoch nie, man brauchte willfährige Geister, um die politisch motivierten Ziele durchzusetzen.

Wenige Tage später erschien Hamann erneut im Amt des Ministerpräsidenten, um ihn in der Angelegenheit Stadtschloss zu sprechen. Diesmal ließ er sich nicht von Henselmann vertrösten. Zu Hamanns Überraschung sagte dieser nun, entgegen seinen kurz zuvor gemachten Bemerkungen: „Warum kommen Sie erst jetzt? Nun dürfte es zu spät sein."[140] Die darauf folgende Unterredung mit Grotewohl fand statt, änderte aber nichts.

Die Regierung der DDR trat am 23. August 1950 unter Vorsitz von Ministerpräsident Otto Grotewohl zu ihrer 38. Sitzung zusammen. Auf der Tagesordnung stand der Neuaufbau von Berlin. Hierzu waren gleichfalls der Magistrat von Berlin unter Oberbürgermeister Friedrich Ebert und Vertreter des Ministeriums für Aufbau anwesend. Im Protokoll heißt es:

„Ministerpräsident Grotewohl führte aus, daß nach der Verfassung der Deutschen Demokratischen Republik Berlin die Hauptstadt der Republik sei, und daß deshalb der Entwurf des gleichzeitig zur Beratung stehenden Aufbaugesetzes die Regierung verpflichte, für den planmäßigen Aufbau Berlins als Hauptstadt Deutschlands zu sorgen. [...] Oberbürgermeister Ebert sah in der gemeinsamen Beratung der Regierung mit dem demokratischen Magistrat von Groß-Berlin einen überzeugenden Beweis für die enge Verbundenheit zwischen der Deutschen Demokratischen Republik und der Hauptstadt Berlin. [...] Architekt Dr. Liebknecht erläuterte anhand von Skizzen und eines Modells die Grundgedanken der Gestaltung des Berliner Stadtzentrums. Nach eingehender Aussprache wurden folgende erste Maßnahmen zur Neugestaltung des Stadtzentrums beschlossen:

---

137 Richard Hamann (1879–1961); Studium der Philosophie und Kunstgeschichte in Berlin; 1902 Promotion und 1911 Habilitation; 1911 Privatdozent an der Berliner-Universität; 1913 Lehrstuhl für Kunstgeschichte an der Universität in Marburg; 1930 Gründer und erster Direktor des Forschungsinstituts für Kunstgeschichte sowie der Fotosammlung „Foto-Marburg"; 1945 Ordinarius in Marburg; 1947 Gastprofessur an der Humboldt-Universität zu Berlin; 1949 National-Preis der DDR; 1957 Direktor des Kunstgeschichtlichen Instituts; 1954 Leiter der Arbeitsstelle für Kunstgeschichte der Deutschen Akademie der Wissenschaften. In: Wer war wer – DDR, Berlin 1992, S. 165.
138 Dokument befindet sich als Durchschlag beim Autor.
139 Helmut Räther: Vom Hohenzollernschloß zum Roten Platz, Berlin 1952, S. 19.
140 ebd., S. 19.

1. Das Schloss soll unter Sicherung der darin enthaltenen kulturellen Werte abgebrochen werden.
2. Architektonisch wertvolle Teile des Schlosses sollen als Baudenkmäler an anderer Stelle untergebracht werden. [...]
3. An der Ostseite des Lustgartens ist unter Verwendung von Abbruchmaterialien aus dem Schloss eine Tribüne zu errichten. Für die Südseite wird der Bau einer neuen Staatsoper, für die Westseite als Abschluss zum Wasser ein Denkmal für die Opfer des Naziregimes (FIAPP-Denkmal) vorgesehen."[141]

Oberbürgermeister Ebert trug den aus Anlage 1 ersichtlichen Terminplan für die Herrichtung des Lustgartens bis zum 1. Mai 1951 vor und erklärte, dass der Magistrat als erste Rate für den Beginn der Arbeiten einen Betrag von 5 Millionen DM zur Verfügung stellen werde. Die Regierung billigte den Terminplan.[142]

Nun war es auch regierungsamtlich. Das Berliner Schloss sollte nicht mehr weiterbestehen. Nun erst wurde die Öffentlichkeit informiert. Die Menschen waren verbittert, erinnerten sie sich doch an die Schleifung von Schlössern und Herrenhäusern auf dem Lande.

Verschiedene Wissenschaftler, wie z. B. Prof. Hamann oder Frau Dr. Kühn, vermuteten, dass die DDR-Führung einen direkten Befehl zur Sprengung des Schlosses aus Moskau erhalten hätte. Diese Vermutung wird gestärkt durch Aussagen Friedrich Eberts auf der 38. Sitzung der Regierung der DDR vom 23. August 1950:

„Der Schlüterbau steht dort, wo nach dem Befehl Moskaus bis zum 1. Mai 1951 der ‚Rote Platz' für kommunistische Demonstrationen hergerichtet sein muß."[143] Ebert rief unter dem Beifall der Mitglieder der Volkskammer: „Das Schloss wird fallen."[144] Ob der Befehl wirklich aus Moskau kam, ist derzeit nicht nachzuweisen. Möglicherweise wollte Ebert sich seiner Verantwortung gegenüber den Kritikern nur entledigen und sie unbewiesen Moskau zuweisen. In einem Schreiben an Prof. Scharoun äußerte sich Prof. Martin Mächler am 29. August 1950 [145] zu dieser Fragestellung:

„Ich kann nicht glauben, dass Moskau den Befehl dazu gegeben hat. Das würde der ‚Generallinie Lenins' direkt widersprechen, die mir, wie Sie wissen, auf unserem Arbeitsgebiet genau bekannt ist. Ich erinnere ferner an die Ausführungen des sowjetrussischen Delegierten auf dem Kongreß der U. I. A. in Lausanne 1948 zum Thema ‚Der Arch[i]tekt und die Städtebaukunst'. Er sagte abschließend:

‚Daher, liebe Kollegen, haben die Probleme des Städtebaus und ganz besonders des Wiederaufbaus der Städte und die Wiederherstellung von Baudenkmälern in unseren Tagen eine lebenswichtige und zeitgemäße Bedeutung angenommen zu dem Zweck, in allen Ländern der Welt für das Volk anständige Lebensbedingungen zu schaffen bzw. sie zu verbessern. Es handelt sich um ein großes internationales Problem.' Und ein anderer sowjetischer Delegierter, der sich auf die ‚großen Lehren Lenins' bezog, sagte zum Thema, ‚Die Städtebaukunst in der UdSSR':

---

141 BArch, Coswig, Bündel 1255-H-1/9, Minister, Wiederaufbau Berlin 1949–51.
142 BArch, I/3-28, Protokoll vom 24. August 1950.
143 BArch, DBA DH 2, I/3-28, Bl. 1 ff.
144 ebd.
145 Martin Mächler, Professor Dr.; nach dem Krieg u. a. Mitarbeiter des Instituts für Bauwesen, Abteilungsleiter für Siedlungswesen.

,Bei der Inangriffnahme des Umbaues der alten russischen Städte wird man Sorge tragen, dass der ihnen charakteristische traditionelle Baustil erhalten bleibt. Der Wiederaufbau einer jeden Stadt wird unter strenger Beobachtung des ihr eigenen Charakters durchgeführt.'"[146]

In einem Schreiben an Dr. Liebknecht fragt Mächler an, ob es zutreffe, „daß die Sprengung des Berliner Schlosses von der Sowjetregierung befohlen ist. Ich kann es einfach nicht glauben, dass Generalissimus Stalin für die Zerstörung dieses Kulturdenkmals zu haben ist."[147] Mächlers Vermutung war offensichtlich richtig. In keinem der von mir durchgesehenen Dokumente lässt sich auch nur der kleinste Hinweis für diese Vermutung finden, weder in denen der DDR, noch war ein entsprechendes sowjetisches Dokument vorzufinden. Damit steht für mich fest, dass die Führung der SED, insbesondere Walter Ulbricht, die Entscheidung allein herbeiführte, da die Vernichtung des historischen Erbes der preußischen Monarchie wesentlicher Bestandteil ihrer Ideologie war. Auferstanden aus Ruinen und der Zukunft zugewandt – man wollte die Deutsche Geschichte neu schreiben, in dem man die alte ignorierte, ja vernichtete. Die am 7. Oktober 1949 gegründete DDR sollte nach sowjetischem Vorbild in einen sozialistischen Staat verwandelt werden, mit einem neuen Menschenbild und völlig anderen, dem Kollektiv verschriebenen Lebensformen. Dahinein passten keine Schlösser der Monarchie, mochten sie auch kunsthistorisch noch so wertvoll sein. Geradezu unterwürfig nahm man die Rolle des Satellitenstaates an, war man doch auf den Schutzschild der sowjetischen Armee angewiesen. Ohne diese wäre die Durchsetzung dieser ideologischen Staatsform gegen die Bevölkerung undenkbar gewesen, wie das Beispiel des 17. Juni 1953 zeigte. Ja, man wollte noch radikaler, noch fortschrittlicher sein als das große „Vorbild" Sowjetunion.

Dafür musste auch die Lehre Lenins als Begründung für die Sprengung des Schlosses herhalten. Friedrich Ebert versuchte, mit Leninschen Zitaten zu begründen, warum im Sinne des Friedens alle Trümmer beseitigt werden müssen:

„Es gibt viele Zitate von Lenin. Ich will nur ein einziges kurzes aus seinem Werk ,Kampf um den Frieden' erwähnen. Lenin sagte: ,Wir sind für den demokratischen Frieden. Für diesen Frieden kämpfen wir. Für diesen Frieden räumen wir die Trümmer des Krieges weg. Für diesen Frieden bauen wir unsere neuen Städte. Für diesen Frieden kämpfen wir mit allen Menschen, die guten Willens sind.'"[148]

Richard Hamann sprach über seinen Verdacht mit dem stellvertretenden Vorsitzenden der sowjetischen Kontrollkommission, Botschafter Semjonow. Dieser betonte jedoch, dass diese Anweisung nicht aus Moskau oder der Kontrollkommission komme, sondern ganz allein Angelegenheit der DDR sei. Er versprach Hamann, sich beim Ministerpräsidenten Otto Grotewohl für ihn einzusetzen.

In einem Vortrag, der nicht für die Öffentlichkeit bestimmt war, berichtete Dr. Liebknecht am 24. August 1950, auf welcher Basis sich die zukünftige Stadtentwicklung abspielen sollte. „Man hat uns die Aufgabe gestellt, aus dem früheren Berlin mit seinen sozialen Mißständen und städtebau-künstlerischen Mängeln ein neues Berlin zu schaffen. Berlin, die Hauptstadt Deutschlands, wurde im Zweiten Weltkrieg durch Hitler und die Anglo-Amerikaner, vor allem im Zentrum, in einen Trümmerhaufen verwandelt. Diese

---
146 GStA, I. HA, Rep. 92, Margarete Kühn, 2. Karton – Schreiben vom 29. 8. 1950.
147 BArch, DH 2, DBA, A/47, ohne Blattnummerierung.
148 Berliner Zeitung, 7. September 1950, „Lenin und die Schlossruine".

Tatsache verpflichtet uns heute, ein schöneres und besseres Berlin zu planen und aufzubauen. [...]

Die Ergebnisse der Reise in die Sowjetunion, die eine Delegation des Ministeriums für Aufbau unter der Leitung des Ministers Dr. Lothar Bolz[149] unternahm, haben uns davon überzeugt, wie einseitig die englischen und amerikanischen Städteplanungen sind und wie unvollkommen auch unsere bisherigen Konzeptionen waren.

Die 16 Grundsätze für den Städtebau, die wir auf Grund unserer Erkenntnisse in der Sowjetunion aufstellen konnten, wurden nach mehrmaliger Überarbeitung vom Ministerrat bestätigt. [...] Die Neuplanung Berlins wurde vor einigen Wochen von einer Gruppe von Architekten des Magistrats von Gross-Berlin und des Ministeriums für Aufbau begonnen. [...]

Zentral im Zuge der Stalinallee – Brandenburger Tor befindet sich der Mittel- und auch architektonische Höhepunkt des Zentrums Berlin, der Lustgarten. Der Lustgarten hat besondere politische Traditionen und eine günstige Lage als Abschluss der Hauptanmarschstrasse für die Demonstrationen ‚Unter den Linden'. Er ist der beste Platz für fliessende und stehende Demonstrationen. Die erforderliche Grösse ist nur durch Abriss des Schlosses zu erreichen."[150]

Der Abbruch des Schlosses sollte in bestem Parteideutsch mit „denkmalpflegerischen Maßnahmen" einhergehen. Was hat die Vernichtung eines Baudenkmals wohl mit Denkmalpflege zu tun?

Die verantwortlichen Wissenschaftler verstanden darunter eine weitgehende „Sicherung der noch erhaltenen künstlerisch wertvollen Substanz mit einer wissenschaftlichen Durchforschung des ganzen Objektes. Dabei wird der Ausbau umfassend genug sein, um eine Rekonstruktion der genialen Baumeister Schlüter und Eosander von Göthe in ihren wertvollsten Details zu gestatten, bzw. um in musealer Darstellung der Nachwelt ein Bild [...] zu vermitteln, sodaß das Schloss zwar fällt, die in ihm realisierte, noch nicht im Hagel der Bomben ausgelöschten großen menschlichen Leistungen aber bewahrt bleiben."[151] Dabei wurde zusätzlich die Vorstellung suggeriert, dass eine Rekonstruktion von Teilen des Schlosses an einem anderen Ort möglich sei. Der politisch motivierte Abriss sollte mit dem Deckmäntelchen solcher Phrasen kaschiert werden.

Am 26. August 1950 begann die Räumung des Schlosses. Dazu hatten Mitarbeiter des Schlossmuseums eine Inventarliste der im Westflügel des Berliner Schlosses aufbewahrten Exponate des Kunstgewerbemuseums erstellt. Aufgeführt wurden in ihr ca. 1500 Textilien, 900 Gläser, 150 Porzellane, 600 Stück Gusseisen, 250 Stück Schmiedeeisen, 80 mittelalterliche Bronze- und Messingarbeiten, 30 Kupfergefäße, 130 Fayencen, Majolika und Steinzeug, 150 Objekte der Ledersammlung, 44 Stück Silber und Email, 300 Stück

---

149 Lothar Bolz (1903–1986); 1921–1925 Studium der Rechtswissenschaften, Kunst- und Literaturgeschichte in München; 1926 Promotion; 1929 Assessor und danach Rechtsanwalt; 1933 Emigration in die UdSSR und dort Lehrer, Journalist und Assistent am Marx-Engels-Instituts; 1947 Rückkehr nach Deutschland; 1948 freiberuflicher Journalist; 1948 NDPD; 1948–1972 Vorsitzender der NDPD; 1949 einer der Vorsitzenden des Deutschen Volksrates; 1949–1953 Minister für Aufbau; 1950–1967 Stellvertretender Ministerpräsident; 1953–1965 Minister für Auswärtige Angelegenheiten; 1968–1978 Präsident der DSF; 1972 Ehrenpräsident der NDPD. In: Wer war wer – DDR, Berlin 1992, S. 53.
150 BArch, I/3-28, Bl. 314 ff.
151 BArch, DH 2, DBA I/32, Bl. 65.

ostasiatisches und orientalisches Kunsthandwerk, 19 Kästen mit Urkunden, 150 Bilder und Bilderrahmen, 153 Stück Möbel aller Stilarten, 2 französische Zimmervertäfelungen und 2 italienische Kassettendecken.[152]

Henselmann hatte Scharoun zuvor über die Äußerungen Grotewohls vom 22. Juni informiert, in denen dieser die Untätigkeit der Architekten beklagte. Am 27. August trafen sie sich. Scharoun hatte die Forderung, Vorschläge zu entwickeln, ernst genommen und seine Papiere für den Erhalt des Schlüterhofes erneut zusammengefasst, obwohl er von der Vergeblichkeit seiner Bemühungen überzeugt war. In einem streng vertraulichen Brief von Strauss an Walter Pisternik heißt es später:

„Genosse Ludwig Deiters[153] teilte mir soeben mit: Der Genosse Otto Grotewohl erwartet von Prof. Scharoun ausführliche Unterlagen für eine neue Lösung der Schlossfrage, bei der die Möglichkeit zu teilweiser Erhaltung der originalen Substanz am alten Ort besteht. Diese Vorschläge betreffen vor allem den östlichen Teil einschl. erhaltenen Spreeflügel. Die Vorschläge werden bis Montag, dem 4. September, 12 Uhr vorgelegt. Gen. Grotewohl will dann entscheiden, ob neue Vorlage an Ministerrat vertretbar. Auf Grund dieser Mitteilung habe ich die für Montag angesetzte Sprengung ausgesetzt, da ich den Entscheidungen des Gen. Parteivorsitzenden nicht vorgreifen kann."[154]

Scharoun erneuerte seinen früheren Vorschlag zur Rettung eines Teils des Schlosses in einem Brief an den Ministerpräsidenten:

„Ich darf Ihr Verständnis dafür voraussetzen, dass es nicht Architektenehrgeiz, sondern vor allem das Verlangen nach etwas mehr Architektenphantasie und nach Beachtung der Maßstäbe sind, die zur Anfertigung der beigefügten Skizze führten.

Es ist versucht, traditionell Wichtiges zu erhalten und mit den wichtigsten Forderungen unserer Zeit zu verbinden. Hier ist fraglos eine Unterlassungssünde gutzumachen und dem Schlossbau oder der Stelle, die er in der Struktur der Stadt und in der Vorstellung der Welt einnimmt, wieder einen Inhalt, eine Seele zu geben. Die Skizze ging davon aus, dass der Schlüterhof von einmaliger Bedeutung und bedeutender Kraft der Aussage ist, da durch ihn raum- und volksgebundene schöpferische Fähigkeit in solcher Weise auf zeitliche Forderungen antwortet, dass das Ergebnis Weltruhm erlangte.

Der heutigen Forderung entsprechend kann der Schlüterhof repräsentativer Empfangsraum (in Zusammenhang mit Bauteilen im hinteren Schlossteil und unter den Tribünen) werden. Die loggienartig durchbrochene ‚neue Wand' bildet die Mitte der Gesamtanlage und gibt ihr den Halt. Die vorhandenen und neu zu schaffenden Bauteile sind in einen neuen Bezug zueinander zu bringen. Das gilt in der Hauptsache von den drei Bauwerken Schinkels und vom Zeughaus."[155]

---

152 Stiftung Preußischer Kulturbesitz, Archiv, VA 803, Aufstellung vom 26. August 1950.
153 Ludwig Deiters (geb. 1921); 1940 Abitur; Kriegsdienst und 1945 Gefangenschaft; 1946–1950 Architekturstudium; 1946 SED; 1950–1952 Architekt im Institut für Bauwesen; 1951 DBA; 1953/54 Mitarbeiter des Chefarchitekten von Berlin; Mitarbeit an den Entwürfen der Gedenkstätten Buchenwald, Ravensbrück und Sachsenhausen; 1957–1961 Konservator für die Bezirke Potsdam und Frankfurt/Oder im Institut für Denkmalpflege; 1961–1986 Direktor des Instituts für Denkmalpflege und Generalkonservator; 1967 Promotion; Professor; 1977 Vorsitzender des Rates für Denkmalpflege; Präsident des Nationalkomitees ICOMOS; Vorsitzender der Gesellschaft für Denkmalpflege im Kulturbund der DDR; Mitglied des Präsidialrates des Kulturbundes. In: Wer war wer, Berlin 1992, S. 78.
154 BArch, DH 1, Nr. 39075, Schreiben vom 2. September 1950.
155 Archiv der Akademie der Künste, Bauarchiv, NL Scharoun, Sch-01-394, Bl. 1.

Er legte hierzu zwei Vergleichsrechnungen vor. Im ersten Modell berechnete er für die Abräumung eine Summe von 1 964 000,00 Mark der DDR plus der Sprengkosten (1 m³ = 22,00 Mark der DDR bei einer Trümmermenge von 89 300 m³). Die Gesamtsumme für die Abräumung des Schlosses belief sich auf 2 100 000 Mark. Im zweiten Modell geht er von der Erhaltung des Schlüterbaues aus. Die Kosten für die Sprengung und Abräumung des Westteils würden dann nur bei rund 900 000 Mark der DDR liegen.[156]

Der Kostenvoranschlag von Dr. Strauss vom 18. August 1950 besagte bislang, dass Sprengung, Abräumung und Abtransport des Trümmerschutts einschließlich des Ausbaus der künstlerisch wertvollen Teile und des verwendbaren Materials, des Abtransports zu den Lagerplätzen rund 3 840 000 Mark der DDR kosten würden.[157]

In seinem Gutachten „Die Schlütersche Architektur, ihr Wert für das kulturelle Erbe und ihr heutiger Zustand" schreibt Scharoun:

„Der heutige Zustand läßt eine Wiederherstellung am Ort durchaus zu. Die Beschädigungen betreffen nur einzelne Haussteine und weniger wertvolle Teile des Füllmauerwerks. Dagegen wäre für einen Wiederaufbau an anderer Stelle der Ausbau des größten Teils der Haussteine erforderlich. Hohe Verluste sind dabei unvermeidlich. [...] Im wesentlichen würde der Aufbau an anderer Stelle also eine mehr oder weniger gute Kopie ergeben, und Berlin wäre damit seines großartigsten Bauwerks beraubt."[158] Die gleiche Ansicht hat er für die Schlüterportale I (Süden) und V (am Lustgarten). Nach seiner Auffassung könnte man auf das Portal IV (am Lustgarten westlich von Portal V) eventuell verzichten. Die Schlüter'sche Marmortreppe „ist abgesehen von geringen Putzschäden voll erhalten".[159] Die Decke und der Fußboden des Elisabethsaals, der im Südflügel hinter dem Portal I lag, sind durch Brand zerstört. Trotzdem blieb der reiche figürliche Schmuck der Wandflächen erhalten. „Eine Restaurierung des Saales erscheint bei Erhaltung der bereits genannten Außenarchitektur wünschenswert und möglich."[160] Im gesamten Treppenhaus des Ostflügels sind Teile der Innenarchitektur, wie im Erdgeschoss einige Atlanten und im Obergeschoss wichtige Reste, die sich erhalten und restaurieren ließen. Die Treppenhäuser im Süden und Norden des Hofes „sind so weit erhalten, daß sie sich ohne besonderen Aufwand restaurieren ließen".[161] Nach den Bemerkungen Scharouns ergibt sich der Eindruck, als ob man sich formell mit dem Gedanken trug, Reste des Schlosses, speziell des Schlüterhofes, an einer anderen Stelle wieder aufzubauen. „Besonders technische Schwierigkeiten sprechen in diesem besonderen Falle gegen die in unserem Zeitalter durchaus erreichbare Versetzung historischer Bauten."[162] Dieser Eindruck wird auch aus dem vorgelegten Kostenvoranschlag für den „Ausbau der kulturell wertvollen Substanz zwecks Rekonstruktion an anderer Stelle"[163] ersichtlich. Die Kosten für diese Arbeiten beziffert Scharoun auf 21,6 Mill. DM. Für die Erhaltung und Restaurierung am Ort bezifferte er nur einen Kostenaufwand von bis zu 4 Mill. DM.

„Zu neuen kulturellen und repräsentativen Aufgaben bieten sich der ‚Schlüterhof' als festlich wirkender Freiraum und Innenräume in erheblicher Kapazität an. Die bau-

---

156 LAB, C Rep. 110, Nr. 912, Bl. 33 f.
157 ebd., Bl. 38.
158 BArch, DH 2, DBA I/32, Bl. 71.
159 ebd., Bl. 72.
160 ebd., Bl. 72.
161 ebd., Bl. 73.
162 ebd., Bl. 73.
163 ebd., Bl. 75.

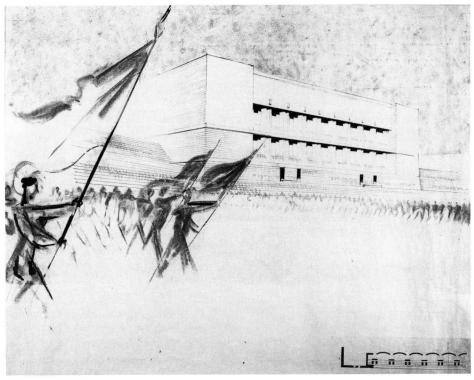
Vorschlag Hans Scharouns zur Rettung des Schlüterhofes, August 1950

künstlerisch besonders wertvollen Gestaltgebungen Schlüters liegen in der nächsten Umgebung des ‚Schlüterhofes' und können dem für neue Aufgaben bestimmten auszubauenden Raumgefüge, ihrer Bedeutung entsprechend, eingefügt werden.

Die neue festliche Wand im Rücken der Tribüne mit der Doppelreihe der Loggien für die Gäste der nationalen Traditionen steht völlig im Banne der neuen und erweiterten Aufgabe und gibt dem geschichtlich und kulturgeschichtlich wichtigen und erhaltungswerten Baukomplex das neue Gesicht."[164]

In den Schlussbemerkungen betont Scharoun noch einmal, dass die Welt mehr vom „Schlüterhof" als vom „Berliner Stadtschloss" spreche. „Die Besonderheit des Bauwerkes beruht auf den starken Reliefs, der kühnen Unterbrechung und Auflösung der Baumassen und der malerischen Wirkung, die der besonderen strukturierenden Gestaltungskraft des Künstlers entstammt. [...] Mit der Verwendung des ‚Schlüterhofes' wird in der Lösung des Gesamtkomplexes das Thema der Variation – intimer und monumentaler Raum – gesetzt."[165]

Dem Gutachten wurden verschiedene Ansichten beigefügt: „Marx-Engels-Platz mit Schlüterhof". Sie befinden sich heute im Bauarchiv der Akademie der Künste. Auf das Projekt Scharouns gab es unterschiedliche Reaktionen.

---

164 ebd., Bl. 76.
165 ebd., Bl. 77.

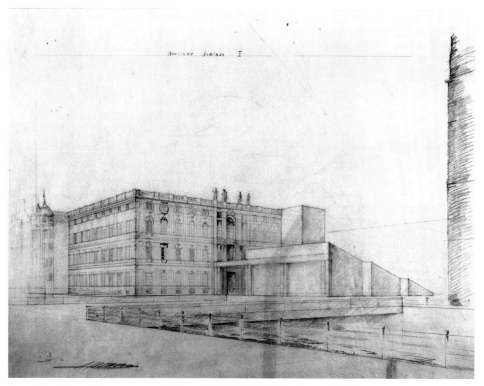
Vorschlag Hans Scharouns zur Rettung des Schlüterhofes, August 1950

Aus einem Brief von Carla Gräfin Rothkirch an Prof. Hamann geht hervor, dass sich beide gegen den Plan von Scharoun wandten. Scharouns Ansicht war, dass sich das ganze Schloss nicht mehr retten lasse. So wäre die Sicherung des Schlüterhofes für ihn wenigstens eine Schadensbegrenzung. Rothkirch meinte: „Aber der Schlüterbau als offener Ehrenhof ist Wahnsinn!"[166] Rückblickend schätzt Kurt Reutti ein, dass Scharoun „schon seit dem Zusammenbruch dafür eingetreten sei, das Schloss auf den Umfang des Schlüterschen Schlossbaues zu reduzieren. Diese Vorschläge müssen die Meinung der östlichen Machthaber beeinflußt haben, da sie den Anschein erweckten, daß das Schloss in seiner Gesamtheit nicht zu erhalten war."[167]

Es blieb bei dem Versuch Scharouns. Sein Scheitern, das Schloss oder Teile von ihm zu retten, aber auch die Einbindung des Instituts für Städtebau in die Bauakademie waren der letzte Anstoß für seinen Weggang nach Westberlin. Er sah die Aussichtslosigkeit einer konstruktiven Arbeit unter der Führung der SED und des sozialistischen Systems ein. Seine Planungen wurden ignoriert und als bürgerlich dekadent abqualifiziert. Die Planungen für die Stalinallee liefen seinen Auffassungen von Architektur und Städtebau zuwider. Der

---

166 GStA, I. HA, Rep. 92, Margarete Kühn, 2. Karton, Brief vom 4. September 1950.
167 GStA, I. HA, Rep. 92, Kurt Reutti, Nr. 4, Bl. 481.
168 Erinnerungen von Hermann Henselmann – Brief beim Autor.

Beschluss, das Institut für Bauwesen in eine neu zu gründende Akademie für Bauwesen einzugliedern, sollte ihn entmachten und wurde von ihm als offene Kampfansage empfunden. Scharoun führt in seinen Erinnerungen aus, dass in der DDR die administrative Ebene jeden kreativen Gedanken ersticke. Am gleichen Tag fand ein Gespräch Henselmanns mit Richard Hamann statt. „Er fragte: „Wie ist das zu verhindern? Ich antwortete: Die einzige Möglichkeit besteht darin, die Sowjetmacht daran zu erinnern, daß der Kreml auch nicht abgerissen werden mußte. Abriß ist ein Zeichen von Schwäche."[168]

Die vom „Wissenschaftlichen Aktiv" aufgestellten Ausbaupläne wurden mehrfach revidiert und nie durch das Ministerium für Aufbau bestätigt. Am 28. August 1950 beginnen die Demontagen im Inneren des Berliner Stadtschlosses.[169] „Die Ausbauarbeiten liefen trotzdem an, da Übereinstimmung zwischen dem Ministerium für Aufbau und dem Wissenschaftlichen Aktiv erreicht werden konnte, ausgenommen Schlüterportal I und Details in der oberen Zone der Fassade des Schlüterhofes, die durch das Ministerium für Aufbau (Hauptabteilungsleiter Pisternik) im Interesse des allg. Bauablaufes und der Ausschaltung von Gefahren für Menschenleben vom Ausbauplan abgesetzt wurden. Gleiches gilt für die Marmor- und die Eosanderteppe."[170]

Indessen setzte sich Prof. Hamann weiter vehement für die Rettung des Schlosses ein. So fand am 29. August 1950 ein Gespräch zwischen ihm und Liebknecht im Ministerium für Aufbau statt. Im Aktenvermerk Liebknechts vom 30. August 1950 heißt es: „Ich wies Professor Hamann darauf hin, daß der Abriß der Schlossruine eine beschlossene Sache sei, daß uns ganz bestimmte Gründe dazu veranlaßt haben, diesen Beschluß zu fassen, und daß der Beschluß nicht mehr rückgängig gemacht werden kann."[171]

Schließlich erreichte Hamann doch noch ein Gespräch mit Ministerpräsident Otto Grotewohl. Er überreichte am 30. August 1950 diesem ein Schriftstück mit dem Titel: „Für die Pflege und Weiterentwicklung des großen deutschen Kulturerbes in allen Teilen Deutschlands" (Aus dem Programm der Nationalen Front des demokratischen Deutschlands zu den Wahlen am 15. Oktober 1950). Außerdem übergab er dem Ministerpräsidenten eine von ihm verfasste Agenda, ein Memorandum der Akademie der Wissenschaften aus der Feder von Prof. Weickert, und das Gutachten von Dr. Schubert aus Halle. Einige beigefügte Fotografien des Berliner Schlosses sollten die Situation verdeutlichen. Grotewohl zeigte ein unverbindliches Interesse an den Ausführungen, machte aber keine Zusagen.[172] In der überreichten Agenda „Für die Pflege und Weiterentwicklung des großen deutschen Kulturerbes in allen Teilen Deutschlands" heißt es:

„Berlin ist arm an Denkmälern der Vergangenheit. Aber es besitzt ein Werk, das sich den größten der Vergangenheit würdig einreiht und in allen Kunstgeschichten der Welt genannt und abgebildet ist: das Berliner Schloss. Sein Schöpfer ist der größte Bildhauer und Architekt in Norddeutschland, Andreas Schlüter. In Ruinen steht es da: noch immer von einer faszinierenden Wucht und Monumentalität, ein Repräsentant des spezifisch nord-

---

169 BArch, DH 1, Nr. 39075, Wochenbericht vom 9. September 1950.
170 BArch, DH 1, Nr. 39075, Bericht vom 8. November 1950.
171 BArch, DH 1, Nr. 39075, Schreiben vom 30. August 1950.
172 Das Dokument liegt als Durchschlag beim Autor vor. Es wurde höchstwahrscheinlich von Gräfin Rothkirch verfasst. Diese Vermutung liegt nahe, weil Rothkirch als Assistentin von Prof. Hamann am gleichen Kunsthistorischen Institut der Humboldt-Universität gearbeitet hatte. Der Abschluss des Briefes mit „Ihre" deutet also auf Rothkirch hin.

deutschen Barock, der sich Michelangelos St. Peter in Rom, dem Louvre in Paris würdig zur Seite stellt. Eine Wiederherstellung des Außenbaus und eines Teiles wertvoller Innenräume ist, wie von Sachverständigen versichert wird, möglich. Bei einem in Berlin so seltenen und in der Welt einzigartigen Denkmal der schöpferischen Kräfte des Nordens dürfen Kosten keine Rolle spielen. Ebenso wenig dürfen politische Gründe in Frage kommen. [...] Kunstwerke wie das Schloss sind gewiß Äußerungen einer versunkenen und überwundenen Zeit. Aber diese wird immer von neuem überwunden durch Geschichte, durch Wissenschaft, für die sie zu Dokumenten herabgesunken sind, sichtbare und deshalb wahrhaftigere Dokumente als Worte und Geschriebenes. Alle Kunsthistoriker – ich möchte den sehen, den es nicht getroffen hat – macht der Gedanke der Zerstörung des Schlosses und dieses historischen Zentrums Berlins krank."[173]

Nach dem Gespräch mit Hamann besichtigte Grotewohl Anfang September, tatsächlich ein wenig beunruhigt, die Schlossruine. Beraten von Gerhard Strauss und anderen willfährigen „Experten" sah er nur das, was er sehen wollte, um bei seiner Auffassung zu bleiben. Danach konstatierte er:

„So ist mein Gewissen beruhigt. Jetzt schreien alle, und wenn das Schloss weg ist, kräht kein Hahn mehr danach!"[174]

Ebenfalls am 30. August 1950 wurde bei einer Sitzung der Planungskommission die Herstellung eines Schlossmodells beschlossen, es sei im Maßstab 1:50 anzufertigen. Außerdem sollte ein Film gedreht werden, der insbesondere den hohen Zerstörungsgrad der Architektur und der Kunstschätze des Schlosses festhalten sollte.[175]

Die Beschlüsse von Partei und Regierung zur Neugestaltung der Mitte Berlins und zum Abbruch des Schlosses übernahm der Magistrat von Berlin auf seiner Sitzung am 31. August 1950 mit dem Beschluss Nr. 502. Dort heißt es:

„a) Der Magistrat nimmt zustimmend Kenntnis von der aus der Anlage 1 ersichtlichen Erklärung, die der Oberbürgermeister in der Ministerratssitzung der DDR vom 23. August 1950 abgegeben hat.

b) Der Magistrat billigt die gemeinschaftlich vom Ministerium für Aufbau der DDR und der Abteilung Aufbau des Magistrats aufgestellten, aus der Anlage 2 ersichtlichen Grundsätze über die Neugestaltung der Berliner Innenstadt, insbesondere der Spreeinsel."[176]

Außerdem wurde auf der Sitzung der Terminplan bestätigt. In dem Beschluss wird unter dem Punkt f) vermerkt:

„Die zur Neugestaltung des Lustgartens als 1. Rate benötigten Mittel von vorläufig 5 Millionen Mark der DDR werden im Rahmen des Nachtragshaushalts 1950 bereitgestellt."[177]

Viele Mitglieder des Kulturbundes zur demokratischen Erneuerung Deutschlands sprachen sich für die Erhaltung des Schlosses aus. Deren Landesleitung nahm auf ihrer Sitzung am 5. September 1950 zum Plan der Neugestaltung der Schlossinsel Stellung. Einige Mitglieder erhofften sich von ihr eine Unterstützung bei ihren Protesten gegen den Abriss des Schlosses. Das Ergebnis der Diskussion war aber niederschmetternd. Unter Punkt 3 heißt es:

„Ein Wiederaufbau des Schlosses wurde einstimmig abgelehnt."

---

173 LAB, C Rep. 101, Nr. 340, Schreiben vom 30. August 1950.
174 GStA, I. HA, Rep. 92, Kurt Reutti, Manuskript Bl. 300.
175 BArch, II/89; II/40/1, Bl. 403.
176 LAB, C Rep. 100, Nr. 851, Bl. 26.
177 ebd.

Punkt 4:

„Die Erhaltung des Schlüterhofes und des Eosanderportals an ihrem alten Platz, selbst bei Einfügung dieser Schlossteile in einen neu zu errichtenden Tribünenbau oder ähnliches, wurde abgelehnt, wobei die Wiedererrichtung des Schlüterhofes und des Eosanderportals an anderer geeigneter Stelle selbstverständlich Voraussetzung bleiben muss."[178]

Es ist derzeit nicht nachzuvollziehen, ob die Leitung des Kulturbundes von der SED unter Druck gesetzt wurde. Anzunehmen ist aber eine massive Beeinflussung. In einem Referat einer Kulturbundtagung am 5. Mai 1951 äußerte sich Heinrich Deiters[179] nämlich rückblickend:

„Es sind Diskussionen über das Schicksal des Berliner Stadtschlosses geführt worden. Niemand kann behaupten, dass wir das Schloss zerstört hätten, es ist zerstört worden. Niemand kann von uns verlangen, dass wir es unter ungeheurem Aufwand neu errichten sollen, das ginge zu weit. Das sind Zeugen einer Vergangenheit, mit der wir nichts mehr zu tun haben wollen und auch nichts mehr zu tun haben. Wer an der Mai-Demonstration ds. Js. teilgenommen hat, wird sagen, dass auf dem Marx-Engels-Platz eine viel mächtigere Entfaltung der vorbeischreitenden Massen möglich ist, als es auf dem vorherigen Schlossplatze der Fall war. Diese Monumentalität zeigt ein stolzes bewußtes Bestreben unserer eigenen Volkskraft. Daraus ist auch letzten Endes die Kunst der Renaissance hervorgegangen."[180]

Am 6. September 1950 beschloss die Volkskammer der DDR das Aufbaugesetz. „Der Aufbau unserer Städte erfolgt nach den 16 Grundsätzen, die aus den Erfahrungen und Methoden der Sowjetunion erarbeitet wurden."[181] Damit wird eindringlich die Bedeutung der sowjetischen Architekturvorstellungen betont, die von den politischen Idealen der Kommunisten geprägt waren, in der Sowjetunion allerdings nicht ganz so kompromisslos wie in der DDR. Rückblickend analysierte Walter Ulbricht in einem Referat „Zur Frage des Städtebaus und der Architektur in der Deutschen Demokratischen Republik":

„Das Kollektiv des damaligen Stadtbaurates Prof. Scharoun ging von falschen Voraussetzungen für die Planung Berlins aus. Die Hauptursache für dieses Versagen liegt in der Orientierung auf die Ideen und Theorien der Städtebauer des Westens und Amerikas und in der Nichtbeachtung der Erfahrungen, Erkenntnisse und praktischen Ergebnissen des einzigen Landes, das Städte nicht nur geplant, sondern auch gebaut hat, der Sowjetunion."[182]

Die Pläne zur Neugestaltung des Zentrum Berlins und damit zum Abriss des Berliner Stadtschlosses, brachte eine Anzahl bedeutender ostdeutscher Wissenschaftler dazu, heftigen Protest zu üben. Sie erinnerten mahnend an den Wert des Schlosses als herausragendem Kulturdenkmal und setzten ihre Kräfte dafür ein, diese Barbarei zu verhindern. Ihre Verlautbarungen sind hinreißende, dramatische Appelle an die Machthaber in der DDR.

---

178 LDA – Archiv, Akte „Berliner Schloss", Protokoll vom 5. September 1950.
179 Heinrich Deiters (1887–1966); 1906–1912 Studium Germanistik, Geschichte und Philosophie in Heidelberg, Münster und Berlin; 1911 Promotion; 1918 Gymnasiallehrer in Berlin; 1920 SPD; 1924 Studienrat; 1933 Entlassung; bis 1945 freiberufliche Tätigkeit in Berlin; 1945 Leiter der Abteilung Lehrerbildung in der Deutschen Zentralverwaltung für Volksbildung; 1946 Professor; 1945–1958 Dekan der Pädagogischen Fakultät der Humboldt-Universität zu Berlin; 1949–1958 Abgeordneter der Volkskammer. In: Wer war wer – DDR, Berlin 1992, S. 77 f.
180 SAPMO-BArch, Kulturbund, 96/482, Bl. 123.
181 SAPMO-BArch, SED, NL 182, Nr. 982, Bl. 12.
182 ebd., Bl. 13.

Wieviel Zivilcourage war nötig, sich unter diesem diktatorischen Regime so vehement zu Wort zu melden!

Als einer der Ersten schrieb der Landeskonservator von Sachsen-Anhalt, Dr. Wolf H. Schubert, am 28. August 1950 dem Generalsekretär der SED und stellvertretenden Ministerpräsidenten Walter Ulbricht:

„Presse und Rundfunk veröffentlichen und propagieren den neuen Plan zum Wiederaufbau Berlins, der in Kürze mit dem Abbruch des vom Krieg schwer getroffenen Schlosses in Angriff genommen werden soll. Das durch den Abbruch gewonnene Gelände soll den Lustgarten zu einem grossen Aufmarschplatz erweitern. Die freiwillige Preisgabe des Schlosses würde für unser Volk einen Verlust an nationaler kultureller Substanz bedeuten, der nicht wieder gutzumachen wäre. Die Zeit drängt. Bei dieser Lage der Dinge halte ich mich von Amtes wegen und persönlich verpflichtet, Ihre Aufmerksamkeit zu erbitten für einige notwendige kurze freimütige Anmerkungen und Vorschläge zur Sache."[183]

An diesen Bemerkungen wird noch einmal deutlich, dass über die Pläne, das Schloss abzureißen, mit voller Absicht keine öffentliche Diskussion geführt wurde. Der Protest war unerwünscht und wurde ignoriert, die Medien Ostberlins durften darüber nicht berichten.

Schubert schätzte die architektonische Bedeutung des Stadtschlosses hoch ein. In seinen weiteren Ausführungen gab er zu bedenken, dass nicht nur Andreas Schlüter am Bau seine Spuren hinterlassen habe, sondern schon viele große Baumeister vor ihm, denn der erste Bau entstand schon in der Mitte des 15. Jahrhunderts. 1699 erhielt Andreas Schlüter den Auftrag zur Umgestaltung. Er schuf, bei weitgehender Bestandssicherung, eine bunte „Mannigfaltigkeit von einer grandiosen Gesamtkonzeption aus in einer neuen einheitlichen repräsentativen Form".[184] Wenn Schlüter verehrt werde, dann wird sein Werk und seine Leitung nur noch am Berliner Stadtschloss sichtbar sein. Es ist das letzte und bedeutendste erhaltene Zeugnis seines Schaffens. Schubert weist aber auch auf die städtebauliche Bedeutung des Schlosses hin. Das Schloss verband die mittelalterlichen Städte Berlin und Cölln mit den westlichen Vorstädten, der Friedrichstadt und der Dorotheenstadt. Weiter stellte er fest, dass die Raumschöpfungen der Jahrhunderte fast vollständig verloren gegangen seien. Aber das wenige, was noch vorhanden sei, müsse gerettet werden, so das Schlüter'sche Treppenhaus, der Staatsratssaal aus der Schinkelzeit, die Dekorationen des Elisabethsaals, der Weiße Saal und die dazugehörige Treppe. Das Gebäude sollte nach Schubert von der Regierung genutzt werden. Vom Aufmarschplatz anstelle des Schlosses sollte man sich verabschieden. Nach dem Abriss des Schlosses wäre das entstehende langgestreckte Rechteck kaum ein Platz, weil der Rahmen fehle. Außerdem wird der Platz für größere Demonstrationen immer noch zu klein sein. Ganz entschieden wandte sich Schubert gegen die Ansicht zum Denkmalschutz. „Man begegnet nicht selten dem Irrtum, ein historisches Bauwerk könne erhalten werden, indem man es an einem Orte abbricht, um es an einem anderen ganz oder teilweise beliebig wieder (als Attrappe) aufzubauen. Nichts ist falscher als das. Ein Bauwerk ist kein museales Schauobjekt, sondern eine aus praktischem Lebensbedürfnis entstandene zweckbestimmte Schöpfung, die an den natürlichen Ort ihrer Entstehung gebunden ist. Erhaltung bedeute daher Wiederherstellung am angestammten Platze. Ein Wiederaufbau des Schlosses würde etappenweise erfolgen können, je nach

---
183 ABBAW, Bestand Akademieleitung 590, Schreiben vom 28. August 1950.
184 ebd.

der Höhe der verfügbaren Mittel; aber mit der Sicherung der Bausubstanz dürfe nicht länger gewartet werden. [...]

Die rückwärtigen Gebäude an der Spree wären neu zu errichten, und auch für den Gebäudetrakt zwischen beiden Höfen seien neue Lösungen zu erwägen."[185]

Schubert versuchte mit seiner Beweisführung, die Führung der SED und der Regierung doch noch umzustimmen. Er setzte anstelle der Ideologie seine fundierte Sachkompetenz und wissenschaftliche Argumentation. Er ging vom Standpunkt aus, dass Argumente und einsichtige Beweise die Entscheidungen rückgängig machen könnten.

Die Deutsche Akademie der Wissenschaften in Berlin reihte sich am 29. August 1950 mit einem Memorandum ihres Präsidenten Prof. Dr. Johannes Stroux in die Reihe der Mahner ein. Stroux erinnerte daran, dass die Akademie schon vor längerer Zeit, als ein ähnlicher Gedanke auftauchte, sich mit einer denkmalpflegerischen Begründung gegen eine weitere Zerstörung des Schlosses ausgesprochen hatte.

„In Anbetracht seiner europäischen, künstlerischen, seiner geschichtlichen, seiner städtebaulichen und sozialgeschichtlichen Bedeutung, in Anbetracht dessen, dass das Schloss ein Zeuge der Berliner Baukunst durch fünf Jahrhunderte ist, wendet sich die Deutsche Akademie der Wissenschaften mit schweren Bedenken gegen eine etwa geplante endgültige Zerstörung des Schlosses. Sie betont dabei, dass seine Erhaltung ohne zu grosse Kosten möglich sei und dass in ihm eine grosse Zahl von Räumlichkeiten zu öffentlichen Zwekken, sei es für Sammlungen oder für Behörden, gewonnen werden kann. [...] Endlich darf darauf hingewiesen werden, dass in der Sowjetunion kulturell bedeutende Denkmäler erhalten und sorgfältig gepflegt werden."[186]

Aus einer Aktennotiz vom 2. September 1950, die die Besichtigung der Aufbauplanung Berlins durch Vertreter des Kulturbundes und der Kammer der Technik am 31. August im Haus der Ministerien betrifft, geht hervor, dass Dr. Stengel, der Direktor des Märkischen Museums, sich zum Abriss des Stadtschlosses äußerst kritisch aussprach:

„Er sprach sich schroff gegen den Abbruch des Schlosses aus und erklärte: Das ist nicht Berlin .–. Das ist eine Stadt im wesenlosen Raum .–. Was geplant ist (Schloss), ist nichts als kalter, überlegter Mord .–. Gibt es noch etwas, was man Naturgewissen nennt? .–. Es ist nicht der Wille der Mehrheit, dass die Stadt – um mit den Worten eines anderen Stadtzerstörers zu sprechen – ausradiert wird. Abschließend machte er den Vorschlag, das Schloss als Perspektive für die Demonstranten zu erhalten und den Dom, ‚dieses Schandmal', in erster Linie abzureißen."[187] In seinen eigenen Gesprächsaufzeichnungen geht er noch intensiver auf diese Besprechung und die vorgelegten Planungen ein. „Grausam haben die anglo-amerikanischen Flugzeuge das Antlitz unserer Stadt zerschunden. Das Weltgericht der Geschichte, das einmal kommen wird, wird das hart verurteilen, wenn auch der Milderungsgrund anerkannt werden mag, daß man im Affekt blindwütenden Zorns der Kriegszeit handelte, aber was hier geplant ist, meine Herren, ist glatter Mord bei ruhiger Überlegung. Dieser Plan ist das Werk von einzelnen. Wenn ich unsere Zeit richtig verstehe, dann ist es heute aber die Mehrheit, die zu entscheiden hat. Wie denken die Bürger unserer Stadt darüber? Hat man sie gefragt? Wenn man ausführen will, was hier im Modell vor uns steht, dann soll man doch in der Konsequenz noch weiter gehen und auch den Namen der neuen Stadt ändern. Berlin ist es nicht mehr."[188]

---

185 ebd.
186 ABBAW, Bestand Akademieleitung 590, Memorandum vom 29. August 1950.
187 BArch, DH 2, DBA A/47, Bl. 119.

An dieser Stelle sei vermerkt, dass auch die sowjetische Seite an der Zerstörung Berlins ihren Anteil hatte. Die Bombenangriffe der Amerikaner und Engländer erfolgten in Übereinstimmung und auf ausdrücklichen Wunsch der sowjetischen Regierung. Am 12. Januar 1944 schrieb Winston Churchill in einem Telegramm an Stalin im Zusammenhang mit dem Vormarsch der Roten Armee: „Teilen Sie mir bitte rechtzeitig mit, wann wir aufhören sollen, Berlin zu zerstören, damit genügend Unterkünfte für die Sowjetarmee stehen bleiben." Hierauf antwortete Stalin in einem Telegramm vom 14. Januar 1944: „Unsere Armeen haben in der letzten Zeit wirklich Erfolge erzielt, aber bis Berlin ist es für uns noch sehr weit. [...] Folglich brauchen Sie die Bombardierung Berlins nicht abzuschwächen, sondern sollten sie möglichst mit allen Mitteln verstärken. Die Deutschen werden es schon schaffen, bis zu unserer gemeinsamen Ankunft in Berlin einige Unterkünfte wiederaufzubauen, die für Sie und uns notwendig sind." [189]

Weitere Wissenschaftler schlossen sich der Auffassung Stengels an, wie Prof. Blümel, Prof. Walter Friedrich[190], Rektor der Humboldt-Universität, der es „nicht gern haben möchte, dass das Schloss verschwindet", und Dr. Rave, der „eine polemische Schrift gegen den Abriß des Schlosses"[191] verlas. „Abschließend nahmen Herr Dr. Liebknecht und Herr Pisternik noch einmal Stellung zur Frage Schloss, hoben den starken Zerstörungsgrad hervor und betonten den politischen Grundgedanken der Planung Berlins."[192]

Kurt Reutti formulierte am 3. September 1950 einen Vorschlag zur Schaffung eines Demonstrationsplatzes, ohne in die historische Substanz einzugreifen.

„Demonstrationsforum wird der Platz, der begrenzt ist von: Westen Spree, Süden Königsstraße, Osten Marienkirche, Norden ehem. Kaiserstraße. [...] Nördlich dieses neuen Platzes werden auf dem Gelände der bisherigen Börse und der Garnisonkirche bis in die Höhe der Klosterstraße Regierungsgebäude gebaut. Hinter der Neuen Friedrichstraße um den Alexanderplatz herum werden Hochhäuser errichtet, die dem Platz hinter der Marienkirche einen Abschluß geben. [...] An der Spree, mit der Blickrichtung nach Osten und dem Rücken zur Vergangenheit, werden die Tribünenanlagen errichtet. [...] Das Schloss kann dann in seinem bisherigen Umfang erhalten bleiben. Es ist nach vorläufiger Sichtung der Substanz allmählich wieder auszubauen, beginnend mit dem zum größten Teil noch erhaltenen Flügel an der Schlossfreiheit, in dem das Kunstgewerbemuseum weiterhin verbleibt. Die wilhelminischen Gittertore der Eingänge des Schlosses sind zu beseitigen, so daß ein freier Durchgang von Norden nach Süden durch den Schlüterhof entsteht. – Die stark zerstörte Spreeseite des Schlosses, der älteste Teil, ist in eine gärtnerische Terrassenanlage zu verwandeln (mit einem Durchgang zum Mittelrisalit des Schlüterhofes), in der die charakteristischen Ruinen der ältesten Bauteile als Kriegsmahnmal erhalten bleiben."[193] Dieser Vorschlag zielte auf die gesamte Erhaltung des Schlosses. Er geht weiter als der Plan von

---

188 Stiftung Stadtmuseum Berlin, Hausarchiv, Nachlaß Stengel.
189 Stalins Briefwechsel, S. 230 ff.; Berlin Quellen und Dokumente 1945–1951, 2. Halbband, Berlin 1964, S. 1868.
190 Walter Friedrich (1883–1968); 1905–1911 Physikstudium in Genf und München; 1911 Promotion; 1922 Professor; 1947 Rückkehr nach Berlin und Aufbau des Instituts für Biologie und Medizin an der Deutschen Akademie der Wissenschaften; 1949 ordentliches Mitglied der DAW; 1949–1951 Rektor der Humboldt-Universität Berlin; 1951–1956 Präsident der Deutschen Akademie der Wissenschaften; 1950–1968 Präsident des Deutschen Friedensrates und Vizepräsident des Weltfriedensrates; 1949 Abgeordneter der Volkskammer. In: Wer war wer – DDR, Berlin 1992, S. 122.
191 BArch, DH 2, DBA A/47, Bl. 120.
192 ebd.

Das Schloss wird geräumt – künstlerisch wertvolle Figuren von A. Schlüter werden geborgen, Mitte 1950

Hans Scharoun. Beide sind sich einig darüber, dass die Erhaltung der Schlossruine von höchster kunstgeschichtlicher Bedeutung für Berlin sei.

Wenige Tage nach der Übersendung seiner Unterlagen an Otto Grotewohl (31. August 1950) erhielt Scharoun am 5. September 1950 eine Antwort. Grotewohl bestätigt den Eingang der Zeichnungen und des angefertigten Modells. Zu den Vorschlägen stellte er heraus:

„Ihr Vorschlag ist interessant, aber er enthält nicht zwingend die Notwendigkeit, den durch die Regierung und den Magistrat gefaßten Beschluß auf Abriß der Schlossruine zu revidieren, denn

1. Der Schlüterhof, dessen Erhaltung zweifellos schön wäre, ist in Ihrem Vorschlag von einem Gebäude umschlossen, das irgendwo an einer anderen Stelle Berlins gleichfalls

---

193 GStA, I. HA, Rep. 92, Kurt Reutti, Nr. 4, Bl. 471f.

stehen könnte. Das Schloss, auf dessen Äußeres viele Kunstkenner Wert legen, bleibt auch bei Ihrem Vorschlag nicht bestehen.
2. Die Tribüne ist für die Demonstrierenden, die von den Linden kommen, nicht im Zentrum des Blickfeldes und ist für die auf der Tribüne Stehenden nicht der richtige Standpunkt, von dem aus sie die anmarschierenden Demonstranten Unter den Linden sehen können.
3. Das östlich der Spree geplante große Gebäude, der architektonische Höhepunkt des künftigen Berlins, kann hinter dem Gebäuderest, den Sie auf dem Schlossplatz belassen, und der immerhin eine Höhe von ca. 30 m behält, nicht zur Geltung kommen.
4. Der vergrößerte Lustgarten, der nach den bisherigen Plänen auf der Spree-Insel liegt, wird durch Ihren Vorschlag eingeengt."[194]

Nach Erhalt des Briefes schrieb Scharoun nach einer schlaflosen Nacht nochmals an Grotewohl:

„Ich bin der Meinung, daß auch in Bezug auf das Schloss – in der Zeit seiner Entstehung – mit Recht die Ansicht entstehen konnte, daß es an einer anderen Stelle Berlins gleichfalls seinen Platz hätte finden können. Aber die Wahl des Platzes, die Großzügigkeit der Durchführung und die Ausdruckskraft des Bauwerkes bewirkten im Laufe der Jahrhunderte, daß für uns heute das Schloss nur in seiner einmaligen Form und an dem besonderen Ort vorstellbar ist."[195]

Er widerspricht den vorgebrachten Argumenten Grotewohls. Er geht darauf ein, dass es noch weiter auszuführen ist, wie die „neue Wand" mit den Schlossteilen verschmilzt. Bei einer Anerkennung eines solchen Vorschlages, meinte Scharoun, würden zumindest wichtige Teile des Schlosses, der „Schlüterhof", erhalten bleiben können. Alle anderen Einwürfe Grotewohls versucht er zu widerlegen. Damit rechtfertigt er ganz deutlich seinen gemachten Vorschlag. Am Ende schwingt schon etwas an Resignation mit, wenn er abschließend feststellt: „Aber warum kämpfe ich für Schlüter, der uns ja letzten Endes doch alle überwältigt."[196]

Der Dekan der Fakultät für Architektur der Technischen Universität, Prof. Dr. Helmuth Bickenbach, protestierte am 31. August 1950 gegen die bevorstehende Sprengung des Berliner Stadtschlosses, entsprechend einem Fakultätsbeschluss, der sich besonders für den Wiederaufbau des Stadtschlosses einsetzte. In gleichen Schreiben an Wilhelm Pieck, Otto Grotewohl, Walter Ulbricht und Friedrich Ebert hob er die besondere Rolle des Stadtschlosses im Gesamtgefüge der Stadt heraus. „Von jeher war es so, dass architektonisch bedeutsame Gebäude, wenn sie in andere Hände übergingen, nicht abgerissen, sondern zu neuen Zwecken benutzt wurden. Wäre dies nicht der Fall, würde heute selbst der weltberühmte Parthenon auf der Akropolis in Athen nicht mehr existieren, denn er war länger christliche Kirche und türkische Moschee als griechischer Tempel, obwohl er als solcher von Perikles erbaut wurde. Dieser Vorgang lässt sich für den größten Teil älterer historischer Bauten nachweisen. Es ist bekannt, dass auch gerade die UdSSR alte Bauten aus der Zarenzeit mit besonderer Sorgfalt pflegt. Lenin selbst hat u. W. sich sehr für die Erhaltung alter Bauten eingesetzt."[197]

---

194 GStA, I. HA, Rep. 92, Margarete Kühn, 2. Karton, Schreiben vom 5. September 1950.
195 GStA, I. HA, Rep. 92, Margarete Kühn, 3. Karton, Schreiben vom 6. September 1950.
196 ebd.
197 LAB, C Rep. 101, Nr. 340, Schreiben vom 31. August 1950.

Der Rektor der Humboldt-Universität zu Berlin, Prof. Dr. Friedrich, erhob mahnend Protest. In einem Brief an den Ministerpräsidenten Otto Grotewohl vom 4. September 1950 bedauerte er, dass das Schloss der Neugestaltung Berlins zum Opfer fallen soll. „Als Rektor der Humboldt-Universität, die sich als Hüter und Wahrer nationalen Kulturgutes betrachtet, richte ich die dringende Bitte an Sie, sehr geehrter Herr Ministerpräsident, alles daranzusetzen, dass dieser Bau, der zu den bedeutendsten Schöpfungen deutscher Baukunst gehört, erhalten bleiben möge."[198]

Um die Akademie der Künste für den Erhalt des Schlosses zu gewinnen, fuhr Prof. Hamann zu ihrem damaligen Präsidenten, Arnold Zweig[199], nach Ahrenshoop. „Zweig sagte zuerst, daß ihn der ‚alte Kasten' wenig interessierte, versprach dann aber seine Unterstützung."[200] Aber dies tat er wohl nur, um abzuwiegeln. Als Zweig bei der Preisverleihung für den Bildhauer Fritz Cremer in der Galerie Franz gebeten wurde, im Namen der Ostakademie gegen die Zerstörung des Schlosses zu votieren, antwortete er: „Der alte Kasten interessiert mich nicht!"[201]

Die Vielzahl der sachlich und emotional begründeten Kritiken gegen den Schlossabriss, irritierten die SED-Führung. Man versuchte, die Front der Kritiker aufzubrechen, in dem man einige in das „Wissenschaftliche Aktiv" berufen wollte. Doch viele ließen sich darauf nicht ein, wie z. B. Dr. Schuster aus Halle. Strauss als beauftragter Denkmalpfleger für den Schlossabriss stellte in einem Bericht fest: „Nach etwa vierstündiger Diskussion erklärte Herr Dr. Schuster, dass er sich nicht von der Richtigkeit des Regierungsbeschlusses überzeugen könne, und dass er deshalb bitte, von seiner Beteiligung beim Ausbau der wertvollen Teile Abstand zu nehmen."[202]

Am 5. September 1950 erhielt der VVBB-Bauwesen und Baustoffe und der VEB-Abräumung und Erdbau vom Amt für Abräumung den Auftrag zum Ausbau und zur Abräumung der Berliner Schlossruine (Aktenzeichen: 1/1892/1950, Los 143/50).

„Der Magistrat von Groß-Berlin – vertreten durch die Abteilung Aufbau des Amtes für Abräumung – erteilt Ihnen hiermit den generellen Gesamtauftrag zum Ausbau und zur Abräumung der Berliner Schlossruine. Der Auftrag umfaßt:
1. Die gesamten Ausbau- und dazugehörigen Ergänzungsarbeiten zur Sicherstellung der künstlerischen Werte nach Anweisung des vom Ministerium für Aufbau bestellten Denkmalpflegers am Berliner Schloss, Herrn Dr. Strauß. Den Abtransport und die Lagerung dieser Werte auf noch zu benennenden Plätzen.
2. Die gesamten Spreng-, Einriß- und erforderlichen Abtragearbeiten.
3. Die gesamte Abräumung der Trümmermassen und deren Abtransport nach Anweisung und Termin-Plan des Amtes für Abräumung.
4. Ausgenommen hiervon sind der Ausbau von Heizungs- und Maschinen-Anlagen, diese werden im Sonderauftrag des Heiz- und Maschinenamtes durchgeführt."

---

198 Dokument als Abschrift beim Autor.
199 Arnold Zweig (1887–1968); 1907–1914 Studium der Germanistik, Philosophie und Psychologie in Breslau, München, Berlin und Rostock; ab 1905 literarische Arbeiten; 1915 Kleist-Preis; 1914 Soldat; 1929/30 1. Vorsitzender des Schutzverbandes Deutscher Schriftsteller; 1933 Emigration; 1948 Rückkehr nach Berlin; 1949–1967 Abgeordneter der Volkskammer; 1950–1953 Präsident der Deutschen Akademie der Künste; ab 1957 Ehrenpräsident; ab 1957 Präsident des Deutschen PEN-Zentrums. In: Wer war wer – DDR, Berlin 1992, S. 509.
200 GStA, HA, Rep. 92, Kurt Reutti, Nr. 2, Bl. 393.
201 Tagesspiegel vom 27. Mai 1951.
202 BArch, DH 2, DBA I/32, Bl. 63

Die Sprenglöcher werden gebohrt, Anfang September 1950

Interessant ist, dass mit den Arbeiten bereits fünf Tage nach der endgültigen Beschlussfassung begonnen worden ist. Es scheint, als ob hinter den Kulissen schon alles von langer Hand vorbereitet war. Hierzu sei noch zu bemerken, dass die Auftragserteilung zunächst mündlich erfolgte. Erst am 5. September 1950 erfolgte die schriftliche Auftragsbestätigung. Die veranschlagte Gesamtsumme für den Abriss wurde auf 4 000 000 Mark der DDR angesetzt.

Anfang September wurden Hunderte von Löchern zur Aufnahme der Sprengpatronen in die bodennahen Bereiche der Schlossmauern gebohrt.

Sprengung des 1585 erbauten Schlossapothekenflügels, 7. September 1950

Am 7. September 1950 war es soweit. Niemand durfte sich im Umkreis des Schlosses aufhalten. Die umliegenden Straßen waren hermetisch abgeriegelt worden. Wer zuschauen wollte, wurde vertrieben. Um 10.28 Uhr und 13.00 Uhr brachten 90 kg Sprengmittel, verteilt auf über 500 Sprenglöcher, die Schlossapotheke, einen der ältesten Gebäudeteile des Schlosses, zum Einsturz. Eine weitere Sprengung erfolgte um 13.37 Uhr und zerstörte die Reste des früheren Alabastersaales des Quergebäudes zwischen dem Schlüter- und Eosanderhof. Damit begann die Agonie eines der bedeutendsten Barockgebäude Europas.[203]

Baustadtrat Arnold Munter hatte schon am 26. August 1950 den Auftrag zum Abriss des Schlosses erteilt. Rückblickend äußerte er sich in seinen Erinnerungen:

„Die Sprenggruppe unterstand meiner Fachabteilung, so daß ich unmittelbar dafür zuständig war, den Beschluß umzusetzen. Das Schloss war zwar teilweise Ruine, aber teilweise auch in durchaus erhaltungsfähigem Zustand. Gerüchte über seinen Abriß hatte es schon vorher gegeben, ich hatte aber nie so recht daran glauben können, auch nicht wollen. Nun bat ich den Oberbürgermeister, noch einmal mit den zuständigen Leuten zu sprechen. Ich habe im Besonderen auf den Schlüterhof hingewiesen, der noch verhältnismäßig gut erhalten war und notdürftig als Museum genutzt wurde. Kurze Zeit später kam Friedrich Ebert auf mich zu und sagte: ‚Herr Stadtrat, es ist endgültig beschlossen und abgesprochen', er sagte mir nicht mit wem ‚das Schloss muß abgerissen werden'. Übrigens war das Schloss damals im Besitz des Staates, nicht im Besitz Berlins.

Die erste Sprengung fand am 6. September statt und wurde im vorderen Teil durchgeführt [diese Aussagen entsprechen nicht den tatsächlichen Terminen und Orten, d. Verf.].

---

203 BArch, DH 1, Nr. 39075, Aktenvermerk vom 8. September 1950.

Da ich ziemlich dicht dabei sein wollte, habe ich mit dem Sprengmeister abgemacht, daß ich mich hinter dem Kaiser-Wilhelm-Denkmal, das dort noch stand, einem mächtigen Bronzeklotz, verstecken durfte, um so, aus der Deckung heraus, die Sprengung zu beobachten. Die Linden wurden weiträumig von der Volkspolizei gesperrt, denn es mußte mit mächtigen Mengen Dynamit gearbeitet werden, die Grundmauern des Stadtschlosses waren bis zu fünf Meter dick. Die erste Sprengung erschütterte den Boden mächtig. Als die hochgeschleuderten Steinmassen und der Staub sich wieder etwas gelegt hatten, näherte ich mich der Sprengstelle. Auf einmal kam ein Auto angefahren, sowjetische Offiziere, alarmiert von der Explosion, sprangen heraus, kamen auf mich zu und protestierten: ‚Warum sprengst du Schloss? Wir haben Kreml auch nicht gesprengt nach Revolution.'

Das war für mich eine Bestätigung, daß ich mit meiner Haltung recht gehabt hatte. In Kreisen der Fachleute war bekannt, daß das Schloss auf Befehl von Ulbricht gesprengt wurde, der einen Aufmarschplatz im Berliner Zentrum haben wollte. Offiziell war die Schlosssprengung Teil der ‚Aktion gegen Junkerbesitz'."[204] Die damaligen überlieferten Äußerungen von Munter stehen jedoch in starkem Gegensatz zu diesen, erst nach der Wende gemachten Aufzeichnungen.

Die Wissenschaftler, die sich in den Dienst des Aktivs stellten, wurden von Anfang an heftig kritisiert. So wandte sich Dr. Walter Hentschel an Weidhaas:

„Ich bedauerte daher ganz besonders, dass Sie, eine der Hoffnungen der deutschen Kunstgeschichte, sich an den papierenen und detailkonservierenden Arbeiten beteiligen. Glauben Sie nicht, dass man mit solcher ‚Gewissensbeschwichtigung' die Zerstörungsabsichten geradezu fördert? Hier sollte man streiken! Ich persönlich würde mich lieber vor der Sprengung in das Schloss hineinsetzen, als so etwas mitmachen."[205]

Am 14. September 1950 antwortete Prof. Weidhaas sehr ausweichend, was für seine Einstellung bezeichnend war:

„Meine Antwort auf Ihre Ausführungen kann ich damit beginnen, dass ich mich in keiner Weise mit dem hier Geschehenden identifizieren würde, wenn ich die Überzeugung haben müsste, dass hier zerstörerische Geister mit bösem Gewissen am Werk sind."[206]

Damit wird sichtbar wie politisch indoktriniert die Wissenschaftler des Aktivs dachten. Diese Schutzbehauptung vertrat Weidhaas auch später in Weimar. Die vom Regime vorgegebenen Beschlüsse wurden kritiklos akzeptiert. Weidhaas bezeichnet sich und Strauss als die einzigen, die sich wirklich für das Schloss einsetzten. „Nachdem die Kunde von der Absicht des Schloss-Abbruches sich verbreitete hatte, haben verschiedene Fachleute untereinander ihre Meinungen über die Frage ausgetauscht. Nur zwei aber haben wirklich etwas unternommen, um die Verantwortung wahrzunehmen, die dem fortschrittlichen Intellektuellen hier obliegt, nämlich Dr. Strauß und ich. Wir haben den zuständigen Stellen mündlich und schriftlich, jeder für sich und gelegentlich auch gemeinsam, alle die Bedenken zur Erwägung gestellt, die einem Kunsthistoriker gegen die von Ihnen ‚heroisch' genannte Absicht kommen müssen. Hierbei haben wir manches von dem geltend gemacht, was auch aus Ihren Thesen und Antithesen hervorgeht, und noch vieles andere. Unsere Stellungnahmen sind nicht etwa in den Papierkorb gewandert, sondern ernsthaft erwogen worden. Nachdem in eingehenden Beratungen die Regierung der Deutschen Demokrati-

---

204 Ruth Damwerth: Arnold Munter – Jahrhundertzeuge, Berlin 1994, S. 171 f.
205 GStA, I. HA, Rep. 92, Margarete Kühn, 2. Karton, Brief vom 6. September 1950.
206 GStA, I. HA, Rep. 92, Margarete Kühn, 2. Karton, Brief vom 14. September 1950.

schen Republik den Abriss beschlossen hat, ist es zu spät, durch Vertreter der Denkmalpflege, Kunstgeschichte und schaffender Künstler Art und Umfang der Wiederherstellung erörtern zu lassen. Zu Diskussionen hierüber war vor diesem Beschluss Gelegenheit gegeben, ist aber nicht wahrgenommen worden. Jetzt können solche Diskussionen nur noch dazu dienen, unter den Beteiligten den einen zu bestätigen, dass sie keine Verantwortung trifft (ich rechne Sie zu dieser Gruppe), den anderen aber die Möglichkeit einer Pose der Entrüstung zu verschaffen, die zu einer Zeit Wert gehabt hätte, als noch wirklich Verantwortung zu übernehmen war."[207]

Die Aktenlage belegt das Gegenteil. Nicht Strauss und Weidhaas waren jemals für die Rettung des Schlosses eingetreten, sondern eine große Anzahl anderer Wissenschaftler. Diese setzten sich in aller Öffentlichkeit dafür ein und schrieben Eingaben an die Verantwortlichen des Staates sowie der SED. Von Strauss und Weidhaas sind solche Protestbriefe und Bekundungen nicht überliefert. Es mag sein, dass man anfänglich auch gegen den Abriss des Schlosses war, aber man ließ sich letztlich für die Politik der SED instrumentalisieren. Nicht ihre Sachkompetenz war gefragt, sondern Anpassungsfähigkeit an die Positionen der SED. Für die SED, auf der Suche nach einem Alibi, war es notwendig, in dem Kreis der Kunsthistoriker willige Helfer zu finden, die den Abriss des Schlosses unter dem Vorwand vollendeten, sich für die Geschichte und ihre Bauwerke einzusetzen. Weidhaas Einlassungen dienten so nur der eigenen Rechtfertigung. Hentschel reagiert am 25. September 1950 reserviert in seinem Antwortbrief.

Der wohl aktivste und engagierteste Gegner des Abrisses des Berliner Stadtschlosses war weiterhin Richard Hamann. Seine vielen Briefe und Eingaben belegen sein leidenschaftliches Engagement. In einer an den Präsidenten der DDR, Wilhelm Pieck, gerichteten Erklärung lehnte Hamann in scharfer Form erneut den Abriss des Schlosses ab:

„Ich glaube aber, dass die Umgestaltung des Stadtzentrums von Berlin und der damit zusammenhängende Abbruch des Schlosses bei einem Vater des Vaterlandes dieselbe Wichtigkeit haben wird wie bei einem Hausvater der Bau des eigenen Hauses. So hoffe ich, dass Sie mir soviel Vertrauen entgegenbringen, dass Sie mir glauben werden, dass ich die Aufgaben der neuen Zeit nicht hinter der Pietät gegenüber der Vergangenheit zurückstellen werde. Wenn ich mich ganz scharf gegen den Abriss des Schlosses äussere, so geschieht das mit wohlüberlegten Gründen und mit voller Verantwortung. Ich halte es deshalb für wichtig, dass auch Sie, Herr Präsident, von all den gewichtigen Gründen, die von Körperschaften und Privatpersonen (soweit sie mir bekannt geworden sind) gegen die Zerstörung des Schlosses angeführt werden, Kenntnis nehmen und sich selber eine Meinung bilden, auf deren Äusserung man Ihrer Autorität als Staatsoberhaupt und Ihrem Ansehen, das Sie in der ganzen Bevölkerung geniessen, entsprechend gewiss hören wird."[208]

In einem Brief vom 8. September 1950 an den Oberbürgermeister der Stadt Berlin, Friedrich Ebert schrieb Hamann:

„Wenn ich es wage, mich heute in einer scheinbar hoffnungslosen und, wie immer wieder versichert wird, längst entschiedenen Sache mit einer kurzen Denkschrift persönlich an Sie zu wenden, so tue ich dies als jemand, der nicht irgendeiner ist, sondern als der, auf dessen Stimme man offenbar Gewicht legte, als man ihm den kunsthistorischen Lehrstuhl in Berlin anvertraute und dessen Bücher, die in der ganzen Welt Gehör gefunden haben, man mit dem Nationalpreis auszeichnete. [...]

---

207 ebd.
208 GStA, I. HA, Rep. 92, Margarete Kühn, 3. Karton, Brief vom 8. September 1950.

Diese Angelegenheit ist durch und durch eine politische und vom politischen Standpunkt nur in einem Sinn zu erledigen, wie ihn in diesem Fall einmütig die Kunsthistoriker verlangen: Erhaltung und allmähliche Wiederherstellung des Schlosses. [...]

Die Politik verlangt, dass die Zerstörungen am Schloss, die von den Vertretern einer abgelebten Kultur, deren sie sich so rühmen, begonnen ist, nicht von den Verfechtern neuer Gedanken vollendet wird. [...]

Es ist nicht wahr, dass die noch stehenden Teile des Schlosses so baufällig sind, dass sie nicht erhalten oder restauriert werden können. Es ist nicht wahr, dass die Kosten des Abbruchs und einer ästhetisch unmöglichen teilweisen Verpflanzung von Gebäudeteilen und Resten von Kunstwerken soweit hinter den Kosten zurückstehen, die für die Erhaltung des ganzen Schlosses notwendig sind, als dass der ideelle Schaden, der durch eine Zerstörung angerichtet würde, dadurch gerechtfertigt würde."[209]

Hamann wusste, dass die Zeit drängte. Die Beschlüsse zum Abriss des Schlosses waren rechtskräftig geworden, die Sprengung der Schlossapotheke bereits durchgeführt. Hamann äußerte, dass er solange auf die Notwendigkeit einer anderen Lösung hinweisen müsse, solange die Sprengladungen noch nicht das unheilvolle Werk vollendet haben. In einem Brief, der auch offen am Schwarzen Brett der Humboldt-Universität ausgehängt wurde, bekannte er:

„Solange man mir nicht den Mund gewaltsam verschließt, werde ich nicht aufhören, gegen den Beschluss zu protestieren, und zwar nicht als ein Angehöriger des Westens, sondern als ein Sohn des Ostens, der durch Herkunft und Erziehung [...] aufs innigste mit Berlin und seiner Kultur verknüpft ist."[210]

Die Situation spitzte sich von Tag zu Tag weiter zu. Hamann schrieb an den Präsidenten der Deutschen Akademie der Wissenschaften, Prof. Johannes Stroux, am 9. September 1950 einen Brief mit der Bitte, er möge seitens der Akademie einen Brief an die Akademie in Moskau und auch nach Warschau schicken, um von diesen Seiten Unterstützung zu erhalten. Aus Moskau könnten vielleicht auch Sachverständige kommen, die dann über Moskau intervenieren könnten.[211] Ob diese Briefe abgesandt wurden, oder ob von Seiten der Akademien in Moskau und Warschau interveniert wurde, ist nicht bekannt. Jedenfalls lassen derzeit die Dokumente diese Frage offen.

Der sich zum Befürworter des Abrisses entwickelnde Dr. Strauss, beauftragter Denkmalpfleger des Ministeriums für Aufbau am Schloss Berlin, fertigte am 12. September 1950 die als „Streng vertraulich" bezeichnete Aktennotiz über die „Gegner" des Schlossabrisses an. Darin ist zu lesen:

„Im Verlauf der vergangenen Woche hat sich deutlich erwiesen, daß die Propaganda gegen den Abbruch des Stadtschlosses trotz vorliegenden Ministerratsbeschlusses und dessen Bestätigung durch die Volkskammer als systematisch betrieben und organisiert gelenkt betrachtet werden muß. Das subjektiv ehrliche Bemühen einzelner Wissenschaftler und die Erhaltung der ruinösen Substanz wird hierdurch zusammengefaßt und politisch wirksam gemacht."[212]

Neben diesen allgemeinen Feststellungen werden einige Personen direkt benannt und eingeschätzt. So wurde der Landesdenkmalpfleger von Sachsen-Anhalt, Dr. Schubert, und

---

209 GStA, I. HA, Rep. 92, Margarete Kühn, 2. Karton, Brief vom 8. September 1950.
210 Dokument liegt als Abschrift beim Autor vor.
211 GStA, I. HA, Rep. 92, Margarete Kühn, 3. Karton, Brief vom 9. September 1950.
212 BArch, DH 2, DBA I/32, Bl. 55 f.

Sprengung der Südfassade des Schlosses, 15. September 1950

Gräfin Rothkirch vom Kunsthistorischen Institut von Strauß wie folgt eingeschätzt: „Bei der Gesamthaltung der Genannten kann es sich nur um oppositionelles Vorgehen handeln."[213] Hier wird die Rolle des Machtapparates mit all seinen Funktionsträgern deutlich. Man setzt sich nicht mit den Argumenten auseinander, sondern handelt im Klischee eines Freund-Feind-Bildes.

Am 15. September 1950 fiel der Südteil am Schlossplatz und der südwestliche Teil an der Straßenseite des Eosanderbaus mit drei Sprengungen (15.30 Uhr, 16.50 Uhr, 18.20 Uhr) in sich zusammen. Eine weitere Sprengung fand im Bereich des Mittelgebäudes neben der bereits beseitigten Schlossapotheke statt.

Am Schlossplatz wurde links neben Portal II ein Gerüst am Schloss hochgezogen, um Teile der Fassade auszubauen. Es wurden vier Adler, vier Widderköpfe, im ersten Stock eine Fensterumrahmung und im zweiten Stock eine Fensterbedachung ausgebaut. An der ganzen Südfassade wurde nur die Kartusche am Portal I, das Schlüter'sche St. Georg Relief, von der heute nur noch ein kleines Fragment im Bodemuseum erhalten ist, entfernt.

Der Journalist beim Berliner Rundfunk, Helmut Räther, setzte sich gleichfalls für den Erhalt des Schlosses in einem Brief am 15. September an Walter Ulbricht und Wilhelm

---

213 ebd.

Pieck ein. Er meinte zwar, dass der Verlust an wertvollen Denkmalen zwar nicht die Nation gefährde, aber die kommenden Geschlechter würden die vergangene Generation nach ihren Taten beurteilen. Sie würde diejenigen, die es unwidersprochen hinnehmen, dass eines der bedeutendsten Kulturdenkmale wie das Berliner Stadtschloss, abgerissen wurde, der Kulturbarbarei beschuldigen.[214] Er übernahm in seiner Stellungnahme die Positionen führender Wissenschaftler. Die Antwort von Ulbricht ließ nicht lange auf sich warten:

„Die Stellungnahme, die Sie mir betreffend des Berliner Schlosses übermittelten, ist mir bereits aus dem ‚Tagesspiegel' und einigen anderen Westberliner Zeitungen bekannt. Diese Westberliner Journalisten haben das Bedürfnis, die Tatsache zu verschleiern, daß das Berliner Schloss auch durch die amerikanischen Bombenangriffe zerstört wurde. Also wenn Sie den Wunsch haben, eine Protestbewegung zu organisieren, dann bitte gegen jene, die das Schloss durch ihren Bombenterror zerstört haben. Ich halte es nicht für möglich, daß die Bevölkerung der Deutschen Demokratischen Republik die Millionen aufbringt, um das zerstörte Schloss wiederherzustellen. Architektonisch wichtige Partien im Innern des Schlosses, soweit sie den amerikanischen Bombenterror überstanden haben, werden in ein Museum übergeführt werden."[215]

Von Wilhelm Pieck, dem Präsidenten der DDR, erhält Räther über dessen Staatssekretär Dr. Leo Zuckermann die lapidare Antwort: „Ihre Eingabe vom 15. September 1950 wegen des Abbruchs der Reste des Berliner Schlosses habe ich dem Minister für Aufbau, Herrn Lothar Bolz, als dem zuständigen Minister, der diese Angelegenheit bearbeitet, weitergegeben. Wollen Sie sich bitte mit Herrn Piesternik, Hauptabteilungsleiter im Ministerium für Aufbau, in Verbindung setzen."[216]

Richard Hamann ließ nicht locker. Am 18. September 1950 wandte er sich an Walter Ulbricht mit der Bitte, die schon begonnene Sprengung des Schlosses zu stoppen. Erneut bezweifelte er die fachliche Kompetenz der kunsthistorischen Ratgeber der Regierung.[217]

In einer Stellungnahme an die „Berliner Zeitung" äußerte sich Prof. Hamann unter der Überschrift: „Noch ist es nicht zu spät" gegen die einseitige Betrachtung des Themas in diesem Presseorgan.[218] Er beklagt, wie überraschend der Beschluss des Ministerrates gefasst wurde und unmittelbar danach mit dem Abriss des Apothekenflügels bereits Fakten geschaffen wurden. Er protestiert dagegen, dass nur Aussagen von Befürwortern des Schlossabrisses veröffentlicht werden, die von Fachleuten anderer Auffassung jedoch nicht. Hamann wandte sich gegen die Behauptung, dass der Wiederaufbau des Schlosses aus technischen- und Kostengründen nicht möglich sei, das Gegenteil sei der Fall. Weiterhin seien in der Öffentlichkeit die Wiederaufbaukosten, beziffert auf bis zu 50 Mill. DM, völlig übertrieben dargestellt worden. Außerdem entstünden bei Abriss, Bergung, Transport und Lagerung sowie bei einem späteren Neuaufbau von Teilen an anderen Orten ebenfalls sehr hohe Kosten. Der Erhalt des Schlosses hingegen sei für die Regierung sehr sinnvoll. Hier könnte der Präsident ebenso seinen Sitz haben wie verschiedene staatliche und gesellschaftliche Institutionen:

„Es kommt nur darauf an, dass eine neue mit neuem Geist erfüllte Regierung die Kraft hat, eine solche Monumentalarchitektur mit ihrem Leben zu erfüllen, wie andererseits eine

---

214 GStA, I. HA, Rep. 92, Margarete Kühn, 2. Karton, Schreiben vom 15. September 1950.
215 Helmut Räther: Vom Hohenzollernschloß zum Roten Platz, Berlin 1952, S. 36.
216 ebd.
217 GStA, I. HA, Rep. 92, Margarete Kühn, 3. Karton, Brief vom 18. September 1950.
218 18. September 1950.

solche Architektur selber der neuen Regierung für ihre Haltung und repräsentativen Zwecke Energie zuleiten wird."[219]

Auch in anderen Städten, wie Venedig, Prag, Paris und Moskau, seien die ehemaligen Regierungssitze erhalten, restauriert und für die neuen Zwecke genutzt worden. In Berlin hingegen beschloss die Führung der DDR den Abriss des Schlosses, während in Moskau der restaurierte Kreml als Amtssitz übergeben wurde.

„Die politische Absicht, das Schloss als Zeuge des unheilvollen Wirkens der Hohenzollern und des Preussentums zu beseitigen, würde sich gegen ein wehrloses Bauwerk richten, anstelle einer echten Revolution, die gegen machtvolle Widerstände der Vergangenheit sich erhebt; dies sei eine Revolution post festum, ein Zeichen der Ohnmacht, nicht des seiner Aufgabe sicheren Willens, die Welt zu bessern."[220]

Hamann hob hervor, dass es nicht sinnvoll sei, Teile des Schlosses zu bergen, um sie ins Museum zu verbannen, weil sie aus dem baulichen und geschichtlichen Zusammenhang gelöst würden und damit ihre eigentliche Bedeutung verlören. Weiterhin wandte er sich gegen die These, der Aufmarschplan sei aus historischer Sicht an dieser Stelle notwendig. Wenn dies von der Führung der DDR gesagt werde, dann übergehe man bewusst die Tatsache, dass der Platz immer im engsten Zusammenhang mit dem Schloss gestanden habe. Mit seinem Abriss zerstöre man seine historische Identität, hebt Hamann nachdrücklich hervor. An die Stelle des Schlosses eine Tribüne zu setzen, erscheint ihm als eine absurde Idee, weil die leere Fläche sich nur bei wenigen Demonstrationen mit Leben füllt. Das Schloss hingegen stünde dort auf Dauer und nicht nur für einen kurzen Augenblick. Eine Zurücknahme des Abrissbeschlusses würde, so Hamann, einen Prestigeverlust der Staatsführung nicht herbeiführen, sondern vielmehr ein Zeichen ihres Verantwortungsbewusstseins und ihrer Souveränität sein.

Aber auch diese Eingabe blieb ohne Echo. Das Machtbewusstsein und die Unsicherheit des Regime traten deutlich an den Tag. Man gewinnt den Eindruck, als ob die Regierung der DDR und die SED ihren Beschluss auch deshalb nicht zurücknehmen wollte, weil westliche Politiker und ihre Presse sich ebenfalls gegen den Abriss wandten.

Die breite Öffentlichkeit Ostberlins interessierte sich nicht für diese Debatte. Man hatte damals andere Sorgen. Es herrschte immer noch große Wohnungsnot, die Mehrheit der Einwohner im Zentrum Berlins lebte in provisorisch hergerichteten Ruinen. Durch die Nahrungsmittelknappheit und Versorgungsengpässe allerorts war die Bevölkerung ausschließlich mit der Deckung ihrer Grundbedürfnisse beschäftigt. Die Debatte wurde auch wegen der Pressezensur einfach nicht wahrgenommen, man glaubte der Regierung, dass das Schloss nicht zu retten sei, zumal die knappen Mittel besser in den Wohnungsbau gelenkt werden sollten.

In den Archiven befindet sich so auch nur ein Brief aus der Bevölkerung an den Ministerpräsident Otto Grotewohl. Eine sich als „Olle Berlinerin" bezeichnende Frau schrieb:

„Sie können sich gewiss vorstellen, wie man gerade als Bewohner der ‚Insel' seinerzeit erschüttert war, als nach so vielen anderen grausamen Zerstörungen nun auch das Schloss so schwer betroffen wurde. Immerhin war man froh, dass der Bau wenigstens noch seine Form behalten hatte. Nach wie vor gewährte die wohl abgewogenen Masse beim Vorübergehen in der Unrast der Kriegs- und Nachkriegsjahre das Empfinden der inneren Erbau-

---

219 GStA, I. HA, Rep. 92, Margarete Kühn, 3. Karton, Stellungnahme vom 18. September 1950.
220 ebd.

ung, zumal man sich sagte, dass mindestens die großen Breschen der Außenmauern in absehbarer Zeit sich wieder ausfüllen ließen. Die Nachricht vom geplanten Abriß dieses Meisterwerkes, jetzt, nachdem man andere Schäden heilen sieht, musste deshalb wie ein schwerer, unverständlicher Schlag wirken. [...] Dass man, wenn eine Gedenkstätte für die unglücklichen Opfer des Hitlerismus errichtet werden soll, dies nicht in Buchenwald oder sonst irgendwo, sondern in Berlin tut, ist richtig. Ebenso verständlich ist, daß man gerade die Spreeinsel als abgeschlossenen Raum hierfür geeignet hält, damit die hieraus sich ergebenden Demonstrationen entwickelt werden können. Aber den Schlüterbau zu opfern, muss als Kulturvergehen angesehen werden. Es müsste sich hierfür eine Lösung finden lassen, die beiden Standpunkten gerecht wird."[221]

Am 19. September 1950 leitet der Chef der Präsidialkanzlei, Staatssekretär Dr. Leo Zuckermann im Auftrage von Wilhelm Pieck dem Ministerium für Aufbau an den zuständigen Minister Lothar Bolz auch die Eingaben von Prof. Hamann, Prof. Bickenbach und Helmut Räther weiter. „Vom Büro des Ministerpräsidenten wird mitgeteilt, daß die Eingaben wegen des Berliner Schlosses bei Ihnen zentral zusammengefaßt und bearbeitet werden."[222] Und den Betroffenen teilt er mit:

„Ihre Eingabe vom 15. September wegen des Abbruchs der Reste des Berliner Schlosses habe ich dem Minister für Aufbau, Herrn Lothar Bolz, als dem zuständigen Minister, der diese Angelegenheiten bearbeitet, weitergegeben. Wollen Sie sich bitte mit Herrn Piesternick, Hauptabteilungsleiter im Ministerium für Aufbau in Verbindung setzen."

Erst am 21. September 1950 antwortet der Oberbürgermeister von Gross-Berlin, Friedrich Ebert, auf das Schreiben von Prof. Hamann vom 8. September 1950. Man ließ sich Zeit, Zeit, in der man inzwischen durch weitere Sprengungen vollendete Tatsachen schaffen konnte. Ebert wird deutlich:

„Auch wenn Ihre Ausführungen rechtzeitig eingegangen wären, ehe der Ministerrat der Deutschen Demokratischen Republik und der Magistrat von Groß-Berlin die maßgebenden Beschlüsse gefaßt hatten, hätte es an der nunmehr gültigen getroffenen Entscheidung voraussichtlich nichts ändern können."[223]

Es folgen die schon bekannten Argumente zum Zerstörungsgrad des Schlosses von 80 % durch das Bombardement der Alliierten. Fast zynisch, bezogen auf das Schloss, stellte Ebert weiter fest:

„Die Ruinen stehen zu lassen; das mußte abgelehnt werden, weil das neue Berlin keine Ruinenstadt wie Rom werden soll."[224] Und Hamann erhält den Rat:

„Sollten Sie hinsichtlich der Erhaltung und späteren Verwendung von Teilen der Schlossruine Vorschläge haben, bin ich gern bereit, diese den zuständigen Stellen zur Beachtung weiterzugeben."[225] Am nächsten Tag wurde der Inhalt dieses Briefes in der Ostberliner Presse veröffentlicht.

Am 23. und 27. September 1950 wurde die Fürstentreppe an der Südwestecke des Großen Schlosshofes und die dort befindliche Schlossplatzfront im Bereich der ehemals kaiserlichen Wohnung gesprengt. Die dafür benötigten Sprengmittel kosteten 2 938,75 Mark der DDR.

---

221 BArch, DH 1, Nr. 38813, Schreiben vom 18. September 1950.
222 BArch, DH 1, Nr. 38813, Schreiben vom 10. September 1950.
223 GStA, I. HA, Rep. 92, Margarete Kühn, 3. Karton, Brief vom 21. September 1950.
224 ebd.
225 ebd.

Eine Rettung des Schlüterhofes war zu diesem Zeitpunkt immer noch möglich, wie auch Äußerungen von Friedrich Ebert belegen. Aber der Kampf war von vornherein aussichtslos.

Der Protest gegen den Schlossabriss kam fast ausschließlich von in Berlin tätigen Wissenschaftlern. Nur einige wenige aus den Provinzen meldeten sich zu Wort. Dies lag auch an der Nachrichtensperre, die bis zur Aufnahme der Sprengungen perfekt funktionierte. So erfuhr Dr. Hentschel in Dresden rein zufällig über Richard Hamann von dem begonnenen Abriss des Schlosses und verbreitete diese Nachricht unter seinen Kollegen. Damals wurde ein Zusammenhang zwischen der Schaffung des großen Aufmarschplatzes mit dem Abriss des Berliner Stadtschlosses und dem Abbruch der klassizistischen Matthäuskirche in München, an deren Stelle im Auftrage von Hitler ein großer Parkplatz entstand, hergestellt.[226]

Das Regime wollte eine Diskussion in der Bevölkerung von Berlin oder in den anderen Ländern unbedingt vermeiden. In Dresden wurde z. B. bis Mitte September 1950 nur eine Nachricht unter dem Titel: „Das Berliner Schloss unter der Lupe" veröffentlicht. In dem Artikel wird nur über die Forschungs- und Bergungsarbeiten am Schloss, nicht aber über den völligen Abriss des Schlosses berichtet.

Am 25. September 1950 wandte sich der Fachausschuss Architekten der Kammer der Technik in Thüringen an den Präsidenten der Volkskammer der DDR, Johannes Dieckmann[227], und stellte heraus:

„Die unterzeichneten Persönlichkeiten aus dem kulturellen Leben Thüringens, die ausnahmslos auf eine langjährige fachliche Erfahrung sowie auf eine intensive, aktive Tätigkeit für die Erneuerung unserer demokratischen Kultur zurückblicken können, bedauern den Abbruch des Berliner Schlosses aufs Äußerste. Die Unterzeichneten kennen das Berliner Schloss in seiner künstlerischen und städtebaulichen Bedeutung sowie in seinem Zustand nach der Bombardierung. Sie sind einmütig der Anschauung, dass ein Kulturdenkmal von dem Weltrang dieses Gebäudes auf alle Fälle erhalten werden muss, und sind auf Grund ihrer Fachkenntnisse der Überzeugung, dass dieses Gebäude auch erhalten werden kann. [...] Das Gebäude hat wenig zu tun mit Absolutismus und Militarismus. Nicht die Kurfürsten von Brandenburg oder die Könige von Preussen haben das Schloss erbaut, sondern erste Baukünstler Europas."[228]

Der Dekan für Bauwesen der Technischen Hochschule Dresden schrieb am 27. September 1950 an Otto Grotewohl. Wegen der großen Bedeutung des Erhalts von großartigen Zeugen der deutschen Baukunst forderte er Grotewohl auf, die begonnenen Sprengungen einzustellen. Er verwies darauf, dass der Dresdner Zwinger einen genauso hohen Zerstörungsgrad aufweise wie das Berliner Stadtschloss. So stellte sich zwangsläufig die Frage, warum der Dresdner Zwinger gesichert und wiederhergestellt werden solle und das Berliner Schloss nicht. „Die Beseitigung des Stadtschlosses steht im Gegensatz zu dem von uns erhobenen Anspruch, dass Berlin die Hauptstadt, das Herz Deutschlands, bleiben muss.

---

226 Durchschrift des Briefes vom 25. September 1950 befindet sich beim Autor.
227 Johannes Dieckmann (1893–1969); 1913–1915 Handelshochschule Berlin und Studium der Nationalökonomie und Philologie; 1915 Militärdienst; 1918 Vorsitzender eines Soldatenrates; 1918 DVP; 1929–1933 Abgeordneter des Sächsischen Landtages; 1939–1941 Militärdienst; 1945 Mitbegründer der NDPD; 1948–1950 Minister für Justiz in Sachsen; 1949 Präsident der Volkskammer der DDR; 1953 Promotion; ab 1960 stellvertretender Staatsratsvorsitzender; 1963 Professor; 1963–1968 Präsident der DSF. In: Wer war wer – DDR, Berlin 1992, S. 82.
228 GStA, I. HA, Rep. 92, Margarete Kühn, 2. Karton, Schreiben vom 25. September 1950.

[...] Das Berliner Schloss ist eines der schönsten Zeugnisse für die kulturelle Verbundenheit mit dem Osten."[229]

Aus einer Aktennotiz über die Bergung der kunstgeschichtlich wertvollen Gegenstände im Schloss vom 28. September 1950 geht die folgende Anweisung hervor:

„Der Abformung der Atlanten im Elisabeth-Saal sei zu beschleunigen. Portal I gegenüber dem Marstall solle nicht ausgebaut werden." Architekturteile des Schlüterhof sollten nur noch soweit unbedingt erforderlich abgebaut werden. Die Ausbauarbeiten im Hof sollten vorrangig an der Südfassade begonnen werden, damit die Schlossplatzfront zur Sprengung vorbereitet werden konnte. Auch der Ausbau des Eosanderportals wurde abgelehnt, ebenso der des Schlüterportals V. Hierzu heißt es: „Die künstlerisch wertvolle Ecke an der freistehenden Mauer kann wegen Unfallgefahr nicht abgebaut werden."[230] Lediglich Portal IV an der Lustgartenseite sollte aus historischen Gründen geborgen werden, weil dort Karl Liebknecht, 1918, von ihm die Sozialistische Deutsche Republik verkündet hatte.

Der Beauftragte für Denkmalpflege des Ministeriums für Aufbau, Dr. Gerhard Strauss, ordnete an, dass die beim Schlossabbruch anfallenden Spolien in erster Linie den Museen übergeben werden sollten.[231] Bei der Räumung der Schlosskeller fand man große Mengen von Silber: „Bei den Abbrucharbeiten wurde im Keller der Schlossruine Silber figürlich und in geschmolzenem Zustand mit einem Gewicht von etwa 6 Zentner geborgen. [...]"[232]

Der wohl bedeutendste Forscher über die Arbeit Andreas Schlüters, Dr. Heinz Ladendorf[233], bemerkte am 1. Oktober 1950 bitter:

„Zehn Jahre wissenschaftlicher Arbeit habe ich dem Zeitalter Schlüters gewidmet. Die bisherigen Ergebnisse liegen in meinen beiden, in zwei Auflagen erschienenen Büchern und mehreren Einzeluntersuchungen vor. Sie sind von der gesamten Forschung aufgenommen worden, nur jene sektiererischen Herostraten, die in blinder Zerstörungswut das wichtigste Architekturdenkmal des nördlichen Deutschland zu vernichten drohen, haben es geflissentlich vermieden, bei mir als einem der wenigen Sachkenner in der DDR anzufragen. Es ist dies ein Zeichen unter anderen, dass der Versuch gemacht wird, einen Nebel falscher Vorwände zu erzeugen, unter denen den verantwortlichen Stellen die Sprengung des Berliner Schlosses als notwendig vorgespiegelt wird. Seine Magnifizenz, der Herr Rektor der Humboldt-Universität, hat sich für den Erhalt des Berliner Schlosses eingesetzt. Die Bedeutung dieses Bauwerkes für die deutsche Kultur zwingt dazu, alle Wege zu versuchen, seine Rettung aus den Händen der Destrukteure zu erreichen, die nicht einmal der naheliegende Hinweis auf die Denkmalpflege in Warschau und Moskau beeindruckt."[234]

Zur Rechtfertigung gegen diese massive Kritik der Fachleute formulierte Gerhard Strauss als Leiter des Wissenschaftlichen Aktivs Gegenthesen unter dem Titel:

„Was ist das Berliner Schloss?

Bei seiner Entstehung:

---

229 ABBAW, Bestand Akademieleitung 590, Schreiben vom 27. September 1950.
230 BArch, DH 2, DBA A/47, Bl. 116.
231 Stiftung Preußischer Kulturbesitz, Zentralarchiv, VA 803, Schreiben vom 20. September 1950.
232 Stiftung Preußischer Kulturbesitz, Zentralarchiv, VA 803, Aktenvermerk vom 30. November 1950.
233 Heinz Ladendorf (1909–1992); 1933 Promotion über Andreas Schlüter; im Zweiten Weltkrieg war er Soldat; nach dem Krieg Ordinarius für Kunstgeschichte an der Universität in Leipzig; 1958 erzwungener Weggang nach Westdeutschland; weitere Arbeit am Kunsthistorischen Institut der Universität Köln.
234 GStA, I. HA, Rep. 92, Margarete Kühn, 2. Karton, Schreiben vom 1. Oktober 1950.

Ergebnis des Repräsentationsbedürfnisses des sich zentralisierenden preußischen Absolutismus, dessen Hausmacht seit dem Dreißigjährigen Krieg vergrößert wurde im Bündnis mit oder gegen den Deutschen Kaiser, mehr mit als gegen ausländische Staaten und nie im Interesse des deutschen Volkes und seiner nationalen Existenz, sondern immer in demjenigen der eigenen Hausmacht, die zudem ihre Untertanen bis zu Leibeigensklaverei ausbeutete und schon während des Schlossbaues Akkordarbeit verlangte.

Dank dem Genie Schlüters und seinem kongenialen Nachfolger Eosander von Göthe eine großartige architektonische Leistung, in der die Bezüge zur aufkommenden bürgerlichen Baukunst der Niederlande und zum Realismus der Renaissance die Architektur des Absolutismus zu überwinden beginnen. Entstanden in dauernder Auseinandersetzung mit dem feudalen Bauherrn und seiner Bürokratie, mit Spionen des Kurfürsten von Sachsen, der seinen „Kollegen" in Berlin überwachen ließ, ob er die ihm zum Sonderpreis gelieferten Haussteine nicht gewinnbringend weiterverkaufe. Unvollendet geblieben, da die vorwärtsweisende Persönlichkeit Schlüters vom reaktionären Bauherrn entlassen wurde, ebenso kurz darauf Eosander von Göthe.

1950:

Symbol des völligen Verfalls jener feudalistischen und imperialistischen Macht, die es einst hatte entstehen lassen. In deren Untergang es dann ähnliche Wunden erhielt wie das ganze deutsche Volk. Eine von anglo-amerikanischen Brand- und Sprengbomben ausgehöhlte Ruine. Die Fassaden lassen den Kundigen die Leistungen Schlüters und Eosanders noch ahnen. Die Substanz dahinter ist bis auf Ausnahmen ausgeglühter Schutt.

Schlußfolgerung:

Das deutsche Volk, das erstmalig in seiner Geschichte durch seine Majorität für seine Majorität handelt, hat das Recht, seiner Hauptstadt Berlin ein Antlitz zu geben, das der neuen Phase seiner Geschichte würdig ist. In ihm wird gutes Alte Teil seiner charakteristischen Züge sein. Die neue Aufgabenstellung wird einen Widerschein von Freiheit und Zuversicht hinzufügen. […]

Die Ruine des Schlosses im Stadtzentrum wäre ein Hindernis bei der heute einmaligen Gelegenheit, den Mittelpunkt der Hauptstadt in großzügiger Weise zu ordnen. Der für die Wiederherstellung der Ruine notwendige Aufwand würde mehr als das zehnfache der Zeughausrekonstruktion betragen und erst in Jahren zur Verfügung stehen. Da die Zerstörungen am Schloss so weitgehend sind, daß auch bei seiner Wiederherstellung am alten Platz der größte Teil der Substanz rekonstruiert werden müßte, wäre selbst in diesem Falle die geniale Leistung Schlüters nur als Nachschöpfung erhaltbar. Deshalb, aus Achtung vor der humanistischen Leistung der Baumeister, Sicherung der sie charakterisierenden gut erhaltenen Details zwecks Wiederverwendung an anderer Stelle, aber Freigabe des Platzes selbst durch Abbruch des Schlosses, um einem lebensvollen neuen Zugang im Zentrum Berlins Raum zu geben.

Ich schlage allen Kollegen und auch Besuchern vor, zu meinen Thesen Stellung zu nehmen, gegebenenfalls weitere hinzuzufügen. Herr Dr. Kaiser nimmt gern entsprechende Anregungen entgegen."[235]

Man sieht in diesen Thesen den ganzen Zynismus, die politische Indoktrination aber auch die völlige Unkenntnis von Strauss über die wirkliche Bedeutung des Schlosses für Berlin und seine Geschichte. Nachdem die Thesen veröffentlicht wurden, ging Dr. Walter

---

235   GStA, I. HA, Rep. 92, Margarete Kühn, 2. Karton, Bericht vom 4. September 1950.

Steinmetze bergen ein Kapitell der Schlossfassade, September 1950

Hentschel ablehnend darauf ein. Er erwähnte, dass es die Ausbeutung des Menschen in allen damaligen Staatsformen der Welt gab. Gerade jedoch die geistige Leistung neben der architektonischen sei das herausragende Merkmal des Schlossbaues. Hentschel stellte fest, dass mit einer neuen Verwendung das Schloss nicht mehr Symbol des Feudalismus oder Imperialismus sein werde. Er ist sich des Weiteren sicher, dass die moderne Denkmalpflege schon über Methoden verfüge, die Schäden authentisch zu beheben, wie es am Dresdner Zwinger bewiesen wurde. Die Beseitigung des Schlosses wäre dagegen eher ein Zeugnis geistiger Unfreiheit und des Mangels an Zuversicht.

Er entwickelte ein Modell einer längerfristigen Instandsetzung, die auch durch den neuen Fünfjahrplan finanzierbar erschien. Außerdem seien die Wiederaufbaukosten zu hoch angesetzt gewesen. Er führt aus, dass fast alle Schöpfungen des Mittelalters wie die gotischen Dome durch die vielen Rekonstruktionen schon heute weitgehend Nachschöpfungen darstellten. Außerdem werde mit der Erhaltung nur von Details das Gesamtkunstwerk Berliner Schloss vernichtet. Er schloss, dass mit dem Abriss des Schlosses mit Sicherheit kein neuer Zugang zur Stadtmitte entstehen würde, sondern nur eine tote Fläche.[236]

Strauss teilte am 30. September 1950 mit, dass die Hauptziele des „Wissenschaftlichen Aktivs" bis zum 29. September 1950 bereits vorfristig erfüllt wurden. Bis dahin war die Zusammenstellung aller noch vorhandenen Archivalien zum Schloss erfolgt. Erhebliche Zweifel muss man aber gegenüber seiner Behauptung anmelden, dass auch die wesentlichen Architekturdetails bis dahin so festgelegt waren, dass ein sicherer Ausbau möglich war.[237]

Zuviel an wichtigsten Architekturteilen des Schlosses wurde später durch Sprengungen vernichtet, weil es keine Gelegenheit mehr gab, sie rechtzeitig auszubauen. In nur sechs Wochen konnte eine wissenschaftlich fundierte Arbeit, bei dem riesigen Umfang an Material über das Berliner Schloss, seriös nicht bewältigt werden.

Überliefert ist auch eine Stellungnahme von Wilhelm Girnus, einem der leitenden Redakteure des Zentralorgans der SED, „Neues Deutschland", und späteren Staatssekretär im Ministerium für Kultur. In einer Unterredung mit Prof. Hamann äußerte er Ende September 1950 seine Position zum Problem Stadtschloss:

„Das Deutschlandtreffen der FDJ Pfingsten 1950 hat bewiesen, daß der Lustgarten für Massendemonstrationen unserer Zeit zu klein geworden ist. Wir brauchen Platz – und darum muß das Schloss weg."[238]

In einem späteren Gespräch mit Hamann sagte Girnus:

„Wir hatten die Wahl. Schloss oder Dom? Hätten wir den Dom abgerissen, dann hätte der Westen für einige Jahre Wasser auf der Mühle gehabt und von ‚Kirchenstürmern' gesprochen. Dann lieber das Schloss. Mit den Kunsthistorikern werden wir schon fertig."[239]

Margarete Kühn war entsetzt über die Sprengungen des Schlosses. Tag für Tag trafen unglaubliche Meldungen aus „Ost-Berlin" ein. Daraufhin entschloss sie sich, an die Presse zu gehen. Im Tagesspiegel vom 1. Oktober 1950 veröffentlichte sie ihre Standpunkte. „Dieser Akt der Zerstörung muß tiefstes Befremden erregen. Bauwerke von der künstlerischen und geschichtlichen Bedeutung des Berliner Schlosses sind zeitlos. Es gibt kein politisches Argument, das den Abbruch rechtfertigen könnte. Im Gegenteil: die Erhaltung wäre eine politische Forderung. Das Schloss, das einzige erhaltene Bauwerk Andreas Schlüters, ist das Gebäude, das den hauptstädtischen Rang Berlins am großartigsten verkörpert. [...] Das Schloss Andreas Schlüters ist bis in alle Einzelheiten hinein das einer schöpferischen Individualität. Dennoch erlaubt der Zustand des Schlosses eine Wiederherstellung, die unseren Ansprüchen an die Originalität der architektonischen Substanz gerecht wird. [...] Wer die Möglichkeit der Wiederherstellung leugnet, stellt der modernen Denkmalpflege ein Armutszeugnis aus. Weder Mauerrisse noch Abweichungen vom Lot stellen den Fachmann vor wirkliche Schwierigkeiten. Torkretierungen und Anankerungen sind längst erprobte Methoden, mit Schäden des Mauerwerks fertig zu werden, wie die Wiederherstellungsarbeiten am Dresdner Zwinger und an der Münchener Frauenkirche gezeigt haben. [...]

---

236 BArch, DH 2, DBA I/32, Bl. 58 ff.
237 BArch, DH 1, Nr. 39075, Bericht vom 8. November 1950.
238 Helmut Räther: Vom Hohenzollernschloß zum Roten Platz, Berlin 1952, S. 14.
239 ebd., S. 36.

Ebenso zerstört man den Bau, wenn man ihn versetzt. Die Architektur hat unter allen Künsten die engste Umweltbeziehung."

Kurt Reutti hatte am 4. Oktober 1950 eine Unterredung mit Dr. Strauss und Dr. Kaiser und besichtigte danach die Abbrucharbeiten. Bei dieser Unterredung wurde deutlich, dass Dr. Strauss keinerlei Erfahrungen bei der Sicherung von Architekturdetails besaß. Er fragte nämlich Reutti, ob er einen Vorschlag hätte, wie die Kapitele vom Eosanderportal zu retten wären. Zu diesem Zeitpunkt war das Renaissance-Quergebäude zwischen den Höfen schon gesprengt. Mit den Ausbauarbeiten am Schlüterhof war schon begonnen worden. In diesem Zusammenhang wurde diskutiert, wie an den oberen Stockwerken des Schlüterhofs Teile der Architektur ausgebaut werden könnten. Das Vorhaben erschien Strauss und Kaiser angesichts der kurzen zur Verfügung stehenden Zeit zu kompliziert, so dass, bis auf die vier Tondi mit den Bildnissen römischer Herrscher, alles Weitere aus diesem Bereich, auch die wundervollen Kartuschen an den seitlichen Risaliten der Sprengung zum Opfer fielen.

Am 4. Oktober 1950 war die Nering'sche Galerie fast vollständig abgetragen, und die Arbeiter waren gerade dabei, die Ecktürme des Hauses der Herzogin niederzulegen. Die Eile, mit der die Arbeiten vorgenommen wurden, ließ denkmalpflegerischen Sachverstand nicht erkennen.[240]

Am 10. Oktober 1950 wandten sich bedeutende Konservatoren und Denkmalpfleger aus Westdeutschland mit der Bitte an Prof. Hamann, alles zu tun und sich für die Rettung des Berliner Stadtschlosses, dem letzterhaltenen Werk Andreas Schlüters, in letzter Minute einzusetzen.[241]

Am gleichen Tag traf bei Prof. Hamann eine Eingabe der sächsischen Museumsleiter ein. Sie äußerten ihre tiefe Besorgnis über das Vorhaben der Regierung der DDR, das Berliner Stadtschloss abzureißen. Aus der Verantwortung für den deutschen Kunstbesitz trugen sie ihren Standpunkt vor:

„Es ist irrig, dieses Bauwerk als verabscheuungswertes Denkmal des Feudalismus hinzustellen, vielmehr ist es das Werk größten Künstlertums. [...] Vielmehr noch, der Bau des Berliner Schlosses ist zugleich eines der erschütterndsten Dokumente für die Tatsache, wie der künstlerische Schöpferwille an der Despotie eines Herrschers zerbrach und wie zugleich die künstlerische Schöpfung sich trotzdem so durchsetzte, dass ein Kunstwerk höchsten Ranges entstand. [...] Den Einwand, dass das Schloss eine nicht ausbaufähige Ruine sei, kann jeder Fachmann entkräften. [...] Der Gedanke, sogenannte erhaltenswerte Teile an anderer Stelle aufzubauen, ist sehr gefährlich und denkmalpflegerisch seit Jahrzehnten überwunden. [...] Wollen wir doch Reste vergangener Gesinnung nicht dadurch bekämpfen, daß wir Werke unserer größten Künstler vernichten und uns und die Welt damit ärmer machen, sondern wollen wir doch einmütig den Gesinnungswandel in den Menschen selber herbeiführen."[242]

Der Umgang anderer „Volksdemokratien" mit ihren historischen Bauten wurde als Beweis für die Notwendigkeit einer Rettung des Schlosses angefügt, insbesondere der Beschluss des Sejm vom 2. Juli 1949, in fünf Jahren das Warschauer Schloss wieder aufzubauen. Aber auch diese Argumentation lief ins Leere.

---

240 GStA, I. HA, Rep. 92, Margarete Kühn, 2. Karton, Bericht vom 4. Oktober 1950.
241 GStA, I. HA, Rep. 92, Margarete Kühn, 2. Karton, Brief vom 10. Oktober 1950.
242 ebd.

Prof. Hamann sollte die Einsprüche bündeln und versuchen, in seiner Eigenschaft als Nationalpreisträger der DDR das Regime zur Umkehr zu bewegen. Aber selbst Hamann fand damals schon kein Gehör mehr.

Am 11. Oktober 1950 schrieb die Historische Gesellschaft zu Berlin an den Ministerpräsidenten. Sie wollte ebenfalls erreichen, den Abriss des Schlosses zu stoppen. Die Gesellschaft wies darauf hin, dass das Schloss nicht von den Hohenzollern, sondern von den Berlinern gebaut worden sei. Die Möglichkeit, dass die Zweckbestimmung eines Bauwerkes veränderlich sei, sollte auch für das Schloss gelten. Schließlich sei das Schloss schon seit einer Generation als Museum neu genutzt worden.[243]

Gerhard Strauss schlug Kurt Liebknecht vom Ministerium für Aufbau vor, eine als „Kulturfilm" bezeichnete Dokumentation über die Notwendigkeit des Abbruches des Schlosses und den großen Aufwand der Regierung, wertvolle Teile zu retten, zu drehen.[244] Die kurze Antwort Liebknechts darauf: „Gut." Dies wurde als Befürwortung gewertet. Strauss legte fest:

„Allgemeine Thematik: Am Beispiel des ehemals berühmten Stadtschlosses kulturfeindliche Barbarei des faschistischen Krieges und der Terrorangriffe imperialistischer Kriegsführung zeigen. Aufweisen, wie durch die Spaltung Deutschlands auch die Erhaltung seiner Kulturdenkmale beeinträchtigt wird. Verdeutlichung der Richtigkeit des Regierungsbeschlusses auf Abbruch der Schlossruine durch Nachweis des grossen Umfanges der Zerstörungen. Dabei sofort Hinweis auf jenen Teil des Beschlusses, der Erhaltung aller nicht überlieferten wertvollen Teile vorsieht. Darlegung des grossen Umfanges der wissenschaftlichen und denkmalpflegerischen Arbeit an der Schlossruine (Bildung des 1. Wissenschaftlichen Aktivs der DDR) begleitet von Bildern des Abbruches. Ausklingen in Bildern der neuen Planung des Stadtzentrums der Hauptstadt Deutschlands."[245] Dieser Film sollte ausschließlich der propagandistischen Verbreitung der Auffassung des Regimes zum Abriss des Schlosses dienen. Objektivierende Thesen wurden nicht zugelassen, natürlich auch nicht die Einsprüche hochrangiger Wissenschaftler. Alles diente nur der Rechtfertigung der offiziellen Politik.

Strauss versuchte sich bei seinen Vorgesetzten dadurch beliebt zu machen, dass er auch vertrauliche Berichte über die Gegner des Schlossabrisses an die Landesleitung der SED verfasste:

„Ich wiederhole gleichzeitig ergänzende Beobachtungen: [...] beobachtete ich im Januar dieses Jahres ein offenbar selbständiges Vorgehen der bürgerl. Denkmalpfleger ohne Unterrichtung des Volksbildungsministeriums. Führend beteiligt war der Landesdenkmalpfleger von Sachsen-Anhalt, Schubert, aus Halle. Es stellte sich für mich bald deutlich seine Ringbildung heraus, die danach trachtete, das gesamte Fachgebiet an sich zu ziehen, gegen fortschrittliche Forderungen abzuschirmen und Positionen mit Gesinnungsfreunden zu besetzen. [...] Gelegentlich eines Mittagessens der Denkmalpfleger am 12. 10. im Regierungshotel Berlin brachte der genannte Denkmalpfleger Schubert aus Halle erneut die Aussprache auf den Abbruch der Schlossruine. Er wiederholte seine alten Angriffen gegen den Abbruch. Ausserdem äusserte er nach Mitteilung des Ge. Prof. Willy Kurth, Potsdam:

---

243 GStA, I. HA, Rep. 92, Margarete Kühn, 2. Karton, Schreiben vom 11. Oktober 1950.
244 BArch, DH 2, DBA A/47, Bl. 113.
245 ebd., Bl. 114.

a) dass keinerlei Kunsthistoriker an den Vorbereitungen und an der Arbeit beteiligt seien (im Sinne einer Herabsetzung der tatsächlich beteiligten Wissenschaftler). [...]
b) dass die heute tätigen Wissenschaftler unter anderen Verhältnissen zur Verantwortung gezogen würden.
Beide Argumente sind diejenigen der westlich orientierten Angehörigen des Kunsthistorischen Instituts (s. Anlage) und als Drohungen bereits gegenüber den im Wissenschaftl. Aktiv mitarbeitenden Berliner Studenten geäußert worden. Es sind auch die Argumente des Frl. Dr. Kühn in ihrem Aufsatz im Tagesspiegel. Dabei ist wichtig zu wissen, dass Schubert und Gräfin Rothkirch vermutlich Studienkameraden sind, dass beide mit der Dr. Kühn eng befreundet sind, bes. Schubert. In diesem Zusammenhang verweise ich auf die unter Nr. 5 in meiner Notiz vom 21. 7. geäußerte Vermutung, dass dem Kunsthistor. Institut möglicherweise Anweisungen aus Westberlin zugehen.[...]
3) dem gleichen Kreis um Rothkirch-Schubert gehört auch an Dr. Hentschel, Dresden. Dr. H. hat auf meine Thesen zum Abbruch des Schlosses Gegenthesen aufgestellt, die er aber nicht mir, sondern dem Gen. Prof. Weidhaas zuleitete mit der Bitte um Veröffentlichung im Wissenschaftl. Aktiv.
Neuerdings wird Dr. H. plötzlich als Nachfolger von Prof. Rave an der Nationalgalerie kolportiert. Da über Schubert systematisch das Gerücht ausgestreut wird, er sei der beste Denkmalpfleger der DDR und vorgesehen für eine zentrale Aufgabe in Berlin, dass Frl. Dr. Vietör für das Berliner Denkmalamt genannt wurde, muss m. E. mit dem Versuch einer systematischen Lancierens dieser Kräfte gerechnet werden, deren aktiv gewordene Opposition sich vermutl. die Positionen sichern will, um eine erweiterte Basis für ihre Arbeit zu haben.
4) Das provokatorische Auftreten des genannten Kreises kann möglicherweise von der Absicht getragen sein, eine Entwicklung anzubahnen, die bei dem subjektiv völlig ehrlichen Prof. Hamann zur Demission führen könnte, falls die Opposition einer Überprüfung unterzogen wird.
Interessant ist in diesem Zusammenhang der Brief von Prof. H. an den Gen. Oberbürgermeister Fritz Ebert. Weiter die Tatsache, dass Schubert sich gelegentlich des Mittagessens am 12. 10. ausführlich nach Interzonenpassvoraussetzungen erkundigt hat, ohne genaue Reiseorte anzugeben. Eine mir indirekt über den Gen. Reisig zugekommene Nachricht, dass Schubert auf einer kürzlichen Tagung der Denkmalpfleger in Sachsen-Anhalt die Abfassung einer Friedensresolution initiiert habe, konnte ich noch nicht überprüfen.
Über die Mehrzahl der hier geäusserten Beobachtungen sind die Genossen Prof. Dr. Kurth, Potsdam, und Dr. Konrad Kaiser, Nationalgalerie Berlin, unterrichtet. Mitteilung erfolgte durch mich an das Ministerium f. Aufbau, Gen. Dr. Liebknecht."[246]

Dieses Dokument zeigt sehr anschaulich, wie intensiv das Regime mögliche Oppositionelle bespitzelte. Bei den Darlegungen von Strauss ging es nicht mehr um die bloße Darlegung ihrer Argumente, sondern um gezielte Diffamierung einzelner Personen als bourgeois. Er stellte sie damit in einen Gegensatz zum sozialistischen Wissenschaftler neuer Prägung. Das Bürgerliche war für Strauss ebenso wie für die SED der Feind der neuen Gesellschaft. Dabei spielt sicherlich auch ein wenig die persönliche Abrechnung mit denen, die ihn so unverblümt kritisierten, mit. Das Dokument wirft ein bezeichnendes Licht auf seinen Opportunismus.

---

246 BArch, DH 2, DBA I/37, Bl. 96.

Beseitigung der Trümmer durch die FDJ, 15. Oktober 1950

Am 14. Oktober 1950 wurde ein weiterer Teil des Böhmebaus, vom Hauptportal I bis zum Treppenhaus, gesprengt.

Die FDJ initiierte am 15. Oktober 1950 einen „Aufbau-Sonntag". Die Organisatoren meldeten am 12. Oktober 1950: „Bei der Schlossruine werden 1000 Arbeitskräfte eingesetzt, die insgesamt von der FDJ gestellt werden."[247] Dr. Strauss war zwar nicht so begeistert, weil die Sicherheit nicht gewährleistet werden konnte und die Arbeitsgeräte nicht zur Verfügung standen, aber er genehmigte diesen Einsatz.[248] Das „Neue Deutschland" meldete zu diesem Ereignis:

„Im Mittelpunkt der freiwilligen Friedensschichten stand der Großeinsatz der FDJ am Berliner Schloss. Auf allen Punkten der bereits durch Sprengungen zum Einsturz gebrachten Ruine wurden die Fahnen der FDJ aufgepflanzt. Die Jungen Pioniere ließen es sich nicht nehmen, an den Arbeiten teilzunehmen."

Am 17. Oktober 1950 erreichte ein Brief von Prof. Weidhaas Prof. Hamann. Weidhaas spricht darin davon, dass doch Prof. Hamann verstehen möchte, dass er, Weidhaas, sich am Abriss beteilige. Ihm gehe es mehr um die Sicherung erhaltenswerter Teile der historischen Substanz. Nach seiner Darstellung musste die Sicherung dieser Teile der Regierung der DDR erst abgerungen werden. Er bemerkte, dass es später ein Problem mit der Lagerung der ausgebauten Teile sehr weit draußen am Stadtrand Berlins geben werde:

„Es ist zu befürchten, daß diese Kostbarkeiten dort sehr schnell vergessen und der Vernachlässigung und Zerstörung anheim fallen werden."[249] Diese Ansicht erwies sich später als richtig. Zur späteren Nutzung der ausgebauten Teile schreibt er weiter:

„Ich selbst habe vorgeschlagen, der am Schlossplatz zu planenden neuen Oper einen geschlossenen Vorhof zu geben und in diesem den Schlüterhof zu wiederholen. Aber, wie gesagt, niemand interessiert sich dafür, was einmal aus den Dingen werden soll."[250]

Hier wird zum ersten Mal ein ernsthafter Vorschlag zur Nutzung der Architekturteile des Berliner Schlosses gemacht. Weitere Bemerkungen des Briefes beziehen sich auf den Kaiserdom. Auch dieser stand zunächst auf der Abrissliste. Der Einsatz Hamanns bezog sich aber nur auf die Rettung des Schlosses. Er hielt den Dom für eine zweit- oder drittklassige Architektur.

Ausgehend von den immer heftiger werdenden Protesten aus den Kreisen der Wissenschaft, entschloss sich das Ministerium für Volksbildung auf Anraten von Dr. Strauss zu einer Einladung an viele Hochschulen und wissenschaftliche Einrichtungen der DDR, zur Besichtigung der Ruine des Berliner Stadtschlosses. Wie vom Ministerium mitgeteilt wurde, war es wünschenswert, der Fachwelt und dem kunsthistorischen Nachwuchs einen genauen Überblick über die Zerstörungen des Schlosses zu geben. Gleichzeitig sollte über die „umfangreichen denkmalpflegerischen Arbeiten" informiert werden.[251]

Dr. Strauss sandte weitere Einladungen an die Direktoren der kunsthistorischen Institute, wie z. B. der Universität in Jena:

„Es wäre zu begrüßen, wenn alle kunsthistorischen Institute die Gelegenheit wahrnehmen würden, sich sowohl vom Umfang der Zerstörung wie auch von den ungewöhnlichen

---

247 LAB, C Rep. 110, Nr. 912, Schreiben vom 15. Oktober 1950.
248 BArch, DH 1, Nr. 29075, Schreiben vom 12. Oktober 1950.
249 GStA, I. HA, Rep. 92, Margarete Kühn, 3. Karton, Brief vom 17. Oktober 1950.
250 ebd.
251 GStA, I. HA, Rep. 92, Margarete Kühn, 2. Karton, Brief ohne Datumsangabe, wahrscheinlich aber um den 19. Oktober 1950.

Sprengung des Schlüterhofes, 19. Oktober 1950

Maßnahmen zur wissenschaftlichen Behandlung und denkmalpflegerischen Sicherstellung eine exakte Vorstellung zu machen, und sich dabei gleichzeitig mit einem Werk Schlüters und Eosanders zu befassen, das vor den Zerstörungen des faschistischen Krieges zu den bedeutendsten seiner Art gehörte. [...] Da der Abbruch schnell vor sich geht, bitte ich Sie um telegrafische Nachricht, ob und wann mit einer Exkursion Ihres Instituts zu rechnen ist."[252] Der Hinweis auf die rasch voranschreitenden Abrissarbeiten klingt schon makaber und zeugt von dem Rechtfertigungsdruck innerhalb des Wissenschaftlichen Aktivs.

Am 19. Oktober 1950 wurde die Südostecke der Schlossplatzfassade gesprengt. Mit ihr wurde eine erste große Bresche in den Schlüterhof geschlagen.

Am 23. Oktober 1950 fiel Portal I, das fast unversehrt den Bombenangriff und die Endkämpfe 1945 überstanden hatte.

Auf die Einladung, die Ruine zu besichtigen, kamen Studierende der Technischen Hochschule Dresden am 30. und 31. Oktober nach Berlin. Sie stellten daraufhin wunschgemäß in einer Stellungnahme fest, dass das Bauwerk so stark zerstört sei, dass keine Möglichkeit bestehe, es zu erhalten. Damals war die gesamte Schlossplatzfront bereits ein einziger

Das Portal I stürzt zusammen, 23. September 1950

Trümmerhaufen. Deswegen verlangten die Teilnehmer der Exkursion, dass zukünftig die Öffentlichkeit vor solchen gravierenden Eingriffen in die Denkmalsubstanz einbezogen werden müsse. Die Regierung wurde um die baldige Verabschiedung eines Denkmalpflegegesetzes gebeten, damit das kulturelle Erbe erhalten werden könne.[253]

Dr. Hentschel berichtete in einem Brief an Dr. Ladendorf vom 2. November 1950 über seinen Eindruck von den durchgeführten Exkursionen.[254] Darin stellte er fest, dass die Aktion nur darauf hinauslief, eine wohlwollende Resolution zu erstellen. Diese sei im Wesentlichen von Dr. Strauss vorformuliert worden. Bei der Umsetzung hatten die Studenten den Text jedoch abgeschwächt:

„Eines der Argumente von St. sind die 50 Millionen, die die Wiederherstellung kosten soll. Es ist ihm aber entschlüpft, daß die genaue Schätzung erst jetzt (!) erfolgen soll.

---

252 GStA, I. HA, Rep. 92, Margarete Kühn, 2. Karton, Brief vom 19. Oktober 1950.
253 GStA, I. HA, Rep. 92, Margarete Kühn, 3. Karton, Brief vom 31. Oktober 1950.
254 Eine gleiche Einschätzung finden wir in einem Bericht vom 13. November 1950, in: Stiftung Preußischer Kulturbesitz, Archiv, NL Rave, 58, Brief vom 13. November 1950.

Weiter redet er sich immer auf das fabelhafte städtebauliche Projekt hinaus, welches den Schlossabbruch rechtfertigen soll, ohne daß er etwas Positives vorlegen kann. Er behauptet ferner, er sei erst ganz gegen den Abbruch gewesen, aber er habe sich überzeugen lassen. Fragen Sie ihn, wie diese angebliche ursprüngliche Überzeugung sich mit seinen ‚Thesen' vereinbaren lasse."[255]

Prof. Dr. Hans Nadler[256] erinnert sich:

„Auch wurden von der Technischen Hochschule Studentendelegationen nach Berlin entsandt, die überzeugt werden sollten, daß der Bau einsturzgefährdet sei. Allerdings waren unsere Studenten davon nicht zu überzeugen und haben auch kein Einverständnis für das Abtragen der Ruine seinerzeit gegeben."[257]

Am 27. Oktober 1950 meldete sich der Verein für die Geschichte Berlins zu Wort:

„Der Verein für die Geschichte Berlins erhebt, eingedenk seiner langjährigen Überlieferung und getreu seiner Verpflichtung gegenüber den Denkmälern Berlins, entschiedenen und einstimmigen Protest gegen die begonnene Zerstörung des ehrwürdigen Berliner Schlosses. Der Verein spricht damit im Sinne der Bevölkerung, die in dem Schloss kein Denkmal unzeitgemässen monarchistischen Machtwillens, sondern ein edelstes Zeugnis deutschen Kunstgeistes erblickt, das der Pflege um so mehr wert ist, als wir in ihm das letzte erhalten gebliebene Werk des grossen Baumeisters Andreas Schlüter besitzen." [FU.]

Ein „Notruf in letzter Stunde" von Carl Georg Heise wurde vielfach unter denen verteilt, die sich für die Rettung einsetzten:

„Das Berliner Schloss soll abgerissen werden, nicht etwa nur seine unrettbar beschädigten Teile, es soll ausgerottet werden mit Stumpf und Stiel, das Denkmal der ‚Fürstentyrannei' soll einem Paradeplatz für kommunistische Brigaden Platz machen. Wir werden nicht hoffen dürfen, durch Proteste aus ‚westlichem Geist' eine Sinnesänderung der östlichen Machthaber zu bewirken. Wir dürfen uns nicht darauf berufen, daß für uns dieses Gebäude eines der wichtigsten Zeugnisse unserer deutschen Geschichte ist – wir wissen, daß gerade das den Unheilstiftern nur Ansporn sein würde. Wir müssen versuchen, aus sowjetischer Mentalität heraus die Argumente zu finden, um eine Erhaltung des architektonischen Meisterwerks noch in allerletzter Stunde – schon sind der alte Apothekenflügel und gar Teile des Eosanderbaues gesprengt – doch noch zu erhalten, und das sollte durchaus möglich sein."[258]

Hier wird unverblümt gegen die Einstellung des Regimes polemisiert. Die SED und die Führung der DDR betrachteten alle Äußerungen, die aus dem Westen kamen, als eine Einmischung des „Klassenfeindes". Folglich wurde ein Rat aus dieser Richtung, ob er richtig war oder nicht, von vornherein missachtet.

Zwei Sprengungen am 29. Oktober 1950 ließ den Südteil des Schlüterbaues in sich zusammen sinken. Damit waren schon Ende Oktober 1950 65 % des Stadtschlosses gesprengt.[259]

Am 1. November 1950 fiel auch Portal II. Damit war die Schlossplatzfassade beseitigt. Ihr Trümmerschutt wurde im Wesentlichen zur Fertigstellung des Bunkerbergs Friedrichs-

---

255 GStA, I. HA, Rep. 92, Margarete Kühn, 3. Karton, Brief vom 2. November 1950.
256 Prof. Dr. Hans Nadler ist Denkmalpfleger und langjähriger Direktor der Arbeitsstelle Dresden des Instituts für Denkmalpflege.
257 Brief von Prof. Dr. Hans Nadler an den Autor vom 11. Dezember 1992.
FU.: GStA, I. HA, Rep. 92, Margarete Kühn, 3. Karton, Schreiben vom 27. Oktober 1950.
258 GStA, I. HA, Rep. 92, Margarete Kühn, 2. Karton, Brief Ende Oktober 1950.
259 BArch, HA 1, Nr. 39076.

hain als letzte Deckschicht vor Einbringung des Mutterbodens dort eingebaut. Die vielen Stützmauern und Treppenanlagen im Bereich dieses Bergs stammen von Sandsteinbossen des Schlosses, wie man bei Renovierungsarbeiten der Anlage in den letzten Jahren feststellen konnte: Die meisten Steine waren beidseitig bearbeitet worden, an der Außenseite der Stützmauer bossiert, zum Berg hin sah man jedoch immer noch die feine Handarbeit der Steinmetze des Schlosses.

Als Margarete Kühn am 1. November 1950 gerade dabei war, einen Brief an Prof. Ragnar Josephson in Stockholm zu schreiben, um ihn zu motivieren, auch über das Ausland Druck auszuüben, erreichte sie die Nachricht vom vollständigen Abriss des Schlossplatzflügels, des Schlüter- und Böhmebaues. „Damit ist das Schicksal des Schlosses besiegelt, und weitere Proteste können zwar noch die moralische Entrüstung dokumentieren, aber den Gang der Dinge nicht mehr beeinflussen."[260] Auch Hentschel äußert sich zur Endgültigkeit des Vernichtungswerkes. „Verhindern können wir nichts mehr, aber die Lager müssen klar abgesteckt werden."[261]

Am 1. November 1950 war er in Berlin. Hentschels ganze Niedergeschlagenheit gibt die nachstehende Äußerung wieder:

„Gestern war ich privat in Berlin. Während ich in den Museen war, dröhnten die Sprengschüsse vom Schloss herüber. Dann sah ich den Schauplatz der Tragödie. Die Hälfte des Eosanderflügels rechts der Kuppel und der ganze anschließende Flügel am Schlossplatz, mit Ausnahme eines Risalits sind schon verschwunden, ebenso die Zwischenbauten im Hof. Von außen sieht man, daß auch im Schlüterhof schon viel zerstört ist. [...] Ich bin wahrhaftig an den Anblick von Ruinen gewöhnt, aber dieser Anblick hat mich fertig gemacht. Ich weiß nicht, was größer war, meine Entrüstung über dieses Verbrechen oder das Gefühl der Scham darüber, daß Kunsthistoriker dabei mitmachen."[262]

Die weiteren Ereignisse hatten nur noch statistischen Wert, das Schloss war soweit abgebrochen worden, dass jeder Gedanke an Rettung wertvoller Flügel hinfällig wurde.

Am 4. November 1950, um 11.00 Uhr und 13.45 Uhr, sank der Hauptrisalit des Schlüterhofes mit dem Schlüter'schen Treppenhaus in sich zusammen. Teile der Erasmuskapelle und der obere Teil des „Grünen Huts" rutschten dabei in die Spree.[263]

Am 6. November 1950 zerrissen die Sprengungen um 11.00 Uhr und 14.00 Uhr das Eosander-Südportal. Am 9. November fiel der Schlüter'sche Ostflügel.[264]

Ernst Gall, der letzte Direktor der Schlösserverwaltung, veröffentlichte am 16. November 1950 in der „Frankfurter Rundschau" einen Artikel unter dem Thema: „Das Schicksal des Berliner Schlosses": „Anscheinend will man mit dem Schloss eine monarchische und aristokratische ‚Tradition' vernichten. Welch naiv-unerfahrenes Mißverstehen künstlerischer Inhalte und Gegebenheiten! Gewiß: Jeder gute alte Bau diente einem bestimmten objektiven Zweck, aber jeder große Künstler schafft nicht nur für seine Zeit, er sieht zugleich in die Ewigkeit. Das Berliner Schloss verkörpert nicht nur Machtstreben und Würde des jungen preußischen Königtums in der Stunde seiner Geburt, es zeugt auch in seiner Gestaltung von hochgemutem Wollen und kraftvollem Sein schlechthin. [...]

---

260 GStA, I. HA, Rep. 92, Margarete Kühn, 2. Karton, Brief vom 1. November 1950.
261 GStA, I. HA, Rep. 92, Margarete Kühn, 2. Karton, Brief vom 2. November 1950.
262 GStA, I. HA, Rep. 92, Margarete Kühn, 2. Karton, Brief vom 2. November 1950.
263 Bericht des „Tagesspiegels" vom 8. September 1950; Zusammenstellungen der Sprengungen, in: BArch, DH 1, Nr. 39076.
264 BArch, DH 1, Nr. 39076, Zusammenstellung der Sprengungen vom 28. August bis 21. Dezember 1950.

Schlüter löste, als er die plastisch durchgliederte Fassaden des Berliner Schlosses schuf, hohe Aufgaben aus idealem Bereich, dahinter stand nicht nur der zeitlich beschränkte und realistisch gebundene Wille seines Auftraggebers, sondern auch die größere Idee der geistigen Erhöhung menschlichen Daseins – mag sie ihm bewußt geworden sein oder nicht –, denn in ihr wurzelte sein Künstlertum. [...]

Zerstört man das Berliner Schloss, so vernichtet man eines der gestalterischsten baulichen Kunstwerke, die unsere Welt nach so vielen Verlusten heute noch ihr eigen nennen darf. [...]

Hier steht wahrhaft zeitlos große Form vor uns, auch aus der Ruine spricht sie noch laut und eindrucksvoll genug. Man sollte sie retten, wiederherstellen und den Bau zu repräsentativen staatlichen Zwecken nutzen. In Warschau hat das Parlament beschlossen, das Schloss innerhalb 5 Jahren wieder entstehen zu lassen. Schloss Lazienki vor den Toren Warschaus ist bereits errichtet. In Berlin aber wird weiterhin gesprengt und eingerissen – ein unbegreiflicher Akt fanatischen Zerstörungswillens, den die Geschichte als sinnlos und frevelhaft verurteilen wird."[265]

Im Nachwort der Redaktion steht die Bemerkung, dass das Berliner Schloss fast nahezu eingeebnet wurde, nachdem der Aufsatz geschrieben worden war. Die so beeindruckende Mahnung Galls war durch die Sprengkommandos obsolet geworden. Die Akteure hatten ihren Vernichtungsakt fast beendet. Vorfristig!

Angeregt von Margarete Kühn veröffentlichte Prof. Ragnar Josephson aus Stockholm am 19. November 1950 im ‚Svenska Dagbladet' eine eindringliche Stellungnahme zu den Vorgängen in Berlin. Er machte zunächst Vorbemerkungen über die besonderen Beziehungen des Berliner Schlosses zu Schweden. Deutsche Kunsthistoriker haben sich lange gefragt, woher die strenge römische Sprache, damals unbekannt in Berlin, eigentlich dorthin gekommen sei. „Ich kenne in ganz Europa kein Bauwerk des 17. und 18. Jahrhunderts, das so römisch aussieht wie das Berliner Schloss", stellte Gurlitt in seiner Schlossmonographie am Ende des 19. Jahrhunderts fest und fährt fort:

„Es gehört einem altertümlichen, gewaltigen Barockstil an, den um 1700 kein anderes Land außerhalb Italiens kannte." Pinder antwortete Gurlitt nach Untersuchungen des Stils beider Schlösser in Stockholm und Berlin mit dem Hinweis, das Stockholmer sei der Vorläufer des Berliner Schlosses. Urkunden bestätigten dies später. Kurfürst Friedrich stand in engen Beziehungen zu Tessin, dem Baumeister des Stockholmer Schlosses, und bestellte bei ihm eine Reihe von Bauzeichnungen. Es war auch Tessin, der Eosander nach Berlin empfahl, da es ihm selbst an Zeit und Möglichkeit fehlte, dort tätig zu werden. Dann fährt er fort:

„Wenn also auch Schweden ein ganz besonderes Interesse an dem Schicksal des Berliner Schlosses geltend machen kann, so geht dies Schicksal doch alle an. [...]

Die Machthaber des Tages im östlichen Berlin, die zweifelsohne wichtigere Probleme zu lösen haben als die Restaurierung von Königsburgen, waren anderer Meinung. Sie haben offensichtlich, wie es die Deutschen während der verwilderten dreißiger Jahre leider oft taten, in diesem Schloss vor allem eine politische Manifestation erblickt. Ein deutscher Kunsthistoriker von der zweifelhaften Sorte, wie sie damals üppig gedieh, sang ein Loblied auf seine Architektur, weil sie ihn zu erinnern schien an »ein Getöse zusammenstoßender Stahlschilde, ein Dröhnen kriegerischer Trompeten«. Dies waren für ihn die schönsten

---

265 Ernst Gall: Das Schicksal des Berliner Schlosses, in: Frankfurter Rundschau, 16. November 1950.

architektonischen Laute. Diese Laute sind es offenbar, die jetzt als Mißlaute eines seit langem vergangenen Fürstenkultes vernommen wurden. Sie haben die empfindlichen Trommelfelle der augenblicklichen Machthaber irritiert und sollen zum Verstummen gebracht werden. Sie wollen lieber ihre eigenen Laute hören auf dem Aufmarschplatz, den sie auf dem Grundstück des abgerissenen Schlosses anlegen. Auch dieser öde Platz wird eines Tages ein Denkmal sein – ein Denkmal der Pietätlosigkeit, der Engstirnigkeit und der geistigen Armut."[266]

Reutti wollte sich immer noch nicht mit der weiteren Sprengung des Schlosses abfinden. Er bat Geheimrat Justi, den Generaldirektor der Berliner Museen, um eine Stellungnahme. Dieser bat daraufhin Prof. Rave um die Ausarbeitung. Es verging viel Zeit, dann lehnte Rave ab, teilte aber die Auffassung der Abrißgegner. Später schrieb er:

„Der Bombenkrieg hatte schwere Schäden angerichtet, allerdings, gerade im Schlüterhof waren Teile der aufgehenden Wände eingestürzt, und im Innern waren die Fluchten der prächtigen Säle, größtenteils, durchaus nicht alle, ausgebrannt, wie hier über dem an sich erhaltenen Haupttreppenhaus der Schweizersaal, der ehemalige Wachsaal der Schweizer Garde. [...] An einer Stelle der Lustgartenseite klafft gleichfalls eine verhältnismäßig schmale Bombenbresche; auch ragte nur noch das eiserne Gestänge der Schloßkuppel in die Luft, und hier und da war die Außenhaut verletzt. Es ist offensichtlich:

Die Mauern, festgefügt und widerstandsfähig, hätte man etwa wie bei der Ruine des Heidelberger Schlosses gegen weiteren Verfall sichern können, um das Gebäude, mit der Zeit wiederhergestellt, einem sinnvollen Zweck wieder nutzbar zu machen. Aber nie und nimmer durfte der unselige Beschluß gefaßt werden, ein Kulturdenkmal dieses Ranges vollkommen verschwinden zu lassen, und als es dann im Herbst 1950 aus Haß gegen das überdauernde Symbol der Dynastie in übereilter Hast geschah, aus angeblich politischen Gesichtspunkten, nur um den Aufbau Berlins fortschrittlich zu gestalten, d. h. um einen weiträumigen Aufmarschplatz für die Massen zu gewinnen. Was ist erreicht? Gähnende Leere, entsetzliche Öde. Ein unbeugsamer Starrsinn, dem wir in unseren Diskussionen und Rettungsversuchen begegneten, und eine unbegreifliche Blindheit haben nicht vorausgesehen, daß die große Stadt ihres Herzstückes beraubt sein würde. Ein Schaden, der nie mehr gut zu machen ist: wirklich der Verlust der Mitte."[267]

Am 28. November 1950 fiel die Fassade links und rechts von Portal V. Auch der berühmte Risalit im Schlüterhof verwandelte sich in einen Schutthaufen. Der Ausbau der wertvollen Teile aus dem Portal war vorher wegen der angeblichen Baufälligkeit verboten worden. In aller Eile hatte man die Hermenpilaster Frühling und Sommer von Balthasar Permoser, der durch seine Skulpturen am Dresdner Zwinger berühmt geworden war, mit Stroh und Torf umwickelt, ebenso die Genien und die Kartusche im Mezzanin. Mit Stahlseilen verspannten die Mitarbeiter des Wissenschaftlichen Aktivs das Portal nach rückwärts in Richtung Süden. Vorher hatte man aus dem Schutt des Nordrisalits im Schlüterhof ein schräge Rampe gebaut, auf die man meterdick Strohballen legte. Mit der Absicht, das Portal bei seiner Sprengung nach hinten zu ziehen, hoffte man die wertvolle Bauplastik dadurch retten zu können, indem sie bei der Sprengung nach hinten auf die Strohballen fiel.

---
266 BArch, DH 1, Nr. 38813, Schreiben vom 19. November 1950.
267 Stiftung Preußischer Kulturbesitz, Museen, Archiv, NL Rave, Nr. 70, S. 9 eines Vortrages.

Reste des Schlüterhofes vor der zweiten Sprengung, 4. November 1950.

Spreeseite des Schlosses. Der Kapellenturm, der „Grüne Hut" und Teile des Hauses der Herzogin sind durch Sprengung des Schlüterhofes in die Spree gestürzt, 4. November 1950

Blick von der Breitenstraße auf das Eosanderportal, Dezember 1950

Am 29. November 1950 kam es zur Sprengung des Schlüter'schen Nordteils und der Rückfront des Portals V.[268]

Am 7. Dezember 1950 wurde das schönste Portal von Andreas Schlüter gesprengt. Wie die damals gemachten Filmaufnahmen zeigen, sackte es vertikal in sich zusammen. Dennoch konnten die Bossen der Hermenpilaster, wenn auch beschädigt, geborgen werden. Die erste Sprengung des Portal V war größtenteils missglückt.[269]

Schon am 8. Dezember 1950 folgte die Nordwestecke, der Risalit Eosanders mit großen Teilen des Weißen Saales und der Großen Bildergalerie. Portal IV blieb zunächst ausgespart, weil dort die Architektur insgesamt geborgen werden sollte, plante man doch damals schon seinen späteren Wiederaufbau in einem neuen Staatsgebäude der DDR. Es galt als sozialistische Reliquie der DDR, hatte doch Liebknecht von seinem Balkon die sozialistische Republik 1918 ausgerufen.

Am 11., 12., 13., 19. und 20. Dezember 1950 wurde das Eosanderportal durch weitere Niederlegungen im Bereich der Weißen Saal-Treppe und der Wendeltreppe im südlichen Bereich freigesprengt.[270] Die Nordwestecke des Schlosses mit dem Weißen Saal und seinem großartigen Treppenhaus, den darunter liegenden Wilhelm'schen und Mecklenburgi-

---

268 BArch, DH 1, Nr. 39076, Zusammenstellungen der Sprengungen vom 28. August bis 21. Dezember 1950.
269 ebd.
270 ebd.

Abtransport des Schuttes, Dezember 1950

schen Wohnungen war im Krieg fast unversehrt geblieben, sie war Ort großer und stark beachteter Ausstellungen von 1946 bis 1948.

Am 30. Dezember 1950, um 15 Uhr, sank das Eosanderportal als letztes großes Bauteil des Schlosses in einer ungeheuren Detonation, die in der Umgebung wie ein Erdbeben wahrgenommen wurde, in großen Staubschwaden in sich zusammen.[271] Ein Mauerrest der Schlosskapelle ragte aus dem Trümmerberg hervor, auf ihm sah man zwei Apostelfiguren auf Goldmosaikgrund, die in der untergehenden Sonne aufleuchteten. Ein Fragment des Psalmes, der umlaufend am Tabourin unter der Kuppel hundert Jahre später sichtbar war, verkündete:

„Es ist kein Name..."

Das Berliner Schloss war ausgelöscht.

---

271 ebd.

Die durch Sprengung beschädigten Figuren des Frühlings und Sommers, 22. Dezember 1950

Um den Platz endgültig zu räumen, wurden bis in den März hinein weitere Sprengarbeiten durchgeführt. Dabei wurden große Sandsteinbrocken bis auf handliche Größe kleingesprengt, so auch die großen Säulentrommeln der Portale I, II und III.

5. Januar 1951 –	10.40 Uhr Rückwand des Eosander-Hauptportals
	12.18 Uhr Mauerreste und Blöcke
	13.25 Uhr/13.40 Uhr Kellersohle Eosander-Nordteil[272]
10. Januar 1951 –	12.40 Uhr und 13.00 Uhr, Kellersohlen[273]
16. Januar 1951 –	12.00 Uhr Eosanderflügel-Keller
	13.40 Uhr Restlicher Teil des Spreeflügels
	14.15 Uhr Trümmerbrocken des Eosanderflügels[274]
22. Januar 1951 –	11.15 Uhr Trümmerbrocken des Eosanderflügels, Straßenseite
	11.40 Uhr Trümmerbrocken des Eosanderflügels, Hofseite[275]
30. Januar 1951 –	11.47 Uhr /13.50 Uhr Sprengung der Reste des Portals IV (Karl-Liebknecht-Portal) nach dem Ausbau der Fassade
	14.55 Uhr/17.10 Uhr Kelleranlage am Eosander-Nord-Westflügel[276]

---

272 BArch, DH 1, Nr. 39076, 19. Wochenbericht vom 8. Januar 1951.
273 BArch, DH 1, Nr. 39076, 20. Wochenbericht vom 15. Januar 1951.
274 BArch, DH 1, Nr. 39076, 21. Wochenbericht vom 22. Januar 1951.
275 BArch, DH 1, Nr. 39076, 22. Wochenbericht vom 29. Januar 1951.
276 BArch, DH 1, Nr. 39076, 23. Wochenbericht vom 5. Februar 1951.

Adler unter dem Gesims

16. Februar 1951 – 10.45 Uhr und 11.50 Uhr Sandsteinbrocken
13.10 Uhr Mauerreste des „Grünen Huts an der Spreefront[277]
9. März 1951 – Zwischen 10.00 Uhr und 15.00 Uhr vier Sprengungen zur Zerkleinerung von Trümmerbrocken.[278]

Die Abräumung des Schutts und die späteren Sprengungen der Kellergewölbe des Schlosses gingen dem Regime zu langsam voran. Der Abschluss der Räumungsarbeiten wurde vom 30. März 1951 auf Mitte Januar vorverlegt.[279] Diese Termine mussten eingehalten werden. Deswegen wurde angeordnet, ab dem 22. Januar 1951 erneut in drei Schichten zu arbeiten. Die BVG mußte Nachtschichten einrichten. Weitere Bauarbeiter wurden angefordert, die auch am Sonntag arbeiteten. Damit sollte die Kritik am Abriss durch schnelle Beendigung der Arbeiten endlich mundtot gemacht werden.[280]

Ende April 1951 war der Aufmarschplatz fertig. Die leere Fläche einschließlich des Lustgartens wurde in Marx-Engels-Platz umbenannt.

Kurt Reutti ging nach Westberlin. In Zusammenarbeit mit dem Bundesministerium für Gesamtdeutsche Fragen zeichnete er in einer Schrift den Abriss des Schlosses und anderer Baudenkmäler nach.

---

277 BArch, DH 1, Nr. 39075, 27. Wochenbericht vom 7. März 1951.
278 BArch, DH 1, Nr. 39075, 28. Wochenbericht vom 12. März 1951.
279 BArch, DH 1, Nr. 39075, Bericht vom 8. November 1951.
280 BArch, DH 1, Nr. 39076, Aktenvermerk vom 20. Januar 1951.

Der linke Flügel neben dem Eosanderportal mit dem Weißen Saal und den Räumen des Schlossmuseums, 12. Dezember 1950

Dazu stellte er sich verschiedene Titel vor:
1. „Zerstörung von Kulturdenkmälern in Ost-Berlin";
2. „Das Ende des Berliner Schlosses und anderer Kulturdenkmäler in Ost-Berlin";
3. „Wohlüberlegte und kaltblütige Kulturzerstörung als politisches Kampfmittel".

Er veröffentlichte seine Aufzeichnungen unter dem Pseudonym Karl Rodemann mit dem Titel:

„Das Berliner Schloss und sein Untergang. Ein Bildbericht über die Zerstörung Berliner Kulturdenkmäler." Bei der Nennung von Namen und Informanten aus dem Bereich der DDR war Reutti äußerst zurückhaltend. Er wollte diesen Personenkreis nicht verraten, um sie vor Repressalien zu schützen.[281]

In diesem Buch sind viele seiner eigenen Abbildungen veröffentlicht worden. Die sechsbändige Fotodokumentation befindet sich im Besitz der Stiftung Preußische Schlösser und Gärten Berlin-Brandenburg im Charlottenburger Schloss. Reutti dankte in seinen Vorbemerkungen allen denen, die halfen, dass diese Dokumentation entstehen konnte. „Die photographischen Aufnahmen wurden durch Ausweise, die mir Professor Kurth und das Amt für Information des Magistrats ausgestellt hatten, ermöglicht. [...] Die Aufnahmen der Zerstörung des Schlosses konnten nur von der Straße aus gemacht werden, da mir Dr. Strauß durch die Polizei das Betreten des Schlossgeländes hatte verbieten lassen."[282]

---

281 GStA, I. HA, Rep. 92, Kurt Reutti, Nr. 4, Bl. 610.
282 Kurt Reutti: Fotodokumentation zum Abriss des Berliner Stadtschlosses, Bd. 1, Vorbemerkungen.

Nach der Sprengung des Portals V, Ende 1950

Reste des alten Renaissancebaus, Ende 1950

Der Verantwortliche Leiter des Wissenschaftlichen Aktivs zum Abbruch des Berliner Schlosses, Dr. Gerhard Strauss, wurde von Dr. Liebknecht am 14. März 1951 für seine „ausgezeichnete Arbeit" für den Goethepreis vorgeschlagen.[283]

Aus den Unterlagen der Akademie der Künste geht hervor, dass Anfang 1951 besprochen wurde, dass im Mai d. J.[284] eine Ausstellung unter dem Arbeitstitel „Berichtsaus-

---

283 BArch, DH 2, DBA I/25, Bl. 138.
284 BArch, DH 2, DBA A/47, Bl. 109.

Schlossplatzseite mit Neptunbrunnen, Ende Dezember 1950

stellung über denkmalpflegerische Arbeiten an der Schlossruine Berlin" durch die Akademie der Künste in Zusammenarbeit mit dem Ministerium für Aufbau und der Deutschen Bauakademie organisiert und durchgeführt werden sollte. Mit dieser Schau wollte man die „große Leistung" der DDR für den Denkmalschutz belegen. Die Ausstellungskonzeption wurde darauf ausgerichtet, den Zerstörungsgrad des Berliner Schlosses zu dokumentieren. Dabei sollten die Kriegszerstörungen durch die Gegenüberstellung mit dem ursprünglichen Zustand herausgestellt werden. Daraus und aus den Hauptgesichtspunkten der Stadtplanung sollte wiederum der Beschluss der Regierung der DDR zum Abriss des Schlosses legitimiert werden. Außerdem sollten die Bemühungen des Aktivs zum Erhalt wichtiger Spolien des Schlosses propagandistisch aufgewertet werden. Diese Dokumentation sollte in erster Linie mit Großfotos (30 cm x 50 cm) ausgestattet werden. 160 Großfotos wurden hergestellt.[285] Zur Ausstellung war ein Katalog geplant.

Im Arbeitsbericht vom 10. April 1951 der Sektion Bildende Kunst der Akademie der Künste wurde für die Perspektiven des zweiten und dritten Quartals, unter Punkt Ausstellungen, festgelegt:

„Arbeitsberichts-Ausstellung zum Abbruch des Berliner Schlosses. Eröffnung voraussichtlich Ende Mai, wahrscheinlich in den Räumen von ‚Bild der Zeit', Unter den Linden."[286]

Und in der Perspektivplanung 1951 bis 1953, Publikationen 1951, vom 14. Juli 1951 heißt es unter Punkt 8:

---
285 ebd., Bl. 109.
286 Stiftung Archiv der Akademie der Künste, Archiv der AdK der DDR, ZAA, Nr. 288, Bericht vom 10. April 1951.

Standort des ehemaligen Schlosses mit der neu errichteten Tribüne, Anfang 1951

„Zur Geschichte des Berliner Schlosses – Bericht des Wissenschaftlichen Archivs anläßlich seines Abbruches. Verfasser: Dr. Strauß. – Das Bildmaterial dazu ist bereits vorhanden. Die Broschüre soll in Verbindung mit der entsprechenden Ausstellung erscheinen."[287] Aber schon 1952 wurde das Vorhaben gestrichen. Man ging zur Tagesordnung über, die rechtfertigende Ausstellung wurde nicht mehr benötigt. Die gewünschte Ruhe war bereits eingekehrt.

Bei den Abbrucharbeiten im Kellerbereich wurden erneut verschiedene wertvolle Kunstgegenstände geborgen. Am 26. und 27. Januar 1951 fand man asiatisches Kunstgewerbe (Eisen, Bronze, Silber), Reste einer Sammlung historischer Uhren, Reste von Elfenbeinarbeiten und die verkohlten Überreste einer Stoffsammlung.[288]

Am 7. März 1951 übergab das „Wissenschaftliche Aktiv" zwei Bilder „Christus, Brustbild, Öl auf Holzuntergrund, ornamentierte Silberumrahmung [...] Maria mit dem Kinde, Brustbild, Öl auf Holz, ornamentierte Silberumrahmung"[289]. Zwei Tage später, am 9. März 1951, erfolgte die Übergabe eines Bergungsfundes an die Staatlichen Museen Berlin. „Eine bei den Aufräumarbeiten der Schlossruine aufgefundene runde Grabplatte mit Inschrift: ‚Giovanni Difransescho Cani MDXLIX' mit ornamentaler Verzierung aus dem 9. Jh. wird durch uns an Sie übergeben."[290]

---

287 Stiftung Archiv der Akademie der Künste, Archiv der AdK der DDR, ZAA, Nr. 177, Publikationsplanung vom 14. Juli 1951.
288 BArch, DH 1, Nr. 39076, Schreiben vom 1. Februar 1951.
289 Stiftung Preußischer Kulturbesitz, Zentralarchiv, VA 803, Übergabeprotokolle vom 7. März 1951.
290 Stiftung Preußischer Kulturbesitz, Zentralarchiv, VA 803, Schreiben vom 9. März 1951.

5. Der Umgang mit den künstlerisch wertvollen Architekturteilen des Schlosses

Die Dokumente aus den fünfziger Jahren über die Unterbringung der Schlossüberreste belegen, wie schwierig die Sicherung der ausgebauten Architekturteile war und mit wieviel Ignoranz die Kunsthistoriker zu kämpfen hatten.

Richard Paulick[291] plante für den Neubau der Sportwettkampfhalle in der Stalinallee (heute Karl-Marx-Allee) Zementabgüsse von Skulpturen vom Hauptrisalit des Schlüterhofes sowie von geborgenen Reliefs des Schlosses anfertigen zu lassen, um sie in das Bauwerk einzubeziehen. Die Betonabgüsse sollten bis zu den Weltfestspielen fertiggestellt sein.[292] Dr. Strauss hatte Einwände dagegen, die historischen Skulpturen, vier Figuren der griechischen Mythologie, mit der Architektur ausgerechnet einer Sporthalle zu verknüpfen. Diese sollten ausschließlich wegen ihres athletischen Körperbaues als „Olympioniken" ausgestellt werden, stimmte aber schließlich den Abgüssen mit Auflagen zu.[293]

Die Endlagerung der Architekturteile, die sich schon auf dem Lagerplatz der Firma VEB Tiefbau in Heinersdorf im Norden Berlins befanden, wurde erst seit Mitte 1951 vorbereitet. Hier befanden sich rund 2000 Teile. Die sachgemäße Lagerung verzögerte sich immer wieder. Deswegen wurde erwogen, einige Stücke den Staatlichen Museen zu übergeben.[294]

Im Verlaufe der Sicherungsarbeiten kam es auch vor, dass die am Vortag ausgebauten Architekturteile am nächsten Morgen nicht mehr vorhanden waren. Sie waren auf die Trümmerschuttkippen abtransportiert worden und sind dort in den Millionen Tonnen des Berliner Schutts verschwunden.

Der Abschlussbericht des „Wissenschaftlichen Aktivs" konnte nicht im Juni 1951 vorgelegt werden. Die Ursachen lagen in:
1. der nicht rechtzeitigen Bereitstellung der Finanzmittel;
2. der hohen Arbeitsbelastung von Prof. Clasen und Prof. Weidhaas;
3. der Teilung des Aktivs in drei Gruppen. Die Zusammenführung der Arbeitsergebnisse aus diesen stellte sich schwieriger dar als angenommen;
4. der Nichtauslösung des Auftrages an eine Firma, die die ordnungsgemäße Lagerung der Architekturteile organisieren und leiten sollte.

Die Aufgabe war außerordentlich umfangreich und Personal hierfür praktisch nicht mehr vorhanden. Weiterhin mussten noch erledigt werden:

---

291 Richard Paulick (1903–1979); 1923–1927 Architekturstudium an den Technischen Hochschulen in Dresden und Berlin; 1925 SPD; 1927–1930 Mitarbeit bei Walter Gropius in Dessau; 1931 SAP; 1933 Emigration nach China; 1942 Professor; 1949 Rückkehr nach Europa; 1950 Rückkehr in die DDR und Mitglied der SED; 1951 Mitglied der Deutschen Bauakademie und Direktor des Instituts für Wohnbauten; 1952 Leiter des Aufbaustabes für die Stalinallee in Berlin; 1955–1965 Vizepräsident der DBA; Chefarchitekt von Hoyerswerda (1956–1961), Schwedt (1962–1964), Halle-Neustadt (1963–1968). In: Wer war wer – DDR, Berlin 1992, S. 343.
292 Archiv der Akademie der Künste, Direktion 29, 1950–53, Schreiben vom 7. Juli 1951.
293 BArch, DH 2, DBA A/47, Bl. 107 f.
294 LDA – Archiv, Akte „Berliner Schloss", Schreiben vom 19. Juli 1951.

1. die Vorbereitung der Schlusslagerung;
2. die Manuskriptbearbeitung durch Prof. Clasen für das Thema der Baugeschichte des Schlosses;
3. die Anfertigung der Reinzeichnungen aus den Aufmaßskizzen der Schlossfassaden in Weimar.[295]

Für das von Gerhard Strauss so genannte „Kunstwissenschaftliche Aktiv" wurden an Honorar-, Reisemitteln und Material weitere 84 000 Mark der DDR ausgegeben.[296]

Die DDR betonte damals immer wieder ihr hohes kunsthistorisches Verantwortungsbewusstsein beim Abbruch der Schlossruine. Dieser sei schließlich nicht von ihr zu verantworten, sondern wurde notwendig durch die irreparablen Zerstörungen des Schlosses bei dem Bombardement der Alliierten vom 3. Februar 1945 und dem späteren Beschuss. Man habe alle wichtigen und wertvollen Teile ausgebaut und zum Wiedereinbau für spätere Zeiten gesichert.

Aber das war reine Blasphemie. Unter dem gewaltigen Zeitdruck der vorgegebenen Sprengtermine bestand gerade einmal die Möglichkeit, ausreichende Mengen an dokumentarischen Fotos anzufertigen, aber auch dieses geschah ohne System. Vieles wurde nicht erfasst, so fehlt die systematische fotografische Dokumentation aller Fassaden, trotz Tausender Fotos. Man war nicht systematisch vorgegangen, sondern sehr willkürlich, fast wie es sich gerade ergab. So hat die Fotodokumentation allenfalls exemplarischen Charakter. Außerdem gibt es keine umfassende wissenschaftlich fundierte Bestandsaufnahme der Details des Gebäudes.

In der Kürze der zur Verfügung stehenden Zeit sollte auch noch der schonende Ausbau der künstlerisch wertvollen Spolien realisiert werden, ein von vornherein aussichtsloses Unterfangen. Damit war klar, dass das „Wissenschaftliche Aktiv" trotz seiner hohen Kosten, nur Alibicharakter hatte. Man war staatlicherseits an einem guten Ergebnis seiner Arbeit nicht interessiert, sondern wollte den Kritikern lediglich Sand in die Augen streuen, weil man sich sehr bewusst war, was für ein barbarischer Akt die Vernichtung dieses gewaltigen Kunstwerks war.

Was ist von diesen Dokumenten heute noch erhalten?

Seit Anfang Oktober 1950 wurden insgesamt 450 Maßaufnahmen der Bauhochschule Weimar übergeben. Heute befinden sich nur noch 26 Blätter mit Grundrissen, Fassaden und Details im Besitz der Hochschule für Architektur und Bauwesen Weimar. Nach Auskunft von Prof. Dr. Dr. Hermann Wirth wurden in Weimar die Reinzeichnungen der Aufrisse nach Feldbüchern und Photographien erstellt, als das Schloss schon vollständig gesprengt war. Eine nachträgliche Kontrolle war nicht mehr möglich. „Nach öfteren Anfragen meinerseits [Prof. Wirth] sprach Weidhaas stets von einer komplett angefertigten Dokumentation, die, in Mappen nach Berlin geliefert, in einem Keller der Bauakademie (nicht im Schinkelbau) ‚vergammeln' würde."[297]

Nach dieser Auskunft wurden die Zeichnungen und Skizzen „zusammen mit dem grafischen Archiv des Hochbauamtes in 36 großen und dicken Mappen gesammelt und von mir geordnet abgeliefert, ohne mein Wissen mit Bauschutt bedeckt und in stehendes Wasser gestellt".[298] Dies entsprach wohl nicht dem tatsächlichen Sachverhalt.

---

295 SAPMO-BArch, SED, NY 4090 (Grotewohl), ohne Blattnummerierung.
296 ebd.
297 Brief von Prof. Dr. Dr. Hermann Wirth an den Förderverein Berliner Stadtschloss, 1. Februar 1993.
298 ebd.

Die Dokumentation konnte durch den Einsatz von Einzelnen gerettet werden. Die Steinlisten, Gipslisten, das Inventarverzeichnis, die Fotokartei mit ca. 3000 Fotos, die Abgabelisten und der Schriftverkehr liegen im Brandenburgischen Landesamt für Denkmalpflege, Messbildarchiv, vor. Großen Verdienst daran hat die vor wenigen Jahren verstorbene Denkmalpflegerin von Ostberlin, Waltraud Volk, die als damalige studentische Assistentin von Strauss und Kaiser maßgeblich an der Archivierung des Materials beteiligt war. Mitarbeiter des Archivs unterstützten sie dabei. Die gesamte Schlossdokumentation war bis zur Wende 1989 nicht zugänglich. Die Mitarbeiter redeten nicht darüber oder stellten sich ahnungslos. Man wollte die Dokumentation vor einer eventuellen Vernichtung bewahren. Die Registerordner wurden in zwei Gruppen unterteilt. Die Registratur lief unter: 1. ausgebaute Fassadenteile (Sandstein); 2. ausgebaute und abgeformte Teile aus den Innenräumen. Die Fotokartei war wie folgt aufgeteilt:
1. Außenaufnahmen
2. Innenaufnahmen
3. Dokumentation der Bergungsarbeiten
4. Reproduktionen.[299]

Die Planunterlagen, auch die aus Weimar, befinden sich heute in der Plankammer der Stiftung Preußische Schlösser und Gärten Berlin-Brandenburg. Eine nach Beendigung der Arbeiten geplante Veröffentlichung der Dokumentation kam natürlich nicht zustande.

Einen weiterer Beweis für die Alibifunktion des Aktivs liefert ein Briefwechsel zwischen Dr. Gerhard Strauss und Walter Pisternik sowie zwischen Pisternik und Otto Grotewohl. Pisternik schrieb am 2. September 1950 an Grotewohl, dass Strauss ihm Vorschläge für den Ausbau der künstlerisch wertvollen Teile, die vom „Wissenschaftlichen Aktiv" ausgearbeitet worden waren, übergeben hätte.

„Der vorgeschlagene Ausbau, der ein Minimum für eine spätere Rekonstruktion darstellt, läßt sich in der zur Verfügung stehenden Zeit nicht durchführen: Eine Verringerung des Ausbaus bedeutet, daß die ausgebauten Teile nur museal aufbewahrt und gezeigt werden können. Wir wollen deshalb folgendermaßen verfahren: Es werden nur die museal zu verwahrenden Teile in den Zeichnungen bezeichnet und ausgebaut. Wir werden allerdings versuchen, unter Konzentration auf den Schlüterhof und die Portale am Lustgarten, den Gesamtausbau vorzunehmen. Wir bitten um Zustimmung zu diesem Vorschlag."[300]

Das Aktiv musste seine Vorschläge überarbeiten und reduzieren. Dr. Strauss antwortet zu diesem Ansinnen am 13. September 1950, einem Zeitpunkt, zu dem die Abrissarbeiten bereits auf Hochtouren liefen:

„Entsprechend dem Wunsch von Herrn Ministerpräsident Grotewohl und Ihrem Schreiben vom 11. September 1950 überreichen wir in der Anlage einen Satz von 9 Lichtpausen, in denen erneut Vorschläge für den Ausbau wertvoller Teile eingetragen sind, unter Beschränkung auf die kennzeichnendsten und wertvollen Details. Es wird darauf hingewiesen, daß der jetzt vorgeschlagene Umfang des Ausbaues nur im Rahmen einer musealen Bergung bleibt, sofern nicht im normalen Bauablauf weiteres Material anfällt und erhalten werden kann."[301] In der beigefügten Anlage werden dann die Teile aufgeführt, die vom

---
299 Dokumentation des Schlossabrisses, Brandenburgisches Landesamt für Denkmalpflege, Messbildarchiv.
300 BArch, DH 1, Nr. 39075, Schreiben vom 2. September 1950.
301 BArch, DH 1, Nr. 39075, Schreiben vom 13. September 1950.

Schlüterbau und dem Eosanderflügel vorrangig gerettet werden sollten. Aus dem Schlüterbau sollten ausgebaut werden:
1. Ostflügel – die figürliche Dekoration des Treppenhauses, im Wesentlichen vier Giganten, eine Stuckdecke und geringe Details;
2. Südflügel innen – Stuckplastik des Elisabethsaales, Herausnahme der Stuckreliefs der Marmortreppe;
3. Nordflügel innen – Restskulpturen des ehemaligen Rittersaales und nur die wertvollen Teile der Innendekoration.

Aus dem Eosanderflügel sollten gesichert werden:
1. Erdgeschoss/Südflügel an der Nordseite;
2. Stuckornamente von Schinkel;
3. Reliefs im Parolesaal von Schadow;
4. Westflügel – eine Kaminverkleidung mit Aufsatz (ital., Ende 17. Jh.), ein Deckenbild (vermutlich ital., 18. Jh.);
5. Eosandertreppe: Reliefs und Muster der Kapitelle.[302]

In den weiteren Jahren finden sich in den Archiven Schreiben verschiedenster Art, die sich mit den Resten des Stadtschlosses beschäftigen. So wurden die schmiedeeisernen Tore des Stadtschlosses auf dem Lagerplatz des VEB Tiefbau in Berlin-Heinersdorf aufbewahrt. Der Schrottbeauftragte des Stadtbezirks Pankow schrieb darüber eine Schrotterklärung aus. Dagegen erhob das Referat Denkmalschutz des Magistrats Einspruch, mit der Begründung, dass es sich hierbei um handwerkliche Schmiedearbeiten aus dem 18. Jahrhundert handelt. Aus diesem Grunde sollte diese Erklärung zurückgenommen werden. Der Stadtbezirk wollte dies aber nicht gelten lassen, weil das Schrottsoll erfüllt werden musste. „Das hohe Schrottaufkommen zwingt uns ernstlich Überlegungen anzustellen, inwieweit die Möglichkeit besteht, nachdem Skizzen (Fotoaufnahmen) von den Toren angefertigt wurden, sie doch noch dem Schrott zuzuführen, falls nicht in absehbarer Zeit die Absicht besteht, sie irgendwo zweckentsprechend zu verwenden."[303] Es ist zu vermuten, dass eine Verschrottung dann doch erfolgte.

Der Zustand der gelagerten Architekturteile ist schon seit 1953 als bedenklich einzustufen. Ein „Gutachten über die Lagerung der aus dem Abbruch des Berliner Stadtschlosses geretteten, wissenschaftlich und künstlerisch wertvollen Materialien bis zu ihrer Wiederverwendung an einem repräsentativen Neubau" führt uns die Situation sehr deutlich vor Augen. Der VEB Tiefbau nutzte teilweise die Schuppen für die Lagerung seiner Gerätschaften. Dadurch traten mechanische Beschädigungen auf. Außerdem trocknete der Betrieb in diesem Schuppen große Zeltbahnen. Deren Feuchtigkeitsaustrag war für den Erhalt der Teile nicht förderlich.

Da der Abtransport der Teile vom Schlossgelände schnell realisiert werden musste, und dadurch, dass kein ausreichendes Lagermaterial (Hölzer und Dachpappe) zur Verfügung gestellt werden konnte, sind viele Teile des Außenlagers nicht sachgemäß abgelegt worden. Auch die Nummerierung der Teile war oft kaum noch zu erkennen. Damit war es schwierig, die Stücke zuzuordnen. Das Freilager machte nach dem Gutachten einen ungünstigen Eindruck.[304]

---

302 BArch, DH 1, Nr. 39075, Schreiben (Anlage) vom 13. September 1950.
303 LDA – Archiv, Akte „Berliner Schloss", Schreiben vom 14. August 1953.
304 LDA – Archiv, Akte „Berliner Schloss", Gutachten vom 15. November 1953.

Zu dieser Zeit entstand der Vorschlag, die Garnisonkirche als „lapidarium" der Schlüter'schen Arbeiten herzurichten. Für das gesamte Projekt (Enttrümmerung der Garnisonkirche, Errichtung eines Notdaches sowie Sicherungsmaßnahmen, Transport der Stücke von Berlin-Heinersdorf zur Garnisonkirche und Aufstellen der Teile) wurden 250 000,– DM Gesamtkosten veranschlagt.[305] Diese Idee wurde nicht weiter verfolgt.

Am 23. Dezember 1953 übergab die Deutsche Bauakademie – Forschungsinstitut für Theorie und Geschichte der Baukunst – dem Magistrat von Groß-Berlin das Lager mit den Architekturteilen des Berliner Stadtschlosses in Heinersdorf. Weiterhin wurden ein Register des Lagers in einfacher und vollständiger Ausfertigung sowie ein Gutachten von Dr. Müther vom 15. November 1953 über den Zustand der Schlossteile ausgehändigt.

Im September 1955 fand eine Besichtigung der ausgebauten Architektur-Details des Berliner Schlosses auf dem Lagerplatz des VEB Tiefbau in Heinersdorf statt. Über deren Zustand wird ausgeführt:

„Die Objekte zerfallen in zwei Gruppen:
1. Architektur-Details: Aediculen, Gesimse und dergleichen, aus denen sich die Fassaden rekonstruieren lassen. Diese Stücke, als Muster gedacht, lagern im Freien. Von übermannshohem Unkraut überwuchert, sind sie faktisch unsichtbar; über ihren Zustand kann nur Schlechtes gemutmaßt werden.
2. Skulpturale Details, die als wiederverwendbares Kunstgut Bedeutung haben. Hier gibt es Stücke, die unmittelbar oder mittelbar auf Schlüter zurückgehen. Diese Dinge sind in einem Schuppen gelagert, wo sie offenbar schlecht untergebracht sind: Umlagerung und Zusammenbringung mit anderem Lagergut haben wahrscheinlich schädigend gewirkt, jedenfalls ist eine klare Orientierung unmöglich.

In diesem Schuppen lagern auch Gipsabgüsse (Gigantentreppe und Elisabethsaal) die zwar gefährdet, aber voll verwendungsfähig sind. [...] Außerhalb aller Zuständigkeitsfragen ergibt sich die dringende Notwendigkeit, wenigstens die wertvollsten Stücke vor weiterem Verfall zu bewahren. Dies betrifft vor allem die beiden als Pendants zusammengehörigen Reliefs vom Portal V (Schlüter-Originale). Doch auch andere Stücke, z. B. sechs Monumentalfiguren vom Portal VI, wären hier zu nennen."[306]

Ein bedrückendes Bild wurde am 4. November 1957 von der Hauptreferentin für Denkmalpflege in Berlin, Waltraud Volk, gezeichnet:

„Bei unserem jetzigen Besuch mußten wir feststellen, daß die Lagerhalle, in der sich die wertvollsten Figuren befanden, fast vollständig ausgeräumt worden ist. Die Figuren sind unsachgemäß auf sumpfiges Freigelände geschleppt worden. Durch den gewaltsamen Transport, die Figuren haben ein Gewicht bis zu 2 t, sind sehr schwere Beschädigungen eingetreten. Ein Teil der Köpfe ist gewaltsam abgeschlagen worden, die vorstehenden Sandsteinteile, wie Gewandfalten, Arme, Füße, sind abgeschlagen, die Holzverkleidungen von Kapitellen, sehr eindrucksvollen Stücken, sind gewaltsam abgerissen worden."[307] Auf diesem Lagerplatz Heinersdorf lagerten rund 2000 Einzelteile des Stadtschlosses. Die Skulpturensammlung der Staatlichen Museen erklärte sich bereit, die wertvollen Stücke Schlüters, sämtliche Gipsabgüsse und Gipsreliefs sowie zwei Sandsteinreliefs von Schlüter, zu übernehmen. Auch der wissenschaftliche Direktor des Märkischen Museums zeigte

---

305 LDA – Archiv, Akte „Berliner Schloss", Schreiben vom 1. April 1955.
306 LDA – Archiv, Akte „Berliner Schloss", Schreiben vom September 1950.
307 LDA – Archiv, Akte „Berliner Schloss", Vermerk vom 11. November 1957.
307 ebd.

seine Bereitschaft, sechs weitere Monumentalplastiken und eine größere Anzahl von Architekturteilen in den Museumsbestand einzugliedern.

„Wir müssen uns klar darüber sein, daß, wenn diese Aufstellung in der gemeinsam mit Herrn Dr. Brockdorff vom Märkischen Museum vereinbarten Form geschehen soll, es eine durchaus positive politische Leistung sein wird. Der Bevölkerung wird damit die Gelegenheit gegeben, die besten Arbeiten Berliner Bildhauer des Barocks zu besichtigen. Gleichzeitig hat sie die Möglichkeit, die von der westlichen Presse verbreiteten Hetzparolen über den radikalen Abriß des Berliner Schlosses zu revidieren und sich zu überzeugen, mit welcher Sorgfalt das wertvolle Kunstgut sichergestellt worden ist."[308]

Hermann Henselmann teilte damals die Einlassungen des Gutachters und bemerkt, dass die Art und Weise der Lagerung in Berlin-Heinersdorf zu ernsten Besorgnissen Anlass gibt.[309]

Ein weiterer Bericht aus demselben Jahr stellte fest:

„Die Sandsteinteile sind hoch mit Unkraut überwuchert, so dass sie kaum noch sichtbar sind. Sie sind tief im Boden versunken. Die ehemals vor dem Lagerschuppen liegenden Teile des Schloss-Portales und anderer Eisengitter sind auf die Steine gelegt worden, und zwar so, dass sich in ihnen das Wasser sammelt und die Gitter durchrosten."[310] Der Lagerschuppen ist in einen schlechten Zustand. Die Bestände haben sich stark gelichtet. Der Boden ist mit Brocken von zerschlagenem Sandstein übersät. „Die wertvollen Skulpturen, z. T. von Andreas Schlüter, sind zum Teil schwer beschädigt, Köpfe von wertvollen Reliefs und Sockel von den Figuren vom Schlüterhof sind abgeschlagen. Zwischen die Figuren sind Möbel gestellt, im Gipsraum sind die Kisten aufeinandergestellt, die wertvollen Gipsabgüsse beschädigt und achtlos zwischen die Sandsteinteile geworfen."[311]

Strauss, als verantwortlicher Leiter des Aktivs, unternahm nichts dagegen, obwohl er immer noch verantwortlich war. Die Denkmalpflege wusste nichts von ihrer Zuständigkeit. Gegen die Vorstellungen des Direktors des Märkischen Museums, einige Schlüterfiguren und Architekturteile zu übernehmen, wurde von politischer Seite widersprochen. Verantwortliche Mitarbeiter des Magistrats meinten:

„Eine Aufstellung der wertvollen Schlossteile in einem Museum ist bereits eine politische Angelegenheit."[312] Hier wird wieder die eigentliche politische Auffassung sichtbar, das Schloss mit der neuen Geschichtsauffassung der DDR als unvereinbar anzusehen und es still verschwinden zu lassen.

Ein Übernahmevertrag zwischen dem Magistrat von Groß-Berlin, Abteilung Kultur, HR Denkmalpflege und dem Märkischem Museum vom 15. Dezember 1957 besagte, dass das Museum Plastiken, Architekturteile und Gipse von ausgebauten Teilen des ehemaligen Berliner Schlosses erhalten sollte. Laut dem Protokoll erhielt das Märkische Museum: fünf Figuren (Schlüter) vom Schlüterportal, Portal VI., eine Figur (19. Jh) vom Schlüterportal (Portal VI), sechs barocke Figuren vom Schlüterhof (Portal I und V), eine Portalbekrönung (ca. 12 Teile) mit Posaunenengeln vom Eosanderhof (Portal II), eine Portaleinfassung mit Kariatyden (ca. 12 Teile) vom östlichen Lustgartenportal (Portal V), zwei Reliefs (Schlüter) vom östlichen Lustgartenportal (Portal V), ein Adlerkapitell vom westlichen Portal am

---

308 ebd.
309 LDA – Archiv, Akte „Berliner Schloss", Schreiben vom 1. April 1955.
310 LDA – Archiv, Akte „Berliner Schloss", Aktenvermerk vom 1. Juli 1957.
311 ebd.
312 LDA – Archiv, Akte „Berliner Schloss", Vermerk vom 11. November 1957.

Schlossplatz (Portal II), mehrere Stücke dekorativer Architekturplastik, ein Gipsrelief (2 Teile) von der Elisabeth-Treppe (Portal I), vier Gipsabgüsse der Giganten von der Schlüter-Treppe (Portal VI) und zwölf Gipsabgüsse der Atlanten aus dem Elisabeth-Saal.[313] Die Denkmalpflege beschwert sich am 8. April 1960 mit anklagenden Worten:

„Eine Besichtigung des Lagerplatzes Heinersdorf, die gestern stattfand, ergab, daß in der Zwischenzeit die empfindlichen Gipsabgüsse und wertvollen Steinteile, u. a. auch die vom Eosanderportal, die sich bisher noch im Schuppen befanden, völlig zerschlagen und zerstört sind. [...] Die Gipse sind völlig unbrauchbar geworden. Die Kisten, in denen sich die Formteile befinden, sind geworfen worden, so daß auch diese unbrauchbar geworden sind. Eine Umlagerung war bisher von uns aus nicht möglich, ..."[314]

In einer Einschätzung des Stadtbauamtes, Abt. Denkmalpflege, vom 4. Dezember 1959 heißt es:

„Ausgebaute Teile historischer Bauten in Berlin und die Möglichkeiten ihrer Wiederverwendung." Es werden unter Punkt 1 die Portale des ehemaligen Berliner Schlosses auf ihre Nutzung analysiert. Betrachtet werden das Eosanderportal (Portal III), Schlüter-Portal, das Westportal (Portal IV) und das Ostportal (Portal V) an der Lustgartenfront.

„Das westliche Portal auf der Lustgarten-Seite (Portal IV) wurde mit sämtlichen Plattenverkleidungen vollständig geborgen. Es handelt sich dabei um den Gebäudeteil, in dem sich der Balkon befand, von welchem Karl Liebknecht gesprochen hat. Da dieses Portal aus diesem Grund zum Wiederaufbau vorgesehen wurde, ist es insgesamt mit der Plattenverkleidung ausgebaut worden. Das Balkongitter ist ebenfalls noch vorhanden."[315]

Hieraus läßt sich rückblickend ableiten, dass beim Ausbau der Architekturteile des Schlosses politische Gründe bei der Sorgfalt des Vorgehens darüber bestimmten, welche Teile vollständig und welche nur als Beleg ausgebaut wurden. Für die DDR-Machthaber war es wohl wichtiger, ein Portal mit der Begründung auszubauen, dass von ihm aus Karl Liebknecht gesprochen hatte, als ein Portal, das durch Andreas Schlüter geschaffen wurde.

So wird das Portal IV zur Wiederverwendung vorgeschlagen. „Als geschlossener Bau-Komplex ist lediglich das Liebknecht-Portal in einen geeigneten Bau (am besten sachlicher Neubau) an einer exponierten Stelle einzubauen. Abgesehen von dem rein künstlerischen Wert entsteht dadurch eine neue wichtige Gedenkstätte der Arbeiterbewegung.

Beim Eosanderportal empfiehlt es sich, weder künstlerisch noch ideologisch den gesamten Komplex aufzubauen, da die künstlerische Qualität, die Kosten der Wiederherstellung (die sehr hoch sein werden, da das gesamte Portal außer den wenigen Musterstücken nachgearbeitet werden müßte) nicht zu rechtfertigen sind. Lediglich die Portal-Bekrönung der posaunenblasenden Engel sollte man zusammen mit den beiden übrigen unter d.) behandelten Bekrönungen in den Hof des neuen Marstalls einbauen, der in den Maßen wie in den Formen dem Berliner Schloss entspricht. Die Karyatiden von Portal V könnten ebenfalls dort untergebracht werden."[316]

Das Portal IV erlebte wirklich seine Wiederauferstehung. Im neuen Staatsratsgebäude, das zwischen 1962 und 1964 errichtet worden war, fand es schließlich, mit Veränderungen, seinen zentralen Platz. Die Insignien Preußens, die Adler, waren aus der Kartusche an der

---

313 Landesgeschichtliche Vereinigung für die Mark Brandenburg e. V., Archiv, NL B 35.
314 LDA – Archiv, Akte „Berliner Schloss", Schreiben vom 8. April 1960.
315 LDA – Archiv, Akte „Berliner Schloss", Einschätzung vom 4. Dezember 1959.
316 ebd.

Portal I nach der Sprengung

Balustrade und unter dem Balkon entfernt worden. In die leere Fläche der Kartusche meißelte man statt dessen die Jahreszahlen 1713–1963 ein und stellte damit einen merkwürdigen Bezug zur Geschichte Preußens her. Man könnte fast glauben, die DDR sei schon 1713 gegründet worden. Der Zustand des Lagerplatzes in Heinersdorf wird bis 1965 dokumentiert. Danach fehlen jegliche Berichte.

6. Planungen für die Umgestaltung der Mitte Berlins seit 1951

Zu den Raumplanungen für den Marx-Engels-Platz heißt es:
„Bei der Neugestaltung des Marx-Engels-Platzes als den Mittelpunkt von Groß-Berlin ist der Platz als politisches Zentrum, als Hauptdemonstrationsplatz, zu gestalten. Der Platz muss in erster Linie den flüssigen Ablauf von Demonstrationszügen gewährleisten. [...] Die Lage der Tribüne muss so gewählt werden, dass trotz der Forderung nach einer möglichst gradlinigen Führung der Demonstrationszüge diese beim Anmarsch trotzdem in möglichst großer Länge, d. h. über die ganze Strasse Unter den Linden hin, von der Tribüne aus übersehbar sind."[317] An die Gestaltung des Mittelpunktes von Gross-Berlin sind folgende Forderungen zu stellen:
„Unter Berücksichtigung der historischen Überlieferungen ist hier ein Platz zu schaffen, der seiner Bedeutung entsprechend würdig gestaltet werden muss, d. h. er darf keiner eigentlichen Nutzung – baulicher oder verkehrlicher – zugeführt werden. Insbesondere darf er keinesfalls – auch nicht in Ausnahmefällen – als Parkfläche Verwendung finden. Dagegen wird es notwendig sein, den Platz so zu gestalten, dass an großen nationalen Feiertagen hier Demonstrationen, festliche Tänze oder andere Zeremonien stattfinden können. [...] Insbesondere wäre es verfehlt, ‚Tribünen' zu konstruieren, die das ganze Jahr, d. h. 360 Tage, öde und verlassen daliegen und im Rahmen der Gesamtanlage nur dann ein harmonisches Gesamtbild abgeben, wenn die Anlage von Menschen gefüllt ist."[318]
Natürlich blieb es bei der Absicht. Die riesige Freifläche wurde weitgehend als Parkplatz genutzt. Nach dem Bau des Palastes der Republik, 1976, wurde der Raum weiterhin als Park- und Demonstrationsplatz sowie für Feierlichkeiten genutzt.
Der städtebauliche Wettbewerb von 1951 zur Gestaltung des Platzes schrieb vor, ein Marx-Engels-Denkmal zu errichten. „Das Denkmal für die grossen Genies der Menschheit auf dem zentralen Platz der Hauptstadt Deutschlands, Berlin, soll zum Ausdruck bringen, dass das deutsche Volk gewillt ist, mit einer Vergangenheit, in der es selbst und andere Völker so oft ins Unglück gestützt wurden, für alle Zeiten zu brechen. Mit der fortschrittlichen Gesellschaftsordnung in einem Teil Deutschlands in der Deutschen Demokratischen Republik ist die Grundlage geschaffen worden, die Lehre von Marx und Engels, die den Weg zu einem Leben in Freiheit, Frieden, Glück und Wohlstand der Völker aufzeigt, zum Eigentum des ganzen deutschen Volkes zu machen. Die Lehre von Marx und Engels und ihrer grossen Fortsetzer Lenin und Stalin ist die schärfste Waffe im Kampf für ein friedliebendes, demokratisches und einheitliches Deutschland."[319]
Als Standort des Denkmals war die Mitte der Tribüne am Westufer der Spree vorgesehen. Links und rechts davon sollten dann die Tribünen für Gäste und Delegationen angelegt werden. Hinter dem Denkmal, auf der anderen Seite der Spree, sollte ein Hochhaus-

---
317 BArch, DH 2, DBA A/2, Bl. 1.
318 ebd., Bl. 4.
319 BArch, DH 2, DBA A/14, Bl. 1.

komplex, als „architektonischer Höhepunkt" des Marx-Engels-Platzes und als Dominante im Berliner Stadtbild, entstehen.[320] Darüber hinaus war geplant, südlich des Platzes, etwa dort wo heute das Staatsratsgebäude steht, die neue Staatsoper zu errichten. Wörtlich heißt es zur Struktur des Platzes:

„Eine kritische Analyse der bisherigen Lösungen des Zentralen Platzes auf dem ehemaligen Gelände des Schlosses mit der Führung der Zentralen Achse Unter den Linden – Marx-Engels-Platz – Rathausstraße hat folgendes ergeben:

1. Die den Platz umsäumenden Gebäude, die zum Teil bestehen und zum Teil als Neubauten zu errichten wären, bilden eine städtebauliche Zufälligkeit und machen daher eine befriedigende Ensemblebildung unmöglich. Hinzu kommt, daß die architektonisch wertvollen Gebäude, wie das Zeughaus und das Schinkelsche Museum, einen ziemlich unbedeutenden Platz in dem Gesamtensemble einnehmen, während die wenig wertvollen Gebäude, wie der Dom, der Marstall und die Schinkelsche Bauakademie die Architektur des Platzes wesentlich stärker mitbestimmen. [...]

2. Das Zentrale Hochhaus, als Hauptdominante des Platzes, liegt nicht am Platz selbst, sondern jenseits der Spree. Die Tribüne in der Sichtachse der Straße Unter den Linden schneidet einmal den Fluß noch mehr vom Platz ab und ist nur schwer in eine logische Verbindung mit dem Zentralen Hochhaus zu bringen."[321]

Auf der Kulturkonferenz der Gesellschaft für Deutsch-Sowjetische Freundschaft, die vom 2. bis 4. November 1951 in Berlin mit dem Titel: „Das Große Vorbild der Sowjetunion und der sozialistische Realismus in der Architektur und in der Malerei" stattfand, äußerte sich Kurt Liebknecht:

„Zum ersten Mal in der Geschichte der menschlichen Gesellschaft konnte sich die Architektur in der Sowjetunion frei entfalten ohne Beschränkung einer in Klassen aufgeteilten Gesellschaft der früheren Zeit. [...] Es ist verständlich, daß gerade die Architektur, die mit ihren Bauwerken, Straßen und Plätzen schmückt, in hervorragendem Maße geeignet ist, die großartigen Ideen, die durch die Große Sozialistische Oktoberrevolution ausgelöst wurden, zu verkörpern. Zeugnisse dieser neuen sowjetischen Architektur sind Ihnen allen bekannt durch die einzigartigen Bauten der Metro, durch die neuen Hochhäuser in Moskau und viele Wohn- und öffentliche Bauten."[322]

Diese Aussage belegt erneut den Einfluß der sowjetischen Architekturvorstellungen auf die Entwicklung der Stadtplanung in Berlin. „Wie auf allen Gebieten der Kunst wurde der sozialistische Realismus, der die Widerspiegelung der sozialistischen Wirklichkeit darstellt, Grundlage der Entwicklung auch der sowjetischen Architektur."[323] Eine der wichtigsten Aufgaben der Abteilung Propaganda des ZK der SED war im ersten Halbjahr 1952 die Auswertung und die Popularisierung der zentralen Ausstellung „Die Großbauten des Kommunismus".[324]

Den zunehmenden Einfluss der politisch-gesellschaftlichen Umgestaltung der DDR auf deren städtebaulichen Entwicklung dokumentiert ein Bericht der Deutschen Bauakademie aus dem Jahre 1953:

---

[320] ebd., Bl. 2.
[321] ebd., Bl. 15 f.
[322] Kurt Liebknecht: Das große Vorbild und der sozialistische Realismus in der Architektur und in der Malerei, Berlin 1952, S. 5 ff.
[323] ebd., S. 5.
[324] SAPMO-BArch, SED, J II 2/3/254 – Protokoll 125 vom 13. Dezember 1952 der Sitzung des ZK der SED.

„Anläßlich des Todes des großen und weisen Führers der Sowjetunion, des unsterblichen Baumeisters der kommunistischen Gesellschaft und besten Freundes des deutschen Volkes, Joseph Wissarionowitsch Stalin, trat das Plenum der Deutschen Bauakademie zu einer Trauersitzung zusammen und ging zwei Verpflichtungen ein, um die wegweisenden Lehren Stalins für den Aufbau unserer Städte zu vertiefen und anzuwenden.

Danach verpflichtet sich die Deutsche Bauakademie zu Ehren Stalins:
1. zur Veröffentlichung eines Werkes über die genialen Leitsätze Stalins für die Entwicklung der sowjetischen Architektur, insbesondere bei der Aufstellung des Generalplanes für die Rekonstruktion von Moskau und bei der Durchführung der Großbauten des Kommunismus;
2. nach dem Beispiel des Stalinschen Generalplanes für die Rekonstruktion Moskaus die Initiative zu ergreifen für die Ausarbeitung des Generalplanes für Berlin."[325]

Für die städtebauliche Planung in der DDR galt damit das sowjetische Modell als wegweisend. Eine auf dem Bisherigen aufbauende deutsche Tradition wurde nicht gewünscht. Die DDR sollte städtebaulich den Vorgaben der Sowjetunion entsprechen. Dies bedeutete die totale Abkehr von allen westlichen Architekturtraditionen.

Im Februar 1954 wurden Pläne und Modellfotos für die Bebauung des Marx-Engels-Platzes Ministerpräsident Otto Grotewohl übergeben. Die Unterlagen beinhalteten einen Übersichtsplan über den Wiederaufbau des Zentrums, einen Plan des Marx-Engels-Platzes mit dem Hochhaus auf der Ostseite der Spree und einen Vorschlag mit dem Hochhaus auf dem ehemaligen Schlossgelände.[326]

Auf der Sitzung des Politbüros des ZK der SED vom 9. September 1958 wurde ein Wettbewerb für den Aufbau des Stadtzentrums Berlin und den Bauabschnitt „Fortsetzung Stalinallee" beschlossen. Hierzu wurde ein „Städtebau-Ideenwettbewerb zur sozialistischen Umgestaltung des Stadtzentrums der Hauptstadt der DDR, Berlins", ausgeschrieben.[327] Insgesamt 57 Entwürfe wurden eingereicht. Dabei mussten alle Entwürfe die gesellschaftspolitischen Anforderungen an die neue Mitte der Hauptstadt der DDR erfüllen. Für den Marx-Engels-Platz planten die Architekten verschiedene Projekte. Die Modelle lassen sich wie folgt zusammenfassen:
1. Der Platz bleibt bis auf die Tribüne unbebaut.
2. Der Dom und alle anderen alten Bauten bleiben erhalten.
3. Der Dom wird abgebrochen. Sein Platz bleibt unbebaut.
4. Der Dom ist abzubrechen und an seiner Stelle werden alternativ das Marx-Engels-Lenin-Institut, eine Kundgebungshalle mit Tribüne, Ausstellungsgebäude mit Tribüne, Dienstgebäude des Präsidenten der DDR, Denkmal oder eine Ehrenhalle entstehen.
5. Für den Fall des Erhaltes des Doms sollte dieser als Marx-Engels-Haus um- und ausgebaut werden.
6. Die Ehrentribüne wird an die Westseite des Marx-Engels-Platzes verlegt.
7. Die Ehrentribüne entsteht an der Südseite des Platzes.
8. Die Ehrentribüne wird mit dem Denkmal an die Nordwestecke des Platzes verlegt.
9. Der Platz wird zu 30 bis 40 % seiner Fläche mit dem Gebäude der Obersten Volksvertretung überbaut.

---
325 BArch, DH 2, DBA, 04/01/V, Bl. 1 ff.
326 BArch, DH 2, DBA A/2, Bl. 1.
327 SAPMO-BArch, SED, II/07-2/18, Ideenwettbewerb.

10. Der Platz wird an der Ostseite mit dem Gebäude der Obersten Volksvertretung bebaut.
11. Bau eines zentralen Gebäudes „Marx-Engels-Forum" auf dem Platz. Das Forum beinhaltet ein Klubhaus der Gewerkschaften, Marx-Engels-Haus und Ehrentribüne.
12. Völlige Überbauung des Platzes mit einer Plattform, auf der die Standdemonstrationen stattfinden. Darunter befindet sich eine Kundgebungshalle.
13. An der Ostseite entsteht eine breite Freitreppenanlage zur Spree.

Von den historischen Bauten im Süden des Platzes sollte bei den meisten Entwürfen wegen seiner Rolle bei Revolution 1918 nur der Marstall erhalten bleiben. Es gab aber auch Vorschläge, sämtliche historischen Gebäude abzureißen.

Am 19. März 1960 fand eine Aussprache des „Leitkollektivs" mit den Leitern der Arbeitsgruppen über die Gestaltung des Stadtzentrums statt. In der Beratung ging es vor allen Dingen um die Größe des Marx-Engels-Platzes, die Hochhausdominanten und den Abriss der Bauakademie.[328] Paul Verner sagte dabei:

„Der Marx-Engels-Platz könnte noch größer sein, denn Weite ist keine Verkleinerung des Menschen. Vom Standpunkt der menschlichen Entwicklung ist Enge ein Rückschritt." Auf die Stalinallee eingehend sagte er, „wir brauchen eine weiträumige großzügige Stadt entsprechend der Entwicklung der Gesellschaft mit viel Grün und Wasser, denn das alles soll dem Menschen dienen. Nicht die Kirchen allein sollen die Silhouetten bestimmen."[329]

In den Thesen zum städtebaulichen Grundkonzept des Stadtzentrums von Berlin wird zum Platzraum Marx-Engels-Platz folgendes festgestellt. „Der Marx-Engels-Platz liegt an der bedeutendsten Stelle des Stadtzentrums, am Schnittpunkt der Insel-Querachse mit der Längsachse. [...] Der um den Marx-Engels-Platz gelegene Bereich ist der politisch-kulturelle Mittelpunkt der Hauptstadt."[330] An diesem zentralen Platz sollten die wichtigsten gesamtstaatlichen Institutionen untergebracht werden. Weiterhin war beabsichtigt, Monumente, die Marx und Engels ehren, aufstellen zu lassen. Der Platz sollte für Demonstrationen, Feste und Feiern des Volkes genutzt werden. Welche Institutionen sollten dort ihren Platz finden?:

– Ein zentrales Gebäude für die oberste Volksvertretung und den Nationalrat;
– ein Gebäude für den Ministerrat;
– ein Gebäude für den Amtssitz des Präsidenten;
– eine Ehrenhalle für Marx und Engels;
– ein Marx-Engels-Denkmal im Zusammenhang mit den Tribünen;
– das Marx-Engels-Lenin-Institut;
– das Ministerium für Auswärtige Angelegenheiten.[331]

Walter Ulbricht betrachtete die Gestaltung des Berliner Zentrums als eine politische Aufgabe. Im Protokoll der Beratung der „Kommission zum Aufbau des Berliner Stadtzentrums" am 30. April 1960 findet sich dazu folgendes: „Genosse W. Ulbricht gab dabei folgende Orientierung: 1. Schaffung pol.-ideo. Klarheit unter den Architekten: Die aufgetretenen Meinungsverschiedenheiten im Verlauf der Entwurfsarbeit, besonders bezüglich des geforderten Hochhauses als zentrales Gebäude am M-E-Pl. trägt prinzipiellen Charakter. Die Ablehnung des Hochhauses mit den verschiedensten Begründungen [...] hat ihre hauptsächliche Ursache in Unklarheiten über die Rolle und Perspektiven der DDR. Sie

---

328 BArch, DH 2, DBA, A, Nr. 314, Bl. 9ff.
329 ebd.
330 BArch, DH 2, DBA, A, Nr. 305.
331 ebd.

verstehen nicht, daß die DDR die Zukunft ganz Dts. verkörpert, daß wir uns in der Periode des Sieges des Sozialismus befinden und daß es keine Unterordnung gegenüber Westdeutschland geben kann."[332]

---

[332] SAPMO-BArch, SED, NY 4182 (Nachlass Walter Ulbricht), Nr. 1031, Bl. 113 f.

7. Lagerungsorte von Architekturteilen

Trümmerdeponien
Friedrichsfelde
Der Schutt des Schlosses sowie vermutlich eine ganze Anzahl von Architekturteilen liegt unter dem Trümmerberg am Rande des Tierparks Friedrichsfelde. Die in den Medien immer wieder geäußerte Vermutung, daß weitere Teile an verschiedenen Stellen des „Tierparks Friedrichsfelde", wie z. B. im Affenfreigelände (Zahngesims, Fenstereinfassungen, Säulenstücke) aufzufinden seien, ist falsch. Bei den Sandsteinfragmenten im Affengehege handelt es sich um Reste eines Portals eines Eisenbahntunnels.

Berliner Stadtforst
Trümmerberg im Bereich des ehemaligen Kiesabbaus im Stadtforst Berlin, südlich des Müggelsees. Diese Deponie wurde über eine Schiffsentladestation am Seddinsee über eine Lorenbahn beschickt. Die Schlossüberreste verschwanden hier unter Millionen Tonnen Trümmerschutt an unbekannter Stelle. Teile des Schlosses sollen auch in die Kleine Krampe, eine Nebenbucht des Seddinsees, verfüllt worden sein. Hierüber gibt es aber keine Dokumente.

Schmöckwitz
Das Gelände des Besitzers Rotsch in Schmöckwitz am Wasser.[333]

Die Anlage am Seddinsee war bald voll ausgelastet, deshalb bei Rotsch – südöstlich der Seenplatte.[334]

Friedrichshain
Bei der Fertigstellung des Bunkerberges Friedrichshain wurde Trümmerschutt der Schlossplatzfassade als Deckschicht eingebracht. Diese Deponie ist für Suchgrabungen nach Fragmenten besonders aussichtsreich.[335]

Deponie Schwanebeck
Bei den Ausschachtungsarbeiten zum Palast der Republik wurden die Fundamente des Ostflügels dort abgekippt.

Heinersdorf
Der erste Lagerort der vom Wissenschaftlichen Aktiv ausgebauten Architekturteile des Schlosses befand sich auf dem Gelände des VEB Tiefbau in Heinersdorf (Massower Straße 104). Dieser Ort wurde nach 1963 aufgegeben. Das meiste Material wurde damals zum

---

[333] BLA, C Rep. 101, P, 24. Oktober 1950.
[334] BLA, C Rep. 101, P, 22. Dezember 1950 und C Rep. 110, Nr. 912.
[335] BLA, C Rep. 101, P, 4. November 1950.

Auffüllen einer tiefliegenden Wiese verwendet. Es liegt möglicherweise auf dem Gelände eines großen Betonmischwerkes. Bei Ausschachtungsarbeiten für dieses Werk wurde ein korinthisches Kapitell der eingestellten Säulen aus dem Paradegeschoss der Portale des Schlüterbaus aus dem Boden geborgen.

Museale Lagerorte
Märkisches Museum

Einige Wandverkleidungen und Türen kamen Anfang November 1950 ins Museum.[336] Dem Märkischen Museum wurden lt. Übergabe-Inventar 101 Teile aus dem Berliner Stadtschloss übergeben. Die wertvollsten Stücke sind: Tondi „Romulus" und „Numa", um 1700, aus der Werkstatt Schlüters. Die runden Sandsteinreliefs befanden sich auf der Hofseite des Portals V im Paradegeschoss, aber auch Stücke der Innenausstattung, wie z. B. reich geschnitzte Türen der Schlütertreppe und ein Fragment „Bärtiger Männerkopf", der zwischen 1698 und 1706 entstand, sind erhalten geblieben. Der Entwurf stammte von Schlüter. Giovanni Simonetti (1652–1716) führte diesen dann aus.

Des Weiteren konnte ein Fragment einer überlebensgroßen Atlantenfigur von der westlichen Schmalseite über dem Portal I (Elisabeth-Saal), die noch vor A. Schlüter entstand, gesichert werden. Wandpaneele, Wandschmuck, Supraporten, drei hölzerne Trophäen und drei Reliefs zur Verherrlichung der Taten des Großen Kurfürsten von der Marmortreppe sind gerade wieder im Museum entdeckt worden. Die 1685 geschaffene „Allegorie auf die Taten des Großen Kurfürsten" sind dem Wasser-, Damm- und Brückenbau gewidmet. Drei geschnitzte Türblätter stammen aus der Schlüter'schen Bildhauerschule. Ebenfalls zwei Kaminplatten aus Gusseisen und vier Türen, von denen zwei mit Intarsien verziert sind, gilt es herauszuheben.

Im angrenzenden Köllnischen Park befindet sich das Oberteil eines Kompositkapitells aus Sandstein vom Portal III (Eosander-Portal) und ein Sandsteinrelief des 16. Jh. mit Fischweibchen, das sich ehemals am Renaissance-Kernbau befand.[337]

Bode-Museum

Skulpturen der griechischen Mythologie von den Säulenpodesten des Schlüterhofes. Von der Gigantentreppe mehrere Hermen als Gipsabguss, z. T. defekt, im Gipsmagazin. Dort auch eine kleine Originalstuckdecke der Gigantentreppe vom Treppenlauf. Einige Adler, Gebälksteine und Kapitelle. Ebenso Reliefabgüsse von den Seitenrisaliten des Schlüter-Hofes.[338] Weitere Architekturfragmente der Fassaden, Wandverkleidungen und Türen aus dem Schloss.[339] Torsi von Balustradenfiguren aus der Schlüterzeit. Sie wurden schon 1817 wegen ihrer Witterungsschäden abgenommen. Sie lagerten früher im Hofbaudepot und kamen 1929 in die Skulpturensammlung.[340] Lünetten Fortitudo und Justitia vom Erdgeschoss Portal V.

---

336 BLA, C Rep. 110, Nr. 425, Schreiben vom 9. November 1950 (Kostenvoranschlag).
337 Georg Dehio: Handbuch der Deutschen Kunstdenkmäler – Berlin, Berlin 1994, S. 162 f.
338 Landesgeschichtliche Vereinigung für die Mark Brandenburg e. V., Archiv, NL B 35.
339 ebd.
340 Albert Geyer: Geschichte des Schlosses zu Berlin, Zweiter Band – Vom Königsschloß zum Schloss des Kaisers (1698–1918), Berlin 1993, Bildteil, S. 104.

Schloss Friedrichsfelde
Spiegelumrahmungen aus dem Berliner Stadtschloss.

Zeughaus
Sieben Atlanten von den Wänden des Elisabeth-Saals. Gipsabgüsse z. T. ohne Gliedmaßen.[341] Genien zweier Portalbekrönungen des großen Schlosshofs.

Lagerplatz der Familie Frank-Holzbau
Diese Firma erhielt Wandverkleidungen und Türen.[342] Auf dem Werkplatz der Steinmetze in Lichtenberg wurden u. a. Treppenstufen aus Carrara-Marmor gelagert. Sie stammten aus dem Südflügel des Schlüterbaus.[343] Dieser Lagerplatz muss noch ermittelt werden.

Klosterkirche
Seitlich an der Klosterkirche ein vollständiges Kapitell der Kolossalsäulen vom Portal III (Eosander-Portal).[344] Ebenso ein Oberteil eines solchen Kapitells.

Pergamonmuseum
Bronzenes Kapitell der Adlersäule auf einem Podest im Ehrenhof.[345]

Neues Palais in Potsdam
Planarchiv der ehemaligen Schlösserdirektion im Neuen Palais. Statuen der Egger'schen Kurfürsten aus der Weißen Saal-Treppe bzw. dem Weißen Saal, im Marmorsaal des Neuen Palais. Große Mengen an Inventar, wie Gemälde, Möbel und Porzellane. In Charlottenburg Architekturfragmente, insbesondere Flügelteile von Adlern aus dem Mezzanin des Schlosses.[346]

Marmorpalais in Potsdam
Im Marmorpalais in Potsdam befinden sich fünf Marmorreliefs – „Omphale", „Erator", „Ajax", „Apollo" und „Victoria" – von Johann Christian Unger (1791) und die Flügeltür aus Mahagoni nach dem Entwurf von Friedrich Wilhelm von Erdmannsdorff (1787/88) aus dem Eckkabinett der Königskammer Friedrich Wilhelm II.[347] Aus der gleichen Kammer stammen zwei Guéridons aus Mahagoni mit Glasbehang (um 1790) sowie ein vergoldeter Thronsessel.[348] Weiterhin befindet sich im Marmorpalais eine ganze Anzahl wertvoller Möbel aus den Königskammern, wie z. B. Konsoltisch aus Palisander, Standuhr, Armlehnstuhl, Kommode. Weiteres Mobiliar gehörte früher zur Wohnung der Königin Friederike Luise.[349]

---

341 Georg Dehio: Handbuch der Deutschen Kunstdenkmäler – Berlin, Berlin 1994, S. 79.
342 BLA, C Rep. 110, Nr. 425, Schreiben vom 9. November 1950 (Kostenvoranschlag).
343 ebd.
344 Georg Dehio: Handbuch der Deutschen Kunstdenkmäler – Berlin, Berlin 1994, S. 56.
345 Volker Kästner: Vom Schloss ins Museum – Eine Spolie vom Berliner Schloss im Hof des Pergamonmuseums, in: Nachrichten für Freunde der Antike auf der Museumsinsel Berlin, Nr. 9, November 1999, S. 14 f.
346 Übergabeprotokoll des „Wissenschaftlichen Aktivs", Anfang 1951, in: Dokumentation des Schlossabrisses, Brandenburgisches Landesamt für Denkmalpflege, Meßbildarchiv.
347 Das Marmorpalais, Amtlicher Führer, Berlin 1998, S. 9.
348 ebd., S. 11.
349 ebd., S. 28.

Lagerplatz Ahrensfelde
Portal V, Hermen Frühling und Sommer, nicht ganz vollständig (es fehlen Arme sowie Teile des Rankenwerkes). Fama und Genius von der Portalbekrönung, ohne Flügel. Dort findet man auch Fensterbögen aus dem zweiten Stock des Portals V.
Diverse Säulen der Bogenstellung im Erdgeschoss. Balkonplatte mit Rosette auf der Unterseite vom Mittelrisalit (Schlüterhof). Mehrere Kapitele sowie Bossen.[350] Außerdem sollen in einem Schuppen noch Kaminplatten verschiedener Schloss-Kamine lagern.

Gründerzeitmuseum Mahlsdorf
Flügel, Fenstergewände, Säulenbasen und andere Bruchstücke im Park des Museums.[351]

Kunstgewerbemuseum
Eosanderbuffet aus dem Rittersaal. Wertvolle Möbel und Silber.[352]

Firma Stuck- und Naturstein (STUNA)
Zwei Köpfe der Genien aus dem Mezzanin von Portal V (Im Besitz des früheren Werkstättenleiters Jürgen Klimes).

Ofenmuseum Velten
Das Ofenmuseum erhielt eine größere Anzahl älterer Kacheln.[353] Es konnte noch nicht die Anzahl der Kacheln ermittelt werden.

Ehem. Staatsratsgebäude
Einbau des Portal IV. Es fehlen die preußischen Wappenkartuschen unter dem Balkon des zweiten Stockwerkes sowie in der Portalbekrönung.

Kleist-Park
Von der Lustgartenterrasse existieren die beiden Rossebändiger vor dem ehemaligen Reichskammergericht im Kleist-Park.[354]

Marktkirche Wiesbaden
Einer der Oranienfürsten, nämlich Wilhelm der Schweiger, steht als Zweitguss vor der Marktkirche in Wiesbaden.[355]

Überdies hinaus befinden sich beidseitig behauene Steine aus dem Renaissance-Schloss, die von Schlüter umgedreht und neu behauen eingebaut wurden, in der Nicolai-Kirche, in der Feldsteinmauer am märkischen Museum sowie im Keller derselben.[356]

---

350 Landesgeschichtliche Vereinigung für die Mark Brandenburg e. V., Archiv, NL B 35.
351 ebd.
352 ebd.
353 ebd.
354 ebd.
355 ebd.
356 ebd.

Vieles von dem, was sorgfältig ausgebaut worden war, wurde später vernichtet, so die große bronzene Adlerkartusche und die Reliefs aus Wilhelminischer Zeit von Portal III, die eingeschmolzen wurden.[357]

Aus der Dokumentation im Messbildarchiv gehen noch weitere Lagerungsorte hervor, wie z. B. die Deutsche Akademie der Wissenschaften und die Kunsthochschule in Berlin-Weißensee.[358] Genaue Überprüfungen können erst nach der Bearbeitung der Dokumentation des „Wissenschaftlichen Aktivs" stattfinden.

Die auf dem Kinderspielplatz im Hinterhof der Wohnanlage Prenzlauer Berg, Kastanienallee Nr. 12 lagernden Architekturfragmente stammen nicht vom Schloss, wie immer wieder in den Medien behauptet wird. Ich erwähne dies hier nur deswegen, um endgültig mit diesem Gerücht aufzuräumen.[359]

---

357 Übergabeprotokoll des „Wissenschaftlichen Aktivs", Anfang 1951, in: Dokumentation des Schlossabrisses, Brandenburgisches Landesamt für Denkmalpflege, Meßbildarchiv.
358 ebd.
359 Foto vom 17. September 1990, ADN/E III b.

Wertvolle Plastiken und Reliefs werden durch Steinmetze entfernt.

Die Widderköpfe befanden sich an der Fensterumrahmung des Dachgeschosses.

8. Schlussbemerkungen

Die vorgelegte Dokumentation zeigt die Hintergründe, die zur Vernichtung des Berliner Stadtschlosses führten. Dieser Vernichtungsakt ordnet sich in ein Gesamtbild der Politik der SED ein. So wie in Berlin wurden auch in anderen Städten und Dörfern bedeutende Kulturwerke vernichtet.

Ein ähnlich verheerender Vorgang ist aus Schwedt an der Oder zu berichten. Der damalige Vorsitzende der SED, Walter Ulbricht, besuchte am 13. Juli 1962 das neu errichtete Chemiewerk. Er äußerte sich beim Anblick der Schwedter Schlossruine: „Worin besteht also die Frage, Genossen? Die Frage besteht doch darin, daß wir in unserer sozialistischen Deutschen Demokratischen Republik außer an unseren Grenzübergängen keine Schlösser brauchen – ja? Und wenn wir schon Mauern benötigen, Genossen, dann keinesfalls Schlossmauern!"[360] Wie zynisch klingen diese Worte unter der Sicht der am 13. August 1961 errichteten Mauer, die die Teilung Deutschlands besiegeln sollte. Der Bauzustand der Ruine erwies sich als gut, so dass eine Restaurierung nach Expertenmeinung möglich gewesen wäre. Das aufgebrachte Dach war die erste Stufe eines solchen Sicherungsvorhabens. Wenig später, im Oktober 1962, beendete die Sprengung dieser wichtigen historischen Kulturstätte jegliche Diskussionen über einen möglichen Aufbau. Schutt und Asche blieben zurück. Heute steht, an Symbolwert nicht zu übertreffen, das 1978 errichtete Kulturhaus. Bis heute ist nicht ganz klar, auf welcher Grundlage der Abriß erfolgte. Vermutlich waren die kommunalen Politiker sehr eifrig, die Äußerung von Walter Ulbricht in die Tat umzusetzen.

Ein weiteres Beispiel in der Folge der Schlossvernichtungen war das Stadtschloss in Potsdam. Anfang 1957 begannen die Planungen für den Neubau der Langen Brücke in Potsdam. Die Stadtschlossruine stand im Weg. Nicht nur baulich, sondern auch in politischer Hinsicht. „Bei einer Besprechung von Denkmalpflegern am 4. März 1957, an der auch der Generaldirektor der Schlösser und Gärten, Prof. Willy Kurth[361], als Hausherr der Stadtschlossruine teilnahm, fragte man den stellvertretenden Leiter des Rates des Bezirkes, Malik, ob die neue Brücke nicht einen anderen Verlauf bekommen könnte. Malik barsch: „Wo die neue Brücke hinkommt, bestimmen wir!"[362] Auf dem 33. Plenum des ZK der SED vom 16. bis 19. Oktober 1957 verkündete Walter Ulbricht die Strategie des Neuaufbaus. Die Städte sollten schnell wieder aufgebaut werden. In den Städten müsse der neue sozialistische Geist spürbar sein. Stark beschädigte Gebäude dürften nur dann wieder hergestellt werden, wenn der Aufbau billiger sei als ein Neubau. Damit wollte man gleich-

---

360 Schwedt. Geschichte und Geschichten zur 725-Jahr-Feier, Schwedt 1990, S. 11.
361 Willy Kurth (1881–1963); nach dem Gymnasium Studium der Kunstgeschichte an der Berliner Universität; 1912 Promotion; 1913–1945 Berliner Kupferstichkabinett; seit 1946 Generaldirektor der Staatlichen Gärten und Schlösser Potsdam-Sanssouci und Professor für Kunstgeschichte an der Humboldt-Universität zu Berlin. Vgl. in: Wer war wer, Berlin 1992, S. 264.
362 Hans Berg: Ulbricht: Weichen auf Abriß der Schlossruine, in: Märkische Allgemeine Zeitung vom 1. Oktober 1996.

zeitig eine Begründung liefern, warum Schlossgebäude in den Städten nicht gesichert und ausgebaut werden können. Das war nur die halbe Wahrheit, aber sie klang für viele Menschen plausibel. Außerdem schwiegen die Verantwortlichen sich über den wahren Erhaltungszustand aus. Eine oft gehörte Meinung der damaligen Tage besagte: „Das Schloss ist doch total zerstört", „Das Geld benötigt man für die vielen fehlenden Wohnungen" oder „Das Geld für einen Wiederaufbau fehlt." Die letztere Position gibt aber nicht an, wie viele Hunderttausende oder Millionen Mark für den Abriss solcher Gebäude nötig waren. Mit diesem Geld wäre eine Sicherung und erste Instandsetzung allemal möglich gewesen. Mit anderen Worten, die politische Führung meinte, dass diese Bauten nicht in eine sozialistische Zukunft gehörten.

Im Bericht des Rates der Stadt Potsdam an die Stadtverordnetenversammlung vom 13. November 1959 über den Aufbauplan der Stadt Potsdam heißt es: „Einst verband sich mit dem alten Potsdam der Gedanke an den reaktionären preussisch-deutschen Militarismus und die Brutstätte von Faschismus und Krieg. Das reaktionäre Preussentum war gehasst von allen fortschrittlichen Kräften unseres Volkes und in der Welt. Heute ist Potsdam eine Stadt des sozialistischen Aufbaus, die Stadt der Lokomotivbauer, der Filmschaffenden, der Hoch- und Fachschulen, der Wissenschaft und Kunst. [...] Unter den neuen Bedingungen der sozialistischen Entwicklung und der Fortsetzung der besten Traditionen wird sich der weitere Aufbau unserer Stadt vollziehen. Der Aufbau unserer Stadt wird die grossen Ideen des Humanismus und des Fortschritts, die in dem von uns übernommenen Kulturerbe zum Ausdruck kommen, einbeziehen. Vor allem aber wird das Neue, das Grosse und damit die Sieghaftigkeit unserer sozialistischen Gesellschaftsordnung in ihm sichtbar verkörpert werden. Wir sind uns alle klar darüber, daß ein solches Vorhaben, das das Antlitz unserer Stadt neu und schöner denn je umgestalten wird, nur verwirklicht werden kann unter den Bedingungen der sozialistischen Gesellschaftsordnung. [...] Die Möglichkeit, die verbliebenen Ruinenreste des ehemaligen Stadtschlosses in den Wiederaufbau einzubeziehen, wurde wiederholt gewissenhaft und eingehend geprüft. Leider lässt der hohe Zerstörungsgrad einen Wiederaufbau nicht zu, da nur noch 15 % der Substanz erhalten sind. [...] Die Ruinenreste müssen vollständig abgerissen werden, wobei die Bergung der kulturhistorisch wertvollen Architekturdetails zu sichern ist. Ein Neuaufbau des Stadtschlosses würde sehr grosse Mittel verschlingen, ohne dass für das kulturelle Leben der Bevölkerung Wesentliches gewonnen werden würde. [...] Die Stadtverordnetenversammlung stimmt deshalb mit nahezu der gesamten Bevölkerung der Stadt Potsdam überein, dass es besser und wichtiger ist, schöne, neue, den kulturellen Interessen der Bevölkerung dienende Bauten zu errichten."[363] Am 18. Dezember 1959 erfolgte die erste Sprengung. Die letzte Detonation der Vernichtung geschah am 28. April 1960. Auch zu jener Zeit wurde die Idee eines großzügigen und weiträumigen Ensembles, als die der sozialistischen Idee adäquate Form der Stadtgestaltung, festgeschrieben. Die Schaffung von Demonstrationsplätzen ist seit den fünfziger Jahre eine verbreitete Gestaltungsvorstellung. Diese Plätze sollten in die Zentren der Stadt integriert werden. Das bedeutete einen ungeheuren Verlust an historischer, noch zu rettender Bausubstanz.

Aber auch einige Architekten und Kunstwissenschaftler machten bei den Abrissplänen mit. So erklärte nach der Wende Kurt Liebknecht in der „Berliner Zeitung" vom 16. Au-

---

363 ABBAW, Bestand Akademieleitung 590, ohne Blattnummerierung – Auszug aus dem Bericht des Rates der Stadt an die Stadtverordnetenversammlung am 13. November 1959 über den Aufbauplan der Stadt Potsdam.

gust 1990 über den Abriss des Berliner Schlosses, dass der Abriss auf die Initiative von Walter Ulbricht betrieben wurde. Ihn hat die SED-Führung „dazu gebracht, beim Abriß mitzumachen, ihm zuzustimmen. Aus heutiger Sicht muß ich sagen, es war ein großer Fehler."[364]

In seiner Autobiographie „Mein bewegtes Leben" äußerte er: „Ich erinnere mich der sowjetischen Praxis, möglichst vieles, was historisch und architektonisch wertvoll war, zu erhalten. [...] Der Beschluß über den Abriß der Ruine gehörte zu den ersten Festlegungen, die die neue Regierung der DDR im Zusammenhang mit dem Aufbau des Zentrums verfügte. In der Mitte der neuen Stadt sollte ein Schloss keine Rolle mehr spielen, zumal dieses Schloss als Symbol reaktionären Preußentums galt. Neben diesem ausschlaggebenden politischen Grund wurde damals auch immer wieder aus architektonischer Sicht ein Einwand gegen das Schloss laut, nämlich der, daß das gewaltige Gebäude den Osten vom Westen der Stadt blockierte. So wird verständlich, warum von den geborgenen Schlossteilen nur das Portal IV vom Lustgartenflügel, das sogenannte Eosanderportal, später im neugeschaffenen Staatsratsgebäude eingebaut wurde. Von diesem Portal aus hatte 1918 mein Onkel Karl die ‚freie sozialistische Republik' proklamiert. Da ich es aus der Sowjetunion gewohnt war, Disziplin zu üben, entsprechend den momentanen Notwendigkeiten und Möglichkeiten zu bauen und dabei meine persönlichen Empfindungen weitgehend zurückzustellen, habe ich die notwendige Einsicht bei solchen Entscheidungen letztlich doch immer gefunden."[365]

Diese Einschätzungen verdeutlichen anschaulich, wie Beschlüsse gefasst und ausgeführt wurden. Widersprüche in politischen Fragen wurden nicht geduldet. Wer sich widersetzte, wurde kaltgestellt. So befleißigte sich die SED-Führung, nur solche Leute in Positionen zu bringen, die deren Linie letztlich durchsetzten. Ein vielfach gehörtes Argument war: „Ich habe dies getan, weil ich noch etwas retten wollte." Es steht die Frage im Raum, ob unter den Machtverhältnissen in der DDR, ein politisch gefasster Beschluss jemals zurückzunehmen war. Dies war wohl eine Illusion.

Auch Dr. Gerhard Strauss, der 1984 verstarb, war ein mit Kompromissen lebender Verantwortungsträger. Nach Überlieferungen ging er zu Walter Ulbricht, um sich für die Rettung des Schlosses einzusetzen. Strauss erwog persönliche Konsequenzen. Das Ergebnis seines Besuches war, dass das Schloss gesprengt und Strauss der Leiter des „Wissenschaftlichen Aktivs" für den Abriss des Berliner Schlosses wurde. Sein Einspruch führte dazu, dass festgelegt wurde, sicherlich auch als Alibi, wertvolle Teile des Baues zu retten. Einen ähnlichen Verlauf nahm der Abriss weiterer historischer Bauten, wie z. B. der Bauakademie. In einem Gespräch mit Günter Feist äußerte Strauss: „Von den Aktivisten der ersten Stunde hat jeder seine Leiche im Keller." Dies scheint ein Eingeständnis seines Fehlers zu sein.[366] Einblicke in die persönlichen Aufzeichnungen wären für diese Positionsbestimmung hilfreich. Ein Dokument von Gerhard Strauss an den Hauptabteilungsleiter Pisternik, Ministerium für Aufbau der DDR, belegt die Vermutung. Strauss schrieb: „Ich bestätige den heutigen Eingang der Dir vom Genossen Dr. Zuckermann übersandten Eingaben von Professor Hamann, Professor Stroux, als Präsident der Deutschen Akademie der Wissenschaften, Professor Friedrich, als Rektor der Humboldt-Universität, Professor

---

364 Berliner Zeitung, 16. August 1990.
365 Kurt Liebknecht: Mein bewegtes Leben, Berlin 1986, S. 116.
366 Günter Feist: Finale Schlossmuseum. Die letzten 33 Jahre des Berliner Stadtschlosses, in: Museum Journal, I, 6. Jg. (1992), Anmerkung 15, S. 17.

Bickerbach, Kommentator Räther betreffend Abbruch der Schlossruine. Hinsichtlich meiner von Dir erbetenen Stellungnahme verweise ich auf meine Eingabe an das Politbüro der Partei vom 12. 8. 50. Die nachträglich und ohne jeden Zusammenhang mit mir von den oben Genannten gegebene Darstellung zur geschichtlichen Rolle und zur kunsthistorischen Bedeutung des ehem. Schlosses stimmen mit meinen Ausführungen überein, die ideologisch allerdings anders argumentieren."[367]

Diese hier vorgelegte nüchterne Dokumentation lässt noch heute Verbitterung und Unverständnis für die nur ideologisch zu begründende Schande der Vernichtung des Berliner Schlosses aufkommen. Das bedeutendste Bauwerk von Andreas Schlüter ist politischen Dogmen der deutsch-kommunistischen Orthodoxie zum Opfer gefallen. Schlüter und sein Werk bestanden seit 1950 jedoch weiter fort, wenn auch nur in Dokumenten und in den Köpfen von Menschen. Dann ging die Geschichte schneller als erwartet über die DDR hinweg, auch über diejenigen, die das Schloss vernichteten. Wie arm an Erinnerungen der Geschichte wären wir heute, wenn überall in der Welt so rücksichtslos mit der Baugeschichte vergangener Epochen umgegangen worden wäre?

Mit der Vernichtung ihrer historischen Gebäude und Stadtstrukturen verschwindet auch das Gedächtnis einer über Hunderte von Jahren gewachsenen Stadt, mit ihren Kunstwerken als Zeugen großer Zeiten vernichtet man auch deren geistige Überlieferung. Das Berliner Schloss baute nicht der Kurfürst, König oder Kaiser, diese gaben nur Inspiration und erteilten den Auftrag. Sein Plan, sein Bau ist hingegen Ausdruck der geistigen Leistung der Bürger ihrer Zeit, des Genius der Künstler des Landes, die Teil des Volkes waren. Steinmetze und Arbeiter errichteten das Gebäude, Steinbildhauer formten den plastischen Schmuck, schufen Stuckaturen, Künstler arbeiteten an Möbeln, Gemälden, Wandteppichen.

Mit der endgültigen Beseitigung des Berliner Schlosses vernichtete das Regime auch die historischen Wurzeln der Bevölkerung in voller Absicht, galt es doch ein von alten Traditionen befreites Menschenbild zu schaffen.

Der Kampf der Kunsthistoriker gegen die Sprengungen, gegen das Regime, legt ein beredtes, wenn auch ohnmächtiges Zeugnis für den unter dem Regime sichtbaren Widerstand gegen die neue Ideologie. Der „Klassenstandpunkt" war das neue Maß der Dinge. Wer sich in den Weg stellte, wurde als Feind der neuen „sozialistischen" Ordnung diffamiert.

Für die Summe von rund 8 Millionen Mark der DDR für den Abriss des Schlosses und die Anlage des Marx-Engels-Platzes mit seiner Tribüne wären eine Substanzsicherung und der Wiederaufbau der wesentlichen Teile möglich gewesen. Die Stadt hätte ihre Seele behalten.

Die These[368], dass die Schlosssprengung nicht ideologisch-zielstrebig inszeniert worden war, ist durch die Dokumente widerlegt. Einzelne Argumente, wie das des Strauß'schen Gutachten, das erst im Oktober 1950 eingereicht wurde, dass der Aufbauminister Dr. Lothar Bolz noch vom Wiederaufbau einiger Teile des Schlosses an anderer Stelle sprach und dass im Ergebnis der Moskaureise eine Bewahrung der historischen Struktur der Städte möglich gewesen wäre, erscheinen in der Konsequenz als nicht haltbar. All das waren Diskussionspunkte, die insbesondere von Walter Ulbricht vom Tisch gewischt wurden. Er

---

367 BArch, DH 1, Nr. 38813, Schreiben vom 21. September 1950.
368 Der Spiegel, Nr. 51, 1992, S. 192–195.

war der Verantwortliche, der die Vernichtung der historischen Strukturen vorantrieb. Alle ordneten sich dieser Position unter. Für Ulbricht war dies politisch und ideologisch notwendig, um nach seiner Anschauung eine neue, sozialistische Gesellschaft errichten zu können.

Wir haben jetzt im neuen Berlin die einmalige Chance, diese Tat rückgängig zu machen und das Schloss in seinen wesentlichen Teilen wieder aufzubauen. Es ist schon eine bittere Ironie der Geschichte, wenn hierzu gerade auch die Arbeiten des Wissenschaftlichen Aktivs wertvolle Grundlagen geschaffen haben. Künftige Generationen werden uns die Wiederherstellung der historischen Mitte Berlins als Gegengewicht zu den großen Quartieren der Moderne danken! Damit wird Berlin wieder als eine Stadt von hohem europäisch-kulturgeschichtlichem Rang erkennbar.

Dokumentation

Magistratsvorlage für die Sicherung- und Instandsetzungsarbeiten vom 15. August 1945 von Prof. Scharoun

Magistrat
Abt. für Bau-u. Wohnungswesen

Magistratsvorlage
=====================================

Der Magistrat wolle beschließen:

Für Sicherungs- und Instandsetzungsarbeiten (Notmaß-
nahmen) am

    Berliner Schloß,

    Schloß Charlottenburg,

    Haus Kamecke, Dorotheenstr. (Schlüterbau) und

    Schloß Grunewald

werden einmalig 71.200,-- RM bewilligt.
Die Kosten werden von der Stadt vorläufig bis zu einer
etwaigen späteren Erstattung durch einen neuen Rechts-
träger verauslagt.

Begründung:

Begründung:

Schloß Berlin.

Die Architektur als solche ist bis auf einige tiefe Einbruchstellen im Eosanderschen Teil im wesentlichen erhalten und kann unter Zuhilfenahme von Zeichnungen und Photographieen archäologisch getreu wiederhergestellt werden. Dies zu tun, dürfte bei der Bedeutung, die dem Schloß als dem hervorragendsten Bau des norddeutschen Barock und einzig erhaltenem Werk Schlüters zukommt, als ein Gebot erscheinen, zumal seine städtebauliche Funktion als Angelpunkt für die Wendung von alten Berlin-Kölln zu den im Westen entstandenen Städten (Friedrich- und Dorotheenstadt) einen künstlerisch prägnanten Ausdruck verlangt.

Vom Innern sind künstlerisch bemerkenswerten Räumen nur der Weiße Saal mit Treppenhaus und die zwischen Querhaus und Schloßplatzflügel gelegene Marmortreppe, sowie der Staatsratssaal von Schinkel (Schloßplatzflügel) nahezu unversehrt geblieben. Außerdem sind der Elisabethsaal (Schloßplatzflügel) und das Schlütersche Treppenhaus soweit erhalten, daß sie von der Raumkunst Schlüters noch eine Vorstellung vermitteln können, falls sie durch Notdächer vor weiterem Verfall geschützt werden, (she. die folgende Aufstellung). Im übrigen muß das Innere des Schlosses als künstlerisches und geschichtliches Dokument als verloren gelten. Obwohl alle Dekorationen bis ins Detail durchphotographiert worden sind, ist eine Nachschaffung natürlich nicht möglich. Eine moderne Ausgestaltung für Museums- und Repräsentationszwecke, welche die wenigen historischen Fragmente einbezieht, sonst aber frei von künstlerischer Scheu ist, würde auch der Vergangenheit des Schlosses am ehesten gerecht werden.

Zur Sicherung der nur teilzerstörten Räume und Dekorationen sind im einzelnen folgende Maßnahmen erforderlich:

1. Im Elisabethsaal sind im Zusammenhang mit der Wandarchitektur die liegenden Männergruppen über den Pilastern bis auf geringe Beschädigungen erhalten. Es sind über das rein Dekorative hinausgehende individuelle bildhauerische Schöpfungen von einer seelischen Ausdruckskraft, die ihresgleichen sucht. Nachdem auch die Erdteile im Rittersaal als verloren gelten müssen, sind es zugleich die einzigen Dekorationen, die noch von der eigenartigen bildhauerischen Raumgestaltung Schlüters zeugen können. Eine Sicherung durch Errichtung eines Notdaches ist daher dringendst erwünscht.

2. Im Schlüterschen Treppenhaus sind die Treppenläufe und große Teile der Dekoration erhalten. Es müßte ebenfalls durch ein Notdach vor weiterem Verfall geschützt werden. Für Ergänzungsarbeiten an den Dekorationen liegen ausführliche photographische Unterlagen vor.

3. Im Staatsratssaal ist eine Lücke der Außenmauer zu schließen. Sonst ist dieser sehr schöne Raum Schinkels vorzüglich erhalten.

4. Im Schloßplatzflügel sind eine größere Anzahl Büroräume erhalten, die nicht überdacht sind. Es wäre wünschenswert, sie mit Notdächern zu versehen, damit sie praktisch verwertet werden können.

5. Der ganze Schloßkomplex ist gegen Einbruch zu sichern.

6. Die Beseitigung und Prüfung des Schuttes ist vor allem im Schlüterschen Treppenhaus und Portal I (unter dem Elisabethsaal) vorzunehmen.

Kostenzusammenstellung:

1. **Elisabethsaal an der Domseite des Schlosses über der Einfahrt.**

   Im 3.Stock sind noch figürliche Ornamente an den Wänden vorhanden, die geschützt werden sollen. Geplant ist 1 Notdach von 16,- m Tiefe und 17 m Länge = 270 qm   je 10,-   =   2.700,- RM
   Erforderliche Rüstung   " 10,-   =   2.700,-- "

   In der Einfahrt ist der Schutt zu beseitigen, vorher sorgfältig nach wertvollen Stuckresten zu durchsuchen   250 Tagewerke   je 12,-   =   3.000,-

2. **Schlüterhof.**

   Der dort lagernde Schutt im Hofe ist zu beseitigen und nach Bruchstücken von Sandsteinfiguren zu durchsuchen.   200 Tagewerke   je 12,-   =   2.400,--

3. **Treppenhaus von Schlüter an der Schloßfreiheit**

   Geplant ist ein Notdach 12,- m tief u.16,- m breit = 190 qm   je 10,-   =   1.900,--
   Erforderliche Rüstung   " 8,-   =   520,--

4. **Staatsratssaal über den Büroräumen.**

   1 Fenster zumauern
   3 " mit Brettern schützen
   4 " desgl. in den Vorräumen
   Auf den über dem Staatsratssaal liegenden Bauschutt 1 Notdach herstellen ca.300 qm Fläche   je 7,-   =   2.100,-- "

5. **2 vorhandene Toreinfahrten fest verschließbar machen, zusammen**   50,--"

6. **Am Einfahrtstor, gegenüber dem Nationaldenkmal lagernde Werksteine und Schutt beseitigen**
   30 Tagewerke   je 12,-   360,--

7. Für unvorhergesehene Arbeiten und zur Abrundung   2.270,--

8. Für Bauleitung   900,--

9. Für sächliche Kosten   100,--

   Für die erforderlichen Sicherungsarbeiten entstehen Kosten in Höhe von   19.000,--

Haus Kamecke, Berlin NW., Dorotheenstr. -Schlüterbau-

Der Hauptbau an der Straßenfront ist vollständig zerstört, während vom Seitenflügel und dem Festsaal noch die Frontmauern bestehen, Dach- und Erdgeschoßfußboden des Saales sind durch Brand vernichtet.

Der Schutt vom Hauptbau ist sorgfältig nach den Resten der Werksteinplastiken zu durchsuchen und beiseite zu schaffen.
100 Tagewerke   je 12,-- =   1.200,-- RM.

Für die erforderlichen Arbeiten entstehen Kosten von insgesamt   1.200,-- RM.

Schloß Grunewald

Es sind geringe Dachschäden zu beseitigen, sowie etwa 50 Fenster zu verschalen.
Die Kosten betragen schätzungsweise   2.000,-- RM.

Zusammenstellung:

1. Schloß Berlin   19.000,-- RM
2. Schloß Charlottenburg   49.000,-- RM
3. Haus Kamecke, Dorotheenstr.   1.200,-- RM
4. Schloß Grunewald   2.000,-- RM
                                         71.200,-- RM

Berlin, den 15. August 1945

Professor S c h a r o u n.

Magistrat Abt. Volksbildung an das Amt für Stadtplanung über Reparaturmaßnahmen am Schloss, 22. August 1949

MAGISTRAT VON GROSS·BERLIN
ABTEILUNG FÜR VOLKSBILDUNG
Amt Museen und Sammlungen

An das Amt Stadtplanung
beim Magistrat von Gross-Berlin,
Herrn Prof. Ebert,

Berlin C 2,
Klosterstrasse 47

Unser Zeichen: HWiss III/1 Schö
Tag: 22. Aug. 1949

Betrifft: Berliner Schloss.

Das Berliner Schloss ist bekanntlich durch die Kriegseinwirkungen zu etwa 80% zerstört worden. Der noch benutzbare Teil, in dem sich auch die noch erhaltenen Sammlungen des Schlossmuseums, eines Bestandteils der ehemals Staatlichen Museen, befinden, wurde durch Verordnung des Baupolizeiamtes Mitte vom 21.10.1948 für baufällig erklärt, und es wurde die Absperrung und Räumung dieses Gebäudeteiles verlangt.

Da wir jedoch die Räume, deren Baufälligkeit dem Laien nicht ohne weiteres einleuchtet, dringend zur Aufbewahrung der Sammlungsgegenstände und evtl. für Ausstellungszwecke brauchen (der sogenannte „Weisse Saal" ist für diese Zwecke schon mehrfach verwendet worden, und auch im darunterliegenden Stockwerk haben 2 Ausstellungen - "Wiedersehen mit Museumsgut" und die französische Gemäldeausstellung-stattgefunden), haben wir uns an das Baupolizeiamt Mitte mit der Bitte gewandt, den Räumungsentscheid rückgängig zu machen. Das führte zu ausgedehnten Verhandlungen und Besichtigungen, und zurzeit liegt die Sache so, dass ein Gutachten des Hauptamtes für Hochbau ausgearbeitet wird, das die Mindestreparaturen festlegen soll, die für eine Freigabe des Gebäudeteiles durch die Baupolizei Mitte erforderlich sind.

Da wir einerseits diese Reparaturen gern in den Bauplan 1950 hereinnehmen möchten, andererseits aber den Etat der Stadt nicht mit Posten belasten wollen, die nicht in die Gesamtplanung der Stadt hineinpassen, wären wir Ihnen denkbar für die Mitteilung, ob vom Hauptamt Planung irgendwelche Einwände gegen Reparaturen im Schloss zu erheben wären, die dazu dienen sollen, dem Schlossmuseum auch weiterhin die ihm jetzt zur Verfügung stehenden Räumlichkeiten zur Sicherung und Ausstellung von Kunstwerken zu erhalten.

(Dr. Behrsing)

Bericht – Besichtigung des Schlosses – Baupolizei, 1. April 1950

HWisaK III/1 Ma Berlin, den 1.4.1950

Aktennotiz

Am 27.3.50 fand eine Besichtigung des Berliner Schlosses statt, an der teilnahmen:

vom Hauptbaupolizeiamt Herr Fahrenwald und Herr Jacob,
vom Baupolizeiamt Mitte Herr Ermisch und Herr Schostak,
von den Ehemals Staatl.Museen Prof. Kühnel und Prof. Klar,
von der Bauverwaltung der Ehem.Staatl.Museen Ingenieur Spiegel,
von der Abteilung Aufbau Herr Nerger,
von der Abteilung Volksbildung Dr. Behrsing und Werner Schmidt,
von der FDJ Kloppe und Ramola.

Die von der Baupolizei genannten Gefahrenstellen, d.h. die große Kuppel über dem Eosanderportal und eine Ecke im Weißen Saal, wurden noch einmal genau besichtigt. Die Vertreter der Baupolizei erklärten, daß ihr Standpunkt sich nicht geändert habe und sie aus diesem Grunde auch gezwungen seien, das Gesuch der FDJ um Freigabe des Weißen Saales und der darunterliegenden Räume für eine Segelflugausstellung während des Pfingsttreffens abzulehnen.

Der Vorschlag des Kollegen Werner Schmidt, den Haupteingang überhaupt zu sperren und einen Eingang vom Lustgarten aus durchzubrechen, erwies sich als nicht durchführbar, da auch bei diesem Projekt das Treppenhaus benutzt werden müßte, das nach wie vor eine Gefahrenstelle bildet.

Im Anschluß an die Besichtigung suchten sechs der Teilnehmer (Fahrenwald, Jacob, Nerger, Ermisch, Dr. Behrsing, Spiegel) Stadtrat Munter auf, um von ihm zu hören, was vom Planungsamt über das weitere Schicksal des Schlosses entschieden worden sei. Ohne eine Gewißheit in diesem Punkt ist eine Freigabe von Mitteln zur Beseitigung der Gefahrenstellen schwer vorstellbar. Stadtrat Munter erklärte, über das weitere Schicksal des Schlosses z.Zt. noch nichts Endgültiges sagen zu können. Da jedoch die große Kuppel eine anerkannte Gefahrenstelle auch für die Öffentlichkeit unmittelbar an einer der wichtigsten Verkehrslinien bildet, erklärte sich Stadtrat Munter bereit, sich dafür einzusetzen, daß die Abtragung der Kuppel auf Kosten der städtischen Gefahrenbeseitigung erfolgt und bat Herrn Fahrenwald, die notwendigen Schritte einzuleiten.

Die Beseitigung der zweiten Gefahrenstelle sei dann Sache der Abteilung Volksbildung, die besonderen Wert auf die Erhaltung dieses Gebäudeteiles legt, da in ihm umfangreiche Sammlungen von Museumsgegenständen lagern.

(Dr. Behrsing)

Hauptamt Wissenschaft und Kunst an das Sekretariat des Oberbürgermeisters (Teilabrißpläne), 26. Mai 1950

Hauptamt Wissenschaft und Kunst
- HWissK I/1 -

Berlin W 8, den 26.5.1950
Mauerstr.53
Tel.: 42 54 01 App. 238

An das
Sekretariat des
Herrn Oberbürgermeister
z.H. von Herrn Dr. B ü r g e r

Neues Stadthaus

Betr.: Berliner Schloss

Das vom Herrn Oberbürgermeister gewünschte vorläufige Gutachten in Fragen des Berliner Schlosses konnte infolge des Deutschlandtreffens und der Unmöglichkeit, von einigen angesprochenen Gutachtern bis zur Stunde eine Äusserung zu erhalten, von mir nicht fristgemäss vorgelegt werden.

Indessen habe ich mich mit dem Kunstwissenschaftler der Regierung Herrn Dr. Strauss, ausführlich über das Problem unterhalten. Er wollte aber kein Einzelgutachten abgeben, sondern empfahl die Bildung einer Kommission. Dagegen habe ich gewisse Bedenken: Bei den in einer Kommission sicher auftretenden Meinungsverschiedenheiten käme es wahrscheinlich nur zu einem unbefriedigenden Kompromiss oder zur Beschlussunfähigkeit.

Da ich selber Fachkenntnisse auf dem Gebiet der Kunstgeschichte (Sondergebiet Architektur) habe, möchte ich vorschlagen, dem Herrn Oberbürgermeister zunächst von meinem nachstehenden persönlichen Gutachten Kenntnis zu geben. Sollte ihm das als Diskussionsbasis genügen, so würde ich raten, etwa Herrn Stadtrat Munter und Herrn Jendretzky hinzuziehen. Dadurch würde es gelingen, die Führung in dieser Angelegenheit in die Hand des Oberbürgermeisters zu legen und die Abhängigkeit von der mehr oder weniger grossen staatspolitischen Einsicht nur fachlich orientierter Einzelgutachten zu vermeiden. Das schliesst natürlich nicht aus, dass der Oberbürgermeister bei der Durchführung seiner Entscheidung im einzelnen von Fachleuten des Magistrats und der Regierung beraten wird.

Mein Vorschlag: Der westliche Teil des Schlosses wird abgetragen. Der dadurch gewonnene Raum verlängert den Lustgarten bis zur Linie Marstall - Eingang Breite Str. - Eingang Brüderstr. Der östliche Teil, Schlüterbau, bleibt als Ruine erhalten in Form eines nach Westen offenen Hufeisens, wobei der Platz zwischen dem Lustgartenflügel und dem Schlossplatzflügel mit einer Grünfläche bedeckt wird und auf der offenen Westseite durch ein Gitter abgeschlossen wird. Vom Lustgarten ausgesehen reicht der Schlüterbau bis zum 6. Fenster westlich des linken Portals. Das rechte Portal gehört schon zu dem abzutragenden Eosanderbau.

- 2 -

Östlich des Schlüterbaues wäre nur der Überrest des sogenannten Apothekerturmes zu erhalten, der eine architektonisch wirkungsvolle Abgrenzung des Lustgartens nach Osten darstellt. Die dahinter liegenden Küchenräume am Wasser wären abzutragen, um evtl. einer Uferpromenade Raum zu geben.

Begründung: Der Schlüterhof stammt aus der Zeit des letzten Kurfürsten von Brandenburg und ersten Königs von Preussen. Der Militärstaat hatte noch nicht alle künstlerischen Fähigkeiten zu Gunsten einseitiger Ausbildung der Heeresmacht verkümmern lassen. Auch war die Residenz noch nicht nach Potsdam verlegt. Dementsprechend zeigt der Schlüterhof eine hochwertige Gestaltung aus der Zeit des Überganges von der Renaissance zum Barock, wie man sie sonst nur etwa in Wien findet. Der Westteil, nach der Entlassung Schlüters von Eosander gebaut, fällt dagegen merklich ab. Die zerstörte Kuppel über dem Westportal gefährdet die darunter liegenden Räume, in denen sich zur Zeit die Bestände des Kunstgewerbemuseums befinden. Prof. Justi und Prof. Klar bestehen auf Verbleib dieser Sammlung in den dortigen Räumen. Ich halte das aber aus mehrfachen Gründen für verfehlt: Eine Sicherung des jetzt baupolizeilich gesperrten Zuganges würde einige hunderttausend Markkosten; die Sammlung selbst aber reicht nicht zufällig nur bis zum Regierungsantritt Wilhelms II., sie würde im Schloss weiter unentwickelt bleiben und müsste entweder mit dem Kulturhistorischen Museum am Zeughaus vereinigt werden oder im Zusammenhang mit dem kunstgewerblichen Unterricht eine wesentliche Modernisierung erfahren.

Die Erinnerungen an Wilhelm II. und Friedrich-Wilhelm IV. sind zudem nicht derart, dass sie die Erhaltung dieses Westteils rechtfertigen könnten.

Dagegen würde die hufeisenförmige Schlossruine im Osten des Lustgartens u.a. verhindern, dass der Südteil desselben allein vom Marstallgebäude beherrscht wird. Es kann auch nichts schaden, wenn die Ruine eindringlich zeigt, welche Kunstwerke durch den Krieg verloren gingen.

Die Kosten für die Abtragung des Westteiles und die relative Sicherung der Ostruine wären zwar nicht unerheblich, stünden aber in keinem Verhältnis zu den Kosten eines Wiederaufbaues. Die Erhaltung nur sehr bedingt für museale Zwecke geeigneter Räume im Westflügel ist nicht zu verantworten, wenn dadurch die städtebaulich notwendige Erweiterung des Lustgartens im Süden verhindert wird.

Stellungnahme – Abteilung Aufbau an Abteilung Volksbildung, 9. Juni 1950

Magistrat von Groß-Berlin
 Abteilung Aufbau
Hauptamt Stadtplanung
STA-PLA II - Schr/Ot.

Berlin C 2, den 9. Juni 1950
Klosterstr. 47 - Altes Stadthaus
Tel.: 42 00 51 - App. 645 u.461

An die
Abteilung Volksbildung
- Herrn Dir. Kirschner
B e r l i n W 8.
Mauerstr. 53

Betr.: Berliner Schloß.
Bezug: Fernmündlicher Anruf Dr. Bersing am 7.6.50.

Wie uns Herr Dr. Bersing am 7.6.50 fernmündlich mitteilte, werden zur Zeit die verschiedensten Vorschläge über den Fragenkomplex "Berliner Schloß" in der Abteilung Volksbildung beraten. Herr Dr. Bersing bat zunächst um eine Stellungnahme - unter besonderer Berücksichtigung der durch die deutsche Delegation für Städtebau in der Sowjet-Union gewonnenen Erfahrungen.

Unabhängig von den durch die Berliner Stadtplanung aufgeworfenen Problemen kann daher zunächst folgendes gesagt werden:

Maßgebend für die Beurteilung eines künstlerisch wertvollen Baudenkmals sollte nicht die heutige Einstellung zu dem einstigen Bauherrn sein, sondern zunächst die Frage nach dem Kulturwert des Bauwerkes, also die Beurteilung des Baukünstlers und seines Werkes.

Bei einer Wiederinstandsetzung käme es natürlich darauf an, einem solchen Bauwerk einen neuen Inhalt zu geben, der es ermöglicht, daß unsere Zeit eine lebendige Verbindung zu einem solchen Kunstwerk bekommt.

In Berlin ist ja der Umbau des Zeughauses zu einem Kulturbau bereits ein Beispiel für dieses Vorgehen.

Die deutsche Delegation für Städtebau konnte sich inbesondere in Leningrad und Umgebung davon überzeugen, mit welchem großen Einsatz dort die Wiederherstellung z.T. zerstörter ehemaliger Zarenschlösser im Gange ist.

So wird z.B. der ehemalige Alexander-Palast als Puschkin - Museum ausgebaut und in einem Flügel schon eröffnet. Das Gleiche gilt für den großen Katharinen-Palast, wo man ebenfalls das alte Kulturerbe erhält bzw. wiederherstellt.

Durch Kurzfilme über Denkmalspflege wird das Volk aufgeklärt über den tiefen Sinn dieser Aufgabe, und das Volk nimmt regen Anteil an diesen Arbeiten. Man zieht auch offentsichtlich dabei in Erwägung, daß durch die Wiederherstellungsarbeiten Künstler und Handwerker mit dem hochstehenden Können der alten Meister bekanntgemacht werden und schult daran die Nachwuchskräfte.

Wir denken, daß solche Gesichtspunkte in Zukunft auch in der Koordinierung der Denkmalspflege und der Stadtplanung ausschlaggebend sein müssen.

bitte wenden!

Bevor also schwerwiegende Entscheidungen getroffen werden, zu denen wir auch gerade die über das Berliner Schloß zählen dürfen, sollten eingehende Untersuchungen über seine städtebauliche und baukünstlerische Bedeutung sowie über die Möglichkeit einer harmonischen Einbindung in die Berliner Neuplanung angestellt werden.

Im Auftrage

Urschriftlich

Herrn Dr. B ü r g e r ,
Sekretariat des Oberbürgermeisters

Neues Stadthaus

Herr C o l l e i n , der Verfasser obiger Stellungnahme, gehörte der Deutschen Städtebaudelegation an, die die Sowjet-Union bereiste. Obwohl er im Schlussatz formell eine eigene Stellungnahme vermeidet, stellen seine vorhergehenden Ausführungen doch sein eigenes, auf Erhaltung des Schlosses gerichtetes Urteil dar. Herr Collein gehört zu einem Kreis um Prof. Scharun, der für die gleiche Lösung eintritt.

Ministerium für Aufbau „Das Zentrum Berlins", 21. Juli 1950

Ministerium für Aufbau
Institut für Städtebau u. Hochbau

Berlin, den 21. Juli 1950.

Das Zentrum Berlins

Der historische Platz für Demonstrationen ist in Berlin der Lustgarten. In der jetzigen Größe kann er bei einer Standdemonstration 140.000 Menschen aufnehmen. (Nicht gerechnet die bei Standdemonstrationen üblicherweise auf den Anmarschstraßen und den Nebenplätzen stehenden Menschen.)

Reißt man das Schloß und den Dom ab und rechnet den Platz zwischen den beiden Spreearmen und vom Marstall bis zum alten Museum, so bringt man auf ihm in der Standdemonstration 300.000 Menschen unter.

Werden Schloß und Dom abgerissen, so fehlt dem Platz auf allen Seiten ein architektonischer Rahmen. Er kann baulich bei den uns jetzt zur Verfügung stehenden finanziellen und materiellen Mitteln in den nächsten 10 Jahren nicht so gestaltet werden, daß er auf den Demonstrationen Eindruck macht. In de Größe würde er trotzdem noch nicht den in Berlin für Standdemonstrationen erforderlichen Ausmaßen genügen.

Entschließt man sich zu einer fließenden Demonstration, wie die Demonstrationen auf dem Roten Platz in Moskau, so kann der historisch gewordene Platz in seiner Form erhalten werden. Die Demonstration kann 60 m breit sein, in einer Stunde können 140.000 Personen vorbeimarschieren. Durch die aus der Skizze ersichtliche Art wird die jetzt bei fließenden Demonstrationen unvermeidliche Leere im Hintergrund verdeckt, Anmarsch- und Abmarschwege sind gesichert. Bei diesem Vorschlag ist die Schloßwand der Hintergrund. Der von der Tribüne einzusehende Platz hat die Länge von 300 m und die Breite von 100 m.(Die Proportionen des Roten Platzes in Moskau sind 150 x 400 m).

Für die Zukunft, als Ausdruck des Neuen, wäre ein zwischen Karl Liebknecht-Straße und Neuer Königstraße liegender Platz, begrenzt im Süden von dem Spreearm und im Norden durch Hoher Steinweg, ~~zu schaffender Platz~~ vorzusehen, der von Gebäuden

-2-

der Verwaltung und der Massenorganisationen eingefaßt sein kann. (Das alte sogenannte rote Rathaus liegt dann bereits in diesem Platz).
Die Platzgröße ist 260 x 360 bis 400 m.
Der Platz ist geeignet für eine Standdemonstration von 700.000 Personen.
Anliegend die Skizzen, aus denen die Anmarschwege ersichtlich sind.

Nachsatz:

Der Gedanke, einen Spreearm zuzuschütten oder abzudecken, ist von der Hand zu weisen, da die Spree-Insel seit jeher bestand, den Berlinern vertraut ist und die Zuschüttung oder Abdeckung keinerlei städtebaulichen Nutzen bringt. Die Einbeziehung eines Spreearmes würde für die Platzgröße von nur geringer Bedeutung sein. Gewinn für Standdemonstrationen wäre 30.000 Personen.

Außerdem würde den 16 Städtebaugrundsätzen nicht entsprochen sein, da das Wasser in der Stadt besondere Bedeutung erhalten soll. Gegen eine Zuschüttung spricht weiterhin, dass der andere Spreearm verbreitert werden müßte, um das dadurch anfallende Spreewasser abzuführen.

Das Zentrum Berlins.

Entgegen den Auffassungen, daß das Zentrum Berlins sich westwärts bis zum Reichskanzlerplatz erstreckt wird festgestellt, daß zwar zentrale Funktionen im Laufe der Entwicklung sich auf dieses Gebiet ausgebreitet haben, daß aber die in der neuen demokratischen Ordnung entscheidenden zentralen Funktionen sich im allgemeinen auf den alten Stadtkern zwischen Brandenburger Tor - Raum Alexanderplatz einerseits und Zimmerstraße - Charitékomplex andererseits konzentrieren. Dieses Gebiet ist durch den Ausbau einer Umgehungsstraße vom Durchgangsverkehr freizuhalten und durch seine Bebauung städtebaulich besonders herauszuheben. Es hat aufzunehmen:

1. Den Sitz der Volkskammer und der Regierung, die Ministerien und die Botschaften,
2. zentrale Verwaltungsstellen des Magistrats,
3. zentrale Leitungen der Massenorganisationen,
4. eine zentrale Kongreßhalle,
5. zentrale Verwaltungen der Wirtschaft und Finanzinstitute,
6. zentrale Kultureinrichtungen (Universität, Akademien, wissenschaftliche Institute, Museen, Bibliotheken, Kirchenverwaltungen, Theater, Uraufführungskinos, Ausstellungen)
7. Hauptkaufstraßen,
8. Hotels und Gaststätten,
9. zentrale Verwaltungen der Versorgung,
10. zugeordnete Versorgungseinrichtungen.

Um dieses Zentrum ist eine Umgehungsstraße zu legen im Verlauf folgender Straßenzüge:

Kurt Reutti über das Berliner Stadtschloss, 23. Juli 1950

<u>Berliner Schloß</u>   494

Das Berliner Schloß ist nicht nur das bedeutendste Baudenkmal Berlins, sondern eines der wertvollsten Baudenkmäler Europas. Es stammt in wesentlichen Teilen von Andreas Schlüter, der anerkanntermaßen der bedeutendste nordeuropäische Barockkünstler war. Es gehört zu der Tragik Schlüters, daß der größte Teil seines gesamten Lebenswerkes zerstört ist.

Die Außenmauern des Berliner Schlosses, soweit dieses von Schlüter stammt, sind im wesentlichen erhalten. Die meterdicken Mauern können auch noch in Jahrhunderten stehen. Es ist jedoch dringend notwendig, daß lose Teile festgelegt werden und der Mauerkranz mit einer dünnen Zementschicht überzogen wird.

Der berühmte Schlüterhof ist ebenfalls in seiner Fassade erhalten. Die Galerie, deren Zinkbelag in der Nachkriegszeit durch Metallplünderer gestohlen wurde, müßte ebenfalls mit einem dünnen Zementbelag gegen das Eindringen von Feuchtigkeit geschützt werden.

Im obersten Stockwerk an der Schloßplatzseite befand sich der Elisabethsaal mit reichen figürlichen Stuckdekorationen von der Hand Schlüters. (Siehe Photos.) Die Decke und der Fußboden dieses Saales sind verbrannt, der figürliche Schmuck ist jedoch fast erhalten. Er hängt jetzt seit 6 Jahren in Wind und Wetter. Der Elisabethsaal müßte entweder mit einem Notdach versehen werden, oder es müßte über den Figuren ein schmales Holzschutzdach angebracht werden.

Während der figürliche Schmuck Schlüters "Der Titanensturz" an der großen Treppe am Schlüterhof bedauerlicherweise weitgehend zerstört ist, sind die deckentragenden Atlanten (siehe Photos) bis heute fast unbeschädigt. Da der Ausbau dieser Werke sehr schwierig ist, müssen sie an Ort und Stelle geschützt werden.

Im Schlüterteil des Schlosses befindet sich noch eine ganze Reihe von interessanten Säulenkapitälen, Stuckdecken, sowie Marmorfiguren von Eggers, die gegen den zerstörenden Einfluß der Wirtterung geschützt werden müssen.

Der zur Schloßfreiheit gelegene Teil des Schlosses stammt von Eosander von Göthe. Es ist der einzige Teil, wo die Schloßfassade durch 2 Bombentreffer stärker beschädigt ist, doch befinden sich diese Schäden an Stellen, die unschwer zu restaurieren sind, da sie keine besonderen Schmuckteile tragen. Die eine Hälfte des Teiles an der Schloßfreiheit mit dem Weißen Saal ist soweit erhalten, daß heute noch die Sammlungen des Kunstgewerbemuseums (Schloßmuseums) darin untergebracht sind.

Die Hauptschwierigkeit bei der Restaurierung des Eosander-Portals bereitet das Gestänge der ausgebrannten Stülerschen Schloßkuppel. Es ist zu prüfen, ob sich diese Kuppel reparieren läßt, da sie sonst abgetragen werden müßte. Unter der Kuppel muß ein Notdach eingezogen werden, um zu verhindern, daß das Regenwasser in die Gewölbe der Eingänge dringt und diese allmählich mürbe macht. Da diese Gewölbe den Haupteingang überdachen, müssen sie aber erhalten bleiben, da sich unter ihm der einzige Zugang zum Schloßmuseum befindet.

Im Weißen Saal muß eine neue Decke eingezogen werden.

Die Sicherungsmaßnahmen am Schloß sind vordringlich und müssen, soweit sie die Sicherung der Schlüter-Plastik betreffen, noch vor dem Beginn des Winters vorgenommen werden.

Nach dieser Sicherung kann der Neuausbau des Schlosses zu einem neuen Verwendungszweck späteren Jahrzehnten überlassen bleiben.

23.7.1950

Grundsätze des Städtebaus, 28. Juli 1950

Deutsche Demokratische Republik
Ministerium für Aufbau

Berlin, den 28. Juli 1950

Grundsätze des Städtebaues

Die Stadtplanung und die architektonische Gestaltung unserer Städte müssen der gesellschaftlichen Ordnung der Deutschen Demokratischen Republik, den fortschrittlichen Traditionen unseres deutschen Volkes sowie den großen Zielen, die dem Aufbau ganz Deutschlands gestellt sind, Ausdruck verleihen. Dem dienen die folgenden Grundsätze:

1. Die Stadt als Siedlungsform ist nicht zufällig entstanden.

    Die Stadt ist die wirtschaftlichste und kulturreichste Siedlungsform für das Gemeinschaftsleben der Menschen, was durch die Erfahrung von Jahrhunderten bewiesen ist.

    Die Stadt ist in Struktur und architektonischer Gestaltung Ausdruck des politischen Lebens und des nationalen Bewußtseins des Volkes.

2. Das Ziel des Städtebaues ist die harmonische Befriedigung des menschlichen Anspruches auf Arbeit, Wohnung, Kultur und Erholung.

    Die Grundsätze und Methoden des Städtebaues fußen auf den natürlichen Gegebenheiten, auf den sozialen und wirtschaftlichen Grundlagen des Staates, auf den höchsten Errungenschaften von Wissenschaft, Technik und Kunst, auf den Erfordernissen der Wirtschaftlichkeit und auf der Verwendung der fortschrittlichen Elemente des Kulturerbes des Volkes.

3. Städte „an sich" entstehen nicht und existieren nicht. Die Städte werden in bedeutendem Umfange von der Industrie für die Industrie gebaut. Das Wachstum der Stadt, die Einwohnerzahl und die Fläche werden von den städtebildenden Faktoren bestimmt, das heißt von der Industrie, den Verwaltungsorganen und den Kulturstätten, **soweit sie mehr als örtliche Bedeutung haben**.

    In der Hauptstadt tritt die Bedeutung der Industrie als städtebildenden Faktors hinter der Bedeutung der Verwaltungsorgane und der Kulturstätten zurück.

    Die Bestimmung und Bestätigung der städtebildenden Faktoren ist ausschließlich Angelegenheit der Regierung.

4. Das Wachstum der Stadt muß dem Grundsatz der Zweckmäßigkeit untergeordnet werden und sich in bestimmten Grenzen halten.

    Ein übermäßiges Wachstum der Stadt, ihrer Bevölkerung und ihrer Fläche führt zu schwer zu beseitigenden Verwicklungen in ihrer Struktur, zu Verwicklungen in der Organisation des Kulturlebens und der täglichen Versorgung der Bevölkerung und zu betriebstechnischen Verwicklungen sowohl in der Tätigkeit wie in der Weiterentwicklung der Industrie.

Hergestellt im Bundesarchiv, Abteilungen Potsdam – Weitergabe dieser Aufnahme nicht gestattet. Reproduktion nur mit schriftlicher Genehmigung des Bundesarchivs, Abteilungen Potsdam.

12. Die Stadt in einen Garten zu verwandeln, ist unmöglich. Selbstverständlich muß für ausreichende Begrünung gesorgt werden. Aber der Grundsatz ist nicht umzustoßen: in der Stadt lebt man städtischer; am Stadtrand oder außerhalb der Stadt lebt man ländlicher.

13. Die vielgeschossige Bauweise ist wirtschaftlicher als die ein- oder zweigeschossige. Sie entspricht auch dem Charakter der Großstadt.

14. Die Stadtplanung ist die Grundlage der architektonischen Gestaltung. Die zentrale Frage der Stadtplanung und der architektonischen Gestaltung der Stadt ist die Schaffung eines individuellen einmaligen Antlitzes der Stadt. Die Architektur muß dem Inhalt nach demokratisch und der Form nach national sein. Die Architektur verwendet dabei die in den fortschrittlichen Traditionen der Vergangenheit verkörperte Erfahrung des Volkes.

15. Für die Stadtplanung wie für die architektonische Gestaltung gibt es kein abstraktes Schema. Entscheidend ist die Zusammenfassung der wesentlichsten Faktoren und Forderungen des Lebens.

16. Gleichzeitig mit der Arbeit am Stadtplan und in Übereinstimmung mit ihm sind für die Planung und Bebauung bestimmter Stadtteile sowie von Plätzen und Hauptstraßen mit den anliegenden Häuservierteln Entwürfe fertigzustellen, die in erster Linie durchgeführt werden können.

Hergestellt im Bundesarchiv, "Abteilungen Potsdam – Weitergabe dieser Aufnahme nicht gestattet. Reproduktion nur mit schriftlicher Genehmigung des Bundesarchivs, Abteilungen Potsdam.

Protokoll – Arbeitsprogramm auf Grund der Besprechung bei Walter Ulbricht am 5. August 1950 – Der Abriß ist beschlossen, 7. August 1950

Abschrift

Ministerium für Aufbau
Hauptabteilung II
Allgemeines Bauwesen
Städtebau und Hochbau

Berlin, den 7. August 1950
Pk/HB

Protokoll

Arbeitsprogramm auf Grund der Besprechung bei
Walter **Ulbricht** am 5. August 1950

(Vertreten waren: **Ulbricht, Jendretzky, Baum, Pisternik, Dr. Liebknecht, Collein.** – **Stoph, Arlt** teilweise.)

1. Das Schloss ist abzureissen.
   Verantwortlich für die zu treffenden Massnahmen:
   Brockschmidt, Magistrat von Gross-Berlin.

2. Sicherung der künstlerisch wertvollen Teile des Schlosses.
   Verantwortlich: **Strauss** vom Ministerium für Volksbildung.

3. Gestaltung des Lustgartens
   Verantwortlich: **Hennig** vom Magistrat von Gross-Berlin.

   Im einzelnen ist hierbei zu beachten:
   a) Tribüne am Spreeufer.
   b) Piepp-Denkmal an dem Platz, wo bisher das Nationaldenkmal stand.
   c) Der Marstall ist in der Ansicht zum Schloss wieder herzustellen.
   d) Die Enttrümmerung des Blockes zwischen Breite- und Brüderstrasse ist vorzunehmen.

   –2–

- 2 -

 e) Evtl. Verbreiterung der Brücke
 f) Der Neptun-Brunnen bleibt zunächst an der alten Stelle.
 g) Die neu zu schaffende Staatsoper liegt in der Bauflucht des Marstalls.
 h) Angabe über Platzgrösse und Fassungsvermögen.
 i) Anmarsch und Abmarsch der Demonstranten

4. Entträmmerung des Platzes vor dem Rathaus.
Verantwortlich: B r o c k s c h m i d t vom Magistrat von Gross-Berlin.

5. Erneuerung des alten Rathauses.
Verantwortlich: C o l l e i n vom Magistrat von Gross-Berlin.

6. Alexanderplatz
Verantwortlich für die Vorarbeiten: M e n z e l vom Magistrat von Gross-Berlin.

 a) Einführung der Stalinallee neben dem Lehrervereinshaus.
 b) Gestaltung des Platzes als Platz der Kaufhäuser.
 c) Verkehrslösung - eine Leitung des Verkehrs durch die Radialstrassen und Abfluss des Verkehrs durch entsprechende Gliederung des Platzes.

7. Herausnahme der Strassenbahn aus der Königstrasse und der Französischen Strasse mit den Abzweigungen.
Verantwortlich: Dr. K r ü g e r von der BVG

8. Humboldt-Universität
Verantwortlich: Dr. Liebknecht
Beschleunigte Fortführung des Bauvorhabens.

-3-

9. Zeughaus
   Verantwortlich: Dr. L i e b k n e c h t
   Beschleunigte Fortführung des Bauvorhabens.

10. Unter den Linden.
    Ausgestaltung als repräsentative Strasse mit Ausstellungsräumen für VE-Betriebe, Strasse für Botschaftsgebäude.

11. Friedrichstrasse.
    Verbreiterung, Geschäftsstrasse

+ 12. Platz vor dem Bahnhof Friedrichstrasse und Hotelbau.

   10, 11 und 12 ist als zusammenhängender Komplex zu sehen.
   Verantwortlich hierfür: P a u l i c k vom Institut für Bauwesen.

13. Verbreiterung der Wilhelmstrasse und der neuen Wilhelmstrasse einschl. Thälmannplatz.
    Verantwortlich: G e i l e r vom Institut für Städtebau und Hochbau.

14. Demonstrationsplan mit Zugangs- und Abgangsstrassen im Maßstab 1 : 2000.
    Verantwortlich für Aufstellung des Programmes: Bruno B a u m vom Magistrat von Gross-Berlin, für die zeichnerische Ausfertigung J u n g h a n n s vom Institut für Städtebau und Hochbau.

Aufgabe:

Bis zum 15. August 1950, 15 Uhr, ist ein Übersichtsplan mit Erläuterungsbericht anzufertigen, aus dem die in den Punkten 1 – 14 angeführten Lösungen ersichtlich wären. Soweit erforderlich, sind Sonderpläne als Anlagen beizufügen (beispielsweise Demonstrationsplan).

Arbeitsdurchführung:

Die als verantwortlich Bezeichneten nehmen ihre Arbeit sofort auf und stimmen sie untereinander ab. Verantwortlich und koordinierend hierfür ist J u n g h a n n s (Telefon: 4325).

Zwischentermin:

Am Freitag, dem 11. August 1950, 14 Uhr im Magistrat, Zimmer 305 (bei C o l l e i n).

Abschliessende Besprechung über die Punkte 1 - 14 über die Zeichnungen und den Erläuterungsbericht unter Leitung von J u n g h a n n s.

gez. i.V. Junghanns

(Pisternik)
Hauptabteilungsleiter

Über die denkmalpflegerischen Arbeiten beim Abriß – Gerhard Strauss, 11. August 1950

Dr. Gerhard Strauss
Seckendorffplatz 4

Berlin-Niederschönhausen, am 11. August 1950
48 02 74

Denkmalpflegerische Arbeiten
gelegentlich des erörterten Abbruches
des
Stadtschloss es Berlin

1. Vorschlag

Situation des Schlosses und Begründung der Arbeiten:

Das Berliner Stadtschloss ist das bedeutendste Baudenkmal deutscher Barockkunst und eines der wichtigsten Denkmale gleicher Art in ganz Europa.

Unter den historischen Bauten in Berlin (einschl. Umgebung) nahm es einen absolut dominierenden Platz ein, der ihm auch heute noch trotz der erlittenen Kriegszerstörungen gebührt, da auch die anderen Bauwerke schwere Schäden tragen oder völlig vernichtet sind (z.B. Schloss Monbijou).

Das Stadtschloss schliesst ein umfangreiche Bauteile aus dem 15. und 16. Jhrdt. an der Spreeseite und in Zwischenflügel. Sie haben lokale Bedeutung wegen des fast völligen Fehlens ähnlich alter Architektur in Berlin.

Das Äussere des Stadtschlosses geht, abgesehen von den genannten älteren Trakten, auf Entwürfe von Andreas Schlüter zurück, der römische und toskanische Bauelemente in genialer Weise im Sinne der nationalen Tradition unseres Volkes variierte und eine einmalige künstlerische Leistung schuf (seit 1699).

Als Schlüter infolge der bekannten Zerwürfnisse mit der starren und korrupten preussischen Feudalbürokratie 1707 entlassen wurde, setzte der vermutlich aus Lettland stammende kongeniale Architekt Eosander v. Göthe sein Werk fort. Er wurde 1713, im gleichen Jahr, als Schlüter Berlin verlassen musste und durch Peter I. nach Petersburg berufen wurde, ebenfalls entlassen. Sein Nachfolger war Martin Böhme, der bis 1716 den Bau nach Schlüters Plänen fortführte. Damit endete die grosse Bauzeit des Schlosses. Im 19. Jhrdt. erfolgten lediglich Um- und Zubauten. Von ihnen ist allerdings die grossartige Kuppel über dem Westflügel, die der Schinkelschüler und Nachfolger seines Meisters Friedrich August Stüler 1845-1852 schuf, als charakteristisches Werk der Schinkelschule bekannt.

Im 20. Jhrdt. kam es nur zu Veränderungen im Inneren, die die Struktur der Architektur und ihren Charakter nicht zu verändern vermochten.

-2-

Trotz der Zerstörungen durch anglo-amerikanische Bombardements sind, von relativ belanglosen Detailschäden abgesehen, erhalten:

1) die **Gesamtarchitektur des Schlüterhofes** einschliesslich **drei der berühmten Treppenanlagen Schlüters**.
Dieser Schlüterhof war die **weltberühmte Sehenswürdigkeit** des Schlosses

2) die **Architektur der beiden Langseiten** des Schlosses (Süd- und Nordseite), die ebenfalls auf **Schlüter** zurückgeht und die **vier grossartigen Torlösungen** umfasst, mit denen Schlüter dem Bau zur Stadt hin das Gesicht gab.

3) der **hervorragende Portalbau Eosanders** an der Westseite mit den **Fassaden** zu beiden Seiten, dem **Treppenhaus** und den **Innenräumen in allen Hauptgeschossen** des Nordwesttraktes.

4) die **Fassaden des westlichen Hofes** (nach Schlüter von Eosander erbaut)

Zerstört sind:

1) der **gesamte Innenausbau** des Schlosses (ausser den genannten Räumen im Nordwesttrakt, den genannten Treppen). Im Unter- und teils auch im Mittelgeschoss sind die Schäden weitgehend reparabel.

2) der **Spreeflügel** fast vollständig

3) der **Zwischenbau** im Inneren der Obergeschosse und in seinem **nördlichen Teil**

4) Ausserdem tragen die Fassaden etwa 5 schwere Sprengbombentreffer.

Das gesamte Kellergeschoss ist unbeschädigt.

Aus dem europäischen Osten (Warschau) kommend, durch seine bürgerliche Abkunft und seinen überlegenen Geist allen fortschrittlichen Kräften des damaligen Europa verbunden, hat Schlüter sein grosses Werk geschaffen. Es entstand im dauernden Protest gegen den kleinlichen, separatistischen Dynastengeist der Hohenzollern. Es überwindet den feudalistisch-absolutistischen Stil des französischen Barock durch kraftvolle Bezüge zum fortschrittlichen Klassizismus der bürgerlichen Niederlande und durch Neubelebung der Bautradition des humanistischen Realismus der Renaissance. Die Leistung Schlüters ist hierin dem Werke Joh. Seb. Bachs vergleichbar, übertrifft es aber noch an Bewusstheit und unmittelbarer Wirkung in der gesellschaftlichen Realität, da die fortschrittliche künstlerische Konzeption von einem im gesellschaftlichen Sein gleich fortschrittlich wirkenden Künstler getragen wurde.

Das Stadtschloss ist das einzige heute erhaltene Bauwerk seiner Hand, da der Berliner Münzturm bereits während der Erbauung einstürzte, am Zeughaus mehr der Plastiker Schlüter als der Architekt wirksam wurde, das Haus Kamecke nach 1945 gesprengt wurde (Bombenschaden) und die Bauten in Warschau ebenfalls zerstört oder schwer beschädigt sind.

Aus dem damit genügend belegten einmaligen Wert des Bauwerkes, das teils in jenen Jahren entstand, in denen Schlüter Direktor der Akademie der Künste in Berlin war (1702-1704), folgt die zwingende Verpflichtung, Abbauarbeiten unter sorgfältiger Erhaltung der überlieferten künstlerischen Substanz vorzunehmen.

Dazu gehört

A) eine allen wissenschaftlichen Anforderungen genügende Erfassung und Erforschung der Bausubstanz vor Beginn irgendwelcher Abbruchsmassnahmen,

B) und eine fachmännische Demontage und Verwahrung der zu erhaltenden Details.

Beide Vorschläge entsprechen auch den Anregungen des Ministeriums für Aufbau der Deutschen Demokratischen Republik und den Vorstellungen der Hochbauabteilung des Magistrats von Gross-Berlin.

Umfang der denkmalpflegerischen Arbeiten:

zu A) **Wissenschaftl. Erfassung**

1) völliges Aufmass der Substanz in ihrem heutigen Zustand
2) völlige Fotoaufnahme dto
3) bauhistorische Durchforschung einschl. eventuell notwendig werdender Forschungsgrabungen

zu B) **Demontage der wertvollen Teile**

1) fachmännische Überwachung der gesamten Abbauarbeiten, insbesondere bei wertvollen Teilen,
2) Sammlung wertvoller Teile aus Schuttmassen,
3) Abtransport, Abbau, gesicherte Lagerung der ausgebauten Teile bei besonderer Fürsorge für die empfindlichen Plastiken usw.

Die Arbeiten zu A) betreffen das g a n z e Schloss,

die Arbeiten zu B) betreffen vor allem

a) die drei Fassaden, die dazu gehörenden erhaltenen Treppen und die Marmortreppe, die alle von Schlüter erbaut sind,
b) die vier Schlüterportale an den Nord- und Südfronten,
c) Werksteinteile der Fronten im Norden und Süden,
d) den gesamten Eosandertorbau (ohne Kuppel),
e) Werksteinteile der Westfront,
f)   dto   des westlichen Hofes,
g) die erhaltenen wertvollen Einzelteile des gesamten Innenausbaus,
h) eine begrenzte Anzahl von wertvollen Teilen der Bauten des 15. und 16. Jhrdts.
i) wertvolle Fundstücke aus dem Schutt oder solche, die sich bei Forschungsgrabungen finden

All die ~~Demxxx~~ Demontagearbeiten sind nur dann zu verantworten, wenn durch entsprechende Beschlussfassung der Wiederaufbau der wertvollen Architekturteile gesichert wird und in der Zwischenzeit eine ausreichend geschützte und überwachte Lagerung stattfindet, am besten schon in der Nähe des zukünftigen Wiederaufbauortes. Andernfalls ist mit Verlusten zu rechnen, die erfahrungsgemäss einen Wiederaufbau vor ausserordentliche Schwierigkeiten stellen und das Wiedererstehen der Schlüter-Architektur entscheidend beeinträchtigen würden.

Arbeitsorganisation

Zu A) Wissenschaftliche Erfassung:

Um eine Bewältigung der hierbei notwendigen Arbeiten ohne Verzögerung der Abbaumassnahmen zu ermöglichen, erscheint erforderlich die Bildung eines Wissenschaftlichen Aktivs und die Beschaffung ausreichender **technischer Arbeitsvoraussetzungen**.

Vorschlag f.d. Wissenschaftl. Aktiv:

Beauftragter d. Mi. für Aufbau .... 1 Schreibkraft
.... Vorbereitg.d.Benötigte Architekt.

Verantwtl. Architekturwissenschaftl.   Verantwortl. Kunsthistoriker

1. Messtrupp)   1 Kunsthist.-Trupp
2. Messtrupp) aus je   aus einem Kunsthist.
3. Messtrupp) 1 Architektur-   einem Studenten
4. Messtrupp) studenten und
                2 fachl. vorge-   1 Fototrupp (2 Mann)
                bild. Mit-
                Arbeitern

dazu an allg. Hilfskräften: 5 Arbeiter
Personal f. 4 Schiebeleitern (je 4 Mann etwa)

wünschenswert: Heranziehung einer freiwilligen Helfergruppe der FDJ

Technische Arbeitsmittel:

2 Fotoapparate 13:18 cm mit Tele- und Weitwinkelobjektiven (einer davon leihweise?)
1 3m-Stativ
2 Kleinkameras (24 : 36 mm)
1 Scheinwerfer (500-1000 Watt) mit Ständer
3 Lampen (je 500 Watt) dto
2 Holzstative f. Kleinkameras
2 Trittleitern (3 m)
6 Handlampen
300 m Gummikabel

5 Bandmasse zu 20 m
1 Theodolit
1 Nivellierinstrument
5 Wasserwaagen
5 Richtscheite
1 Waagscheit

-5-
4 Schiebeleitern
5 Sicherungsseile je 25 m
20 Stück Schutzanzüge

1500 Platten 13:18 cm
100 Filme 24:36 mm
5000 Blatt 13:18 cm Kontaktpapier
5000 Blatt Vergrößerungspapier für 24:36 mm Aufnahmen
Fotochemikalien
Blitzlicht usw.
Zeichenmaterialien
Ozalidpapier usw.
Büromaterialien einschl. einer Schreibmaschine
Telefon im Arbeitsbüro an Ort

Diese Arbeitsbedingungen vorausgesetzt ist die wissenschaftliche Aufnahme in sieben Wochen abzuschliessen mit folgender Reinzeichnung bezw.wissenschaftl.Schlussformulierung.

Der Vorschlag für die Arbeitsvoraussetzungen erfolgte auf Grund langjähriger denkmalpflegerischer Inventarisationspraxis und unter besonderer Auswertung der entsprechenden Erfahrungen aus beim Umbau des ehem.Zeughauses in Berlin.

Zu B) Demontage der künstler.wertvollen Teile

Arbeitsgruppe:

Beauftragter der
Mi.für Aufbau .... 2 Schreibkräfte
                            1 Fotohilfe

1 Architekt   1 Kunsthistoriker
1 Techniker
                    1 leit.Bildhauer(Restaurateur)
                    5 fachl.Hilfskräfte(Gesellen)
                    10 sonstige Hilfsarbeiter

Technische Arbeitsmittel:

3 dreh-und schwenkbare Kräne
Rüstung mit 2 Aufzügen
Bürobaracke, wenn infolge fortschreitenden Abbruch
Arbeiterräume in Schloss selbst nicht mehr z.V.stehen.
(dauernde Anwesenheit unmittelbar auf der Baustelle
ist unerlässlich,um jederzeitige ausreichende Überwachung der Abbaumassnahmen zu garantieren)
Transportmittel bes.für schwere Lasten
Verpackungs-und Lagerstoffe(Holz,Stroh)
Lagerplatz f.Architekturteile,bewacht
           f.Skulpturen usw. "
dazu die allg.Abbauwerkzeuge

Die Arbeitsbedingungen wurden unter den gleichen Voraussetzungen wie bei A) ermittelt.Die Zeitdauer der Demontage richtet sich nachdem Ablauf des allg.Abbaues.Sprengungen können dabei nur in bes.zu festzulegenden Ausnahmen erfolgen nach vorheriger Zustimmung des Leiters der Arbeitsgruppe Denkmalpflege.

Zeitplan

Denkmalpflegearbeiten   **Allg. Abbau usw.**

1. Woche
14.–19.8.
   Allg. Vorbereitung
   Ermittlg. und Heran-
   ziehung d. Personals,
   Vorbereitung z.d.
   Unterbringung,
   Vorbereitung d.
   vertragl. Abmachungen,
   Zusammenstellung d.
   wiss. Literatur, der
   vorhandenen Planunter-
   lagen usw.
   dazu Einleitung d.
   Apparatebeschaffung

Einrichtung d. Baustelle, Beginn der Räumung losen Schuttes vordringlich auf dem westlichen Hof, Beseitigung des dortigen wertlosen Bronzedenkmals als Schrott usw.

2. Woche
21.–26.8.
   Heranführung an die Baustelle
   personell
   materiell
   Einrichtung d. Büros
   Wissenschaftl. Unterweisung
   der Mitarbeiter,
   nach Möglichkeit Beginn der
   praktischen Arbeiten

wie oben

3. Woche
28.8.–2.9.
   Aufmass
   Spreeseite 1. Trupp
   Schlüterhof 2. u. 3. Trupp
   Aussen Nord 4. Trupp
   Fototrupp: Spreeflügel u.
           Schlüterbau
   Kunsthistoriker: dto

dto
dazu
Schutt aus westl. Hof beseitigen

4. Woche
4.–9.9.
   Aufmass
   1. Trupp Zwischenbau
   2. u. 3. Trupp wie auch in vergange-
             ner Woche
   4. Trupp: dto
   Fototrupp: dto   usw
   Kunsthistoriker: dto   usw

Kranzr. Westl. Hof muss geräumt sein. Abbruch d. Spreeflügels kann beginnen. Kranmontagen. Weiteres ergibt sich aus Bauablauf. Die wissenschaftl. Erfassungsarbeiten dürften schneller fortschreiten als der Abbau.

5. Woche
11.–16.9.
   Aufmass
   1. Trupp: Eosanderbau
   2. u. 3. Trupp: wie vorige Woche
   4. Trupp: Aussen Süd
   Fototrupp: wie vorige Woche usw
   Kunsthistoriker: dto   usw

6. Woche
   18.-23.9.
   Aufmass
   4. Trupp: Aussen Süd
   1-3. Trupp: Westflügel u. Hof
   Fototrupp: usw
   Kunsthistoriker: usw.

Im Schlüterhof kann mit Einrüstung begonnen werden zum beginnenden Abbau.
Lagerplätze müssen sichergestellt sein.
Steinmetzen müssen verpflichtet sein.
Kräne müssen funktionieren

7. Woche
   25.-30.9.
   Abschluss des Aufmasses, Kontrollmasse usw.

   Aus dem Wissenschaftl. Aktiv gehen die vorgesehenen Kräfte über in die Denkmalpflegerische Arbeitsgruppe für den Abbau usw.

Im Zeitplan nicht enthalten sind Verzögerungen infolge u.U. notwendiger Forschungsgrabungen. Diese werden jedoch auch noch während der Abbrucharbeiten ausgeführt werden ausführbar sein!

An die Arbeit am Ort schliesst sich an die zeichnerische und wissenschaftl. Schlussarbeit, die ohne nennenswerte Verbindung zu den Abbauarbeiten ist.

Parallel zur Wissenschaftl. Erfassung muss einsetzen
   mit Beginn der Schuttäumung(ab 1.-2. Woche): Überwachung des Transportes auf eventuell zu bergende Stücke,
   mit Beginn des Abbaues am Spreeflügel: Überwachung d. Abbaus, Detailmessungen, Fotoarbeiten als Nachtrag usw.

Kostenschätzung

Zu A) Wissenschaftliche Erfassung

Überschlägig berechnet für 7 Wochen.
Schlussbearbeitung usw.

Personell:
Beauftragter des MfAufbau	3000,-
Leitender Architekturwissenschaftl. einschl.	2000,-
" Kunsthistoriker } Aufwand	2000,-
Architekt f. Vorbereitg. d. Demontage	2000,-
Kunsthist. dto	1500,-
12 techn. vorgebildete Architekt.-Mitarbeiter	18400,-
1 Kunsthist. Mitarbeiter	1000,-
2 Fotokräfte	3200,-
1 Schreibkraft	700,-
21 Hilfsarbeiter (5 ständige, 16 bei vier Schiebeleitern)	18000,-

51 800

—8—

Rückliche
Sächliche Ausgabe: Übertrag: 51 800,—
  Für Foto, Mess- u. sonstige
  Arbeitsgeräte, Platten,
  Papier usw.
  (bei leihweiser Beschaffung
  des Theodoliten, Nivellier-
  instruments usw)   15 000,—
Forschungsgrabungen u. Aufmasse   15 000,—
Unvorhergesehenes (10% d. bisherigen Summe)   8 200,—
Abschliessende Reinzeichnung und wissenschaftl.
                    Schlussformulierung   10 000,—

für wissenschaftl.   insgesamt   100 000,—DM
  Erfassung

Zu B) Vorbedingungen u. Kontrolle der denkmalpflegerischen Demontagen

Berechnet sind nur die sich zusätzlich zum normalen Abbruch ergebenden Kosten ohne Einbeziehung der normalen Abbrucharbeiten mit all ihren Voraussetzungen. Die Summen sind geschätzt auf Grund der Erfahrungen am ehem. Zeughaus. Die Dauer der Arbeitszeit ist auf 12 Monate angesetzt, da gerade die Arbeiten am Zeughaus lehren, dass ein ordentlicher Abbau der wertvollen Substanz mindestens diese Frist zu bewältigen sein werden. Es ist zu vermuten, dass die angenommene Dauer von 12 Monaten für den Abbau des gesamten Schlosses, bei dem Sprengungen fast ausgeschlossen sind, sogar längere Zeit in Anspruch nehmen wird, zumal kaum mehr als 6 Trupps eingesetzt werden können.

Personell:
Beauftragter des MiFürAufbau   18 000,—
Architekt   12 000,—
Techniker   7 200,—
Kunsthistoriker   9 600,—
2 Schreibkräfte   9 400,—
Leitender Bildhauer (Restaurateur)   14 400,—
5 fachl. Hilfskräfte f. Bildhauer   48 000,—
10 sonstige   dto   60 000,—
1 Fotokraft   6 000,—
                                                                  184 600,—
Sächliche Ausgaben:
Rüstung   720 000,—
3 Kräne   410 000,—
Bürobaracke (nach Abbau d. zzhi z. Zt.
             benutzbaren Räume)   68 000,—
Transport- und Verpackungsmaterial   20 000,—
                                                                 1218 000,—
Unvorhergesehenes 10 %   140 000,—

an Kosten, die zusätzlich durch die
Demontage der wertvollen Teile direkt
entstehen (ohne Lagerplatz, Bewachung usw) insgesamt   1542 600,—

Ministerium für Aufbau zu den Planungen des Zentrums Berlins nach einer Besprechung am 11. August 1950, 12. August 1950

Ministerium für Aufbau
Institut für Städtebau und Hochbau
Dr.Ib/Rw. A 30/083

Berlin, den 12. August 1950

Aktenvermerk

Betrifft: Planung Zentrum Berlin

In der Besprechung am 11. August 1950, 14 Uhr, im Magistrat wurde für die Gestaltung des Lustgartens als zentraler Demonstrationsplatz für Berlin folgende Regelung empfohlen:

1. Da sich das Schloss in Reichsbesitz befindet, ist es Aufgabe der Regierung dem Magistrat Anweisung zu geben über Massnahmen, die notwendig sind, um das Schloss abzureissen. Zu den Massnahmen gehören:

   a) Eine Bestandaufnahme des Schlosses.
   b) Sicherung der künstlerischen Details (Skulpturen, Hof von Schlüter.

   Für diese Arbeiten sind verantwortlich Dr. Strauss und Prof.Dr.Weidhaas von der Hochschule für Baukunst, Weimar

   Arbeitsplan und Kostenanschlag werden bis Montag, den 14. August 1950 beim Ministerium für Aufbau eingereicht.

2. Abriss des Schlosses, der parallel mit den zu treffenden Massnahmen unter Punkt 1 a und b durch den Magistrat vorgenommen wird. Die Festlegung eines Terminplanes für diese Arbeiten erfolgt in Übereinstimmung mit den unter Punkt 1 genannten Herren.

3. Dr. Strauss, der sich seit Jahren mit der Denkmalpflege in Berlin insbesondere bei seiner Tätigkeit im Ministerium für Volksbildung beschäftigt, ist der beste Kenner dieser Materie. Dr. Strauss müsste aber, da er heute nicht mehr

- 2 -

Mitarbeiter des Ministeriums für Volksbildung ist, direkt einen Auftrag vom Ministerium für Aufbau erhalten.

(Dr. Liebknecht)

Verteiler:
Sekretariat des Ministers
Herrn Pisternik
Herrn Siewert
Z.d.A.

Arbeitsprogramm zur Planung des Zentrums Berlins – Ergänzungsprogramm zu den Beschlüssen der Sitzung vom 5. August 1950 bei Walter Ulbricht, 12. August 1950

Ministerium für Aufbau　　　　Berlin, den 12. August 1950
Hauptabteilung II　　　　　　Rie/WS.
Allgemeines Bauwesen
Städtebau und Hochbau

P r o t o k o l l

Arbeitsprogramm zur Planung des Zentrums
Ergänzungsprogramm zu den Beschlüssen der
Sitzung vom 5. August 1950 bei Walter
U l b r i c h t .

Sitzung am 11. August 1950, 14 Uhr im Gebäude
des Magistrats, Klosterstr., Zimmer 305

===

<u>Anwesend waren:</u>　Baum, Sack, Dr. Strauss, Weidhaas, Prof. Paulick, Collein, Dr. Krüger, Heymann, Hennig, Menzel, Dr. Liebknecht, Junghanns, Geiler, Leucht, Riecke.

Zu Punkt 1 :　Abriss des Schlosses

a) Das Schloss ist Reichsvermögen. Die Regierung muss bis 19. August 1950 den Auftrag zum Abriss an den Magistrat erteilt haben. Verantwortlich Dr. Liebknecht.

b) Dr. Strauss ermittelt in Verbindung mit Collein die Abrissmassnahmen und stellt einen Terminplanentwurf auf. (Termin 13.8.1950 vorm.)

Beginn der denkmalspflegerischen Aufnahmearbeiten usw. am 14. August 1950. Geschätzte Kosten um DM 22.000.—.

c). Aufstellung eines Arbeits- und Zeitplanes für das Abtragen und Bergen des wertvollen Materials für den späteren Aufbau an anderer Stelle. Verantwortlich Dr. S t r a u s s.

d) Im Auftrage von Dr. L i e b k n e c h t wird Dr. S t r a u s s mit dem Ministerium für Volksbildung

Koll. H e i s e sprechen, dass er der Beauftragte des
Ministeriums für Aufbau für die Abbrucharbeiten
ist.

**Zu Punkt 3 d) : Enttrümmerung des Blocks zwischen Breite
und Brüderstrasse.**

Enttrümmerung bis zur Gertraudenstrasse. Der Raum zwischen
Schlossplatz und Gertraudenstrasse insgesamt für die
Oper zur Verfügung stellen, dadurch mehr Platz zum Abfluss
der Demonstrationszüge.

Zu Punkt 3 e): Brücken

Verbreiterung der Schloss- und Langen Brücke. Die neue
Breite richtet sich nach den ermittelten Zugbreiten der
Demonstrationen.

Zu Punkt 5: Altes Rathaus

Es sind noch keine Investitionsmittel vorgesehen. Sofortiger Beginn der Projektierung ist einzuleiten.

Zu Punkt 6: Alexanderplatz

Im Zusammenhang mit der Gestaltung des Platzes steht die
Verkehrsfrage der Königstrasse.
Erste Auffassung: Die Strassenachse Stalinallee – Brandenburger Tor mit Zielverkehr durch schienenlose Grossverkehrsmittel, Personenwagen und Fussgänger (Tagsüber Fahrverbot
für Lastwagen, Pferdefuhrwerke u.ä.).
Zweite Auffassung: Die Königstrasse in der neuen Gestaltung
nur mit Fussgängerverkehr, der Fahrverkehr über die Grunerstrasse. (Dadurch Verhinderung, dass die Königstrasse
Hauptverkehrsstrasse wird).
Entscheid zwischen beiden Auffassungen: Am Sonntag, dem
13. August 1950, 8 Uhr in einer neuen Sitzung.
Teilnehmer: Collein, Sack, Dr. Liebknecht, Menzel, Prof.
Paulick, Geiler, Junghanns, Riecke.

(Riecke)

Brief des Amtes Museen und Sammlungen an Magistratsdirektor Markert über die Situation, 12. August 1950

Amt Museen und Sammlungen HWissK 31/He

Berlin, den 12.8.50

An
Mag.-Direktor M a r k e r t
über Direktor K ü r s c h n e r
im H a u s e

Betrifft: Berliner Schloss

Am gestrigen Tage (11.8.50) rief mich Dr. Strauss an und sagte mir, er sei zum Beauftragten des Ministeriums für Aufbau in Sachen "Berliner Schloss" ernannt worden. Es habe gerade eine wichtige Sitzung in dieser Angelegenheit stattgefunden, an der Stadtrat Baum von der Abteilung Wirtschaft, Herr Collein von der Abteilung Aufbau, er selbst und noch verschiedene andere Sachbearbeiter teilgenommen hätten. Die Regierung der DDR werde alle Objekte, die Eigentum des früheren preussischen Staates waren, übernehmen. Über das Schicksal des Schlosses sei bereits entschieden, doch könne er mir noch keine Einzelheiten mitteilen.

Für heute früh hatte ich eine Zusammenkunft zwischen Herrn Weigert vom Amt Abräumung und Herrn Heisig vom Ministerium für Volksbildung im Schloss verabredet. Dies geschah auf die Bitte von Herrn Weigert, der von der Abteilung Aufbau den Auftrag bekommen hatte, in kürzester Frist einen Kostenanschlag für Abrissarbeiten am Schloss, herzustellen. Da Herr Heisig nicht erschien, rief ich ihn an und erfuhr von ihm, dass er an der Besichtigung nicht teilzunehmen gedenke, da inzwischen ein endgültiger Beschluss über das Schloss gefasst sei. Einzelheiten wollte er mir telefonisch nicht mitteilen.

Während der Besichtigung erzählte der Hausmeister des Schlosses, Herr Altmann, dass am 10.8. eine aus 5 Personen bestehende Kommission sich Zutritt zum Schloss verschafft und erklärt hatte, dass sie "vom Magistrat im Auftrage der Regierung" gekommen sei. Sie sei bald darauf gegangen und habe erklärt, sie werde in den nächsten Tagen wiederkommen.

Obwohl, wie aus Vorstehendem ersichtlich, nichts genaues zu ermitteln ist, habe ich den Eindruck gewonnen, dass bereits Verhandlungen auf hoher bzw. höchster Ebene sehr weit gediehen sind.

Ich halte es für meine Pflicht, darauf aufmerksam zu machen, weil ich zwei Gefahren sehe:

1.) **Die Ausschaltung der Abteilung Volksbildung**

Hierbei muss ich allerdings bemerken, dass mir nicht bekannt ist, wie weit Stadtrat Baum, der in der Planung ja auch die

kulturellen

kulturellen Belange zu vertreten hat, sich bereits mit
Stadtrat Kreuziger in Verbindung gesetzt hat.
2.) **Eine juristische Entscheidung, die nicht im Sinne des Magistrats liegt.**

Wir hatten bisher (und wir glaubten damit den Standpunkt des Oberbürgermeisters zu vertreten) angenommen, dass die bisher treuhänderisch vom Magistrat verwalteten, im demokratischen Sektor Berlin befindlichen ehemals vom Reich bzw. dem preussischen Staat gehörenden Gebäude nach der Umwandlung der sowjetischen Militäradministration in die sowjetische Kontrollkommission in den Besitz des Magistrats übergehen. In diesem Falle wäre die Überlassung der Ehemals Staatlichen Museen an die Regierung nur als Verwaltungsauftrag gedacht. Demgegenüber scheint mir von der Regierung aus die Ansicht vertreten zu werden, dass die Nachfolgerin des preussischen Staates bzw. des Reiches auch im Gebiet von Gross-Berlin die DDR ist.

Eine Klärung der Situation zu Punkt 2 wäre man für uns darum von besonderer Wichtigkeit, weil das Berliner Schloss und das Kronprinzenpalais zwar als Leihgaben Bestände der Ehem.Staatl. Museen bei sich aufgenommen hatten, aber verwaltungsmässig nicht den Ehem.Staatl. Museen, sondern der früheren Verwaltung der Staatl. Schlösser und Gärten unterstanden. Wir müssten also den Standpunkt vertreten, dass die genannten Objekte nicht zugleich mit den Ehem.Staatl. Museen an die Regierung übergehen, sondern noch bei der Stadt bleiben. Ein späterer Ausbau des Kronprinzenpalais würde Unterbringungsmöglichkeiten für die Galerie des 20. Jahrhunderts schaffen. Ist die Stadt jedoch bereit, die genannten beiden Objekte der Regierung zu überlassen, so müsste das ebenfalls in Form eines Verwaltungsauftrags geschehen.

Ich bitte Sie, zu den genannten Problemen (evtl. nach Rücksprache mit Dr. Bürger zu Punkt 2),Stellung zu nehmen und danach die Angelegenheit mit Stadtrat Kreuziger durchzusprechen.

(Dr. Behrsing)

Protokoll Nr. 4 der Sitzung des Politbüros des Zentralkomitees der SED am 15. August 1950

Zur Bestätigung (3)

Protokoll Nr. 4
der Sitzung des Politbüros des Zentralkomitees
am 15. August 1950

Anwesende Mitglieder: Pieck, Grotewohl, Ulbricht, Dahlem, Rau, Oelßner
Anwesende Kandidaten: Ackermann, Honecker, Herrnstadt, Mückenberger, Jendretzky
Zu Punkt 2: Handke, Stoph
Zu Punkt 3: K. Liebknecht, Collein, Piesternick
Zu Punkt 4: W. Koenen
Es fehlte entschuldigt: Ebert wegen Krankheit
Zaisser wegen Urlaub
Matern wegen Urlaub
Schmidt wegen Urlaub

Sitzungsleitung: Grotewohl   Protokollführung: Oelßner

Zur Bestätigung (3)

bestätigt

Protokoll Nr. 4
der Sitzung des Politbüros des Zentralkomitees
am 15. August 1950

Anwesende Mitglieder: Pieck, Grotewohl, Ulbricht, Dahlem, Rau, Oelßner
Anwesende Kandidaten: Ackermann, Honecker, Herrnstadt, Mückenberger, Jendretzky
Zu Punkt 2: Handke, Stoph
Zu Punkt 3: K. Liebknecht, Collein, Pisternick
Zu Punkt 4: W. Koenen
Es fehlte entschuldigt: Ebert wegen Krankheit
Zaisser wegen Urlaub
Matern wegen Urlaub
Schmidt wegen Urlaub

Sitzungsleitung: Grotewohl   Protokollführung: Oelßner

Behandelt:

1. Protokollbestätigung:

2. Ergebnisse und Erfahrungen des Außenhandels der DDR:
   Berichterstatter: Handke

3. Plan des Neuaufbaues von Berlin:
   Berichterstatter: Kurt Liebknecht

Beschlossen:

Das Protokoll Nr. 3 des Politbüros des ZK wird bestätigt.

Der Bericht wird zur Kenntnis genommen.
Es wird eine Kommission aus den Genossen
   Stoph
   Handke
   Greta Kuckhoff
   Staimer
eingesetzt, die dem Politbüro bis zur nächsten Sitzung den Entwurf eines Beschlusses vorlegen soll.

Der Bericht wird zur Kenntnis genommen.
Dem vorgelegten Plan wird zugestimmt. (Anlage Nr. 1)
Die Umlegung der Straßenbahnlinien aus dem Zentrum soll sofort erfolgen.
Die Genossen in der Regierung werden beauftragt, den Plan am 23. August in einer Sitzung des Ministerrates mit Vertretern des Magistrats zur Beschlußfassung zu bringen.

Abteilung Wirtschaftspolitik   Berlin, den 14.8.1950

An das Politbüro

Betr.: Neuaufbau Berlins

Wir bitten das Politbüro, folgenden Vorschlägen, die von der eingesetzten Kommission erarbeitet wurden, zuzustimmen.

Plan des Neuaufbaues von Berlin (Anlage Nr. 1)

Hauptstraßenzug Stalin-Allee – Brandenburger Tor:

Diese Verbindung ist für das Zentrum von besonders architektonischer Bedeutung. Sie ist nicht für den Durchgangsverkehr vorgesehen. Für ihn sind die Umleitungsstraßen um das Zentrum und um den Zentralen Bezirk zu benutzen. Auf dieser Straßenführung Stalin-Allee – Brandenburger Tor ist der Verkehr für Lastwagen zu beschränken.

Zentral im Zuge der Stalin-Allee – Brandenburger Tor befindet sich der Mittel- und auch architektonische Höhepunkt des Zentrum Berlins, der Lustgarten. Der Lustgarten hat besondere politische Traditionen und eine günstige Lage als Abschluß der Hauptanmarschstraße für die Demonstrationen Unter den Linden. Er ist der beste Platz für fließende und stehende Demonstrationen. Die erforderliche Größe ist nur durch Abriß des Schlosses zu erreichen. Die Gestaltung des Platzes wird eine besondere Betonung erhalten durch den in der Achse der Linden zu erstellenden bedeutenden Baukomplex, eventuell Hochhaus. Außerdem wird vorgeschlagen, gegenüber dem Alten Museum die neue deutsche Staatsoper aufzubauen. Das Piapp-Denkmal ist geplant gegenüber der Tribüne an der Stelle, wo etwa das Nationaldenkmal gestanden hat.

Die Größenabmessungen des Platzes sind ungefähr 180 x 450 qm = etwa 82.000 qm. Im Vergleich dazu die Ziffern des Roten Platzes in Moskau, der mit seinen 120 x 400 qm = 50.000 qm besitzt.

Unter den Linden:

Die Schloßbrücke, die den Lustgarten mit der Straße Unter den Linden verbindet, muß auf etwa 50 – 60 m verbreitert werden. Die

Straße Unter den Linden bleibt in ihrer jetzigen Form bestehen, erhält aber von der Charlottenstraße bis Wilhelmstraße einen neuen Inhalt. Hier werden einige Botschaftsgebäude (Sowjetische Botschaft) und öffentliche Gebäude, in deren Erdgeschosse repräsentative Ausstellungsräume für die volkseigene Industrie vorzusehen sind, erstellt werden.

Die historischen Gebäude im östlichen Teil der Straße Unter den Linden sind teilweise im Aufbau und sind in ihrer alten äußeren Gestalt wieder herzustellen: Zeughaus, Neue Wache, Humboldt-Universität, Opernhaus eventuell als Konzertsaal, Hedwigskirche usw.

Auf dem Pariser Platz ist das Brandenburger Tor im Aufbau. Geplant sind hier die Akademie der Künste und das frühere Hotel Adlon.

Stalin-Allee:

Die Stalin-Allee wird über den Alexanderplatz und Königstraße mit dem Lustgarten verbunden. Sie wird in einer Breite von etwa 40 m direkt in den Alexanderplatz eingeführt. Ein Abfangen der Lenin-Allee durch die Stalin-Allee vor ihrer Einmündung in den Alexanderplatz machte sich dabei notwendig. 1951 wird der Mittelteil des jetzt im Aufbau befindlichen Wohnblocks an der Weberwiese (nicht niedriger als 7 Geschosse) und der gegenüber liegende Wohnblock gebaut werden können. Das Aufbauprogramm für die Stalin-Allee (von der Warschauer Straße bis zum Alexanderplatz - Zentraler Bezirk und Zentrum) wird aufgestellt. Die grundsätzlich vorgesehene Randbebauung soll nicht niedriger als 7 Stock sein. Bauten: Wohnhäuser mit Läden, Restaurants und Kinos.

Alexanderplatz:

Der Alexanderplatz, der von jeher einer der stärksten Verkehrsplätze Berlins ist, wird Zentrum des Handels werden mit seinen Warenhäusern, Läden und Bürobauten. Die schwierigen Verhältnisse bei diesem Platz geben heute noch nicht die Möglichkeit, eine endgültige Lösung vorzuschlagen. In der Achse der Königstraße kann ein Hochhaus geplant werden. Der Hauptzugang zum Stadtbahnhof soll zum Alexanderplatz freigelegt werden.

Königstraße:

Die Königstraße wird auf 30 bis 40 m verbreitert werden, und zwar auf der Seite, wo das Wertheimgebäude steht, weil dies hier mit dem geringsten Aufwand zu erreichen ist. Sie wird bis zum Rathaus Ladenstraße und muß vom schienengebundenen Verkehr befreit werden. Das Rathaus soll in der alten äußeren Gestalt wieder aufgebaut werden und wird die Sitzungs- und Empfangsräume des Magistrats sowie die Räume des Oberbürgermeisters aufnehmen. Vor dem Rathaus soll bis zur Liebknechtstraße ein neuer Platz geschaffen werden, der sein architektonisches Gesicht durch das Rathaus selbst und durch die Ostfront des bedeutenden Baukomplexes am Lustgarten und durch die Marienkirche erhält.

Die Kurfürstenbrücke als Verbindung der Königstraße mit dem Lustgarten muß wesentlich verbreitert werden.

Thälmannplatz:

Die vorgeschlagene Aufstellung des Thälmann-Denkmals auf der Seite des Tiergartens macht es notwendig, den Platz südlich im Zuge der Mohrenstraße durch eine neue Bebauung zu schließen.

Die Front des Nationalrates, des Gästehauses und der dazwischenliegenden Baulücke muß neu gestaltet werden. (Höherziehung des Eingangsteiles des Nationalrates ist zu erwägen).

Wilhelmstraße:

Die Wilhelmstraße, die als Repräsentationsstraße gedacht ist (Botschafts- und Regierungsgebäude), soll verbreitert werden, ebenso ihre Fortsetzung über die Straße Unter den Linden hinaus. Die Neue Wilhelmstraße und Luisenstraße sind ebenfalls bis zur Überführung der S-Bahn zu verbreitern. In diesem Zusammenhang ist die Brücke in diesem Straßenzug breiter zu machen.

Friedrichstraße und Platz vor dem Bahnhof Friedrichstraße:

Die Friedrichstraße ist ihrer Tradition folgend als Ladenstraße gedacht. Auch für die Friedrichstraße ist eine abschnittsweise Verbreiterung vorzusehen. Auf der jetzt freigelegten Fläche vor dem Bahnhof ist ein Platz mit einem Hotelkomplex und anderen öffentlichen Bauten vorzusehen.

Französische Straße:

Die Französische Straße ist bis zur Oberstraße durchzuführen (als Entlastung für die Straße Unter den Linden).

Schlußfolgerungen:

1. Grundsätzliches Einverständnis mit der Gestaltung des Zentrums und der zentralen Straßenführung von der Stalin-Allee bis zum Brandenburger Tor einschließlich der Plätze Alexanderplatz, Rathausplatz, Lustgarten, Thälmannplatz, Bahnhofsplatz Friedrichstraße.

2. Abriß des Schlosses unter Berücksichtigung aller Maßnahmen, die zur Erhaltung architektonischer Einzelheiten und Bildhauerarbeiten notwendig sind. (Auftragserteilung zum Abriß des Schlosses auf Beschluß der Regierung durch das Ministerium für Aufbau an den Magistrat von Groß-Berlin - das Schloß gehört zu den der Regierung der Deutschen Demokratischen Republik zustehenden Vermögenswerten des ehemaligen Preußischen Staates).

3. Gestaltung des Lustgartens zu einem Platz der Demonstrationen (Abriß des Schlosses, Restaurierung der Marstallfassade, Enttrümmerung des ersten Abschnittes vom Block zwischen Brüderstraße und Breitestraße, Grundsteinlegung des Piapp-Denkmals, Errichtung einer provisorischen Tribüne).

4. Genehmigung des Demonstrationsplanes (siehe Anlage 1).

5. Straßenverbreiterung: Königstraße und Herausnahme der Straßenbahnlinie, Wilhelmstraße, Neue Wilhelmstraße, Luisenstraße.

6. Durchbruch der Französischen Straße zur Ebertstraße.

7. Zur Einhaltung des Termins für den ersten Bauabschnitt (Fertigstellung des Lustgartens zum 1. Mai 1951) sind die Volkseigenen Baubetriebe und, soweit erforderlich, auch die Volkseigenen Baubetriebe des Ministeriums für Industrie mit Großgeräten für die Abriß- und Transportarbeiten einzusetzen.

8. Die Federführung für die Planungsarbeiten Berlins liegt beim Ministerium für Aufbau, das in Zusammenarbeit mit den Magistrats-Dienststellen die Vorschläge ausarbeitet und zur Beschlußfassung vorlegt (Stadtbebauungsplan).

9. Der Magistrat beschließt eine Verordnung, nach der Baugenehmigungen nur erteilt werden dürfen, wenn sie ~~mit~~ der neuen Stadtplanung ~~nicht in Widerspruch stehen.~~ entsprechen.

10. Die Kommission wird beauftragt, bis zum 21. 8. 1950 einen konkreten Plan für die vordringlich in Angriff zu nehmenden Bauobjekte im Zentrum Berlins vorzulegen.

Anlage 1

In diesem Zusammenhang ist es zweckmäßig, auf die Führung der Demonstration einzugehen:

Demonstrationsplan:

1. Bei Stand-Demonstrationen faßt der neugestaltete Lustgarten ungefähr 330.000 Menschen. Die schnelle Füllung des Platzes ist durch die Zuführung von allen Seiten gewährleistet. Ebenso ist der rasche Abmarsch und Abtransport durch die günstig liegenden S- und U-Bahnhöfe gesichert.

2. Fließende Demonstrationen: Die Hauptaufmarschstraße ist die Straße Unter den Linden. Zwei Kolonnen zu 16 und eine mittlere Kolonne zu 8 Demonstranten, das sind 40 Personen je Reihe, können hier marschieren. Zwei weitere Kolonnen zu je 16 Menschen stoßen vor der Schloßbrücke zu, so daß über die verbreiterte Brücke insgesamt Reihen zu 72 Demonstrationsteilnehmer auf dem Lustgarten aufmarschieren können. Das bedeutet pro Stunde 125.000 Menschen. Wenn wir noch eine Kolonne von Norden über die Friedrichbrücke herbeiführen, erhöht sich die Breite vor der Tribüne auf 92 Teilnehmer, die Gesamtzahl pro Stunde auf 160.000. Bei einer Dauer der Demonstration von 5 Stunden können 800.000 Menschen an der Tribüne vorbeimarschieren.

Um einen reibungslosen An- und Abmarsch und ein zügiges Fließen der Demonstranten zu erreichen, ist erforderlich
a) den Anmarsch auf bestimmte Straßen und Stellplätze zu lenken und
b) für den Abmarsch eine von dem Anmarsch freie Zone vorzusehen.

Der Anmarsch aus den verschiedenen Bezirken Gesamtberlins ist folgendermaßen gedacht:
1. Die Demonstranten aus dem Raum Süden und teilweise Osten werden über Wilhelmstraße (Thälmannplatz) und Französische Straße (Akademie-Platz) auf die Straße Unter den Linden bezw. Schloßbrücke herangeführt.
2. Die Demonstranten aus dem Westen gehen über Leipziger Platz und Ebertstraße durch das Brandenburger Tor.
3. Die Demonstranten aus dem Nordwesten und Norden durch die Luisenstraße, Neue Wilhelmstraße.

4. Demonstranten aus dem Nordwesten und Osten über Dorotheenstraße, Platz vor dem Bahnhof Friedrichstraße und über Kupfergraben am Zeughaus zur Schloßbrücke.

5. Wie erwähnt ist ein weiterer Anmarsch über Friedrichbrücke möglich.

Die Abmarschzone umfaßt den Raum östlich der Spree mit den S-Bahnhöfen Börse, Alexanderplatz, Jannowitzbrücke und den U-Bahnhöfen Alexanderplatz, Klosterstraße und eventuell Spittelmarkt.

Der Abtransport von 160.000 Menschen pro Stunde ist nach Angaben der Verkehrssachverständigen der BVG und der Reichsbahn ohne Berücksichtigung der Straßenbahn und anderer Verkehrsmittel gewährleistet.

Vorlage für das Politbüro – Umgestaltung des Lustgartens (Termin- und Kostenplan), 21. August 1950

Abt. Wirtschaftspolitik

Berlin, den 21.8.1950

V o r l a g e

für das Politbüro

Betrifft: Umgestaltung Lustgarten Berlin.

Beschlussvorschlag:

1. Dem nachstehenden Termin- und Kostenplan für die vorläufige Umgestaltung des Lustgartens, der gemäss des Beschlusses des Politbüros "Über die Neugestaltung Berlins" vom 15.8.50 von den beteiligten Genossen ausgearbeitet und vorgelegt wird, wird zugestimmt.
2. Die notwendigen Mittel für die sofort in Angriff zu nehmenden Arbeiten (siehe Punkt 1 - 6 des Termin- und Kostenplans) sind vom Magistrat der Stadt Berlin zur Verfügung zu stellen.
3. Der Termin- und Kostenplan für die Erneuerung des Rathauses, Alexanderplatz, Friedrichstrasse usw. ist bis zum 15.9.50 vorzulegen.

Termin- und Kostenplan für die vorläufige
Umgestaltung des Lustgartens.

Der im folgenden aufgestellte Termin- und Kostenplan geht von dem Ziel aus, den Lustgarten durch Abriss des Schlosses zu vergrössern und bis zum 1.5.1951 in einer vorläufigen Gestaltung fertigzustellen. Nach den bisher vorliegenden Vorprojekten haben die an der Durchführung der Arbeiten Beteiligten eine Kostenschätzung und einen Terminplan aufgestellt der im einzelnen folgende Arbeiten umfasst:

1. **Sicherung der kulturellen Werte des Schlosses**, d.h. Ausbau der künstlerisch wertvollen Teile und verwendbaren Materialien einschl. Abtransport und Lagerung, einschl. wissenschaftlicher Aufnahmen und aller Sonderhonorare ca. DM 1.540.000,--

    Termin: In Koordinierung mit den sonstigen Abräumungsarbeiten müssten diese Ausbauarbeiten bis zum 15.1.1951 abgeschlossen sein.

2. **Enttrümmerung**, d.h. Sprengung, Einrissarbeiten, Abräumung und Abtransport der Trümmerschuttmassen mittels LKW und Kahnraum zu den Schuttablagerungsstellen ca. DM 2.300.000,--

    Termin: In Koordinierung mit den nach der Abräumung erforderlichen Planierungs- und Befestigungsarbeiten auf dem Platz, auf dem die Tribünen und sonstigen Nebenanlagen aufgebaut werden sollen, müssen diese Arbeiten bis zum 15.3.1951 im wesentlichen abgeschlossen sein.

3. **Befestigung des vergrösserten Platzes**, d.h. Ausgleichen der vorhandenen Höhenunterschiede zwischen dem jetzigen Strassen- und Platzgelände und der gesamten Fläche des abgerissenen Schlosses ca. DM 350.000,--

    Übertrag: DM 4.190.000,--

                                      Übertrag: DM 4.190.000,—

Termin: Mit den Arbeiten müsste in Koordinierung mit den unter 1 und 2 genannten Arbeiten spätestens am 15.3.51 begonnen werden,
da anschliessend der Aufbau der Tribünen und
Nebenanlagen noch erfolgen muss.

4. Tribüne und Nebenanlagen.
Für den Aufbau einer provisorischen Tribüne
in Holzkonstruktion samt Nebenanlagen
(Toiletten, Sanitätsräume etc.) inkl. der
Gesamtdekoration   ca. DM   625.000,—

Termin: Nach weitgehendster Vorbereitung
in den Werkstätten muss mit dem Aufbau spätestens am 15.4.51 begonnen werden.

5. Lautsprecher-Anlagen.
Für die gesamten Lautsprecher-Anlagen des
Lustgartens, der Strasse Unter den Linden,
Wilhelmstr. bis Leipziger Strasse inkl.
Thälmannplatz, Neue Wilhelm-Strasse, Lui-
senstrasse, Robert-Koch-Platz,
Fritz-Ebert-Strasse bis Leipziger Platz,
Potsdamer Platz und Abmarsch Königstrasse bis
Alexanderplatz) insgesamt   ca. DM 1.000.000,—

Termin: Beginn der Arbeiten Anfang Januar 51.
Sämtliche Materialien sind im demokratischen
Sektor bezw. in der DDR bei Lieferanweisung
erhältlich unter der Voraussetzung, dass die
produzierenden Firmen rechtzeitig die entsprechenden Aufträge erhalten.

6. Herausnahme der Strassenbahn aus Königstrasse
und Französische Strasse und Verlegung der
Linien in die Alexanderstr., Stralauer Str.
mit Anschluss an Gertraudenstrasse, Leip-
ziger Strasse   ca. DM   250.000,—
Davon in Westmarkbeträgen für die im
Osten nicht erhältlichen Anlagen 80.000 Westm.

Termin: Abhängig von den Lieferzeiten der im
Westen herzustellenden Anlagen, die zurzeit
rd. 3 Monate betragen, Konstruktions- und
Einbauzeit für die fertigen Anlagen
ca. 2 Monate.

       Somit Gesamtkosten . . . . ca. DM 6.065.000,—
davon 80.000 Westmark.

Sollte die Verlegung der Strassenbahnlinie über Königstrasse, Französische Strasse auf Schwierigkeiten stossen (Westmarkbeträge bezw. Lie-
ferungen aus dem Westen) wird von der BVG vorgeschlagen, die Ausserbe-
triebnahme der Strassenbahn nur bis zu einer Umleitung durch die Span-
dauer Strasse in Erwägung zu ziehen. In diesem Falle wären keinerlei
bauliche Massnahmen erforderlich.

Die im Endzustand vorgesehene Erweiterung der Anmarschstrassen Wilhelmstrasse, Neue Wilhelmstrasse und Königstrasse als Anmarschstrasse ist
zum 1.5.1951 nicht erforderlich, da die Schlossbrücke in ihrer jetzigen
Breite nur eine beschränkte Aufmarschbreite zulässt, die über die bestehenden Strassenbreiten ohne Schwierigkeiten zu erreichen ist.

Eine wesentliche Erleichterung gegenüber dem Deutschlandtreffen ist schon dadurch gegeben, dass nunmehr die Strasse Unter den Linden in ihrer gesamten Ausdehnung für den Aufmarsch zur Verfügung steht, da sowohl die Einschränkung durch die Baustelle der Sowj. Botschaft als auch die Behinderung durch das Denkmal Friedrich des Grossen inzwischen behoben sind. Eine Verstärkung der Demonstrationskolonnen kann leicht erreicht werden, wenn auf den Platz selbst von Norden ein oder zwei Kolonnen über Dorotheenstrasse bwz. Neue Friedrichstrasse zugeführt werden.

Mitglied des Sekretariats   Abt. Wirtschaftspolitik

ausgefertigt 18 Exemplare
1 - 16 Büro des Sekretariats
17- 18 Abt. Wirtschaftspolitik

Protokoll der 38. Sitzung der Provisorischen Regierung der DDR vom 23. August 1950, 24. August 1950

Deutsche Demokratische Republik
  Regierungskanzlei
    Hauptabteilung II
                                            Berlin, den 24. August 1950

Regierungssache
================

Protokoll
der 38. Sitzung der Provisorischen Regierung der Deutschen
Demokratischen Republik vom 23. August 1950

Beginn: 15 Uhr   Ende: 17.15 Uhr

Anwesend:

Der Ministerpräsident	Herr Grotewohl (Vorsitz)
Die Stellvertreter des Ministerpräsidenten	Herr Ulbricht Herr Nuschke
Ministerium des Innern Der Minister	Herr Dr. Steinhoff

Ministerium für Planung
  Der Minister
  Der Staatssekretär
	Herr Rau
	Herr Leuschner

Ministerium der Finanzen Der Staatssekretär	Herr Rumpf
Ministerium für Industrie Der Staatssekretär	Herr Wunderlich
Ministerium für Land- und Forstwirtschaft Der Minister	Herr Goldenbaum

Ministerium für Innerdeutschen Handel, Außenhandel und Materialversorgung
  Der Minister
  Der Staatssekretär
	Herr Handke
	Herr Ganter-Gilmans

Ministerium für Handel und Versorgung Der Minister	Herr Dr. Hamann
Ministerium für Arbeit und Gesundheitswesen Der Minister	Herr Steidle
Ministerium für Verkehr Der Staatssekretär	Herr Bachem
Ministerium für Aufbau Der Minister	Herr Dr. Bolz
Ministerium der Justiz Der Minister	Herr Fechner
Der Staatssekretär der Regierung	Herr Dr. Geyer
Der Staatssekretär beim Präsidenten der DDR	Herr Dr. Zuckermann
Der Vorsitzende der Zentralen Kommission für Staatliche Kontrolle	Herr Fritz Lange

-2-

Der Leiter des Amtes für Information	Herr Prof. Eisler
Der Schriftführer	Herr Schaul

Anwesend zu 1 und 2 der Tagesordnung:

Magistrat von Groß-Berlin

Der Oberbürgermeister	Herr Ebert
Der Bürgermeister	Herr Gohr
Der Bürgermeister	Herr Schneider
Der Stadtrat	Herr Martin Schmidt
Der Stadtrat	Herr Bruno Baum
Der Stadtrat	Herr Hintze
Der Stadtrat	Herr Munter
Der Stadtrat	Frau Schirmer-Pröscher
	Herr Dr. Bürger
Der Magistratsdirektor	Herr Dr. Brockschmidt
	Herr Collein
	Herr Hennig

Ministerium für Aufbau

Herr Pisternick
Herr Dr. Liebknecht
Herr Meyer
Herr Sievert

T a g e s o r d n u n g :

1. Neuaufbau von Berlin
2. Neuaufbau der Großstädte in der Deutschen Demokratischen Republik
3. Teilnahme der Deutschen Demokratischen Republik am Rat für Gegenseitige Wirtschaftliche Hilfe

Entwurf   Berlin, den 24. August 1950

                              I/3-03

                Protokoll
    der 38. Sitzung der Regierung vom 23. August 1950
    -

Beginn: 15 Uhr   Ende: 17.15 Uhr

            T a g e s o r d n u n g

    1. Neuaufbau von Berlin

    2. Neuaufbau der Großstädte in der
       Deutschen Demokratischen Republik

    3. Teilnahme der Deutschen Demokratischen
       Republik am Rat für Gegenseitige ~~Öko-~~ Wirtschaftshilfe
       ~~nomische~~ Hilfe

Zu 1 der Tagesordnung:

Ministerpräsident Grotewohl führte aus, daß nach der Verfassung
der Deutschen Demokratischen Republik Berlin die Hauptstadt der
Republik sei, und daß deshalb der Entwurf des gleichzeitig zur
Beratung stehenden Aufbaugesetzes die Regierung verpflichte,
für den planmäßigen Aufbau Berlins als Hauptstadt Deutschlands
zu sorgen. Dieser Entwurf füge sich in den von der Sozialistischen
Einheitspartei Deutschlands beschlossenen und von der Regierung
übernommenen Fünfjahrplan ein, durch welchen der Wiederaufbau
der zerstörten Städte, in erster Linie Berlins, als wichtigste
wirtschaftspolitische Aufgabe gestellt werde. Der Plan sehe bis
zum Jahre 1955 den Betrag von 4,1 Milliarden DM für den
Aufbau von 53 Städten der Republik vor, wovon auf Berlin 1,89
Milliarden DM entfallen.

Oberbürgermeister Ebert sah in der gemeinsamen Beratung der Regierung mit dem demokratischen Magistrat von Groß-Berlin einen
überzeugenden Beweis für die enge Verbundenheit zwischen der
Deutschen Demokratischen Republik und der Hauptstadt Berlin.
Seitdem Ministerpräsident Grotewohl bei der Errichtung der Deutschen Demokratischen Republik den Wiederaufbau Berlins zu einer
nationalen Aufgabe erklärt habe, sei es in gemeinsamer Arbeit der
Regierung und des demokratischen Magistrats gelungen, die ersten
Wohnbauten zu errichten und jetzt die konkreten Pläne für die Gestaltung des Zentrums Berlins zur Beschlußfassung zu unterbreiten. -2-

– 2 –

Architekt Dr. Liebknecht erläuterte anhand von Skizzen und eines Modells die Grundgedanken der Gestaltung des Berliner Stadtzentrums. Nach eingehender Aussprache wurde folgende als erste Maßnahmen zur Neugestaltung des Stadtzentrums folgendes beschlossen:

1. Das Schloß soll unter Sicherung der darin enthaltenen kulturellen Werte abgetragen werden. Die Baudenkmäler des Schlosses sollen als an anderen Stellen wiedererrichtet werden.

2. Der Bau zur Wiederherstellung des Zeughauses ist einzustellen; zur Herstellung einer einheitlichen Straßenflucht und der Verbreiterung der Straße Unter den Linden sind Pläne über eine Rückverlegung der Fassade des Zeughauses auszuarbeiten und vorzulegen.

3. An der Ostseite des Lustgartens ist unter Verwendung von Abbruchmaterialien aus dem Schloß eine große Tribüne zu errichten. Für die Südseite wird der Bau einer neuen Staatsoper, für die Westseite als Abschluß zum Wasser ein Denkmal für die Opfer des Naziregimes (FIAPP-Denkmal) vorgesehen.

4. Die Verkehrsverhältnisse der Königstraße sind umgehend zu überprüfen und Maßnahmen zur Entlastung einzuleiten, insbesondere ist die Wiederherstellung der Jannowitzbrücke zu beschleunigen.

Oberbürgermeister Ebert trug den auf Pkt. 1 erstellten Terminplan für die Herrichtung des Lustgartens zum 1. Mai 1951 vor und erklärte, daß der Magistrat als 1. Rate für den Beginn der Arbeiten einen Betrag von 5 Millionen DM zur Verfügung stellt. Die Regierung billigte den aus Anlage 1 ersichtlichen Terminplan.

Zu 2 der Tagesordnung:

Nach Vortrag von Minister Dr. Bolz beschloß die Regierung, den Entwurf eines Gesetzes über den Aufbau der Städte in der Deutschen Demokratischen Republik und der Hauptstadt Deutschlands, Berlin, (Aufbaugesetz) in der aus Anlage 2 ersichtlichen Fassung bei der Volkskammer einzubringen.

Zu 1 der Tagesordnung:

Ministerpräsident Grotewohl führte aus, daß nach der Verfassung der Deutschen Demokratischen Republik Berlin die Hauptstadt der Republik sei, und daß deshalb der Entwurf des gleichzeitig zur Beratung stehenden Aufbaugesetzes die Regierung verpflichte, für den planmäßigen Aufbau Berlins als Hauptstadt Deutschlands zu sorgen. Dieser Entwurf füge sich in den von der Sozialistischen Einheitspartei Deutschlands beschlossenen und von der Regierung übernommenen Fünfjahrplan ein, durch welchen der Wiederaufbau der zerstörten Städte, in erster Linie Berlins, als wichtigste wirtschaftspolitische Aufgabe gestellt werde. Der Plan sehe bis zum Jahre 1955 den Betrag von 4,1 Milliarden DM für den Aufbau von 53 Städten der Republik vor, wovon auf Berlin 1,89 Milliarden DM entfallen.

Oberbürgermeister Ebert sah in der gemeinsamen Beratung der Regierung mit dem demokratischen Magistrat von Groß-Berlin einen überzeugenden Beweis für die enge Verbundenheit zwischen der Deutschen Demokratischen Republik und der Hauptstadt Berlin. Seitdem Ministerpräsident Grotewohl bei der Errichtung der Deutschen Demokratischen Republik den Wiederaufbau Berlins zu einer nationalen Aufgabe erklärt habe, sei es in gemeinsamer Arbeit der Regierung und des demokratischen Magistrats gelungen, die ersten Wohnbauten zu errichten und jetzt die konkreten Pläne für die Gestaltung des Zentrums Berlins zur Beschlußfassung zu unterbreiten.

Architekt Dr. Liebknecht erläuterte anhand von Skizzen und eines Modells die Grundgedanken der Gestaltung des Berliner Stadtzentrums. Nach eingehender Aussprache wurden folgende erste Maßnahmen zur Neugestaltung des Stadtzentrums beschlossen:

1. Das Schloß soll unter Sicherung der darin enthaltenen kulturellen Werte abgebrochen werden. Architektonisch wertvolle Teile des Schlosses sollen als Baudenkmäler an anderer Stelle untergebracht werden.

2. Die Wiederherstellungsarbeiten am Zeughaus sind einzustellen. Zur Herstellung einer einheitlichen Straßenflucht und zur Verbreiterung der Straße Unter den Linden sind Pläne über eine Rückverlegung der Fassade des Zeughauses auszuarbeiten und vorzulegen.

3. An der Ostseite des Lustgartens ist unter Verwendung von Abbruchmaterialien aus dem Schloß eine Tribüne zu errichten. Für die Südseite wird der Bau einer neuen Staatsoper, für die Westseite als Abschluß zum Wasser ein Denkmal für die Opfer des Naziregimes (FIAPP-Denkmal) vorgesehen.

4. Die Verkehrsverhältnisse der Königstraße sind umgehend zu überprüfen und Maßnahmen zur Entlastung einzuleiten, insbesondere ist die Wiederherstellung der Jannowitzbrücke zu beschleunigen.

Oberbürgermeister Ebert trug den aus Anlage 1 ersichtlichen Terminplan für die Herrichtung des Lustgartens zum 1. Mai 1951 vor und erklärte, daß der Magistrat als erste Rate für den Beginn der Arbeiten einen Betrag von 5 Millionen DM zur Verfügung stellen werde.

Die Regierung billigte den Terminplan.

Zu 2 der Tagesordnung:

Nach Vortrag von Minister Dr. Bolz beschloß die Regierung, den Entwurf eines Gesetzes über den Aufbau der Städte in der Deutschen Demokratischen Republik und der Hauptstadt Deutschlands, Berlin, (Aufbaugesetz) in der aus Anlage 2 ersichtlichen Fassung bei der Volkskammer einzubringen.

Zu 3 der Tagesordnung:

Nach Vortrag von Ministerpräsident Grotewohl beschloß der Ministerrat, um Aufnahme der Deutschen Demokratischen Republik in den Rat für Gegenseitige Wirtschaftliche Hilfe nachzusuchen und zu diesem Zweck an die Regierungen aller im Rat vertretenen Länder die Bitte zu richten, die Aufnahme der Deutschen Demokratischen Republik zu befürworten.

Sämtliche Beschlüsse wurden einstimmig gefaßt.

Der Staatssekretär
der Regierung:

Der Schriftführer:

Verteiler:

Präsident der DDR
Ministerpräsident
Stellv. d. Min. Präs.
alle Minister
Staatssekretär d. Regierung
Vors. d. ZKStK
Leiter d. Amtes für Information
Oberbürgermeister Berlin

Anl. 1 z. Protokoll d.
38. Sitzung der Regierung vom 23.8.1950

Terminplan
für die vorläufige Umgestaltung des Lustgartens.

Der im folgenden aufgestellte Terminplan geht von dem Ziel aus, den Lustgarten durch Abriss des Schlosses zu vergrössern und bis zu 1. Mai 1951 in einer vorläufigen Gestaltung fertigzustellen. Nach den bisher vorliegenden Vorprojekten haben die an der Durchführung der Arbeiten Beteiligten einen Terminplan aufgestellt, der im einzelnen folgende Arbeiten umfaßt:

1. Sicherung der kulturellen Werte des Schlosses,
   d.h. Ausbau der künstlerisch wertvollen Teile und verwendbaren Materialien einschl. Abtransport und Lagerung

   Termin: In Koordinierung mit den sonstigen Abräumungsarbeiten müssten diese Ausbauarbeiten bis zum 15. Januar 1951 abgeschlossen sein.

2. Enttrümerung, d.h. Sprengung, Einrissarbeiten, Abräumung und Abtransport der Trümmerschuttmassen mittels LKW und Kahnraum zu den Schuttablagerungsstellen

   Termin: In Koordinierung mit den nach der Abräumung erforderlichen Planierungs- und Befestigungsarbeiten auf dem Platz, auf dem die Tribünen und sonstigen Nebenanlagen aufgebaut werden sollen, müssen diese Arbeiten bis zum 15. März 1951 im wesentlichen abgeschlossen sein.

3. Befestigung des vergrösserten Platzes, d.h. Ausgleichen der vorhandenen Höhenunterschiede zwischen dem jetzigen Strassen- und Platzgelände und der gesamten Fläche des abgerissenen Schlosses

   Termin: Mit den Arbeiten müsste in Koordinierung mit den unter 1 und 2 genannten Arbeiten spätestens am 15. März 1951 begonnen werden, da anschliessend der Aufbau der Tribünen und Nebenanlagen noch erfolgen muss.

4. Tribüne und Nebenanlagen
   Für den Aufbau einer provisorischen Tribüne in Holzkonstruktion samt Nebenanlagen (Toiletten, Sanitätsräume etc.) inkl. der Gesamtdekoration

   Termin: Nach weitgehendster Vorbereitung in den Werkstätten muss mit dem Aufbau spätestens am 15. April 1951 begonnen werden.

5. Lautsprecher-Anlagen
Für die gesamten Lautsprecher-Anlagen des Lustgartens, der Straße Unter den Linden, Wilhelmstr. bis Leipziger Straße inkl. Thälmannplatz, Neue Wilhelm-Strasse, Luisenstrasse, Robert-Koch-Platz, Fritz-Ebert-Strasse bis Leipziger Platz, Potsdamer Platz und Abmarsch Königstrasse bis Alexanderplatz

Termin: Beginn der Arbeiten Anfang Januar 1951. Sämtliche Materialien sind im demokratischen Sektor bzw. in der Deutschen Demokratischen Republik bei Lieferanweisung erhältlich unter der Voraussetzung, daß die produzierenden Firmen rechtzeitig die entsprechenden Aufträge erhalten.

6. Herausnahme der Strassenbahn aus Königstrasse und Französische Strasse und Verlegung der Linien in die Alexanderstr., Stralauer Str. mit Anschluß an Gertraudenstrasse, Leipziger Strasse

Termin: Abhängig von den Lieferzeiten der herzustellenden Anlagen, die zurzeit rd. 3 Monate betragen, Konstruktions- und Einbauzeit für die fertigen Anlagen ca. 2 Monate.

Denkmalpflege am Schloss Berlin von G. Strauss an das Ministerium für Aufbau, Herr Pisternik, 26. August 1950

Denkmalpflege am Schloß Berlin.

Bekanntlich hat der Ministerrat der DDR auf seiner Sitzung am 23.8. in Anwesenheit und mit Zustimmung der Vertreter Berlins den Beschluß gefaßt, über einen großzügigen Wiederaufbau des Zentrums von Berlin unter Aufhebung aller verkehrstechnischen und sonstigen Schwierigkeiten, die sich hier seit Jahrzehnten gestaut haben. Dieser Beschluß trägt in sich den Verzicht auf das ehem. Stadtschloß, dessen Abbruch nun beginnen und rasch vorwärtsschreiten wird.

Der Abbruch der Ruine, in die anglo-amerikanische Bomben den einstmals bedeutendsten Barockbau Norddeutschlands verwandelt haben, ist nach dem Willen des Ministerrats zu verbinden mit einer weitgehenden Sicherung der noch erhaltenen künstlerisch wertvollen Substanz und mit einer wissenschaftlichen Durchforschung des ganzen Objektes. Dabei wird der Ausbau umfassend genug sein, um eine Rekonstruktion der genialen Baumeister Schlüter und Eosander von Göthe in ihren wertvollsten Details zu gestatten, bezw. um in musealer Darstellung der Nachwelt ein Bild von dem Werke beider zu vermitteln, sodaß das Schloß zwar fällt, die in ihm realisierte, noch nicht im Hagel der Bomben ausgelöschten großen menschlichen Leistungen aber bewahrt bleiben.

Zur Bewältigung dieser Aufgabe hat das Ministerium für Aufbau ein Aktiv von Wissenschaftlern gebildet, das bereits seit einiger Zeit im Schloß arbeitet, die wissenschaftl. Literatur zusammengetragen und geprüft hat und aufgefundenes Planmaterial durch eigene Feststellungen ergänzt. Verantwortlicher Kunstwissenschaftler des Aktivs ist Prof. Dr. Klasen, Universität Greifswald, der mit Studenten der Kunstgeschichte und einem Fototrupp den Komplex kunsthistorisch durcharbeitet. Prof. Dr.Dr.Weidhaas, Inhaber des Lehrstuhls für Denkmalpflege in Weimar, führt die baugeschichtlichen und bautechnischen Untersuchungen, unterstützt durch vier Meßtruppe aus studentischen Mitarbeitern. Die Leitung des ganzen Aktivs liegt bei dem langjährigen Referatsleiter für Denkmalpflege im Ministerium für Volksbildung, Dr. Gerhard Strauss, Berlin, dem Dr. Konrad Kaiser vom Wissenschaftlichenschaftlichen Nachwuchs der Universität Berlin, zur Seite steht. Prof. Dr. Stengel, der Direktor des Märkischen Museums in Berlin, und andere Wissenschaftler haben Unterstützung der Arbeit zugesagt, wobei Prof. Stengel sich auch für handwerkskundliche Fragen interessieren wird. Es ist beabsichtigt, Studenten der Kunstgeschichte, des Baufaches usw. exkursionsweise an das Objekt heranzuführen. Dadurch soll einmal seine Durchforschung erleichtert, zum anderen eine möglichst gründliche Klarstellung der seinen Abbruch bedingenden Fakten erreicht werden. Die eingeleitete Fotodokumentation wird für alle Zeit der Wissenschaft ihr Material erhalten und der Öffentlichkeit eine exakte Vorstellung von dem Zustand vermitteln, in den der Bombenkrieg ein Kunstwerk versetzt hat. Gleichzeitig mit den wissenschaftlichen Arbeiten haben die Vorbereitungen der praktischen Maßnahmen zum Ausbau der wertvollen Teile begonnen. Leider sind sie nur noch in Resten erhalten, besonders hinsichtlich der Innenräume, da man es in faschistischer Zeit unterlassen hat, wenigstens die wichtigsten Stücke zu bergen. Selbst bei dem Vorhandenen sind dem Ausbau Grenzen gesetzt, durch die substanziellen Veränderungen, die der Elbsandstein durch die Brandwirkung erlitten hat. Um trotzdem ein befriedigendes Ergebnis zu erzielen, werden Spezialisten herangezogen, die als Architekten und Denkmalpfleger langjährige Erfahrung mit altbearbeitetem Elbsandstein haben. Hinzu kommt eine etwa 20 Fachkräfte umfassende Bildhauergruppe, die den Ausbau fachlich betreuen wird und Gipsabdrücke von jenen Teilen machen wird, die beim Ausbau unter den Händen zu zerfallen drohen.

Durch die beteiligten Ministerien, die Stadt Berlin und die Volkseigenen Baubetriebe wird ausreichend schweres und leichtes Baugerät wie Turmdrehkräne, Rüstungen, Aufzüge, Kompressoren usw. zur Verfügung stehen, um auch an schwierigen Stellen arbeiten und die gesamte Arbeit ohne Verzögerung betreiben zu können. Selbst beim Abtransport der Schuttmassen ist eine nochmalige Durchsicht auf wertvolle Stücke vorgesehen. Um sie zu erfassen, wird ein Trümmerberg ausschließlich von Hand abgetragen, da in ihm noch Werte des früheren Schloßmuseums zu vermuten sind.

./.

- 3 -

Das wissenschaftliche Aktiv wird bei all diesen Maßnahmen auf die verständnisvolle Mitarbeit aller am Abbruch Beteiligten Wert legen. Aus diesem Grunde ist eine enge Verbindung mit der BGL der Baustelle vorgesehen, außerdem eine laufende Unterrichtung der gesamten Belegschaft über Erfolge und über neugewonnene historische Einsichten. Mitteilungen an die Öffentlichkeit werden in gleicher Weise ergehen. Beides wird nicht nur die Realisation der denkmalpflegerischen Aufgabe ganz wesentlich erleichtern, sondern den Werktätigen Berlins eine Vorstellung geben von dem, was der Krieg ihnen auch an dieser Stelle ihrer Stadt nahm, und von dem Aufwand, mit welchem unsere demokratischen Verwaltungen um die Erhaltung des noch Vorhandenen bemüht sind. Um innerhalb des wissenschaftlichen Aktivs, dem ja viele auswärtige Wissenschaftler angehören, allseitig befruchtend zu arbeiten, werden die für die gesamte Kulturwissenschaft so grundlegend wichtigen Aufsätze von Generalissimus Stalin über Marxismus und Sprachwissenschaft in Kolloquien behandelt.

Stadtrat Arnold Munter erteilt den Auftrag zum Abriß des Schlosses, 26. August 1950

Gesch.Z.: Leit/StR.M./Rei
Anruf: 420051, App.429+563.

An das
Amt für Abräumung,
z.Hd.d.Herrn Steiner.

Ich bitte Sie, in dem bisher besprochenen Rahmen hinsichtlich des Abrisses des Schlosses s o f o r t mit den Abbrucharbeiten zu beginnen.

Berlin, den 26. August 1950.
Abteilung A u f b a u

Stadtrat.

Stellungnahme des Landeskonservators von Sachsen-Anhalt Wolf H. Schubert an Walter Ulbricht – Das Berliner Stadtschloss, 28. August 1950

A b s c h r i f t

Wolf H. Schubert   Halle/S., den 28.8.1950
                        Fuchsbergstr.27
Landeskonservator von
Sachsen-Anhalt
Mitglied der Kommission für Denkmalpflege
der Deutschen Akademie der Wissenschaften
            zu Berlin

An den
Generalsekretär der Sozialistischen Einheitspartei Deutschlands
Herrn Ministerpraesidenten Walter U l b r i c h t

B e r l i n

               Hochgeehrter Herr Ministerpraesident !

    Presse und Rundfunk veröffentlichen und propagieren den neuen Plan zum Wiederaufbau Berlins, der in Kürze mit dem Abbruch des vom Kriege schwer getroffenen Schlosses in Angriff genommen werden soll. Das durch den Abbruch gewonnene Gelände soll den Lustgarten zu einem grossen Aufmarschplatz erweitern. Die freiwillige Preisgabe des Schlosses würde für unser Volk einen Verlust an nationaler kultureller Substanz bedeuten, der nicht wieder gutzumachen wäre.

    Die Zeit drängt. Bei dieser Lage der Dinge halte ich mich von Amts wegen und persönlich verpflichtet, Ihre Aufmerksamkeit zu erbitten für einige notwendig kurze freimütige Anmerkungen und Vorschläge zur Sache. Zu einer eingehenderen Darlegung, falls sie erwünscht ist, bin ich gern bereit.

               Mit der Versicherung meiner grössten Hochachtung
                        ganz ergebenst
                        gez. Schubert

Das Berliner Schloss Andreas Schlüters ist eine der bedeutendsten Schöpfungen der deutschen Baukunst; es hat Weltgeltung. Es ist zugleich das Herz und der Inbegriff Berlins. Eine Beseitigung dieses zwar schwer beschädigten, aber durchaus noch lebensfähigen Bauwerkes würde in den durch den Krieg schon so ungeheuerlich geschmälerten Bestand unserer nationalen Kulturgüter eine weitere schmerzliche Lücke reissen.

Der Bau Schlüters

Die machtvolle barocke Neuschöpfung Schlüters hat ein Jahrhunderte währendes, stetiges, gleichsam naturhaftes Wachstum in sich aufgenommen. Der erste Bau entstand schon um die Mitte des 15. Jahrhunderts. Ihm folgte hundert Jahre später das Renaissanceschloss von Konrad Krebs und Kaspar Theyss, dem im Laufe von fast zwei Jahrhunderten zahlreiche weitere Ergänzungsbauten hinzugefügt wurden. Gegen Ende des 17. Jahrhunderts bot der gesamte Komplex, der schon den Umfang des heutigen Schlosses hatte, ein malerisches, aber künstlerisch unbefriedigendes Bild. 1698 wurde Andreas Schlüter die grosse Aufgabe einer Neugestaltung übertragen. Unter weitgehender substantieller Schonung der verschiedenen älteren Gebäude hat er die bunte Mannigfaltigkeit von einer grandiosen Gesamtkonzeption aus in einer neuen einheitlichen repräsentativen Form zusammengefasst.

Wenn auch sein Projekt nicht restlos ausgeführt wurde, so hat doch das, was verwirklicht wurde, dem Ganzen Gestalt und Charakter von einmaliger Grösse gegeben. Schlüter hat mit diesem von einem kühnen Geiste erfüllten Bauwerk das grosse künstlerische Erbe der Vergangenheit souverän und schöpferisch weitergeführt; Berlin stand mit einem Male in der vordersten Reihe der grossen Kunststätten von Weltrang.

Heute, nach 250 Jahren, verehren wir im Berliner Schloss das letzte leibhaftig vor uns stehende Zeugnis seines Genies, denn keines seiner Bauwerke sonst blieb erhalten. Die Alte Post gegenüber der Langen Brücke, das Giesshaus hinter dem Zeughaus, das Lusthaus in Freienwalde, sie alle sind heute nur noch aus der schriftlichen und bildlichen Überlieferung bekannt. Das Landhaus Kameke in der Dorotheenstrasse schliesslich wurde ein Opfer des letzten Krieges. Nicht anders ist es um das Werk Schlüters ausserhalb Deutschlands bestellt. In Warschau, wo die sichtbaren Anfänge seiner Tätigkeit liegen, hatte der einfache "Danziger Steinmetz" mit den Giebelreliefs des Krasinski-Palastes Werke von antiker Grossartigkeit geschaffen. Dieser Bau ging 1944 zugrunde. Als 1713 mit Friedrich Wilhelm I. für die Kunst in Berlin eine karge Zeit begann, wandte sich Schlüter nach Petersburg, wo er in unmittelbarer Zusammenarbeit mit Peter dem Grossen eine fieberhafte städtebauliche Tätigkeit entfaltete, deren Spuren sich nach seinem schon 1714 erfolgten Tode bald verwischt haben.

Städtebauliche Bedeutung

Das Schloss ist aber nicht nur ein architektonisches Kunstwerk in sich, sondern ein städtebaulicher Schwerpunkt sondergleichen; ihm kam die funktionelle Aufgabe zu, das alte Berlin-Cölln, d. h. das Berlin des Mittelalters und der Renaissance, mit den neuen planmässig angelegten westlichen Vorstädten, der Friedrichstadt und der Dorotheenstadt, zu verbinden. Diese neue Verlagerung des städtebaulichen Interesses in der Westrichtung hat im Schlosse selbst architektonischen Ausdruck gefunden. Während der Schlütersche Bau mit der monumentalen Schlossplatzfront noch nach dem alten Berlin, nach Süden hin orientiert ist, blickt der seit 1706 durch Eosander von Göthe erweiterte Bau mit seiner Stirnseite nach Westen. Im ganzen Stadtgefüge Berlins gibt es keinen Angelpunkt, dem eine so hohe funktionelle Bedeutung zukommt. Dieser Funktion gibt das Schlüter-Eosandersche Schloss prägnanten Ausdruck. Nur ein zentrales Bauwerk von der baukünstlerischen Macht des Schlosses vermag auch die Unregelmässigkeit und Willkür der Bebauung ringsum, vom Alten Museum bis zum Marstallgebäude, zu überwinden.

Das Innere

Das Innere des Schlosses ist fast völlig vernichtet. Die Grösse dieses Verlustes ist unaussprechlich, denn von der Spätgotik bis zum Klassizismus stellte es eine Folge wertvollster Raumschöpfungen dar. Umso nachdrücklicher muss die Forderung erhoben werden, zu retten, was noch an raumkünstlerischer Substanz vorhanden ist. Das gilt in erster Linie für das berühmte Schlütersche Treppenhaus, das erste in der Reihe der grossartigen Treppenhäuser des deutschen Barock; weiter für den Staatsratssaal, die einzige Raumschöpfung der Schinkelschen Zeit, die den Krieg überstanden hat. Auch die Dekorationen des Elisabethsaales, besonders charakteristische Arbeiten des "Michelangelo des Nordens", sind leidlich erhalten, obwohl sie seit fünf Jahren Wind und Wetter ausgesetzt sind. Die repräsentative Raumgruppe des Weissen Saales und der Weissen Saal-Treppe ist ohne weiteres moderner Zweckbestimmung dienstbar zu machen. Wo aber die Räume und Dekorationen zerstört sind, sollten keine Rekonstruktionen vorgenommen werden, so genau auch die bildlichen Belege sein mögen. Hier hat die Kunst unserer Zeit einzusetzen.

Zweckbestimmung

Die kulturelle Bedeutung eines Bauwerkes von der geschichtlichen und künstlerischen Ausdruckskraft des Berliner Schlosses erschöpft sich nicht in der Aussage über die Epoche seiner Entstehung. Es ist immer und in einem sehr allgemeinen Sinne mit dem Leben verbunden, in dem es steht. Die Zusammenhänge mit der Umwelt wandeln sich mit dieser, wie auch der äussere Zweck geschichtlich sinnvollem Wandel unterworfen ist. Im Barock war das Schloss als Sitz des Landesherrn zugleich Sitz der Regierung. Um die zahlreichen Zentralbehörden des Staates hier unterzubringen, hatte man

den Bau so erheblich vergrössert. Mit der Revolution
von 1918 wurde es Eigentum des Volkes, zu dessen vertrautem geistigen Besitz es als Schöpfung eines seiner grössten Mitbürger immer gehört hat. Für die
Frage, wie es zu nutzen sei, war bisher die künstlerische Bedeutung des Inneren massgebend; so wurde es
zum Museum. Nach seiner Wiederherstellung könnte das
zentrale politische und geistige Leben von ihm Besitz
ergreifen.

Der Aufmarschplatz

Nach dem Abbruche des Schlosses, der architektonischen Dominante des sonst uneinheitlichen Strassen- und Platzgefüges, würde ein langgestrecktes unregelmässiges Rechteck vom Alten Museum bis zum Gebäude der geplanten neuen Staatsoper entstehen, das kaum als Platz anzusprechen wäre, da ihm die begrenzenden Wände fehlen. Es wird obendrein noch von zwei parallelen breiten Strassenzügen im rechten Winkel durchschnitten (Unter den Linden - Liebknechtstrasse und Französische Strasse - Königstrasse), die ihm noch den letzten Rest von Räumlichkeit nehmen. (Ein verkehrstechnisches Hindernis für diese beiden Strassenzüge bildet das Schloss übrigens nicht. Es wird genau in den Fluchten seiner Süd- und seiner Nordfront von ihnen bestrichen.) Anpflanzungen von Bäumen in Reihen oder schmale flankierende gärtnerische Anlagen anderer Art, wie sie der neue Plan offenbar andeutet, vermögen die fehlenden Platzwände nicht zu ersetzen. Auch durch die Gegenüber-

stellung von Tribüne und Mahnmal in der ungefähren
Mitte seiner Langseiten erhält der vermeintliche Platz
weder Akzentuierung noch Fassung; nach Osten hin fliesst
er in seiner Mitte sogar auf einer Breite von ungefähr
250 - 300 m weiter aus und wird erst jenseits der Spree
von der Rückseite des geplanten grossen Regierungsgebäudes wieder aufgefangen.

Trotz seiner formlos ungebundenen und schwer beherrschbaren Weite dürfte er für Kundgebungen grössten
Stils noch immer zu klein sein. Bei allen Überlegungen
in diesem Zusammenhange muss von dem vorübergehenden
Zustande der Spaltung der Stadt abgesehen werden, wenn
man zu einer organischen Lösung der Aufgabe gelangen
will. Der traditionelle grosse Aufmarschplatz Berlins
ist das Tempelhofer Feld, doch wäre besser vielleicht
- um im Zentrum der Stadt zu bleiben - auch die Eignung
eines Geländes im verwüsteten Tiergarten (mit dem anschliessenden völlig zerstörten Hansa-Viertel) in Erwägung zu ziehen, das sich von der Basis Reichstag -
Krolloper aus nach Norden in den Spreebogen hinein erstreckt. Hier wäre für eine grosszügige und auf den besonderen Zweck hin planende Gestaltung alle Freiheit
gegeben.

Denkmalpflegerische und künstlerische Fragen

Man begegnet nicht selten dem Irrtum, ein historisches
Bauwerk könne erhalten werden, indem man es an einem Orte
abbricht, um es an einem anderen ganz oder teilweise beliebig wieder (als Attrappe) aufzubauen. Nichts ist

falscher als das. Ein Bauwerk ist kein museales Schauobjekt, sondern eine aus praktischem Lebensbedürfnis entstandene zweckbestimmte Schöpfung, die an den natürlichen Ort ihrer Entstehung gebunden ist. Erhaltung bedeutet daher Wiederherstellung am angestammten Platze.

Ein Wiederaufbau des Schlosses würde etappenweise erfolgen können, je nach der Höhe der verfügbaren Mittel; aber mit der Sicherung der Bausubstanz dürfte nicht mehr länger gewartet werden. Sie hat sich natürlich nur auf die Bauteile zu erstrecken, die zu erhalten sind: das ist der Schlüter-Eosandersche Bau. Die rückwärtigen Gebäude an der Spree wären neu zu errichten, und auch für den Gebäudetrakt zwischen beiden Höfen sind neue Lösungen zu erwägen. Hier müssen die schöpferischen Kräfte unserer Zeit auf den Plan gerufen werden. Ihnen fallen hier entscheidende Aufgaben zu, denn es geht darum, dem Werke Schlüters durch eine schöpferische Synthese das Leben zu sichern, eine der schönsten und vielleicht die grösste Aufgabe, die heute im gesamten Bereich einer verantwortungsbewusst gestaltenden neuen Denkmalpflege zu erfüllen ist.

gez. Schubert
Landeskonservator von Sachsen-Anhalt

Halle/S., 28.8.50

Memorandum der Deutschen Akademie der Wissenschaften zur Erhaltung des Berliner Stadtschlosses, 29. August 1950

A b s c h r i f t

Präs./Ka.   den 29. August 1950
Deutsche Akademie der Wissenschaften
zu Berlin

M e m o r a n d u m

betr. die Erhaltung des Berliner Schlosses.

Sicherem Vernehmen nach ist der Beschluß gefasst worden, die Ruine des Berliner Stadtschlosses im Zuge baulicher Neugestaltung zu beseitigen, um im Stadtzentrum große Platzflächen für Aufmärsche zu gewinnen. Die Deutsche Akademie der Wissenschaften hat bereits einmal vor längerer Zeit, als ein ähnlicher Gedanke auftauchte, gestützt auf den Beschluß des Plenums, sich mit denkmalspflegerischer Begründung gegen eine weitere Zerstörung des Schlosses ausgesprochen. Die Akademie tat diese Äußerung pflichtgemäß, um die ihr ausdrücklich zugestandene Aufgabe zu erfüllen, als höchste gutachtliche Instanz aufzutreten, wo eine Gefährdung wertvollsten Kulturgutes droht.

Das Berliner Stadtschloß ist mit dem Namen Andreas Schlüters, des größten Künstlers seiner Zeit, verknüpft. Für Berlin ist das Schloß der städtebauliche Mittelpunkt, der die Zusammenfassung der den alten Spree-Übergang beherrschenden Städte Kölln auf der Spreeinsel und Berlin am östlichen Spreeufer verdeutlicht. Das Schloß wurde im 15. Jahrhundert, als die brandenburgischen Kurfürsten die Residenz nach Berlin verlegten, als Schutzburg an der Grenze der beiden Städte, die fast die Bedeutung von Hansasiedlungen genossen, erbaut. Teile dieses ältesten Schlosses waren bis zur Zerstörung in seiner Spreefront erhalten. Bereits im 16. Jahrhundert erfolgte ein Neubau, der seine Front nach Süden dem heutigen Schloßplatz und der Altstadt Kölln wandte. Erweiterungen folgten gegen Ende des 16. Jahrhunderts. Zur gleichen Zeit wurde der die beiden jetzigen großen Schloßhöfe trennende, noch bestehende Querflügel von Rochus von Lynar erbaut.

Hatten die bisher genannten Bauten mehr lokale und geschichtliche Bedeutung, so änderte sich dies, als Andreas Schlüter 1698 den Auftrag zu einem durchgreifenden Neubau erhielt, der den Kern des heute noch stehenden Schlosses bildet. Schlüter plante zunächst nur einen vierflügeligen, symmetrischen Bau mit Betonung der Mittelachsen, der sich um den rechteckigen 2. Hof, den sogenannten Schlüterhof, legen sollte. Die Anregung erhielt Schlüter von der römischen Palastarchitektur des Spätbarock, die er jedoch in durchaus einzigartiger Weise gestaltete. Die horizontale Gliederung der römischen Barockarchitektur in dreieinhalb durchlaufende Geschosse erhielt durch die in den Mittelachsen vorgelegten Säulenportale eine mächtige, alle Geschosse durchschneidende vertikale Dominante, die in den an den Ecken des Außenbaues vorspringenden Erkern auch die Horizontalen der Geschoßgliederung ergriff.

Derselbe Grundgedanke eines norddeutschen Barock drückt sich in der Architektur des reicher ausgestalteten Binnenhofes an den drei von Schlüter erbauten Nord-, Ost- und Südflügeln des Schlosses aus. Dieser um den Osthof gelegene Teil des Schlosses, der in der mächtigen Plastik seiner architektonischen Gliederung verrät, daß der größte Baumeister seiner Zeit auch deren größten Bildhauer war, muß als eines der bedeutendsten Baudenkmäler nationaler Kunst und des Spätbarock überhaupt angesprochen werden. Ist schon seine Beschädigung ein schweres Unglück, so wäre seine endgültige Zerstörung ein durch nichts zu rechtfertigender Verlust am Kulturgut unseres Volkes. Andreas Schlüter (geb. 1664 in Hamburg?, gest. 1714 in Petersburg) durfte sein Werk nicht vollenden. Sein Nachfolger in der Bauleitung, der gebürtige Schwede Johann Friedrich Eosander, gen. von Goethe (1670-1728), erweiterte Schlüters Plan um den westlichen I. Hof, indem er die Ordnung des Schlüterbaues, die beiderseits des Außenportales I zwischen den Eckerkern nur je 5 Fensterachsen vorgesehen hatte, nach Westen verlängerte und um je ein zweites Portal an den Nord- und Südseiten vermehrte, während er an der Westseite des nun entstandenen I. Hofes nach der Schloßfreiheit zu ein prunkvolles Portal in Gestalt eines römischen Triumphbogens einbaute, das sich mit der großen Kraft und Klarheit Schlüters nicht vergleichen kann. Anstelle eines nicht ausgeführten hohen Turmes über diesem Portal wurden später von K.F.Schinkel und A.Stüler, dem Erbauer auch des Neuen Museums, 1845-1852 die Schloßkapelle und die Kuppel errichtet. Durch Eosanders Erweiterungsbau wandte das Schloß statt wie bisher nach Süden, nun seine Front nach Westen, auch dies sinnvoll, denn hier hatten sich anschließend an den

Friedrichswerder die Friedrichstadt und nördlich der Linden die Dorotheenstadt entwickelt. Mit dem ehemaligen Zeughaus und der Oper an den Linden bildete das Schloß ein monumentales Zentrum, wie es nur wenige Hauptstädte besitzen. Seine möglichste Erhaltung und Wiederherstellung entspricht der Rolle, die Berlin als Hauptstadt eines neuen geeinten Deutschland zu spielen berufen ist.

Hervorzuheben ist, daß das gewaltig vergrößerte Schloß ursprünglich nicht nur als Wohnung des Fürsten gedacht war, sondern auch alle Regierungsbehörden an einer Stelle zu vereinigen hatte. Erst als diese sich zu großen Ministerien entwickelten, zogen sie in eigene Gebäude, und nun wurden alle Schloßräume für höfische Zwecke in Anspruch genommen.

Nachdem die ebenfalls von Schlüter erbaute alte Post am Ende des 19. Jahrhunderts abgebrochen wurde und das Landhaus Kameke in der Dorotheenstraße dem Krieg zum Opfer fiel, ist das Schloß das einzige noch einigermaßen erhaltene Denkmal der großen Baukunst Andreas Schlüters. In Anbetracht seiner europäischen künstlerischen, seiner geschichtlichen, seiner städtebaulichen und sozialgeschichtlichen Bedeutung, in Anbetracht dessen, dass das Schloß ein Zeuge der Berliner Baukunst durch fünf Jahrhunderte ist, wendet sich die Deutsche Akademie der Wissenschaften mit schwersten Bedenken gegen eine etwa geplante endgültige Zerstörung des Schlosses. Sie betont dabei, daß seine Erhaltung ohne zu große Kosten möglich ist und daß in ihm eine große Zahl von Räumlichkeiten zu öffentlichen Zwecken, sei es für Sammlungen oder für Behörden, gewonnen werden kann. Die Akademie tut dies in Erfüllung ihrer Kompetenz und ihrer Pflicht, sich an der Fürsorge für die Kulturgüter des deutschen Volkes im allgemeinen und an der Denkmalpflege im besonderen zu beteiligen. Unter den von dieser zu betreuenden Objekten steht das Berliner Schloß an erster Stelle.

Endlich darf darauf hingewiesen werden, daß in der Sowjetunion kulturell bedeutende Denkmäler erhalten und sorgfältig gepflegt werd

gez. S t r o u x .

Brief Martin Mächler an Hans Scharoun, 29. August 1950

Prof. Martin Mächler   Bl.-Charlottenburg 9, den 29.8.5

Lieber Scharoun !

Unsere gestrige Unterhaltung über die geplante Sprengung des Berliner Schlosses hat mich schwer erschüttert. Vor allem kann ich nicht begreifen, warum man mir nicht früher davon etwas gesagt hat. Ich kann nicht glauben, dass Moskau den Befehl dazu gegeben hat. Das würde der ". Generallinie Lenins" direkt widersprechen, die, wie Sie wissen, mir auf unserem Arbeitsgebiet genau bekannt ist.

Ich erinnere ferner an die Ausführungen des sowjetrussischen Delegierten auf dem Kongress der U.I.A. in Lausanne 1948 zum Thema," Der Archtekt und die Städtebaukunst. Er sagte abschliessend:

" Daher, liebe Kollegen, haben die Probleme des Städtebaus und ganz besonders des Wiederaufbaus der Städte und die Wiederherstellung von Baudenkmälern in unseren Tagen eine lebenswichtige und zeitgemässe Bedeutung angenommen zu dem Zweck, in allen Ländern der Welt für das Volk anständige Lebensbedingungen zu schaffen bezw. sie zu verbessern. Es handelt sich um ein grosses internationales Problem."

Und ein anderer sowjetrussischer Delegierter, der sich auf die " grossen Lehren Lenins" bezog, sagte zum Thema, "Die Städtebaukubst in der UdSSR":

" Bei der Inangriffnahme des Umbaues der alten russischen Städte wird man Sorge tragen, dass der ihnen charakterische traditionelle Baustil erhalten bleibt. Der Wiederaufbau einer jeden Stadt wird unter strenger Beobach ung des ihr eigenen Charakters durchgeführt."

Aber auch Kollege Heilmann-Halle und besonders das Mitglied

unseres Instituts, Kollege Dr. Liebknecht, berichteten uns im vorigen Jahr mit eindringlichen Worten vom Wiederaufbau und der Pflege der russischen Kulturdenkmäler. Un da will man mir wix weismachen, Moskau habe den Abriss bezw. die Sprengung des Berliner Schlosses befohlen!

Ich bitte Sie dringend, sprechen Sie nochmals mit den Herren Ministerpräsident Grotewohl und Kollegen Dr. Liebknecht, ehe es zu spät ist. Ich fliege heute noch nach Bayern, um den Briefwechsel zwischen Lenin und mir über den Artikel " Der Architekt", von dem ich Ihnen gestern eine Abschrift gegeben habe, ausfindig zu machen. In jedem Fall werde ich mich an Generalissimus Stalin wenden und ihn bitten, dieses Kulturdenkmal der Berliner, des deutschen Volkes und der ganzen Kulturwelt zu schonen. Und ich glaube, so wie mich seinerzeit General Bersarin verstanden hat, wird mich auch Generalissimus Stalin verstehen.

    Herzlichst

      Ihr

Magistratsbeschluß Nr. 502 vom 31. August 1950

Der Oberbürgermeister   Zu Mag.-Vorl. Nr. 502

Magistratsbeschluß Nr. 502
vom 31. August 1950

a) Der Magistrat nimmt zustimmend Kenntnis von der aus der Anlage 1 ersichtlichen Erklärung, die der Oberbürgermeister in der Ministerratssitzung der DDR vom 23. August 1950 abgegeben hat.

b) Der Magistrat billigt die gemeinschaftlich vom Ministerium für Aufbau der DDR und der Abteilung Aufbau des Magistrats aufgestellten, aus der Anlage 2 ersichtlichen Grundsätze über die Neugestaltung der Berliner Innenstadt, insbesondere der Spreeinsel.

c) Der Magistrat genehmigt den vom Oberbürgermeister in der Ministerratssitzung vom 23. August 1950 bekanntgegebenen Terminplan für die vorläufige Gestaltung des Lustgartens und erklärt ihn für verbindlich.

d) Der Magistrat beauftragt die Abteilung Aufbau, die im Terminplan vorgesehenen Arbeiten sofort in Angriff zu nehmen und termingemäss durchzuführen; die Abteilung Aufbau hat in Zusammenarbeit mit dem Ministerium für Aufbau der Deutschen Demokratischen Republik den endgültigen Plan für die Neugestaltung Berlins auszuarbeiten und dem Magistrat vorzulegen; die Abteilung Aufbau hat dafür zu sorgen, daß nur solche Bauvorhaben genehmigt werden, die den Neubauplan Berlins nicht stören. Bauvorhaben, die nach dem neuen Plan nicht durchgeführt werden können, sind stillzulegen.

e) Die Abteilung Aufbau wird beauftragt, unverzüglich den Entwurf einer Verordnung vorzulegen, durch die die wichtigsten Bestimmungen des Aufbaugesetzes der DDR auch in Berlin Gesetzeskraft erlangen, insbesondere die Vorschriften über Errichtung von Aufbaugebieten. Der Entwurf ist so rechtzeitig vorzulegen, daß die Verordnung gleichzeitig mit dem Aufbaugesetz der DDR in Kraft treten kann.

f) Die zur Neugestaltung des Lustgartens als 1. Rate benötigten Mittel von vorläufig 5 Millionen DM werden im Rahmen des Nachtragshaushalts 1950 bereitgestellt.

Ebert

Oberbürgermeister

Anlage 1

Berlin, den 23. August 1950

Sehr geehrter Herr Ministerpräsident!

Meine Herren Minister!

Namens des Magistrats von Gross-Berlin danke ich Ihnen für die freundliche Einladung zur Teilnahme an der heutigen Sitzung des Ministerrats.

Die gemeinsame Beratung über den Wiederaufbau der Hauptstadt der Deutschen Demokratischen Republik und Deutschlands ist ein überzeugender Beweis für die enge Verbundenheit, die in allen Fragen, besonders aber bei der Erfüllung nationaler Aufgaben zwischen der Deutschen Demokratischen Republik und der Hauptstadt Berlin besteht.

Während die westberliner Verwaltung ständig gezwungen ist, in dem durch die Marshallpolitik der kolonialen Versklavung in grösste wirtschaftliche Not und Abhängigkeit geratenen Westdeutschland um Hilfe zu betteln, die in Form leerer Versprechungen in reichlichem Maße gewährt wird, bemühen wir uns in engstem Zusammenwirken und mit sichtbarem Erfolg aus eigener Kraft den Weg zum Frieden, zur Einheit und zum Wiederaufbau Deutschlands zu gehen.

Der Magistrat von Gross-Berlin hat zugleich bei seinem Amtsantritt den Wiederaufbau Berlins als den Schwerpunkt Nummer 1 seiner Arbeit bezeichnet. Im ersten Jahre seiner Tätigkeit hat er sich allerdings darauf beschränken müssen, durch den Krieg zerstörte Wohnungen wiederzugewinnen, instandzusetzen oder wetterfest zu machen. Dieser weniger produktive Teil des Wiederaufbaus wird noch für längere Zeit Arbeitskräfte, Material und Geld beanspruchen.

Die Sorge um die Sicherung der primitivsten Wohnbedürfnisse unserer Bevölkerung konnte uns aber nicht daran hindern, zugleich auch die Fragen der Neugestaltung der Hauptstadt zu behandeln und zur öffentlichen Diskussion zu stellen. Die Grundsätze, von denen wir uns bei dieser Arbeit leiten liessen, sind hier bekannt.

Unmittelbar nach der Gründung der Deutschen Demokratischen Republik und nach Bildung der Regierung erklärte der Herr Ministerpräsident auf einer Besprechung mit Vertretern des Magistrats und des Ministeriums für Aufbau den Wiederaufbau Berlins zu einer nationalen Aufgabe.

Wenn es seitdem gelungen ist, in gemeinsamer Arbeit die ersten Wohnbauten zu errichten und Pläne für die Gestaltung des Zentrums der Stadt hier zur Beschlussfassung zu unterbreiten, so drückt sich darin die erfreuliche Tatsache aus, dass es allen beteiligten Stellen – ich rede hier selbstkritisch auch vom Magistrat von Gross-Berlin – zum Bewusstsein gekommen ist, dass eine nationale Aufgabe nur durch nationales Pflichtbewusstsein und unter Ausschaltung aller Kompetenzstreitigkeiten erfüllt werden kann, wenn der Blick auf das Ganze gerichtet und die gemeinsame Verpflichtung durch ein kollektives Verantwortungsbewusstsein getragen wird. Gestatten Sie mir aber bitte noch einige Bemerkungen:

Es ist unbestreitbar, dass Berlin, die Hauptstadt der Deutschen Demokratischen Republik, eines künftigen einheitlichen demokratischen und friedliebenden Deutschlands nicht nur das Verwaltungs- sondern auch das Kulturzentrum des Landes sein wird. Es darf aber nicht unbeachtet bleiben, dass Berlin auch eine sehr bedeutende Industriestadt ist und in Zukunft auch zu einer grossen Handelsmetropole werden wird.

Es kann daher auch beim Wiederaufbau Berlins die Industrie als städtebildender Faktor keineswegs unterschätzt werden.

Der Magistrat von Gross-Berlin ist durchaus damit einverstanden, dass der Aufbau Berlins als der Hauptstadt Deutschlands die Aufgabe der Deutschen Demokratischen Republik ist. Er würde es mit Freuden begrüssen, wenn die ganze Bevölkerung der Deutschen Demokratischen Republik diesen Wiederaufbau genau so zu ihrer eigenen Sache machen würde, wie etwa die Bevölkerung Polens den Wiederaufbau Warschaus als ihre nationale Pflicht ansieht. Darüber hinaus aber haben wir den Wunsch, dass das Ministerium für Aufbau beauftragt wird, den Aufbau Berlins gemeinsam mit dem Magistrat von Gross-Berlin zu planen und zu lenken. Nur so wird es möglich sein, die grossen nationalen Interessen sinnvoll zu verbinden mit den besonderen Lebensbedingungen der Bevölkerung der Hauptstadt.

Der Bau von Verwaltungsgebäuden, von neuen Kulturstätten, von Sportplätzen usw. ist für die Hauptstadt eine unabwendbare Notwendigkeit. Man darf aber darüber nicht die noch grössere Notwendigkeit des Baues von Wohnungen vergessen. Je mehr Wohnungen man baut, je bessere und modernere Wohnungen man für die werktätigen Menschen, insbesondere für unsere Aktivisten errichtet, mit um so grösserer innerer Berechtigung und mit um so grösserer Wirkungsmöglichkeit kann man das politische und kulturelle Zentrum Deutschlands grosszügig gestalten.

Wir sind vollkommen einig mit Ihnen darin, dass eine Grosstadt keine Gartenstadt sein kann. Ich hoffe, es besteht auch eine ebenso grosse Übereinstimmung darin, dass mit den alten Berliner Mietskasernen auch die alte Wohnungspolitik ihr Ende gefunden hat. Wo früher 1200 Menschen auf einem Hektar Boden zusammengepfercht in sonnenlosen Hinterhäusern und dunklen Kellern hausen mussten, sollen in Zukunft in lichten, sonnendurchfluteten Wohnungen neue Menschen heranwachsen, die sich ihres Menschseins bewusst sind, die erfüllt von Lebensfreude und Schaffenskraft ihrem Lande und ihrem Volke dienen und das neue Leben und die neue Stadt gegen jede Bedrohung durch imperialistische Kriege verteidigen.

Dass es uns in gemeinsamer Arbeit gelingen möge, dieses Ziel recht bald zu erreichen, das ist der Wunsch, den ich namens des Magistrats hier zum Ausdruck bringe und mit der Verpflichtung verbinde, unsererseits alles, auch das Letzte zu tun, um dadurch der Deutschen Demokratischen Republik zu dienen.

Anlage 2

Grundsätze für die Neugestaltung Berlins.

Der Aufbau Berlins als der Hauptstadt Deutschlands ist Aufgabe der Deutschen Demokratischen Republik. Er erfordert die Anteilnahme der Bevölkerung ganz Deutschlands, insbesondere der im Bauwesen Beschäftigten. Die Planung und Lenkung des Aufbaus von Berlin erfolgt durch das Ministerium für Aufbau der Deutschen Demokratischen Republik gemeinsam mit dem Magistrat von Gross-Berlin. Richtunggebend für die neue Stadtplanung sind die Grundsätze des Städtebaues der Deutschen Demokratischen Republik vom 28. Juni 1950. Es muss jedoch berücksichtigt werden, dass beim Wiederaufbau Berlins die Industrie als städtebildender Faktor nicht ausser acht gelassen werden darf. Der Bau von Wohnungen darf gegenüber dem Bau von Verwaltungsgebäuden und Kulturstätten nicht vernachlässigt werden.

Die Neugestaltung der Innenstadt soll nach folgenden Richtlinien geplant werden:

1.) Die Stalinallee wird in einer Breite von etwa 40 m direkt in den Alexanderplatz eingeführt. Sie stellt mit dem Straßenzug Königstraße, Unter den Linden eine direkte Verbindung zum Brandenburger Tor dar. Die Leninallee wird vor ihrer Einmündung in den Alexanderplatz durch die Stalinallee abgefangen werden. Der Straßenzug Stalinallee - Brandenburger Tor ist für den Durchgangsverkehr zu sperren und für Lastkraftwagen nur beschränkt zuzulassen.

2.) Die Straße Unter den Linden bleibt in ihrer jetzigen Form bestehen, erhält jedoch von der Charlottenstraße bis zur Wilhelmstraße eine neue Gestalt. Hier werden Botschaftsgebäude und öffentliche Gebäude errichtet werden, in deren Erdgeschoß repräsentative Ausstellungsräume für die volkseigene Industrie vorzusehen sind. Die Frage einer eventuellen Verlegung der Neuen Wache und einer Rückverlegung der Front des Zeughauses ist besonders zu prüfen.

3.) Auf der Spreeinsel ist zur Erweiterung des Lustgartens das Schloß abzureißen. Diejenigen Einzelteile des Schlosses, die aus künstlerischen oder kulturhistorischen Gründen erhalten bleiben müssen, sind zu bergen und an geeigneten Plätzen bis zu ihrer späteren Aufstellung in Museen oder Einfügung in andere Bauten aufzubewahren. Auf der Spreeseite ist an der Stelle, wo der Schlüterbau des Schlosses gestanden hat, eine provisorische Tribüne zu errichten. Die Trümmer des Schlosses sind dort insoweit aufzuschütten, als sie später für die Errichtung einer ständigen Tribüne gebraucht werden können. Gegenüber der provisorischen Tribüne ist an der Stelle des ehemaligen Nationaldenkmals ein Denkmal für die internationalen Opfer des Faschismus zu errichten. Später ist der Lustgarten nach Süden durch Abriß der Häuser zwischen Breitestraße und Brüderstraße zu erweitern. An der Südseite ist Platz für die Errichtung einer neuen Staatsoper vorzusehen. Die Schloßbrücke, die Kurfürstenbrücke und die Liebknechtbrücke sind zu verbreitern.

4.) Die Königstraße ist auf 30 - 40 m zu verbreitern, und zwar durch Abbruch der Gebäude auf der Wertheim-Seite. Das rote Rathaus soll wieder aufgebaut werden, wenn die endgültige technische Untersuchung es zuläßt. Vor dem Rathaus soll bis zur Liebknechtstraße ein neuer Platz geschaffen werden.

Zwischen diesem Platz und der Spree ist ein repräsentatives Gebäude (Kongreßhalle oder etwas ähnliches) vorzusehen. An diesem Platz wird die Marienkirche stehen.

5.) Die Wilhelmstraße soll einschließlich ihrer Fortsetzung (Neue Wilhelmstrasse, Luisenstrasse und dazwischen liegende Brücke) ebenfalls verbreitert werden. An der Wilhelmstraße sind repräsentative Bauten (Botschafts- und Regierungsgebäude) vorzusehen.

6.) Auf der freigelegten Fläche vor dem Bahnhof Friedrichstraße sind Hotelgroßbauten und andere öffentliche Bauten vorzusehen. Die Friedrichstraße ist abschnittsweise zu verbreitern. Sie soll als Ladenstraße gestaltet werden.

7.) Die Französische Straße ist als Entlastung für die Linden bis zur Ebertstraße durchzuführen.

8.) Im Lustgarten und in den Straßen Unter den Linden, Wilhelmstrasse bis Leipziger Strasse einschl. Thälmannplatz, Neue Wilhelmstraße, Luisenstraße, Robert-Koch-Platz, Fritz-Ebertstraße bis Leipziger Platz, Potsdamer Platz und Königstraße bis Alexanderplatz ist eine Lautsprecheranlage vorzusehen.

9.) Die Innenstadt ist von Straßenbahnlinien freizumachen. Die Schienen sind zu entfernen, sobald als Ersatz Omnibusse zur Verfügung stehen. Auf der Königstrasse ist der Strassenbahnverkehr nur bis zum Roten Rathaus zu führen und von dort ab umzuleiten.

Anlage 3 2615

Terminplan für die vorläufige Gestaltung des Lustgartens.
----

1. Der Lustgarten muß bis zum 1. Mai 1951 fertiggestellt werden.
2. Die kulturell wertvollen Teile des Schlosses sind bis zum 15.1.1951 sicherzustellen.
3. Die Enttrümmerung des Lustgartens ist bis 15.3.1951 zu beenden.
4. Die Einebnung und Befestigung des Lustgartens hat am 15.3.1951 zu beginnen.
5. Die Arbeiten für die vorgesehenen Lautsprecheranlagen im Stadtinnern sind Anfang Januar 1950 in Angriff zu nehmen.
6. Die provisorische Tribüne mit Nebenanlagen, deren Einzelteile in den Werkstätten weitgehend vorzubereiten sind, ist ab 15. April 1951 aufzubauen.

Magistrat von Gross-Berlin   Berlin C 2, den 26. August 1950
Der Oberbürgermeister   Parochialstr. 1-3. Neues Stadthaus
                              Tel. 42 00 51, 51 03 91, App. 232

Magistratsvorlage Nr. 502

zur Beschlussfassung für die Sitzung am 31.8. 1950.

1. **Gegenstand des Antrages:** Neugestaltung Berlins.
2. **Berichterstatter:** Der Oberbürgermeister.
3. **Beschlussentwurf:**

   a) Der Magistrat nimmt zustimmend Kenntnis von der aus der Anlage 1 ersichtlichen Erklärung, die der Oberbürgermeister in der Ministerratssitzung der DDR vom 23. August 1950 abgegeben hat.

   b) Der Magistrat billigt die gemeinschaftlich vom Ministerium für Aufbau der DDR und der Abteilung Aufbau des Magistrats aufgestellten, aus der Anlage 2 ersichtlichen Grundsätze über die Neugestaltung der Berliner Innenstadt, insbesondere der Spreeinsel.

   c) Der Magistrat genehmigt den vom Oberbürgermeister in der Ministerratssitzung vom 23. August 1950 bekanntgegebenen Terminplan für die vorläufige Gestaltung des Lustgartens und erklärt ihn für verbindlich.

   d) Der Magistrat beauftragt die Abteilung Aufbau, die im Terminplan vorgesehenen Arbeiten sofort in Angriff zu nehmen und termingemäß durchzuführen; die Abteilung Aufbau hat in Zusammenarbeit mit dem Ministerium für Aufbau der Deutschen Demokratischen Republik den endgültigen Plan für die Neugestaltung Berlins auszuarbeiten und dem Magistrat vorzulegen; die Abteilung Aufbau hat dafür zu sorgen, daß nur solche Bauvorhaben genehmigt werden, die den Neubauplan Berlins nicht stören; Bauvorhaben, die nach dem neuen Plan nicht durchgeführt werden können, sind stillzulegen.

   e) Die Abteilung Aufbau wird beauftragt, unverzüglich den Entwurf einer Verordnung vorzulegen, durch die die wichtigsten Bestimmungen des Aufbaugesetzes der DDR auch in Berlin Gesetzeskraft erlangen, insbesondere die Vorschriften über Errichtung von Aufbaugebieten. Der Entwurf ist so rechtzeitig vorzulegen, daß die Verordnung gleichzeitig mit dem Aufbaugesetz der DDR in Kraft treten kann.

   f) Die zur Neugestaltung des Lustgartens als 1. Rate benötigten Mittel von vorläufig 5 Millionen DM werden im Rahmen des Nachtragshaushalts 1950 bereitgestellt.

4. **Begründung:**

   Die Regierung der DDR hatte den Oberbürgermeister und die Leiter der bei der Neugestaltung Berlins besonders beteiligten Magistratsabteilungen zu einer Ministerratssitzung vom 23. August 1950 geladen. In dieser Sitzung legte Ministerpräsident Grotewohl die Grundsätze für die Neugestaltung Berlins dar. Der Minister für Aufbau legte den Entwurf eines Gesetzes über den Aufbau der Städte in der Deutschen Demokratischen Republik und der Hauptstadt Deutschlands, Berlin, vor. Nach den Ausführungen von Ministerpräsident Grotewohl und dem Inhalt dieses Gesetzentwurfs ist der Aufbau Berlins als der Hauptstadt Deutschlands Aufgabe der Deutschen Demokratischen Republik. Er erfordert die Anteilnahme der Bevölkerung ganz Deutschlands, insbesondere der im Bauwesen Beschäftigten. Das Ministerium für Aufbau wird beauftragt, gemeinsam mit dem Magistrat den Aufbau Berlins zu planen und zu lenken.

   Verteilt am 29.8.50

Dem Ministerrat wurden in dieser Sitzung von den Vertretern des Ministeriums für Aufbau die mit der Abteilung Aufbau des Magistrats erarbeiteten Grundsätze für die Neugestaltung der Berliner Innenstadt vorgetragen, die inzwischen durch Presseveröffentlichungen allgemein bekannt geworden sind. Sie werden in der Anlage 2 zusammengefaßt.

Durch eine Erklärung, deren Inhalt aus der Anlage 1 ersichtlich ist, habe ich in der Ministerratssitzung vom 23. August 1950 das prinzipielle Einverständnis des Magistrats zu den Grundsätzen der Neugestaltung Berlin abgegeben. Ich habe ferner den aus der Anlage 3 ersichtlichen Terminplan bekanntgegeben. Der Ministerrat der DDR hat dem Entwurf des Aufbaugesetzes zugestimmt und vorgeschlagen, daß der Magistrat in seiner nächsten Sitzung einen Beschluß über die Neugestaltung Berlins und über die Bereitstellung der dazu erforderlichen vorläufigen Mittel faßt.

       E b e r t
      (Oberbürgermeister)

Gel.:Di/Schz

Stellungnahme Prof. Richard Hamann an Otto Grotewohl, „Für die Pflege und Weiterentwicklung des großen deutschen Kulturerbes in allen Teilen Deutschlands – Aus dem Programm der nationalen Front des demokratischen Deutschland zu den Wahlen am 15. Oktober 1950", 30. August 1950

HUMBOLDT-UNIVERSITÄT
KUNSTGESCHICHTLICHES INSTITUT

Berlin C 2, den
Unter den Linden 6
Telefon 42 55 31 App. 235

A b s c h r i f t !

Professor Richard Hamann
am 30. August 1950 dem Herrn Ministerpräsidenten Otto Grotewohl
persönlich übergeben

"Für die Pflege und Weiterentwicklung des großen deutschen Kulturerbes
in allen Teilen Deutschlands"
(Aus dem Programm der nationalen Front des demokratischen Deutschland
zu den Wahlen am 15. Oktober 1950)

Berlin ist arm an Denkmälern der Vergangenheit. Aber es besitzt ein Werk, das sich den größten der Vergangenheit würdig anreiht und in allen Kunstgeschichten der Welt genannt und abgebildet ist: das Berliner Schloß. Sein Schöpfer ist der größte Bildhauer und Architekt in Norddeutschland, Andreas Schlüter. In Ruinen steht es da: noch immer von einer faszinierenden Wucht und Monumentalität, ein Repräsentant des spezifisch norddeutschen Barock, der sich Michelangelos St. Peter in Rom, dem Louvre in Paris würdig zur Seite stellt.

Eine Wiederherstellung des Außenbaus und eines Teiles wertvoller Innenräume ist, wie von Sachverständigen versichert wird, möglich. Bei einem in Berlin so seltenen und in der Welt einzigartigen Denkmal der schöpferischen Kräfte des Nordens dürfen Kosten keine Rolle spielen. Ebenso wenig dürften politische Gründe in Frage kommen. In einigen Jahren schon, wie viel mehr in Generationen, denkt niemand mehr an die Hohenzollern, spricht der Bau nur für sich selbst und von seinem Schöpfer Andreas Schlüter. Es ist ein regierender Bau, jede Regierung könnte ihn mit neuem Leben füllen. Er beherrscht das Zentrum Berlins, den Platz, den er bilden hilft, die Straße, die zu ihm führt, das alte Berlin, das für den, der die Vergangenheit Berlins verkörpert sehen möchte, den Begriff Berlin ausmacht. Das Schloß aus dieser Einheit herausgerissen, ergibt eine unfüllbare Lücke, mit ihm stürzt das ganze Alt-Berlin zusammen.

Als historische Stätte, die in erster Linie als historisches Dokument und als museale Sehenswürdigkeit wirkt, sollte sie dem Tageslärm entzogen werden. Es bestand, wie ich hörte, der Plan, die Linden und die Schloßgegend gegen den Verkehr abzuschließen, dem Getriebe, dem Lärm und der Hast der Großstadt zu entziehen. Der Gebrauch der Gebäude lässt sich ohne Schwierigkeiten diesem Gedanken anpassen: Stätten der geistigen Arbeit, der Planung, der Entwürfe, des Unterrichts, der Beschaulichkeit. Bibliothek, Museen, Universität, Botschaften sind bereits zu diesem Zweck entsprechende Einrichtungen, auf die nur Rücksicht genommen zu werden

HUMBOLDT-UNIVERSITÄT
KUNSTGESCHICHTLICHES INSTITUT

Berlin C 2, den
Unter den Linden 6
Telefon 42 55 31 App. 235

braucht, um die Erhaltung des Schloßes und die Gesamtgestaltung zu rechtfertigen.

Warum will man die Zerstörung vollenden, die alliierte Flieger - und wie es scheint - nicht zufällig begonnen haben, statt der eigenen Parole folgend wieder aufzubauen. Der Louvre in Paris hat alle Revolutionen überdauert und der Kreml in Moskau, beides ehemals Sitz der von der Regierung bekämpften Mächte, ist auch heute Sitz der Regierung. Ihrer Kraft bewußte Regierungen wissen, welche Kraftquellen auch die großen Werke der Vergangenheit enthalten können. Warum sich für spätere Zeiten dem Vorwurf der Barbarei aussetzen, wenn Kultur und Pflege alles Geistigen anstelle von Machtäußerungen das höchste Anliegen der siegreichen Revolution ist.

Kunstwerke wie das Schloß sind gewiß Äußerungen einer versunkenen und überwundenen Zeit. Aber diese wird immer von neuem überwunden durch Geschichte, durch Wissenschaft, für die sie zu Dokumenten herabgesunken sind, sichtbare und deshalb wahrhaftigere Dokumente als Worte und Geschriebenes. Die Kunstgeschichte würde den Verlust des Schlosses nie verschmerzen. Alle Kunsthistoriker - ich möchte den sehen, den es nicht getroffen hat - macht der Gedanke der Zerstörung des Schlosses und dieses historischen Zentrums Berlins krank. Der größte Bildhauer und Architekt Berlins, von dem außer dem Schloß kaum noch Werke bestehen, wäre seiner Zeugen vollends beraubt.

Aber jedes Kunstwerk hat auch Schönheiten unabhängig von jeder Zeitgebundenheit, und umso gewaltiger und ewiger, je großartiger das Werk, je genialer der Meister. Jedes Kunstwerk verkörpert außerdem Inbegriff menschlicher Leistung, den Sieg über die Materie. Der Künstler in Hingabe an sein Werk ist das Vorbild für den Aktivisten des Geistes, den Schöpfer um der Schöpfung willen. Der Künstler, nur der höchste Typ des Arbeiters, ist das Vorbild für jeden Schaffenden und der neue Werttyp anstelle des Machthabers, des durch Besitz und Geburt Bevorzugten. Große Leistungen zerstören, wo keine unbedingte Notwendigkeit vorliegt, heißt diesen Wert des Schaffenden herabwürdigen.

Schlüter vertritt nicht nur den Künstler, der für Nord- und Ostdeutschlam Größtes geschaffen hat, sondern auch den, der für Polen und Rußland gewirkt hat. In Petersburg ist er 1714 gestorben. Mit der Zerstörung des Schlosses greift man auch in die Belange dieser Deutschland wie von je kulturell verbundenen Nachbarn ein: und darüber hinaus in die Belange der ganzen Welt.

Berlin, den 28. August 1950   gez. Hamann

Für die Richtigkeit der Abschrift:
wiss. Ass.

Aktenvermerk zur Unterredung mit Prof. R. Hamann mit dem Ministerium für Aufbau, 30. August 1950

Ministerium für Aufbau
Institut für Städtebau
und Hochbau

Berlin, den 30. August 1950   Dr.L/Elsz.

Aktenvermerk
========================

Betrifft: Unterredung mit Herrn Professor Dr. Richard
          H a m a n n , Nationalpreisträger und Mitglied
          der Akademie der Wissenschaften.

Herr Professor Dr. H a m a n n besuchte mich am 29. August um 12 Uhr, um sich die Stadtplanung von Berlin anzusehen und um sich gleichzeitig über die Frage des Schloß-Abbruches auszusprechen.

Professor Hamann bemerkte, daß das Schloß zu den wertvollsten Architektur-Denkmälern gehört, die wir haben und daß eine Sicherung der wertvollen Elemente des Schlosses, die wir beim Abriß der Schloßruine durchführen wollen, keine Lösung dieser Frage sei, da das Schloß nur an dieser Stelle seine Bedeutung besässe. Ich wies Professor Hamann darauf hin, daß der Abriß der Schloruine eine beschlossene Sache sei, daß uns ganz bestimmte Gründe dazu veranlaßt haben, diesen Beschluß zu fassen, und daß der Beschluß nicht mehr rückgängig gemacht werden könnte.

Professor Hamann erachtet es für seine Pflicht als Kunsthistoriker, in dieser Frage beim Ministerpräsidenten, Herrn Otto Grotewohl, vorzusprechen.

(Dr. Liebknecht)

Verteiler:
Herr Minister Dr. Bolz
 "   Dr. Liebknecht
 "   Meier
 "   Pisternik
Sekretariat Dr. Bolz (2 x)

Nachschrift aus dem Gedächtnis eines Redebeitrages, den Dr. Stengel, Direktor des Märkischen Museums, am 30. August 1950 im Ministerium für Aufbau gehalten hat

Die Ausführungen des Herrn Vorsitzenden waren klar und unmissverständlich. Was wir hier im Modell sehen, überrascht durch die Grosszügigkeit der Planung, weite Perspektiven tun sich auf und die Hoffnung: Berlin wird wieder Weltstadt.

Aber indem wir das sagen, drängt sich ein Wort auf, das ich nicht unterdrücken kann: Was hülfe es dem Menschen, so er die Welt gewönne und nähme doch Schaden an seiner Seele. Worum geht es hier? Um die Seele einer Stadt.

Grausam haben die anglo-amerikanischen Flugzeuge das Antlitz unserer Stadt zerschunden. Das Weltgericht der Geschichte, das einmal kommen wird, wird das hart verurteilen, wenn auch der Milderungsgrund anerkannt werden mag, dass man im Affekt blindwütenden Zorns der Kriegszeit handelte; aber was hier geplant ist, meine Herren ist glatter Mord bei ruhiger Ueberlegung. Dieser Plan ist das Werk von einzelnen. Wenn ich unsere Zeit richtig verstehe, dann ist es heute aber die Mehrheit, die zu entscheiden hat. Wie denken die Bürger unserer Stadt darüber? Hat man sie gefragt? Wenn man ausführen will, was hier im Modell vor uns steht, dann soll man doch in der Konsequenz noch weiter gehen und auch den Namen der neuen Stadt ändern. Berlin ist es nicht mehr.

Fast fürchte ich, dass alles was wir hier sagen können, zu spät kommt. Wir sind vor ein fait accompli gestellt. Darum glaube ich nur schliessen zu können mit einem wehmütigen have pia anima have!

(Stengel)

Aktennotiz über den Besuch von Dr. Schuster aus Halle, 30. August 1950

Beauftragter Denkmalpfleger
des Ministeriums für Aufbau
am Schloss Berlin

Berlin, d. 30.8.50

An das Ministerium für Aufbau

Betr.: Schloss Berlin – Denkmalpflege
Dr. Schuster, Halle

Herr Dr. Schuster ist auf zweimalige telegraphische Anforderung gestern nach Berlin gekommen und wurde mit dem Inhalt des Regierungsbeschlusses vertraut gemacht. Er hatte Gelegenheit, sich von dem ruinösen Zustand des Schlosses selbst zu überführen und an allgemeinen Besprechungen über die bestehenden Aufgaben teilzunehmen.

Nach etwa 4 stündiger Diskussion erklärte Herr Dr. Schuster, dass er sich nicht von der Richtigkeit des Regierungsbeschlusses überzeugen könne, und dass er deshalb bitte, von seiner Beteiligung beim Ausbau der wertvollen Teile Abstand zu nehmen. Obwohl ich Herrn Dr. Schuster daraufhinwies, dass er der beste Fachmann auf für diese Aufgabe sei, blieb er bei seiner Äusserung.

Einem von ihm gemachten Vorschlag, Herrn Dr. Wäscher, Halle heranzuziehen, halte ich, wegen des hohen Alters des Genannten nicht diskutabel. Ich bemühe mich um Ersatzkräfte.

Brief Hans Scharoun an Otto Grotewohl, 31. August 1950

Professor Scharoun

den 31.8.50.

Herrn
Ministerpräsident Grotewohl
Berlin - Niederschönhausen

Majakowskistrasse 19

Sehr verehrter Herr Ministerpräsident!

Ich darf Ihr Verständnis dafür voraussetzen, dass es nicht Architekten-Ehrgeiz, sondern vor allem das Verlangen nach etwas mehr Architekten - Phantasie und nach Beachtung der Massstäbe sind, die zur Anfertigung der beigefügten Skizze führten.

Es ist versucht, traditionell Richtiges zu erhalten und mit den wichtigsten Forderungen unserer Zeit zu verbinden. Hier ist fraglos eine Unterlassungssünde gutzumachen und dem Schlossbau oder der Stelle, die er in der Struktur der Stadt und in der Vorstellung der Welt einnimmt, wieder einen Inhalt, eine Seele zu geben.

Die Skizze ging davon aus, dass der Schlüterhof von einmaliger Bedeutung und bedeutender Kraft der Aussage ist, da durch ihn raum- und volksgebundene schöpferische Fähigkeit in solcher Weise auf zeitliche Forderungen antwortete, dass das Ergebnis Weltruhm erlangte.

Der heutigen Forderung entsprechend kann der Schlüterhof repräsentativen Empfangsraum (im Zusammenhang mit Raumteilen im hinteren Schlossteil und unter den Tribünen) werden. Die loggienartig durchbrochene "neue Wand" bildet die Mitte der Gesamtanlage und gibt ihr den Halt.

Die vorhandenen und neu zu schaffenden Bauteile sind in einen neuen Bezug zueinander zu bringen. Das gilt in der Hauptsache von den drei Bauwerken Schinkels und vom Zeughaus.

-2-

-2-

Die verbindenden Bauten sollten nicht so sehr "gereckte" Fassaden, sondern sowohl gestaffelte Baukörper als auch Terrassen bilden, auf denen sich lebendig einbezogene Menschengruppen effektvoll entwickeln lassen. Bei der Erhaltung von Teilen Alt-Berlins kann ein reiches Wechselspiel kleiner und grosser Räume mit bestimmten Aufgaben entfaltet werden. Durch Einbeziehung des Raumes westlich der Spree wird durch den gegliederten Raum trotz des erforderlichen erheblichen Flächenbedarfes der Masstab gehalten werden können, den grosse Platzflächen und die vorhandenen und neuen Gebäude brauchen, wenn sie nicht öde oder verloren wirken sollen.

Herr Deiters, mit dem ich über den Entwurf ausführlich gesprochen habe, wird Ihnen nähere Erklärungen geben.

Der ergebener

Einspruch des Dekans der Fakultät für Architektur der Technischen Universität, Prof. Dr. Bickenbach, zur Sprengung des Berliner Stadtschlosses, 31. August 1950

TECHNISCHE UNIVERSITÄT
BERLIN-CHARLOTTENBURG
FAKULTÄT FÜR ARCHITEKTUR
DER DEKAN

Berlin-Charlottenburg 2, den 31.8.50
Hardenbergstraße 34
Anruf: 32 51 81

E i n s p r u c h

gegen die Sprengung des Berliner Stadtschlosses.

Wie wir aus dem "Neuen Deutschland" und aus der "Berliner Zeitung" vom 24.8.50 erfahren, besteht nach einem Ministerrat-Beschluss die Absicht, das Berliner Stadtschloss im Rahmen der Berliner Stadtplanung abzureissen. Wie verlautet, sollen die Sprengungen und Abrissarbeiten in dieser Woche schon beginnen.

Diese Nachricht wird nicht nur alle Berliner, sondern darüber hinaus alle Deutschen und alle diejenigen Ausländer, die Berlin kennen, zutiefst berühren. Das Berliner Schloss stellt als eine Leistung des deutschen Volkes und so bedeutender Architekten und Bildhauer, wie es z.B. Andreas Schlüter war, einen Bau von höchstem Range dar. Dieses Gebäude würde somit bei einem Abriss nicht nur Berlin, sondern der ganzen Welt verloren gehen. Selbst in seinem heutigen beschädigten Zustand übt es noch eine so gewaltige städtebauliche Wirkung aus, dass es sich lohnen würde, die wenigen Lücken, die der Krieg herausgerissen hat, wieder herzustellen. Es würde damit eine Fülle schöner und brauchbarer Räume gewonnen werden, die einem neuen Zweck zugeführt werden könnten.

Von jeher war es so, dass architektonisch bedeutsame Gebäude, wenn sie in andere Hände übergingen, nicht abgerissen, sondern zu neuen Zwecken benutzt wurden. Wäre dies nicht der Fall, würde heute selbst der weltberühmte Parthenon auf der Akropolis in Athen nicht mehr existieren, denn er war länger christliche Kirche und türkische Moschee als griechischer Tempel, obwohl er als solcher von Perikles erbaut wurde. Dieser Vorgang lässt sich für den grössten Teil älterer historischer Bauten nachweisen. Es ist bekannt, dass auch gerade die UDSSR alte Bauten aus der Zarenzeit mit besonderer Sorgfalt pflegt. Lenin selbst hat u.W. sich sehr für die Erhaltung alter Bauten eingesetzt.

Wenn sich die Fakultät für Architektur an der Technischen Universität Berlin-Charlottenburg zum Sprecher in dieser Angelegenheit macht und sich an das Verantwortungsgefühl der für Abriss oder Erhaltung massgebenden Männer wendet, so tut sie das in dem tiefen Bewusstsein, dass sie damit die Stimme der gesamten geistigen Welt vertritt.

Der Dekan

(Professor Dr.-Ing. Bickenbach)

Aktennotiz – Besichtigung der Planung Berlins durch Vertreter des Kulturbundes und der Kammer der Technik, mit einer Stellungnahme von Prof. Stengel, am 31. August 1950, 2. September 1950

– 4. Sep. 1950 /19

Berlin, den 2. September 1950
Kr/Stoe.

A k t e n n o t i z

Schloss

Betrifft: Besichtigung der Planung Berlins durch Vertreter des Kulturbundes und der Kammer der Technik am 31. August, 16⁴⁵ Uhr bis 17³⁰ Uhr, im Hause der Ministerien.

Anwesend: etwa 50 Vertreter des Kulturbundes und der Kammer der Technik
Herr Pisternik)
Herr Prehm   ) vom Ministerium für Aufbau

zur Diskussion erschien Herr Dr. Liebknecht.

Einleitend erläuterte Herr Pisternik die Stadtplanung Berlins.

In der Diskussion nahm als Erster Stellung:

1. <u>Professor Stengel, Direktor des Märkischen Museums.</u>
   Er sprach sich schroff gegen den Abbruch des Schlosses aus und erklärte: Das ist nicht Berlin ,-. das ist eine Stadt im wesenlosen Raum Rahmen .-. Was ist geplant ist (Schloss) ist nichts als kalter, überlegter Mord .-. Gibt es noch etwas, was man Naturgewissen nennt ?-. Es ist nicht der Wille der Mehrheit, dass die Stadt – um den Worten eines anderen Stadtzerstörers zu sprechen – ausradiert wird. Abschliessend machte er den Vorschlag, das Schloss als Perspektive für die Demonstranten zu erhalten und den Dom "dieses Schandmal" in erster Linie abzureissen.

   <u>Herr Professor Blümel</u> schloss sich diesen Ausführungen an.

2. <u>Herr Professor Hecht</u> gab zu bedenken, dass das Versetzen des Lessinghauses auf Grund der Baufälligkeit nach seiner Meinung nicht möglich sei.

./.

– 2 –

Als Vertreter des Kulturbundes sprach <u>Professor Deiters</u> sich dafür aus, den Dom "in gütlichem Einvernehmen mit der Kirche" abzureißen.

Der Rektor der Humboldt-Universität <u>Professor Dr. Friedrichs</u> erklärte, dass es auch seinerseits "nicht gern haben möchte, dass das Schloss verschwindet."

<u>Dr. Löwenthal</u> machte den Vorschlag, die neue Staatsoper an der Stelle des Doms zu errichten und weiterhin folgende Gebäude wiederherzustellen:

    1. die Friedrich Werdersche Kirche,
    2. den Platz der Akademie,
    3. das Staatliche Schauspielhaus von Schinkel.

<u>Frau Dr. Rupelt</u> machte den Vorschlag, die Regierung in das Schloss zu verlegen.

<u>Dr. Rave</u> verlas ~~den polemischen Schriftsatz~~ eine polemische Schrift gegen den Abriss des Schlosses.

Abschliessend nahmen Herr Dr. Liebknecht und Herr Pisternik noch einmal Stellung zur Frage "Schloss", hoben den starken Zerstörungsgrad hervor und betonten den politischen Grundgedanken der Planung Berlins.

(P r e h m)
Pressereferent

<u>V e r t e i l e r :</u>   Herr Dr. Bolz
                   Herr Dr. Liebknecht
                   Herr Pisternik
                   Herr Strauss
                   Herr Prehm
                   Herr Meier
                   Z.d.A.

Vorschlag von Kurt Reutti zur Schaffung eines Demonstrationsforums und zur modernen Neubebauung der Innenstadt, ohne Eingriff in die Substanz der alten kulturwichtigen Berliner Gebäude, 3. September 1950

Kurt Reutti
Bildhauer

Berlin-Niederschönhausen, 3. 9. 1950
Buchholzerstr. 12
48 11 67

471

    Vorschlag zur Schaffung eines Demonstrationsforums und zur modernen Neubebauung der Innenstadt, ohne Eingriff in die Substanz der alten kulturwichtigen Berliner Gebäude.

Demonstrationforums wird der Platz, der begrenzt ist von: Westen Spree, Süden Königstraße, Osten Marienkirche, Norden ehem. Kaiserstr.

Der neue Platz kann im Osten noch weiter über die Marienkirche hinaus bis zur Klosterstraße oder neuen Friedrichstraße erweitert werden.

Nördlich dieses neuen Platzes werden auf dem Gelände der bisherigen Börse und der Garnisonkirche bis in die Höhe der Klosterstraße Regierungsgebäude gebaut mit Erhaltung der Handelsakademie unter Einschließung der Heiligengeist-Kapelle. Hinter der Neuen Friedrichstraße um den Alexanderplatz herum werden Hochhäuser errichtet, die dem Platz hinter der Marienkirche einen Abschluß geben. (Die am Hohen Steinweg noch vorhandenen gotischen Gewölbe können in diese Gebäude eingebaut werden.)

An der Spree, mit der Blickrichtung nach Osten und dem Rücken zur Vergangenheit, werden die Tribünenanlagen errichtet.

Um die Schloßfreiheit als Straße zu entlasten, wird jenseits des Spreearmes am Wasser entlang eine neue Straße gebaut, die vom Zeughaus an der Bauakademie vorbei in die Französische Straße einmündet. Der Verkehr zwischen Linden und Königstraße würde dann in einer Fahrtrichtung über die Schloßfreiheit, in der anderen Fahrtrichtung über die neue Straße über den Schinkelplatz geführt. Für die Demonstrationen stehen beide Fahrtrichtungen zur Verfügung.

Das FIAPP-Denkmal würde dann, frei von allen Seiten sichtbar, in der Mitte der beiden Straßen liegen und ein bedeutend größeres Gewicht erhalten.

Daß das Gebäude der ehem. Kommandantur, das ohne bedeutenden Kunstwert war, bereits abgeräumt ist, würde durch die Einmündung der neuen Straße in die Linden vor dem Zeughaus ein Platz entstehen, der gleichzeitig die Kalamität des etwas in die Fluchtlinie der Linden einspringenden Zeughauses beseitigt.

Das Schloß kann dann in seinem bisherigen Umfang erhalten bleiben. Es ist nach vorläufiger Sicherung der Substanz allmählich wieder auszubauen, beginnend mit dem zum größten Teil noch erhaltenen Flügel an der Schloßfreiheit, in dem das Kunstgewerbemuseum weiterhin verbleibt. Die wilhelminischen Gittertore der Eingänge des Schlosses sind zu beseitigen, so daß ein freier Durchgang von Norden nach Süden durch den Schlüterhof entsteht. - Die stark zerstörte Spreeseite des Schlosses, der älteste Teil, ist in eine gärtnerische Terrassenanlage zu verwandeln (mit einem Durchgang zum Mittelrisalit des Schlüterhofes), in der die charakteristischen Ruinen der ältesten Bauteile als Kriegsmahnmal erhalten bleiben.

Die Tribünen auf der gegenüberliegenden Spreeseite müßten nach der Spree zu eine künstlerisch schöne Gestaltung erhalten. Auf diesem Platz werden die Tribünen als Gesamtanlage weit bedeutender wirken

bitte wenden

als mitten auf dem Lustgarten.

Der Dom kann zu gegebener Zeit durch ein anderes repräsentatives Gebäude ersetzt werden.

Die Breite- und Brüderstraße mit dem Ermlerhaus, Nikolaihaus, Galgenhaus und Schlüterhaus bleiben bestehen. Anstelle des projektierten Opernhauses, das an dem neuen Platz stehen wird, kann ein repräsentatives Gebäude von geringerer Tiefe gebaut werden. Ebenso muß das Gelände des sogenannten Roten Schlosses, sowie das Gelände gegenüber der Bauakademie neu bebaut werden, um den peinlichen Durchblick auf die Reichsbank zu beseitigen.

Eine Verlegung der Oper weiter nach Osten würde den Vorteil haben, daß die Opernhausbesucher in der Nähe des Alexanderplatzes günstigere Verkehrsbedingungen finden. Ein gut geeigneter Platz wäre an der Königstraße zwischen Rathaus und Spree anstelle des ehem. Kaufhauses Israel. Da das Opernhaus dann bis zur Nikolaikirche reichen würde, würden sich auch von dort her städtebaulich interessante Möglichkeiten ergeben.

Dieser Plan setzt das politische Forum nicht in das Zentrum der Vergangenheit, sondern schafft bewußt einen Mittelpunkt zwischen den Bauten der Vergangenheit und dem neuentstehenden Berlin des arbeitenden Menschen. Der Plan gibt damit die Möglichkeit einer modernen Baugestaltung, ohne das kulturwichtige Alte zu zerstören. Die Neuplanung der Straßenzüge würde bestehen bleiben, ja sogar verbessert werden.

         Kurt Reutti.

Stellungnahme von Prof. Scharoun – Über die Erhaltung der Architektur Schlüters im Kern des Berliner Stadtschlosses, 4. September 1950

Über die Erhaltung der Architektur Schlüters
im Kern des Berliner Schlosses.

A. <u>Die Schlütersche Architektur, ihr Wert für das kulturelle Erbe und ihr heutiger Zustand</u>.

1. <u>Schlüterhof</u>
Der Schlüterhof wird als die genialste Freiraum-Architektur nördlich der Alpen bezeichnet. Er steht im Wert entsprechenden Barocklösungen in anderen Ländern nicht nach.

Der heutige Zustand läßt eine Wiederherstellung am Ort durchaus zu. Die Beschädigungen betreffen nur einzelne Haussteine und weniger wertvolle Teile des Füllmauerwerks. Dagegen wäre für einen Wiederaufbau an anderer Stelle der Ausbau des größten Teils der Haussteine erforderlich. Hohe Verluste sind dabei unvermeidlich. Auf die aus Putz bzw. Stuck auf Ziegelmauerwerk bestehenden dekorativen Teile müßte ganz verzichtet werden. Im wesentlichen würde der Aufbau an anderer Stelle also eine mehr oder weniger gute Kopie ergeben und Berlin wäre damit seines großartigsten Bauwerks beraubt.

2. <u>Schlüterportale</u>
<u>Portal I</u> (Süden)
Schlüter ist hier - auf dem Boden der deutschen Bautradition stehend - über die höfische Barockarchitektur Frankreichs hinaus zu einem neuen kraftvollen Ausdruck gelangt.

Der Erhaltungszustand ist auch hier so, daß eine Instandsetzung am Ort unschwer zu erreichen ist. Ein Abbau und Wiederaufbau an einem anderen Ort stieße auf die gleichen Schwierigkeiten wie beim Schlüterhof.
Hinzu kommt, daß die monumentalen Säulen des Portals aus Ziegelmauerwerk und Putz bestehen, also verloren gehen würden.

Portal V (am Lustgarten)
Hier vollzieht Schlüter bereits den Schritt vom Barock
zum beginnenden Rokoko. Als Leistung dieser Art ist
das Portal weltbekannt.

Eine vollständige Wiederherstellung wäre möglich.
Gegen Abbau und Wiederaufbau an anderem Ort spricht hier
die Zartheit der Bauglieder und ihre unlösbare Verbindung
mit dem wertvollen figürlichen Schmuck.

Portal IV (am Lustgarten westlich von Portal V)
Das Portal IV ist dem Portal V sehr ähnlich. Man könnte
deshalb unter Umständen auf die Erhaltung verzichten und
sich auf die Herausnahme des figürlichen Schmucks beschränken.

3. Marmortreppe

Diese von Schlüter entworfene Treppe ist ein international
bekanntes Glied der barocken Treppenentwicklung von
Michelangelo bis Balthasar Neumann.

Die Treppe ist abgesehen von geringen Putzschäden voll
erhalten. Eine Verlegung stieße auf technische Schwierigkeiten besonderer Art und würde den Verlust der gesamten
Stuckverkleidung zur Folge haben.

4. Elisabethsaal.

Er lag im Südflügel hinter Portal I. Decke und Fußboden
sind durch Brand zerstört, erhalten geblieben ist jedoch
der reiche figürliche Schmuck der Oberwandfläche.
Eine Restaurierung des Saales erscheint bei Erhaltung der
bereits genannten Außenarchitektur wünschenswert und möglich.
Abnahme und Transport der Stuckplastiken dürften kaum
möglich sein, da sie durch die Brandeinwirkung und die
seit 1945 unterbliebene Sicherung außerordentlich empfind-
lich geworden sind.

5. Treppenhaus Ostflügel

Von diesem ehemals berühmten Teil Schlüterschen Innenarchitektur sind im Erdgeschoß noch einige der bekannten

Atlanten (Trägerfiguren) erhalten.
Im Obergeschoß befinden sich noch wichtige Reste, die sich restaurieren ließen.

Die Restaurierung ist auch hier nur im Zusammenhang mit den noch stehenden tragenden Baugliedern möglich. Über die Möglichkeit des Ausbaues und Transports der Stuckarbeiten gilt das oben gesagte.

6. <u>Treppenhäuser im Süden und Norden des Hofes.</u>
Beide sind von Schlüter erbaut und stellten zusammen mit dem Ost-Treppenhaus einen wichtigen Bestandteil der Schlüterschen Gesamtkonzeption dar. Süd- und Nord-Treppenhaus sind so weit erhalten, daß sie sich ohne besonderen Aufwand restaurieren ließen.

B. <u>Technische Gesichtspunkte.</u>
Besondere technische Schwierigkeiten sprechen in diesem besonderen Falle gegen die in unserem Zeitalter durchaus erreichbare Versetzung historischer Bauten.

1. Die Schlütersche Architektur umfaßt die <u>beträchtliche Masse von rund 150.000 cbm</u> umbauten Raumes.

2. <u>Die Brandkatastrophe</u> infolge der anlo-amerikanischen Barbarei hat durch ihre Hitzeeinwirkung die aus Elbsandstein bzw. Stuck bestehenden figürlichen und dekorativen Teile in ihrer inneren Struktur stark erschüttert.

3. Seit 1945 ist das seiner Abdeckung beraubte Bauwerk schutzlos den <u>Witterungseinflüssen ausgesetzt</u> gewesen. Das hat zu einer weiteren Zermürbung geführt. Die Erfahrungen gerade mit Sandstein beweisen, daß beim Abbau erneut mit erheblichen Verlusten zu rechnen wäre.

4. Die <u>Treppen</u> werden von zahllosen dünnen Stabeisen getragen. Diese <u>konstruktive Eigenart</u> Schlüters macht einen beschädigungslosen Ausbau der Treppenläufe fast unmöglich.

5. Die Erreichung des festgesetzten Termins würde den Einsatz
   a) ungewöhnlich großer Geldmittel,
   b) mehrerer Turmdrehkräne, Stahlgerüste, Aufzüge usw.
   c) zahlloser Spezialisten

   erforderlich machen, wenn man den vorgesehenen Abbau durchführen wollte.
   Wenn die Beschaffung der technischen Ausrüstung schon Schwierigkeiten machen dürfte, wird die Lösung der personellen Frage kaum möglich sein.

6. Die Rekonstruktion müßte zudem möglichst parallel zum Abbau erfolgen, da erfahrungsgemäß bei verzögerter Rekonstruktion die Kenntnisse, die am alten Bau gewonnen wurden, weitgehend verloren gehen.
   Allein die Gewinnung dieser Kenntnisse erscheint beim Abbau innerhalb der jetzt zugebilligten Termine fast unmöglich, zumal erfahrenes Steinmetzpersonal heute selten ist und auch die Bauhistoriker in der Regel Nachwuchs mit wenig Erfahrung sind. Das wissenschaftliche Aktiv, das zur Zeit am Schloß zusammengezogen ist, reicht zur Bewältigung dieser Aufgabe nicht aus.

   Unter den im Augenblick übersehbaren Umständen kommt eine Rekonstruktion an anderem Ort einem vollständigen Neubau gleich, mit wenigen originalen Einzelheiten.

C. **Wirtschaftliche Gesichtspunkte.**

Bei <u>Ausbau der kulturell-wertvollen Substanz zwecks Rekonstruktion an anderer Stelle</u> würden sich die Kosten wie folgt gliedern:

1. Ordnungsgemäßer Ausbau (mit Turmdrehkränen, Gerüsten, Aufzügen und unter Heranziehung von Spezialisten)   3,5 Mill.DM
2. Sachgemäßer Transport, Lagerung und Bewachung der ausgebauten Substanz   1,0 " "
3. Beseitigung des übrigen Mauerwerks einschl. der Fundamente   3,0 " "
4. Wiederaufbau
   a) Bauplatzerschließung   0,1 " "
   b) Neubau der tragenden und umschließenden Bauglieder vom Fundament bis zum Dachfirst   9,0 " "
   c) Einbau der historischen Substanz und Ergänzung der verlorengegangenen Teile   5,0 " "

                    insgesamt   21,6 Mill.DM

Diese Summe wird nach sehr vorsichtiger Schätzung als Minimalbetrag zu erwarten sein. Es ist damit zu rechnen, daß sie sich bei genauerer Ermittlung noch wesentlich erhöht.

Bei <u>Erhaltung am Ort</u> ergeben sich lediglich als Kosten für die Restaurierung der wertvollen Substanz   3 bis 4 Mill.DM.

Die notwendige Wiederherstellung und Ergänzung der sonstigen baulichen Substanz würde bei entsprechender Gestaltung den umbauten Raum neuen Zwecken dienstbar machen. Die entstehenden Kosten werden also der Erreichung dieses neuen Zieles zuzuordnen sein und nicht der Restaurierung.

D. Neue Nutzung der erhaltungswerten historischen Bauteile.

Zu neuen kulturellen und repräsentativen Aufgaben bieten sich der "Schlüterhof" als festlich wirkender Freiraum und Innenräume in erheblicher Kapazität an. Die baukünstlerisch besonders wertvollen Gestaltgebungen Schlüters liegen in der nächsten Umgebung des "Schlüterhofes" und können dem für neue Aufgaben bestimmten, auszubauenden Raumgefüge, ihrer Bedeutung entsprechend, eingefügt werden.

Die neue festliche Wand im Rücken der Tribüne mit der Doppelreihe der Loggien für die Gäste der nationalen Demonstrationen steht völlig im Banne der neuen und erweiterten Aufgabe und gibt dem geschichtlich und kulturgeschichtlich wichtigen und erhaltungswerten Baukomplex das neue Gesicht.

Für das Bauprogramm des Bauteiles, der den kulturellen und repräsentativen Zwecken zu dienen hat, sind von berufener Stelle die erforderlichen Anweisungen zu geben.

E. Schlussbemerkung:

Die Welt spricht vom "Schlüterhof" und nicht vom "Berliner Schlosshof".

Die Besonderheit des Bauwerkes beruht auf dem starken Relief, der kühnen Unterbrechung und Auflösung der Baumassen und der malerischen Wirkung, die der besonderen strukturierenden Gestaltungskraft des Künstlers entstammt. Das Bauwerk - als Perle im Werke des Künstlers - hat seinen Platz im Bewusstsein der ganzen Welt.

Die Aufgabe des verantwortungsbewussten Architekten ist, aus Gründen der Selbstbesinnung und aus geschichtlichem Bewusstsein heraus, den Verantwortlichen den Weg aufzuzeigen, der die begründete Verknüpfung unseres kulturellen Erbes mit fortschrittlichen Gedanken ermöglicht. Selbstverständlich soll das kulturelle Erbe nicht museumsmässig konserviert werden, sondern es ist der neuen Aufgabe dienstbar zu machen.

Mit der Verwendung des "Schlüterhofes" wird in der Lösung des Gesamtkomplexes das Thema der Variation - intimer und monumentaler Raum - gesetzt. Es entspricht der Erlebnisfähigkeit des Menschen, als Einzelner oder in kleineren Gruppen und als Masse.

Dieses Thema, übertragen auf den Gesamtkomplex, führt zur Zusammenordnung kleiner und grosser Aussenräume in der Planungsstruktur und zur entsprechenden Rhythmisierung in der Stellung der Bauwerke. Hierbei können die vorhandenen Bauwerke durch die Art der Lösung der notwendigen Neubauten in ihren Bezügen wohl verbessert werden. Dies gilt besonders für die beiden Werke Schinkel's - Bau-Akademie und Werdersche Kirche - die in einem Zusammenhange gedacht sind und durch spätere Baumassnahmen diesen Zusammenhang verloren.

Berlin, den 4. September 1950
Deutsche Akademie der Wissenschaften zu Berlin
Institut für Bauwesen

(Prof. Scharoun)

Brief des Rektors der Humboldt-Universität zu Berlin, Prof. Friedrich, an Otto Grotewohl, 4. September 1950

Abschrift

Der Rektor
der
Humboldt-Universität zu Berlin

4. September 1950

An den
Herrn Ministerpräsidenten Otto Grotewohl

Sehr geehrter Herr Ministerpräsident!

Auch persönlich möchte ich Ihnen gegenüber mein stärkstes Bedauern zum Ausdruck bringen, dass das für das Stadtbild Berlins so bestimmende Schloss der baulichen Neugestaltung des Zentrums zum Opfer fallen soll.

In der von Dr. Liebknecht am 31. August veranstalteten Besprechung über die neuen Pläne zum Wiederaufbau Berlins wurde einstimmig die Meinung vertreten, dass der Abbruch des Schlosses in den durch den Krieg so stark geschmälerten Bestand nationaler Denkmäler der Vergangenheit eine weitere schmerzliche Lücke reissen würde.

Als Rektor der Humboldt-Universität, die sich als Hüter und Wehrer nationalen Kulturgutes betrachtet, richte ich die dringende Bitte an Sie, sehr geehrter Herr Ministerpräsident, alles daran zu setzen, dass dieser Bau, der zu den bedeutendsten Schöpfungen deutscher Baukunst gehört, erhalten bleiben möge.

In ausgezeichneter Hochachtung
gez. Friedrich

Die Richtigkeit
der Abschrift
bescheinigt:

Brief von Gräfin Rothkirch an Prof. Hamann, 4. September 1950

HUMBOLDT-UNIVERSITÄT
KUNSTGESCHICHTLICHES INSTITUT

Berlin C2, den 4.Sept.1950
Unter den Linden 6
Telefon 42 55 31 App. 235

Lieber Herr Professor!

 Es sieht immer noch gleich ernst aus, aber solange nicht der erste Sprengschuss gefallen ist, soll man die Hoffnung nicht aufgeben. Dass Sie gegen den Plan von Scharoun Einspruch erheben würden, ist betont worden. Scharoun steht auf dem Standpunkt, dass das Ganze nicht zu retten sei, dass er darum wenigstens einen Teil erhalten wolle. Aber der Schlüterbau als offener Ehrenhof ist Wahnsinn! Die Erhaltung des Eosanderbaus sei dann Sache der Kunsthistoriker. Scharoun ist nicht zu erreichen, so weiss ich nicht, wie sein Plan aufgenommen ist. Für Morgen 2 Uhr ist ein "Lokaltermin am Schloss festgesetzt, zur Feststellung, welche Kunstwerke erhalten werden sollen". Kurth hat wenig Hoffnung, Schubert wird wenigstens in Berlin sein, ob er zu bewegen ist seinen Feinden ins Gesicht zu blicken, weiss ich nicht. Telephonisch habe ich ihn in Halle nicht mehr erreichen können. Der Rektor hat einen von mir verfassten (also schlechten) Bitte um Erhaltung des Schlosses an Grotewohl geschickt, unmittelbar bevor er zur Beisetzung der Urne seiner Frau abfuhr. Stengel, der Direktor des Märkischen Museums hat mannhaft und laut bei einer Besprechung über die neuen Pläne zum Wiederaufbau! Berlins Herrn Liebknecht entgegnet: wohlüberlegter und kaltblütiger Mord u.ä. Bei dieser Veranstaltung waren etwa 100 Leute, von denen sich keiner etwa für den Abriss aussprach, aber allgemein Abbruch des Domes gefordert wurde. Morgen will ich noch versuchen, den Vizepräsidenten der Akademie der Künste Engel (Zweig ist offenbar nicht in Berlin) zu einer Kundgebung zu bewegen. Mächler ist auf der Suche nach seinem Brief, möge er ihn finden!

 Dass Sie ohne Zwischenfall in Heiligendamm angekommen sind, freut mich, weniger, dass es Obst schlecht geht, ich dachte bis heute, Zusammenbrüche erlebten nur weibliche Wesen! Ich wünsche ihm gute Besserung.

 Bei mir zu Hause ist die Abbaukommission ebenfalls tätig. Ich weiss buchstäblich nicht, was ich tun soll! In der Wohnung kann ich natürlich bleiben, aber in lauter leeren Zimmern? Ihren Pajokschein habe ich, aber zu Hause - Sie haben also Aussicht, mindestens noch einen Brief zu bekommen.

 Mit allen guten Wünschen für Sie alle und immer wieder vielem Dank, dass Sie gekommen sind. Weitere Möglichkeiten für Sie wären wahrscheinlich jeden Tag, aber ob Sie irgend etwas über

Ihren Brief hinaus tun können, scheint mir fraglich. Sie wissen
ja, dass ich keine Hemmungen kenne, Sie zu beunruhigen, wenn mein
Herz auch blutet, Ihnen Ihre Erholung zu stören. Geniessen Sie also jede Sekunde!

Leider habe ich in Ihrem Brief nicht alles lesen können, wovon z.B. der Weissenseer sich eine Erlösung erhofft? Wenn ich
seinen Namen nicht weiss, kann ich ihn natürlich auch nicht kennen.

   Alles Gute

     Ihre

      Carla Rothkugel

Besonderen Gruss an Christa, an Ihre Tochter nobwohl auch.

**Brief des Ministerpräsidenten Otto Grotewohls an Hans Scharoun,
5. September 1950**

„Sehr geehrter Herr Professor!

Ich habe Ihre Zeichnungen und das danach hergestellte Modell sehr gründlich geprüft und bin nach reiflicher Überlegung zu folgendem Schluß gekommen:

Ihr Vorschlag ist interessant, aber er enthält nicht zwingend die Notwendigkeit, den durch die Regierung und den Magistrat gefaßten Beschluß auf Abriß der Schlossruine zu revidieren, denn

1. der Schlüterhof, dessen Erhaltung zweifellos schön wäre, ist in Ihrem Vorschlag von einem Gebäude umschlossen, das irgendwo an einer anderen Stelle Berlins gleichfalls stehen könnte. Das Schloss, auf dessen Äußeres viele Kunstkenner Wert legen, bleibt auch bei Ihrem Vorschlag nicht bestehen.
2. Die Tribüne ist für die Demonstrierenden, die von den Linden kommen, nicht im Zentrum des Blickfeldes, und sie ist für die auf der Tribüne Stehenden nicht der richtige Standpunkt, von dem aus sie die anmarschierenden Demonstranten Unter den Linden sehen können.
3. Das östlich der Spree geplante große Gebäude, der architektonische Höhepunkt des künftigen Berlins, kann hinter dem Gebäuderest, den Sie auf dem Schlossplatz belassen, und der immerhin eine Höhe von ca. 30 m behält, nicht zur Geltung kommen.
4. Der vergrößerte Lustgarten, der nach den bisherigen Plänen auf der Spree-Insel liegt, wird durch Ihren Vorschlag eingeengt.

Ich danke Ihnen für die Gründlichkeit, mit der Sie die Probleme überlegt und dargestellt haben, jedoch kann ich mich aus den angeführten Gründen Ihrem Vorschlag nicht anschließen.

Ich bitte Sie, meine Argumente zu überdenken; ich glaube, Sie werden ihnen zustimmen

Mit besten Gruß
Ihr O. Grotewohl"

Auftrag zum Ausbau und zur Abräumung des Schlosses, 5. September 1950

St/Wo.   -Amt für Abräumung-   5. September 1950.

An
VVBB-Bauwesen und Baustoffe
VEB-Abräumung und Erdbau
Berlin-Weissensee
Pistoriusstr. 108.

Betr.: Auftrag zum Ausbau und zur Abräumung der Berliner Schloßruine. 1/1892/1950, Los 143/50.

Der Magistrat von Groß-Berlin, vertreten durch die Abteilung Aufbau -Amt für Abräumung- erteilt Ihnen hiermit den generellen Gesamtauftrag zum Ausbau und zur Abräumung der Berliner Schloßruine.
Der Auftrag umfaßt:

1) die gesamten Ausbau- und dazu gehörigen Ergänzungsarbeiten zur Sicherstellung der künstlerischen Werte nach Anweisung des vom Ministerium für Aufbau bestellten Denkmalspflegers am Berliner Schloß, Herrn Dr.Strauß.

   Den Abtransport und die Lagerung dieser Werte auf noch zu benennenden Plätzen.

2) die gesamten Spreng-, Einriß- und erforderlichen Abtragearbeiten.

3) die gesamte Abräumung der Trümmermassen und deren Abtransport nach Anweisung und Termin-Plan des Amtes für Abräumung.

4) ausgenommen hiervon sind der Ausbau von Heizungs- und Maschinen-Anlagen, diese werden im Sonderauftrag des Heiz- und Maschinenamtes durchgeführt.

Der Auftragnehmer ist ermächtigt und verpflichtet für die Ausführung der einzelnen Fachleistungen Spezial-Firmen, ebenso zur Sicherung der Terminstellung evtl. weitere Firmen als Subunternehmen heranzuziehen. Dabei behält sich das Amt für Abräumung vor, für gewisse Spezialarbeiten, insbesondere Steinmetz-Arbeiten, Firmen zu bestimmen, die eingeschaltet werden müssen.

Die erforderlichen Geräte und Rüstungen sind vom Auftragnehmer mit Unterstützung der Abteilung Bauwirtschaft des Ministeriums für Aufbau zu erstellen.

So schnell wie möglich sind für die einzelnen notwendigen Abschnitts- und Fachleistungen Kostenangebote nach näheren Bestimmungen einzureichen, die nach Überprüfung vom Amt für Abräumung auftragsgemäß bestätigt werden.

Die Arbeiten wurden lt. mündlichem Auftrag am 28.8.1950 begonnen und sind nach dem vorliegenden Termin-Plan so zu fördern, daß die Gesamtabräumung

- 2 -

Gesamtabräumung spätestens am 15. März 1951 beendet ist.
Als Auftragsbestandteile gelten:
    a) der vorliegende Gesamtauftrag,
    b) die einzelnen einzureichenden Teilangebote für Abschnitts- und Spezialfachleistungen,
    c) die Verdingungsordnung für Bauleistungen,
    d) die besonderen Vertragsbedingungen der Stadt Berlin,
    e) die Vorbemerkungen zum Blankett für Abräumarbeiten.

Voraussichtliche Bausumme:
    ca. 4.000.000,-- DM

Gerichtsstand ist Berlin-Mitte.

(Stadtrat)

Stellungnahme der Landesleitung Berlin des Kulturbundes zur demokratischen Erneuerung Deutschlands, 5. September 1950

Die Landesleitung Berlin des Kulturbundes zur demokratischen Erneuerung Deutschlands hat in ihrer Sitzung vom 5. September 1950 zum Plan der Neugestaltung der Schloßinsel Stellung genommen.

Die eingehende Diskussion brachte folgende Ergebnisse:

1. Die Landesleitung Berlin des Kulturbundes zur demokratischen Erneuerung Deutschlands begrüßt den Beschluß der Regierung der Deutschen Demokratischen Republik und des demokratischen Magistrats von Gross-Berlin, die Schlossinsel zum Zentrum des demokratischen Lebens der Hauptstadt Deutschlands zu gestalten.
2. Die Abtragung des Domes wurde einstimmig befürwortet.
3. Ein Wiederaufbau des Schlosses wurde einstimmig abgelehnt.
4. Die Erhaltung des Schlüterhofes und des Eosanderportals an ihrem alten Platz, selbst bei Einfügung dieser Schlossteile in einen neu zu errichtenden Tribünenbau oder ähnliches, wurde abgelehnt, wobei die Wiedererrichtung des Schlüterhofes und des Eosanderportals an anderer geeigneter Stelle selbstverständliche Voraussetzung bleiben muss.
5. Der Erhaltung der südlich des Schlosses gelegenen historisch wertvollen Gebäude am alten Platz in der Breitenstrasse und der Brüderstrasse wurde mit Mehrheit zugestimmt.

Die Landesleitung Berlin des Kulturbundes zur demokratischen Erneuerung Deutschlands richtet an die Regierung der Deutschen Demokratischen Republik und an den demokratischen Magistrat von Gross-Berlin die Bitte, bei der Planung und endgültigem Beschluss über die Neugestaltung des Lustgartens als Aufmarschplatz der Werktätigen diesen Wünschen Rechnung zu tragen.

Brief Hans Scharoun an Otto Grotewohl, 6. September 1950

„Sehr geehrter Herr Ministerpräsident!

Ihr Schreiben vom 5. 9. verschaffte mir eine schlaflose Nacht und dadurch die Gelegenheit, Ihre sehr wichtigen Argumente noch einmal zu überdenken.
Ich bin der Meinung, daß auch in Bezug auf das Schloss – in der Zeit seiner Entstehung – mit Recht die Ansicht entstehen konnte, daß es an einer anderen Stelle Berlins gleichfalls seinen Platz hätte finden können. Aber die Wahl des Platzes, die Großzügigkeit der Durchführung und die Ausdruckskraft des Bauwerkes bewirkten im Laufe der Jahrhunderte, daß für uns heute das Schloss nur in seiner einmaligen Form und an dem besonderen Ort vorstellbar ist.
Was nun Ihre Aufgabenstellung und unseren Plan anbelangt, so darf wohl die richtige Wahl des Ortes und die Großzügigkeit der Durchführung unterstellt werden – beileibe noch nicht die gleiche geistige Wirkkraft, die mit der Gestaltung zusammenhängt, und die nicht nur der menschlichen, sondern auch der zeitlichen Voraussetzung zur möglichen Reife bedarf. Selbstverständlich muß auch noch die Art der Verschmelzung der ›neuen Wand‹ mit dem erhaltenswerten Schlossteil dargestellt werden. Dabei bleiben die wichtigen Fassadenteile des Schlosses, auf die nicht nur der Kunstkenner Wert legen sollte, bestehen.
Die charakteristische Gestalt der Linden hängt natürlich mit der Bepflanzung der Linden zusammen. Die Bepflanzung beschränkt sich auf den straßenartigen Teil der Linden, dessen Ende und Beginn kontrapunktisch durch Plätze mit monumentalen Bauwerken betont werden. Vor diesen Plätzen hört also sinngemäß auch die Bepflanzung auf. Daher treten erst am Beginn des August-Bebel-Platzes die anmarschierenden Demonstranten und die auf der Tribüne Stehenden in einen optischen Bezug zueinander. An dieser Stelle kommt der westliche Teil in das Blickfeld der Anmarschierenden, um sich dann schnell und in ihrem ganzen Umfange den sich Nähernden zu entfalten.

Der östlich der Spree geplante architektonische Höhepunkt des künftigen Berlins sollte der Aufgabe und der Form nach mit dem repräsentativen Gebäudeteil um den Schlüterhof in engem Bezug stehen. Der Schlüterhof ist gewissermaßen vorgeschobener Posten des architektonischen Höhepunktes und gleichzeitig Knüpfpunkt in verschiedener Hinsicht.

Die Freilegung von Domen und Kathedralen bewies, wie wichtig vordergründige, maßstabbildende Objekte sind. Freilegungen führten zum Denkmalshaften und Maßstablosen und damit zur Entfremdung zwischen Mensch und Bauwerk. Allerdings erfolgte die Freilegung auch aus dem Grunde, weil die maßstabbildenden, den Kirchen benachbarten Gebäude gewöhnlich nichtheiligen Zwecken dienten. Der Bezug zwischen Schlüterbau und dem architektonischen Höhepunkt ist aber innerlich begründet und für das gesamte Strukturgefüge meines Erachtens sehr wichtig. Die Wichtigkeit, die ich dem Schlüterbau gern zugewiesen sehen möchte, wiegt die 30 m Höhe des Schlüterbaues gut und gerne auf.

Die Einengung des Lustgartens beeinträchtigt nicht den Leistungseffekt. Raum für ›ruhende‹ Massen wird im Austausch westlich der Spree gewonnen. Die damit verknüpfte Gliederung des Raumes scheint mir ein weiteres wichtiges gestalterisches Moment, wenn man die gegebenen Maßstäbe der Linden und anderer benachbarter Raum- und Gebäude-Komplexe gebührend berücksichtigt.

Aber warum kämpfe ich für Schlüter, der uns ja letzten Endes doch alle überwältigt.

    Mit den besten Grüßen Ihr sehr ergebener
    Scharoun"

Brief von Dr. Hentschel an Prof. Dr. Weidhaas, 6. September 1950

Abschrift.

Dresden, den 6.Sept.1950

Herrn
Prof. Dr. W e i d h a a s
B e r l i n C 2
Schloss

Sehr geehrter Herr Professor,
als wir uns neulich vor der National galerie trafen, machten Sie über den Zweck Ihres Berliner Aufenthaltes einige dunkle Andeutungen, die ich erst verstand, als mir Kollegen von dem neuesten herostratischen Vorhaben berichteten. Da ich nun einmal, ganz gegen meine an sich friedliche Natur, zu einem Rufer im Streit geworden bin, kann ich zum Abbruch des Schlüterbaues ebensowenig schweigen wie zu der Zerstörung der Meissner Gasse. Ich befinde mich dabei im Einklang mit allen hiesigen Kollegen. Ich bedaure daher ganz besonders, dass Sie, eine der Hoffnungen der deutschen Kunstgeschichte, sich an den papiernen und detailkonservierenden Arbeiten beteiligen. Glauben Sie nicht, dass man mit solcher "Gewissensbeschwichtigung" die Zerstörungsabsichten geradezu fördert ? Hier sollte man streiken ! Ich persönlich würde mich lieber vor der Sprengung in das Schloss hineinsetzen, als so etwas mitmachen. Die ganze Sache erinnert an den berühmten "Nürnberger Komplex", aus dem wir doch alle gelernt haben sollten, und ich glaube, dass Sie im Grunde Ihrer kunsthistorischen Seele das auch empfinden. Ich bitte Sie ebenso herzlich wie dringend, sich diese Seite der Angelegenheit durch den Kopf gehen zu lassen - vielleicht kommen Sie zu einem anderen Entschluss.

Prof. Hamann gab mir die "Thesen" von Dr.Strauss. Ich bin der Aufforderung des Verfassers, dazu Stellung zu nehmen, nachgekommen und lege Ihnen meine Erwiderung samt Antithesen bei. Ich darf Sie bitten, beides ebenso öffentlich auszuhängen wie die Straussschen Thesen.

Mit besten Grüssen

Ihr sehr ergebener

(gez) Hentschel

Thesen von Gerhard Strauss, angebracht im Schloss und der Humboldt-Universität zu Berlin

HUMBOLDT-UNIVERSITÄT
Kunstgeschichtliches Institut

BERLIN C 2, den
Unter den Linden 6
Telefon 52 02 91 / App. 235

Abschrift.

Was ist das Berliner Schloss?

Bei seiner Entstehung:
Ergebnis des Repräsentationsbedürfnisses des sich zentralisierenden preussischen Absolutismus, dessen Hausmacht seit dem 30jährigen Kriege vergrössert wurde im Bündnis mit oder gegen den deutschen Kaiser, mehr mit als gegen ausländische Staaten und nie im Interesse des deutschen Volkes und seiner nationalen Existenz, sondern immer in demjenigen der eigenen Hausmacht, die zudem ihre Untertanen bis zur Leibeigensklaverei ausbeutete und schon während des Schlossbaues Akkordarbeit verlangte.

Dank dem Genie Schlüters und seinem kongenialen Nachfolger Eosander von Göthe eine grossartige architektonische Leistung, in der die Bezüge zur aufkommenden bürgerl. Baukunst der Niederlande und zum Realismus der Renaissance die Architektur des Absolutismus zu überwinden beginnen. Entstanden in dauernder Auseinandersetzung mit dem feudalen Bauherrn und seiner Bürokratie, mit Spionen des Kurfürsten von Sachsen, der seinen "Kollegen" in Berlin überwachen liess, ob er die ihm zum Sonderpreis für den Schlossbau gelieferten Hausteine nicht gewinnbringend weiterverkaufte. Unvollendet geblieben, da die vorwärtsweisende Persönlichkeit Schlüters vom reaktionären Bauherrn entlassen wurde, ebenso kurz darauf Eosander von Göthe.
Eine von anglo-amerikanischen Brand- und Sprengbomben ausgehöhlte Ruine. Die Fassaden lassen den Kundigen die Leistungen Schlüters und Eosanders noch ahnen. Die Substanz dahinter ist bis auf Ausnahmen ausgeglühter Schutt.

1950
Symbol des völligen Verfalls jener feudalistischen und imperialistischen Macht, die es einst hatte entstehen lassen. In deren Untergang es denn ähnliche Wunden erhielt wie das ganze deutsche Volk.

Schlussfolgerung
Das deutsche Volk, das erstmalig in seiner Geschichte durch seine Majorität für seine Majorität handelt, hat das Recht, seiner Hauptstadt Berlin ein Antlitz zu geben, das der neuen Phase seiner Geschichte würdig ist. In ihm wird gutes Altes Teil seiner charakteristischen Züge sein. Die neue Aufgabenstellung wird einen Widerschein von Freiheit und Zuversicht hinzufügen.

Die Ruine des Schlosses im Stadtzentrum wäre Hindernis bei der heute einmaligen Gelegenheit, den Mittelpunkt der Hauptstadt in grosszügiger Weise zu ordnen. Der für die Wiederherstellung der Ruine notwendige Aufwand würde mehr als das 10 fache der Zeughausrekonstruktion betragen und erst in Jahren zur Verfügung stehen. Da die Zerstörungen im Schloss so weitgehend sind, dass auch bei einer Wiederherstellung am alten Platze der grösste Teil der Substanz rekonstruiert werden müsste, wäre selbst in diesem Falle die geniale Leistung Schlüters im wesentlichen nur als Nachschöpfung erhaltbar. Deshalb aus Achtung vor der hum. Leistung der Baumeister, Sicherung der sie charakterisierenden gut erhaltenen Details zwecks Wiederverwendung an anderer Stelle, aber Freigabe des Platzes selbst durch Abbruch des Schlosses, um einem lebensvollen Zugang im Zentrum Berlins Raum zu geben.

Ich schlage allen Kollegen und auch Besuchern vor, zu meinen Thesen Stellung zu nehmen, gegebenenfalls weitere hinzuzufügen. Herr Dr. Kaiser nimmt gern entsprechende Anregungen entgegen.

gez. Strauss

Die Richtigkeit
der Abschrift
bescheinigt:
Victor
wiss.Ass.

Hausdruck der Uni 10.50 92 (1000)

Brief von Prof. Hamann an den Präsidenten der DDR Wilhelm Pieck, 8. September 1950

„ Hochverehrter Herr Präsident!

Ich bin mir bewußt, welche Bedenken dagegen bestehen, Ihnen persönlich mit meinem Anliegen zu kommen, das Sie in Ihren wichtigsten Regierungsgeschäften stören könnte.
Ich glaube aber, daß die Umgestaltung des Stadtzentrums von Berlin und der damit zusammenhängende Abbruch des Schlosses bei einem Vater des Vaterlandes dieselbe Wichtigkeit haben wird wie bei einem Hausvater der Bau des eigenen Hauses. So hoffe ich, daß Sie mir soviel Vertrauen entgegenbringen, daß Sie mir glauben werden, daß ich Aufgaben der neuen Zeit nicht hinter der Pietät gegenüber der Vergangenheit zurückstellen werde. Wenn ich mich ganz scharf gegen den Abriß des Schlosses äußere, so geschieht das mit wohlüberlegten Gründen und mit voller Verantwortung. Ich halte es deshalb für wichtig, daß auch Sie, Herr Präsident, von all den gewichtigen Gründen, die von Körperschaften und Privatpersonen (soweit sie mir bekannt geworden sind) gegen die Zerstörung des Schlosses angeführt werden, Kenntnis nehmen und sich selbst eine Meinung bilden, auf deren Äußerung man Ihrer Autorität als Staatsoberhaupt und Ihrem Ansehen, das Sie in der ganzen Bevölkerung genießen, entsprechend gewiß hören wird.

In Verehrung
Ihr sehr ergebener
gez. Hamann „

Brief von Prof. Hamann an Friedrich Ebert, 8. September 1950

Abschrift.

HUMBOLDT-UNIVERSITÄT
KUNSTGESCHICHTLICHES INSTITUT

Berlin C2, den 8. September 1950
Unter den Linden 6
Telefon 42 55 31 App. 235

Professor Richard Hamann

An den
    Oberbürgermeister der Stadt Berlin
    Herrn Friedrich E b e r t

                      B e r l i n

Sehr geehrter Herr Oberbürgermeister!

    Wenn ich es wage, mich heute in einer scheinbar hoffnungslosen und, wie immer wieder versichert wird, längst entschiedenen Sache mit einer kurzen Denkschrift persönlich an Sie zu wenden, so tue ich dies als jemand, der nicht irgend Einer ist, sondern als der, auf dessen Stimme man offenbar Gewicht legte, als man ihm den kunsthistorischen Lehrstuhl in Berlin anvertraute und dessen Bücher, die in der ganzen Welt Gehör gefunden haben, man mit dem Nationalpreis auszeichnete.

    Es handelt sich um die Erhaltung des Schlosses und man sage nun nicht, dass die Erschütterung, die die Nachricht von der geplanten Niederlegung bei allen Kunsthistorikern - abgesehen von solchen, die ein persönliches Interesse an der Angelegenheit haben - hervorgerufen hat, zwar bei den Kunsthistorikern berechtigt und verständlich sei, aber vom politischen Standpunkt aus ein anderes Gesicht bekäme. Diese Angelegenheit ist durch und durch eine politische und vom politischen Standpunkt nur in einem Sinn zu erledigen, wie ihn in diesem Fall einmütig die Kunsthistoriker verlangen: Erhaltung und allmähliche Wiederherstellung des Schlosses.

    Die Politik verlangt, dass die Stimme des Volkes, d.h. in diesem Falle der alteingesessenen Berliner, Gehör findet. Diese Stimme lautet soweit ich sie von unbeeinflussten Leuten habe hören können: Erhaltung des alten Berlin, das nur noch mit den Linden und dem architektonisch von ihm unabtrennbaren Schloss als ein Kulturzentrum bewahrt wird, ein Kulturzentrum, das die Achtung der neuen Zeit vor den Leistungen der grossen Vergangenheit jetzt und in aller Zukunft offenbart.

    Die Politik verlangt, dass die Zerstörungen am Schloss, die von den Vertretern einer abgelebten Kultur, deren sie sich so rühmen, begonnen ist, nicht von den Verfechtern neuer Gedanken vollendet wird.

Die Politik verlangt, dass die grosszügigen Kulturverordnungen sich nicht nur auf Personen beziehen, die noch immer der Kritik unterliegen werden, sondern auch auf Monumente, die weltgeschichtlich sich längst als über jeder Kritik erhaben bewährt haben. Gerade diejenigen, die gewillt sind, das Neue, das werden will, aus vollem Herzen zu bejahen, werden sich dagegen wehren, dass späteren Zeiten solche Kulturverordnungen nur als leere Worte erscheinen, denen Taten widersprechen, die jede spätere Zeit als barbarisch verurteilen wird.

Es ist nicht wahr, dass die noch stehenden Teile des Schlosses so baufällig sind, dass sie nicht erhalten oder restauriert werden könnten.

Es ist nicht wahr, dass die Kosten des Abbruchs und einer ästhetisch unmöglichen teilweisen Verpflanzung von Gebäudeteilen und Kosten von Kunstwerken soweit hinter den Kosten zurückstehen, die für die Erhaltung des ganzen Schlosses notwendig sind, als dass der ideelle Schaden, der durch eine Zerstörung angerichtet würde, dadurch gerechtfertigt würde.

Für den politischen Zweck eines Geländes für Aufmärsche gibt es andere Möglichkeiten und vielleicht bessere, die mit den Forderungen des Tages besser zusammenstimmen würden, als mit einem durch die heutige Verbindung von Linden und Schlossplatz historisch gewordenen Bezirk des alten Berlin, der durch seine Geschlossenheit, seinen Gesamtcharakter als Kunstwerk, seine heute schon gegebene Verwendung als für Stätten des geistigen Lebens wie Bibliothek, Universität, Theater und Museen auf eine Erhaltung und Erweiterung in diesem Sinne hinweist. Auf diese Gesichtspunkte ist schon vielfach aufmerksam gemacht worden und es liegen auch Anregungen vor, den Aufmarschplatz weiter östlich unmittelbar in das pulsierende Leben der Arbeiterstadt hineinzuverlegen. Dadurch würde Berlin ein Zentrum bewahren, das neben den grossen historischen Erinnerungsstätten und repräsentativen Monumenten anderen Ortes wie dem Zwinger in Dresden, dem Louvre in Paris, dem Dogenpalast und Markusplatz in Venedig, dem Hradschin in Prag und dem Kreml in Moskau würdig bestehen könnte.

Mögen noch so viele fertige Beschlüsse vorliegen, ehe nicht die Sprengladungen ihr unheilvolles Werk getan haben, ist es nicht zu spät, dass Menschen diesen Beschluss zurücknehmen, den Menschen gefasst haben. Ich bin mir sehr wohl bewusst, welche Schwierigkeiten für die regierenden Instanzen in diesen Fragen entstanden sind und bestehen. Fassen Sie bitte meine Worte auf alsdie eines in künstlerischen Fragen Sachverständigen und eines Patrioten, der sich ernsthaft bemüht, mit seinen bescheidenen Mitteln Ihnen zu helfen zu einer Entscheidung, die vor den Jahrhunderten bestehen kann.

Solange man mir nicht den Mund gewaltsam verschliesst, werde ich nicht aufhören, gegen den Beschluss zu protestieren und zwar nicht als Angehöriger des Westens, sondern als ein Sohn des Ostens, der durch Herkunft und Erziehung (1898 an der Berliner Universität immatrikuliert, 1911 habilitiert) aufs innigste mit Berlin und seiner Kultur verknüpft ist und der bemüht ist, in kulturellen Fragen dem Osten das Gewicht zu erhalten, auf das er durch die grossen Hinterlassenschaften der Kunst (Dresden, Naumburg, Magdeburg - dessen Dom ich eine Monographie gewidmet habe - Erfurt, die norddeutschen Backsteindome, das Berliner Schloss) Anspruch hat.

Ich hoffe, sehr geehrter Herr Oberbürgermeister, dass auch bei Ihnen meine Stimme nicht ungehört verhallen wird und ich bedauere nur, dass ich nicht in diesen Tagen in einer mündlichen Aussprache dem Geschriebenen noch mehr Nachdruck verleihen kann. Ich hätte mich bei dieser Gelegenheit gleich Ihnen persönlich vorstellen können, da ich wohl annehmen darf, dass auch Sie auf meine Wirksamkeit in Berlin den Wert legen, der mir von so vielen Seiten in einer mich ehrenden und beglückenden Weise versichert wird, einer Wirksamkeit, die ganz Deutschland gilt und in Berlin ihr Zentrum hat.

Empfangen Sie, sehr geehrter Herr Oberbürgermeister,
den Ausdruck meiner besonderen Hochachtung

gez. Hamann

PS Ich lege ein kurzes Memorandum bei, das ich dem Herrn Ministerpräsidenten Grotewohl übergeben habe, ein Schreiben der Akademie der Wissenschaften, einen Brief des Rektors der Humboldt-Universität, eine Darlegung von einem unserer besten Denkmalpfleger, Herrn Schubert in Halle, das Ihnen wohl bekannte Heft der polnischen Denkmalpflege, das in der Abb.S.16 zeigt, wie weit die polnische Regierung bei der Wiederherstellung ihrer grossen Denkmäler der Vergangenheit geht. Auch Professor Henselmann hat sich mir gegenüber in ähnlich zustimmendem Sinne geäussert. Das Gute daran wäre, dass unsere Architekten dann viel freier und ungebundener komponieren könnten.

gez. Hamann

Die Richtigkeit
der Abschrift
bescheinigt:
Victor
Wiss.Ass.

Aktennotiz zum Abbruch des Stadtschlosses Berlin,
„Gegenpropaganda von G. Strauss" (Streng vertraulich!!), 12. September 1950

Streng vertraulich !!

Beauftragter Denkmalpfleger
des Ministeriums für Aufbau
am Schloß Berlin

Berlin, den 12.9.50
- Dr.Str./Je-

A k t e n n o t i z :

Betrifft: Abbruch des Stadtschlosses Berlin, Gegenpropaganda.

Im Verlauf der vergangenen Woche hat sich deutlich erwiesen, daß die Propaganda gegen den Abbruch des Stadtschlosses trotz vorliegenden Ministerratsbeschlusses und dessen Bestätigung durch die Volkskammer als systematisch betrieben und organisiert gelenkt betrachtet werden muß. Das subjektiv ehrliche Bemühen einzelner Wissenschaftler um die Erhaltung der ruinösen Substanz wird hierdurch zusammengefaßt und politisch wirksam gemacht. Damit verbunden sind ständige diffamierende Angriffe gegen die Mitarbeiter des wissenschaftlichen Aktivs, denen korrupte Motive untersohoben bezw. jegliche fachliche Qualifikation abgesprochen wird. An Quellen dieser organisierten Arbeit und an Einzeltatsachen wurden festgestellt:

1.) Gelegentlich der ursprünglich für den 5.9.50 durch das Ministerium für Aufbau im Schloß vorgesehenen Diskussion hat die Assistentin des Kunsthistorischen Instituts der Humboldtuniversität, Gräfin Rothkirch, Fachleute und Interessierte aus Berlin und der DDR zur Teilnahme eingeladen, obwohl m.W. keinerlei Ermächtigung dazu vorlag. Mindestens einzelne der so Eingeladenen sind gebeten worden, vor dem Besuch im Schloß auf dem Kunsthistorischen Institut vorzusprechen, offenbar zwecks Bildung einer geschlossenen vorgefaßten Meinung. Bei dieser Gelegenheit wurden die Mitarbeiter des Aktivs diffamiert. (Mitteilung des Gen.Prof. Kurth, Potsdam).

2.) Auf dem Kunsthistorischen Institut sind unter Beteiligung der Gräfin Rothkirch und des Landesdenkmalpflegers von Sachsen/Anhalt, Schubert, Schriftsätze im Zusammenhang mit der Schloßfrage formuliert worden. Bei der Gesamthaltung der Genannten kann es sich nur um oppositionelles Vorgehen handeln (Mitteilung des Gen.Prof.Kurth)

Herr Reutti, Berlin, Niederschönhausen, äußerte ausdrücklich, daß alle Fäden der Bemühungen zur Erhaltung des Schlosses bei Prof. Hamann zusammenlaufen. Prof. Hamann war nur gelegentlich in Berlin. Er hat sich zwar um die Erhaltung bemüht, da er aber den größten Teil der Zeit außerhalb war, kann auch diese Mitteilung von Herrn Reutti nur auf Personen des genannten Instituts verweisen.

3.) Gräfin Rothkirch hat die an der Wandzeitung des wissenschaftlichen Aktivs angeschlagenen Thesen zur Schloßfrage abschriftlich verbreitet, ohne in irgendeiner Weise mit dem Aktiv in Verbindung zu treten.

4.) Studierenden des Kunsthistorischen Instituts, die nicht unwillens waren, sich an den Aufgaben des Aktivs zu beteiligen, ist auf dem Institut gesagt worden, daß sie durch eine solche Beteiligung die Versuche der Kunsthistoriker, das Schloß zu halten, boy-

- 2 -

kottieren würden (Mitteilung der Studenten Frl. Großmann und Frl. Schulze - Loescher). Seitens des Studenten Krüger auf dem K.h.Institut ist den zur Mitarbeit bereiten Studierenden gegenüber etwa geäußert worden, daß für den Fall ihrer Mitarbeit im Aktiv sie damit rechnen müßten, in ähnlicher Weise zur Verantwortung gezogen zu werden, wie die Naziaktivisten, falls die Verhältnisse in Berlin einmal anders kommen sollten. Die Äußerung fiel im Beisein mehrerer Studierender.(Krüger war in englischer Gefangenschaft als Kulturpropagandist tätig, und hatte nach eigener Mitteilung Verbindung mit Angehörigen der labour-party.

5.) Gelegentlich einer Besprechung der Denkmalpfleger der DDR etwa am 31.8.50 im Volksbildungsministerium, Referat Denkmalpflege, hat der Landesdenkmalpfleger Schubert aus Halle die Gelegenheit benutzt, um trotz Kenntnis des vorliegenden Ministerratsbeschlusses eingehende Ausführungen zur Erhaltung des Schlosses zu machen. Er hat eine Denkschrift verlesen, die diskutiert und angeblich von den Denkmalpflegern gebilligt worden ist.

Nach allem kann davon gesprochen werden, daß als Initiatoren organisierter Opposition Angehörige des Kunsthistorischen Instituts und der genannte Landesdenkmalpfleger anzusehen sind.

(Strauss)

Brief von Prof. Weidhaas an Dr. Walter Hentschel, 14. September 1950

Prof. Weidhaas   Abschrift !   Berlin, den 14.9.50
                                                                                               - We/Ja -

Herrn
Dr. Walter Hentschel
<u>D r e s d e n A 16</u>

Sehr geehrter Herr Dr.Hentschel !

Ihr Brief hat mich erneut veranlasst, mir darüber Rechenschaft abzuverlangen, ob meine Teilnahme am wissenschaftlichen Aktiv am Schloss Berlin vor meinem kunsthistorischen Gewissen, vor Mit- und Nachwelt zu verantworten ist. Ich habe mir auch die Frage vorgelegt, ob ich damit, dass ich bei dieser Gelegenheit "papierene und detailkonservierenden Arbeiten" mit übernehme, nicht das böse Gewissen zerstörerischer Geister beschwichtigen helfe. Meine Antwort auf Ihre Ausführungen kann ich damit beginnen, dass ich mich in keiner Weise mit dem hier Geschehenden identifizieren würde, wenn ich die Ueberzeugung haben müsste, dass hier zerstörerische Geister mit bösem Gewissen am Werke sind.

Ich kann zwar eine gewissen Verwunderung nicht unterdrücken, dass Sie Ihre Thesen und Antithesen Herrn Dr.Strauss nicht selbst übersandt haben, ich habe sie ihm aber auftragsgemäss zur Kenntnis gebracht, nehme an, dass Dr. Strauss auf Ihre Antithesen selbst antworten wird, und möchte meine eigene Erwiderung in einer Stellungnahme zu Ihren Thesen zusammenfassen.

Zu 1: Einverstanden.

Zu 2: Das war ursprünglich auch meine Ueberzeugung. Eine genauere Untersuchung des Baubestandes, zu der auch Sachverständige des Materialprüfungsamtes hinzugezogen sind, hat jedoch ergeben, dass gerade vom denkmalpflegerischen Standtpunkt aus der Wiederaufbau nicht befürwortet werden kann. Von den historischen Innenräumen ist praktisch überhaupt nichts erhalten, der Zustand der Bausubstanz der Umfassungen ist aber gerade im Schlüterschen Anteil, auf den doch der grösste Wert gelegt werden müsste, zum Teil infolge von Mängeln, die noch auf Schlüter selbst zurückgehen, zum Teil durch Brand und Verwitterung so ungünstig, dass auch vom Erhaltenen noch grosse Stücke, schätzungsweise die Hälfte, abgetragen werden müsste, ehe man mit dem Wiederaufbau beginnen könnte. Das wiedererstehende Schloss wäre also im erheblichsten Masse eine Atrappe. Schon das legt die Erwägung nahe, ob es dann doch nicht Sinn hat, das Erhaltungswürdige, wenn nun einmal das Schloss fallen muss, an geeigneter anderer Stelle wieder zu verwenden, so wie man ja auch keinen Anstand genommen hätte, es der notwendig atrappenhaften Architektur eines an Ort und Stelle wieder aufgebauten Schlosses einzufügen. Es ist klar, dass dies nur ein Ausweg ist, aber wer wollte es verantworten, um eines konservatorischen Dogmas willen das ganze Schloss zu vernichten, ohne vorher zu retten, was gerettet werden kann und soll ?

Die Sachlage ist auch noch eine andere als beim Dresdner Zwinger (über Oranienbaum und Peterhof weiss ich nicht genug Bescheid). Der 1945 zerstörte Zwinger war bekanntlich nicht mehr der Pöppelmann'sche.Der nunmehrige Wiederaufbau kann sich wie die Erneuerung der 20-er Jahre nach museal erhaltenen Details der historischen Substanz und nach genauen Zeichnungen richten. Beide Voraussetzungen treffen für das Berliner Schloss nicht zu. Das wenige, was hier erhalten ist, ist unmittelbar historische Substanz, aber unzureichend für einen Wiederaufbau. Die überlieferten Zeichnungen sind unzuverlässig und meist nur Aufnahmezeichnungen für nachträgliche Planungen und Veränderungen,bei denen bekanntlich die für den Archaeologen und Kunsthistoriker wichtigen Masse unmittelbar als Werkmasse vom Bau genommen werden, also in den Zeichnungen nicht erscheinen.

Zu 3: Wir Denkmalpfleger werden dafür zu sorgen haben, dass das, was Sie fer fordern, sinngemäss recht oft beachtet und erfüllt werde. Das Berliner Schloss ist aber hierfür, wie Sie noch sehen werden, kein geeignetes Obj

Zu 4: Die Mittel des 5-Jahrplanes sind grundsätzlich für Zwecke des Aufbaues der ökonomischen Basis einer glücklichen Zukunft, nicht für die Restitution des Vergangenen bestimmt. Der Wiederaufbau des Berliner Schl müsste aus dem üblichen Steueraufkommen finanziert werden. Das würd bedeuten, dass er sich über eine längere Reihe von Jahren hinzöge, in denen unterdessen der Verfall fortschreiten würde.

Zu 5: Der Gedanke, das Berliner Schloss zu beseitigen, ist erstmalig von dem stellvertretenden Ministerpräsidenten, Herrn Walter Ulbricht, in seiner Rede auf dem 3.Parteitag der SED am 22.Juli 1950 ausgesprochen worden (vergl.Ausgabe des Dietzverlages 1950 Seite 50). Niemand aus der damit angeredeten Oeffentlichkeit hat aber Walter Ulbricht in der Sache angesprochen. Es scheint, dass die in der ganzen SED-Presse sofort zur Gänze veröffentlichte Rede zu wenig gelesen worden ist.

Nachdem die Kunde von der Absicht des Schloss-Abbruches sich verbreitet hatte, haben verschiedene Fachleute untereinander ihre Meinungen über die Frage ausgetauscht. Nur 2 aber haben wirklich etwas unternommen, um die Verantwortung wahrzunehmen, die dem fortschrittlichen Intellektuellen hier obliegt, nämlich Dr.Strauss und ich. Wir haben den zuständigen Stellen mündlich und schriftlich, jeder für sich und gelegentlich auch gemeinsam alle die Bedenken zur Erwägung gestellt, die einem Kunsthistoriker gegen die von Ihnen (herostratisch) genannte Absicht kommen müssen. Hierbei haben wir manches von dem geltend gemacht, was auch aus Ihren Thesen und Antithesen hervorgeht, und noch vieles andere. Unsere Stellungnahmen sind nicht etwa in den Papierkorb gewandert, sondern ernsthaft erwogen worden.

Nachdem in eingehenden Beratungen die Regierung der Deutschen Demokratischen Republik den Abriss beschlossen hat, ist es zu spät, durch Vertreter der Denkmalpflege, Kunstgeschichte und schaffender Künstler Art und Umfang der Wiederherstellung erörtern zu lassen. Zu Diskussionen hierüber war vor diesem Beschluss Gelegenheit gegeben, ist aber nicht wahrgenommen worden. Jetzt können solche Diskussionen nur noch dazu dienen, unter den Beteiligten den einen zu bestätigen, dass sie keine Verantwortung trifft (ich rechne Sie zu dieser Gruppe), den anderen aber die Möglichkeit einer Pose der Entrüstung zu verschaffen, die zu einer Zeit Wert gehabt hätte, als noch wirklich Verantwortung zu übernehmen war.

Zu 6: Die Aufgaben würden im Allgemeinen nicht grossartig sein, weil das Schloss so sehr für die Bedürfnisse seiner dynastischen Bewohner gebaut ist, dass es anderen Zwecken nicht gemäss sein kann. Was immer man auch unter Wahrung der Substanz, also z.B. der Fensterachsen, der Geschosshöhen usw. in dem Gebäude unterbringen wollte, das Ergebnis wäre stets unbefriedigend. Sie können mir glauben, dass ich, der ich zuerst von einer sinnvollen Wiederverwendung des riesigen Bauwerks überzeugt war, gerade diese Frage nach allen Richtungen durchdacht habe.

Die geringste Summe, die für einen Wiederaufbau als nötig geschätzt worden ist, liegt bei 45 000 000,-- DM. Es ist m.E. nicht zu verantworten, diesen Betrag dem eigentlich produktiven Aufbau zu entziehen, um ein Denkmal wieder zu errichten, das nach seiner Wiedererstehung kaum noch 1/4 seiner historischen Substanz aufweisen würde und das einem gegenwärtigen Zweck nicht befriedigend genügen könnte.

Ich würde mich freuen, wenn ich die Gelegenheit hätte Ihnen auch bald einmal wieder persönlich zu begegnen und mit Ihnen namentlich Ihre Antithesen besprechen zu können.
In dieser Hoffnung bin ich mit bestem Grusse
          Ihr sehr ergebener
            (gez.) Seidhaas.

Position von Helmut Räther – Flucht in die Öffentlichkeit, 14. September 1950

HUMBOLDT-UNIVERSITÄT
KUNSTGESCHICHTLICHES INSTITUT

Berlin C 2, den
Unter den Linden 6
Telefon 42 55 31 App. 235

Abschrift:

Helmut R ä t h e r
Berlin-Pankow
Paracelsus-Str. 6

F l u c h t i n d i e Ö f f e n t l i c h k e i t .

Wenn von einer Regierung ein Beschluss gefasst wird, der nicht unwidersprochen bleiben kann, so stehen Jenen, die gegenteiliger Ansicht sind, die bewussten "zwei Möglichkeiten" offen: die "Innere Emigration", die treffender gekennzeichnet ist, wenn von ihr als dem "Schmollwinkel der Unverstandenen", dem "Elfenbeinturm der unantastbar Weltfremden" die Rede ist, und die "Flucht in die Öffentlichkeit". Dieser Weg ist in der Deutschen Demokratischen Republik das verfassungsgemässe Recht eines jeden Bürgers, der glaubt, dass der normale Verlauf der Dinge, der sogenannte Dienstweg, zu viel Zeit erfordert, oder, dass eine besondere Situation es vordringlich erscheinen lässt.

Flucht in die Öffentlichkeit, keine Flucht im Sinne des Ausweichens, sondern Flucht aus der nüchternen, möglicherweise verstaubten, Sachlichkeit der Arbeitszimmer und Behörden in die Arena der leidenschaftlich verfochtenen öffentlichen Meinung, weil Fragen von ausserordentlicher Bedeutung und Wirksamkeit aus der Sphäre der Fachwissenschaftler und Beamten herausgerissen werden müssen in die Atmosphäre der Arbeit in Fabriken, Werften und Maschinenausleihstationen, in das pulsierende Leben der öffentlichen Strassen und Plätze.

Gewiss, es ist nicht der Bestand der Nation, der gefährdet ist, aber neben wertvollsten unersetzlichen, dem deutschen Volke gehörenden Kulturerbe droht dem Glauben an die schöpferische Kraft unserer Epoche Gefahr. Grosse Worte, aber notwendig und ehrlich, denn kommende Geschlechter werden uns nach unseren Taten beurteilen und die Durchführung des Regierungsbeschlusses zum Abbruch des Berliner Schlosses, einem der bedeutendsten Kulturdenkmäler der Welt, würde uns, die wir diesen Beschluss unwidersprochen hinnehmen würden, mit Recht der Kulturbarbarei bezichtigen.

Wenn ich als junger Journalist so leidenschaftlich für ein altes Baudenkmal Partei ergreife, so möchte ich mich unmissverständlich von Jenen distansieren, die in demagogischer Weise, in offenkundiger Hinterhältigkeit sich in eine Diskussion einmischen, bei der mitzureden sie als Sprecher und Sprachrohr jener, die systematisch und bewusst mit ihren Bombenteppichen die Zeugen wahrhaft abendländischer Kunst beschädigten und vernichteten das Recht auf immer verwirkt haben. Denn sie sind mitschuldig an der Entstehung von Plänen, die von Friedenskämpfern dem Dunkel der Vorbereitung entrissen wurden, in denen die restlose Vernichtung alles Lebens und aller Kulturwerte in Fortsetzung der in Dresden und Würzburg, in Hamburg und Berlin begonnenen und durch rauchende Trümmer manifestierten Kulturbarbarei, beschlossene Sache ist. Wer Gesinnungsfreund dieser kulturlosen und zynischen imperialistischen Horden ist, hat nicht das Recht der freien Meinungsäusserung, das ihm gestattet, an einem deutschen Gespräch über den Erhalt unersetzlicher Baudenkmäler teilzunehmen.

Unlösbar verbunden mit der Flucht in die Öffentlichkeit ist die Bitte an den ersten Repräsentanten der Deutschen Demokratischen Republik, an unseren Arbeiterpräsidenten Wilhelm Pieck, sich zu bemühen, durch nochmalige gründliche Überprüfung der Abrisspläne zu einer Antwort zu gelangen, die das deutsche Volk und seinen Präsidenten in den kritischen Augen kommender Generationen rechtfertigen wird.

Das " Neue Deutschland " veröffentlichte am 10. September 1950 einen von I.G. unterzeichneten Artikel, in dem von einem Aktiv von 25 Wissenschaftlern, von denen nur der Leiter, Prof. Clasen, Greifswald, benannt wird und von einem wissenschaftlich-architektonischen Arbeitsstab unter Leitung von Prof.Dr.Dr. Weidhaas als Experte beim Abbruch tätig berichtet wird. Die deutsche Öffentlichkeit hat ein Recht zu erfahren, dass der Präsident der Deutschen Akademie der Wissenschaften in einem Memorandum sich gegen den Abriss des Schlosses wandte. "Die Deutsche Akademie der Wissenschaften hat bereits einmal vor längerer Zeit, als ein ähnlicher Gedanke auftauchte, gestützt auf den Beschluss des Plenums, sich mit denkmalspflegerischer Begründung gegen eine weitere Zerstörung des Schlosses ausgesprochen. Die Akademie tat diese Äusserung pflichtgemäss, um die ihr ausdrücklich zugestandene Aufgabe zu erfüllen als höchste gutachtliche Instanz aufzutreten, wo eine Gefährdung wertvollsten Kulturgutes droht... In Anbetracht seiner europäischen künstlerischen, seiner geschichtlichen, seiner städtebaulichen und sozialgeschichtlichen Bedeutung, in Anbetracht dessen, dass das Schloss ein Zeuge der Berliner Baukunst durch 5 Jahrhunderte ist, wendet sich die Deutsche Akademie der Wissenschaften mit schwersten Bedenken gegen eine etwa geplante endgültige Zerstörung des Schlosses. Sie betont dabei, dass seine Erhaltung ohne zu grosse Kosten möglich ist... Die Akademie tut dies in Erfüllung ihrer Kompetenz und ihrer Pflicht, sich an der Fürsorge für die Kulturgüter des deutschen Volkes im allgemeinen und an der Denkmalspflege im besonderen zu beteiligen. Unter den von dieser zu betreuenden Objekten steht das Berliner Schloss an erster Stelle." Aber nicht nur Prof. Stroux als Präsident jener "höchsten gutachtlichen Instanz" war gezwungen, unbefragt seiner Meinung Ausdruck zu verleihen, sondern auch der Kandidat zum Nationalpreis 1950, der Rektor der Berliner Humboldt-Universität, Prof. Walter Friedrich, wählt die Flucht in die Öffentlichkeit, als er sich an den Ministerpräsidenten Otto Grotewohl wandte und sich darauf berief, dass "in der von Dr. Liebknecht am 31. August veranstalteten Besprechung über die neuen Pläne zum Wiederaufbau Berlins e i n s t i m m i g die Meinung vertreten wurde, dass der Abbruch des Schlosses in dem durch den Krieg so stark geschmälerten Bestand nationaler Denkmäler der Vergangenheit eine weitere schmerzliche Lücke gerissen würde.

Als Rektor der Humboldt-Universität, die sich als Hüter und Wahrer nationalen Kulturgutes betrachtet, richte ich die dringende Bitte an Sie, sehr geehrter Herr Ministerpräsident, alles daran zu setzen, dass dieser Bau, der zu den bedeutendsten Schöpfungen deutscher Baukunst gehört, erhalten bleiben möge."

Der Landeskonservator von Sachsen-Anhalt, Schubert, unterzeichnete am 28. August einen sehr gründlichen fachlichen Bericht, in dem er nach Feststellung der Bedeutung des Schlosses nicht nur für die deutsche Kulturgeschichte, sondern für die der ganzen Welt, zu dem Urteil gelangt, dass "ein Wiederaufbau des Schlosses etappenweise würde erfolgen k ö n n e n", dass aber "mit der Sicherung der Bausubstanz nicht mehr länger gewartet werden dürfe. Sie hat sich natürlich nur auf die Bauteile zu erstrecken, die zu erhalten sind: das ist der Schlüter-Eosandersche Bau. Die rückwärtigen Gebäude an der Spree wären neu zu errichten, und auch für den Gebäudetrakt zwischen beiden Höfen sind neue Lösungen zu erwägen. Hier müssen die schöpferischen Kräfte unserer Zeit auf den Plan gerufen werden. Ihnen fallen hier entscheidende Aufgaben zu, denn es geht darum, dem Werke Schlüters durch eine schöpferische Synthese das Leben zu sichern, eine der schönsten und vielleicht die grösste Aufgabe, die heute im gesamten Bereich einer verantwortungsbewusst gestaltenden neuen Denkmalpflege zu erfüllen ist."

Der im Ministerium für Volksbildung der Deutschen Demokratischen Republik für Denkmalpflege zuständige Referent oder wer immer für die Zusammenstellung der wissenschaftlichen Kommission verantwortlich ist, hat zwar Wissenschaftler aus Rostock und Weimar bemüht, aber die wenigen hundert Meter vom Schloss zur Akademie der Wissenschaften oder zur Berliner Humboldt-Universität, auf deren Lehrstuhl für Kunstgeschichte ein Gelehrter von Weltruf sitzt, hat er sich bisher nicht entschlossen zu machen. Prof. Richard Hamann, dessen Stimme in der wissenschaftlichen Fachwelt Gewicht hat und auf dessen Mitarbeit die Deutsche Demokratische Republik stolz ist, was sich in der Tatsache manifestiert, dass ihm für seine wissenschaftliche Arbeit der Nationalpreis 1950 verliehen wurde, übermittelte am 30.August dem Ministerpräsidenten Otto Grotewohl ein Memorandum, in dem er, der bisher unbefragt blieb, sein Urteil abgibt.

"Berlin ist arm an Denkmälern der Vergangenheit. Aber es besitzt ein Werk, das sich den grössten der Vergangenheit würdig anreiht und in allen Kunstgeschichten der Welt genannt wird und abgebildet ist: das Berliner Schloss. Sein Schöpfer ist der grösste Architekt und Bildhauer in Norddeutschland, Andreas Schlüter. In Ruinen steht es da: noch immer von einer faszinierenden Wucht und Monumentalität, ein Repräsentant des spezifisch norddeutschen Barock, der sich Michelangelos St.Peter in Rom, dem Louvre in Paris würdig zur Seite stellt... Aber jedes Kunstwerk hat auch Schönheiten unabhängig von jeder Zeitgebundenheit, und umso gewaltiger und ewiger, je grossartiger das Werk, je genialer der Meister. Jedes Kunstwerk verkörpert aber den Inbegriff menschlicher Leistung, den Sieg über die Materie. Der Künstler in Hingabe an sein Werk ist das Vorbild für den Aktivisten des Geistes, der Schöpfer um der Schöpfung willen. Der Künstler, nur der höchste Typ des Arbeiters, ist das Vorbild für jeden Schaffenden und der neue Werttyp anstelle des Machthabers, des durch Besitz und Geburt Bevorzugten. Grosse Leistungen zerstören, wo keine unbedingte Notwendigkeit vorliegt, heisst diesen Wert des Schaffenden herabwürdigen."

- 5 -

Da auch der Demokratische Magistrat der Stadt Berlin dem Abbruch des Schlosses in einem Beschluss zustimmt, wandte sich am 8. September Herr Prof. Hamann auch an Oberbürgermeister Friedrich Ebert, leidenschaftlich und voll innerer Anteilnahme am Schicksal dieses grossen Denkmals deutscher Kulturgeschichte. "Mögen noch so viele fertige Beschlüsse vorliegen," so sagte er, "ehe nicht die Sprengladungen ihr unheilvolles Werk getan haben, ist es nicht zu spät, dass Menschen diesen Beschluss zurücknehmen, den Menschen gefasst haben. Ich bin mir sehr wohl bewusst, welche Schwierigkeiten für die Regierenden und Instanzen in dieser Frage entstanden sind und bestehen. Fassen Sie, bitte, meine Worte auf als die eines in künstlerischen Fragen Sachverständigen und eines Patrioten, der sich ernsthaft bemüht, mit seinen bescheidenen Mitteln Ihnen zu helfen zu einer Entscheidung, die vor den Jahrhunderten bestehen kann."

Wenn einmal die neuen Herren, die arbeitenden Menschen Deutschlands, die Räume des wiedererrichteten Schlosses einer Verwendung zugeführt haben, die der Bedeutung des Ortes und der Zeit entspricht, wird hier, wo deutsche Potentaten einstmals die Kriegsfackel entzündeten, die Sprache des Friedens und der Freundschaft mit Völkern erklingen. Es gäbe keinen würdigeren Ort für ein deutsches Revolutionsmuseum als hier, wo unter den Gewehren der herrschenden Klasse die Revolution von 1848 und 1918 zwar zusammenbrach, wo aber 1950 der Welt bewiesen wurde, dass eine Revolution des Geistes sich vollzogen hat, die der Barrikaden nicht bedurfte. Keinen würdigeren Ort für das Denkmal Ernst Thälmanns gäbe es als vor der imposanten Kulisse der Schlossfrontale an der gleichen Stelle wo der unvergessene deutsche Arbeiterführer zum Kampf gegen Faschismus und Kriegsgefahr aufrief.

So wie aus dem Moskauer Kreml, der einstigen Zwingburg der Zaren, nach baulicher Restauration ein neuer Geist dieses Bauwerk zum Mittelpunkt des Weltfriedenslagers werden liess, so wie der Hradschin in Prag, wiederhergestellt zum Sitz der Tschechoslowakischen Volksregierung wurde; so wie der Pariser Louvre nach der Grossen französischen Revolution 1789 auch der neuen Regierung diente und sie repräsentierte; und so wie die durch faschistische Okkupanten durch Sprengung zu über 99% zerstörte Königsburg in Warszawa durch Beschluss des polnischen Sejm vom 2. Juli 1949 bis zum Jahre 1955 vollständig wiederhergestellt, unter Berücksichtigung der völligen sozialen Strukturänderung der polnischen Gesellschaft, von der schöpferischen Kraft Volkspolens künden wird, so wird das wieder errichtete Berliner Schloss zu einem Hort der freiheitlichen Traditionen und zu einem Monument, das noch in Jahrhunderten beweisen wird, dass unsere deutsche Gegenwart sich jederzeit der geschichtlichen Verantwortung bewusst war.

gez. Räther

Heiligendamm, den 14. September 1950

Für die Richtigkeit
der Abschrift:
Victor
wiss.Ass.

Schreiben von Helmut Räther an den Generalsekretär der SED, Walter Ulbricht, 15. September 1950

Helmut R ä t h e r   Heiligendamm, den 15.Sept.1950
Berlin - Pankow
Paracelsus-Str.6
z.Zt. Heiligendamm
Max-Planck-Haus
(Tel.533)

An den
Generalsekretär der SED
Walter U l b r i c h t

B e r l i n
- - - - -

Werter Genosse Walter Ulbricht!

Der beschlossene und bereits begonnene Abriß des Berliner Schlosses veranlaßte mich, nach Kenntnisnahme der Argumentation einiger führender deutscher Wissenschaftler (u.a. Nationalpreisträger Prof. Hamann, Rektor der Humboldt-Universität Prof. Friedrich, Präsident der Deutschen Akademie der Wissenschaften Prof. Stroux, Prof. Otto Nagel) der Intendanz des Berliner Rundfunks, dessen Angestellter ich bin, aus meinem Kuraufenthalt in Erholungsheim der deutschen Intelligenz in Heiligendamm einen Kommentar zur Sendung vorzuschlagen, der sich mit diesem Problem befaßt.

In der Anlage überreiche ich Dir, neben einem Schreiben an den Präsidenten Wilhelm Pieck, sowohl den Kommentar als auch mein Begleitschreiben an den Berliner Rundfunk mit der Bitte um Kenntnis und Stellungnahme.

Mit sozialistischem Gruß

Schreiben von Helmut Räther an Wilhelm Pieck, 15. September 1950

Helmut R ä t h e r
Berlin - Pankow
Paracelsus-Str.6
z.Zt. Heiligendamm
Max-Planck-Haus
(Tel.533)

Heiligendamm, den 15.Sept.1950

Hochverehrter Herr Präsident!

Das Berliner Schloß, eines der bedeutendsten Kulturdenkmäler Europas, ist dem Abbruch und damit der endgültigen Vernichtung preisgegeben. Diese Tatsache, die neben dem Präsidenten der Deutschen Akademie der Wissenschaften, Prof. Stroux, dem Rektor der Humboldt-Universität, Prof. Friedrich, auch dem Leiter des Kunstgeschichtlichen Instituts der Humboldt-Universität, Nationalpreisträger Prof. Hamann Veranlassung zum Protest gegen diese Maßnahme gab, hat auch mich als jungen Journalisten, Angestellter des Berliner Rundfunks und des Deutschlandsenders, bewegt, in einem Kommentar, den ich dem Berliner Rundfunk zur Sendung vorschlug und dem Generalsekretär der SED., Walter Ulbricht, zur Kenntnis und Stellungnahme unterbreitete, in den Ablauf der Dinge einzugreifen. Die "Flucht in die Öffentlichkeit" ist eine Flucht zu Ihnen als höchste Instanz der Deutschen Demokratischen Republik und als Vorsitzender meiner Partei.

Mögen meinem Kommentar auch Mängel anhaften, so ist er geschrieben mit der Leidenschaft eines jungen Deutschen, der unbedingtes Vertrauen zu seiner Regierung hat, der seine Heimat und ihre Werke liebt, und der an die werteschaffende und -erhaltende Kraft unserer Epoche glaubt. Wissend, daß keine Frage Ihnen, Herr Präsident, zu gering erscheint, verbleibe ich, Ihre Entscheidung und eine Beantwortung erwartend,

in aufrichtiger Hochachtung
und Verehrung

Helmut Räther

Stellungnahme Prof. Hamanns zu einem Artikel über den Abriß des Berliner Stadtschlosses am 15. September 1950 in der Täglichen Rundschau, 18. September 1950

HUMBOLDT-UNIVERSITÄT
KUNSTGESCHICHTLICHES INSTITUT

Berlin C 2, den 18. Sept. 1950
Unter den Linden 6
Telefon 42 55 31 App. 235

In ihrer Nummer vom Freitag, den 15. September 1950, brachte die Tägliche Rundschau einen Artikel über den Abriss des Schlosses, in dem die Notwendigkeit des Abrisses nicht weiter diskutiert wird, sondern nur ein Hinweis auf die Baufälligkeit gegeben wird.

Dazu bemerke ich als Kunsthistoriker der Berliner Universität und als Mitglied der Akademie der Wissenschaften zu Berlin, dass von massgebenden Instanzen wie z.B. dem Landeskonservator von Sachsen-Anhalt, der schon seit Kriegsende mit dem Wiederaufbau stark zerstörter, wertvollster Baudenkmäler wie u.a. den Domen von Magdeburg und Halberstadt beschäftigt ist, festgestellt ist, dass die Möglichkeit einer Wiederherstellung des Schlosses gegeben ist Diese Möglichkeit einer Wiederherstellung des Schlosses wird auch heute noch nicht von dem Leiter des wissenschaftlichen Kollektivs, Herrn Dr. Strauss, bestritten. Die Kostenfrage darf nur gemessen werden an der Bedeutung dieses Bauwerkes. Ausserdem können die Kosten völliger Wiederherstellung auf viele Jahre verteilt werden und sie würden sich verringern durch die Kosten, die entstehen für den Abriss, die Bergung von Einzelobjekten und den Wiederaufbau eines Teiles des Schlosses, der ja erwogen wird.

Wir wollen nicht die hingebende Arbeit dieses Kollektivs und seines Leiters verkennen und werden auch die wissenschaftlichen Ergebnisse, die ev. dabei gewonnen werden, dankbar begrüssen, bedauern freilich, dass der Kenner des Berliner Schlosses und Biograph Andreas Schlüters, der stellvertretende Leiter des Kunsthistorischen Seminars der Universität Leipzig, Dr. H. Ladendorf, nicht zugezogen wurde. Dass freilich über die durch die bisherige Zerstörung ermöglichten Beobachtungen durch den völligen Abriss des Schlosses so wichtige neue Erkenntnisse gewonnen werden, dass seine Zerstörung gerechtfertigt wäre, bestreiten wir. Würden wir, wenn es sich nicht um ein Bauwerk handelte, das für die Ewigkeit gedacht ist, ein solches Verfahren auch bei Menschenleben gutheissen? Haben wir doch in jüngster Vergangenheit Gelegenheit genug gehabt, uns darüber zu ent-

HUMBOLDT-UNIVERSITÄT
KUNSTGESCHICHTLICHES INSTITUT

Berlin C 2, den
Unter den Linden 6
Telefon 42 55 31 App. 235

setzen.

Auf keinen Fall aber dürfen wir glauben, dass die Bergung von künstlerisch interessanten Einzelkunstwerken und ihre museale Aufstellung irgend etwas von der Bedeutung des Schlosses im Ganzen und ihrer Schöpfer auszusagen vermöchte. Ihre künstlerische Wirkung vermögen diese Einzelheiten nur im Ganzen des Bauwerks auszuüben, für diese sind sie gedacht, für diese geschaffen. Das, was erhalten werden muss als Zeuge grosser künstlerischer Vergangenheit Berlins ist das Schloss im Ganzen als Mittelpunkt seiner ehrwürdigen, noch heute mit neuem Leben zu erfüllenden Vergangenheit, die zu erhalten die Deutsche Demokratische Republik als eine ihrer wichtigsten Aufgaben immer wieder proklamiert hat.

(Professor Dr. Richard Hamann)

Position Prof. Hamanns – „Noch ist es nicht zu spät", 18. September 1950

HUMBOLDT-UNIVERSITÄT
KUNSTGESCHICHTLICHES INSTITUT

Berlin C 2, den 18.Sept. 1950
Unter den Linden 6
Telefon 42 55 31 App. 235

Noch ist es nicht zu spät

Seit nicht zu langer Zeit ist die Öffentlichkeit durch den Ministerratsbeschluss überrascht worden, dass das Berliner Stadtschloss niedergelegt werden soll, um einem grossen Aufmarschgelände Platz zu machen. Seit einigen Tagen hat man mit den Sprengungen begonnen, die bisher glücklicherweise nur Teile betreffen, die nicht zu retten waren (Apothekenflügel) oder auch bei einem Wiederaufbau vermutlich zuvor hätten abgetragen werden müssen.
Eine Orientierung der kompetenten Persönlichkeiten in der Frage dieses geschichtlich und künstlerisch einmaligen Denkmals, das mehr als irgend eines in Berlin dem Volke und der Öffentlichkeit gehört, hat bisher nicht stattgefunden. Nur von jener Seite, die mit der Ausführung aller mit der Niederlegung des Schlosses zusammenhängenden Arbeiten betraut ist, sind in Berliner Zeitungen Artikel inspiriert worden. Diese versuchen -den Abbruch des Schlosses als eine unabänderliche Tatsache voraussetzend- die Unmöglichkeit einer Wiederherstellung zu beweisen und die ungeheure Katastrophe, die sich für die geschichtlich und künstlerisch Denkenden hinter dieser Zerstörung verbirgt, zu beschönigen, indem sie es Hauptaufgabe des bei der Niederlegung des Schlosses beschäftigten wissenschaftlichen Kollektivs hinstellen, die künstlerischen Bruchstücke zu sammeln und neue wissenschaftliche Erkenntnisse aus dem durch die Zerstörung blossgelegten Skelett des Baues zu gewinnen. Zu alledem ist zu sagen:
1. Dass die Möglichkeit des Wiederaufbaus von Sachverständigen und auch von denen, die - vielleicht schweren Herzens oder mit schlechtem Gewissen - sich für die notwendig werdenden Arbeiten zur Verfügung gestellt haben, nicht bestritten wird.
2. Dass die Kosten einer Wiederherstellung - es werden Summen von 50 Millionen Mark genannt - übertrieben sind, da die Kosten für den Abbruch, die Bergung der noch vorhandenen künstlerischen Reste und die Übertragung von Teilkomplexen des ganzen Baues an andere Stellen abgezogen werden müssten, desgleichen der Wert der durch die Wiederherstellung gewonnenen Räume.
3. Dieser Wert würde umso höher sein, je bedeutsamer der Zweck wäre, den die Räume zu erfüllen hätten. Es muss schon jetzt der Vorschlag gemacht werden, den Zweck, den das Schloss immer gehabt hat:

HUMBOLDT-UNIVERSITÄT
KUNSTGESCHICHTLICHES INSTITUT

Berlin C 2, den
Unter den Linden 6
Telefon 42 55 31 App. 235

-2-

Sitz des Staatsoberhauptes zu sein, auch für jede künftige Regierung zu erhalten. Auch für den Präsidenten der Republik wird es nie ein repräsentativeres Gebäude, sowohl was Umfang als auch Würde der Architektur anbetrifft, geben. Es kommt nur darauf an, dass eine neue mit neuem Geist erfüllte Regierung die Kraft hat, eine solche Monumentalarchitektur mit ihrem Leben zu erfüllen, wie andererseits eine solche Architektur selber der neuen Regierung für ihre Haltung und repräsentativen Zwecke Energie zuleiten wird. Nicht umsonst hat man anderswo, beim Dogenpalast in Venedig, dem Hradschin in Prag, dem Louvre in Paris, dem Zwinger in Dresden und vor allem dem Kreml in Moskau die alten Regierungssitze erhalten und für die neuen staatlichen Zwecke wieder verwendet. Zu derselben Zeit, wo von dem Beschluss der Niederlegung des Schlosses in der Deutschen Demokratischen Republik berichtet wird, melden die Zeitungen die Vollendung der Wiederherstellung des Kreml in Moskau.

4. Die politische Absicht, das Schloss als Zeuge des unheilvollen Wirkens der Hohenzollern und des Preussentums zu beseitigen, würde sich gegen ein wehrloses Bauwerk richten anstatt einer echten Revolution, die gegen machtvolle Widerstände der Vergangenheit sich erhebt; eine Revolution post festum, ein Zeichen der Ohnmacht, nicht des seiner Aufgabe sicheren Willens, die Welt zu bessern.

5. Die Bergung architektonischer Einzelheiten und ihre Aufbewahrung in einem Museum ist der schlechteste Dienst, den man sowohl diesen Resten wie dem Schloss im ganzen und seinem Schöpfer Schlüter beweisen kann. Aus ihrem Zusammenhang herausgerissen, verlieren diese Reste ihre eigentliche Bedeutung. Sie können weder recht gewürdigt noch überhaupt verstanden werden. Sie sind nicht geeignet, eine Vorstellung von dem Ganzen, dem sie entnommen sind, wieder zu erwecken, können aber dieses Bild trüben und fälschen.

6. Der Wunsch, einen grossen Aufmarschplatz für politische Demonstrationen zu gewinnen, ist verständlich. Aber wenn man gerade diesen Platz für diese Zwecke besonders würdig empfindet, so geschieht das aus Anerkennung der geschichtlichen Tradition und der Würde der Situation. Dies aber ist in erster Linie durch das Schloss und die mit ihm eine künstlerische Einheit bildende Strasse Unter den Linden bedingt. Reisst man das Schloss ab, so zerstört man nicht nur eines der Denkmäler der Vergangenheit, deren Erhaltung als eine

HUMBOLDT-UNIVERSITÄT
KUNSTGESCHICHTLICHES INSTITUT

Berlin C 2, den
Unter den Linden 6
Telefon 42 55 31 App. 235

der vornehmsten Aufgaben in der DDR proklamiert worden ist sondern auch die historische und künstlerische Bedeutung des Platzes selber. Tribünen, auch wenn sie aus Stein sind, werden immer ein Bild von Räumen für Gelegenheitsaktionen ergeben, in denen das Leben ausserhalb dieser einmaligen und zufälligen Lebensäusserung schweigt, während die Monumentalität des Schlosses mit den ihm seit alters her angegliederten Gebäuden von der Ewigkeit und Dauer des Volkes kündet.

Das Schloss als Sitz des Regierungshauptes ist nicht nur der durch Tradition geheiligte Mittelpunkt Berlins sondern macht schon durch seine künstlerische Bedeutung symbolisch Berlin zur Hauptstadt Deutschlands.

Diese Ausführungen sollen keine Polemik gegen die Männer sein, die in erster Linie aus politischen Gründen den Beschluss gefasst haben, sondern eine Aufklärung und eine Anregung zu öffentlicher Diskussion, zu der vor dem Beschluss keine Möglichkeit gegeben war. Eine besserer Unterrichtung verdankte Zurücknahme Zurücknahme des Beschlusses würde nicht einen Prestige-Verlust bedeuten sondern ein imponierendes Zeichen von Verantwortlichkeit und Überlegenheit unserer regierenden Männer. Haben sich doch für die Erhaltung des Schlosses so gewichtige Instanzen wie der Präsident der Deutschen Akademie der Wissenschaften, der Rektor der Humboldt-Universität, die ehemals Staatlichen Museen, der Landeskonservator von Sachsen-Anhalt und, wie mir von ihrem Präsidenten mündlich versichert wurde, auch die Akademie der bildenden Künste. Meine Stimme ist nur eine unter vielen.

(Professor Richard Hamann)

Schreiben von Walter Ulbricht an Helmut Räther, 18. September 1950

„Werter Genosse Räther!

Die Stellungnahme, die Sie mir betreffend des Berliner Schlosses übermittelten, ist mir bereits aus dem ›Tagesspiegel‹ und einigen anderen Westberliner Zeitungen bekannt. Diese Westberliner Journalisten haben das Bedürfnis, die Tatsachen zu verschleiern, daß das Berliner Schloss durch die amerikanischen Bombenangriffe zerstört wurde. Also wenn Sie den Wunsch haben, eine Protestbewegung zu organisieren, dann bitte gegen jene, die das Schloss durch ihren Bombenterror zerstört haben. Ich halte es nicht für möglich, daß die Bevölkerung der Deutschen Demokratischen Republik die Millionen aufbringt, um das zerstörte Schloss wiederherzustellen. Architektonisch wichtige Partien im Innern des Schlosses, soweit sie den amerikanischen Bombenterror überstanden haben, werden in ein Museum überführt werden.

Mit sozialistischem Gruß
gez. W. Ulbricht"

Schreiben von Richard Hamann an Walter Ulbricht, 18. September 1950

Abschrift

HUMBOLDT-UNIVERSITÄT
KUNSTGESCHICHTLICHES INSTITUT

Berlin C2, den 18. Sept. 1950
Unter den Linden 6
Telefon 425531 App. 235

An den
    Herrn stellvertretenden Ministerpräsidenten
      Walter U l b r i c h t
            B e r l i n

Sehr geehrter Herr Ministerpräsident!

Ich habe nicht die Ehre, Ihnen persönlich bekannt zu sein und benütze deshalb die Gelegenheit, in einer Sache, die uns beiden in gleicher Weise am Herzen liegt, Ihnen meine Stimme zu Gehör zu bringen.

Sie dürfen überzeugt sein, dass ich mich keinem Argument, das das werdende Neue in der Deutschen Demokratischen Republik betrifft, verschliesse, und ich glaube, auch als ein solcher bekannt zu sein.

Da aber nach meiner Meinung die Information, die Sie von kunstwissenschaftlicher Seite über die Notwendigkeit der Schlossniederlegung erfahren haben, von Persönlichkeiten stammt, die ich nicht für kompetenter halte als mich und diejenigen, die vom Fachstandpunkt aus mit mir übereinstimmen, so halte ich es für wichtig, den Herren des Ministeriums mit anliegenden Schriftstücken Informationen zu geben, die es ihnen erlauben, trotz einiger schon erfolgter Sprengungen den Beschluss zu ändern. Diese Sprengungen betreffen bis jetzt nur Teile, die auch für den Wiederaufbau des Schlosses hätten abgetragen werden müssen.

            In grösster Hochachtung
            Ihr sehr ergebener
            gez. Hamann

PS. Da es mir leider nicht möglich ist, Sie persönlich zu erreichen, erlaube ich mir, Ihnen sämtliche Schriftstücke, die von autoritativer Seite für die Erhaltung des Schlosses abgefasst worden sind, zuzuleiten mit der höflichen Bitte, sie nicht ungelesen zu lassen und mir Ihre Stellungnahme dazu mitzuteilen.- Inzwischen ist mir auch Ihr Schreiben an Herrn Räther zur Kenntnis gebracht und ich möchte darauf erwidern, dass alle Gründe, die für die Erhaltung des Schlosses sprechen, so allgemeiner und selbstverständlicher Natur sind, dass auch die Westpresse nicht andere aufbringen kann. Dass die Hauptschuld an der Zerstörung des Schlosses dem Bombenterror der westlichen Alliierten zuzuschreiben ist, darf natürlich immer wieder betont werden, und ich selbst habe dies in meinen Exposés stets hervorgehoben.
Umso grossartiger wäre es, wenn die Deutsche Demokratische Republik allein das Schloss in neuem Glanze erstehen liesse. Die ganze Welt würde auf eine solche Tat mit Bewunderung blicken.

            D.O.
            gez. Hamann

Brief einer „Ollen Berlinerin" an den Ministerpräsidenten Otto Grotewohl, 18. September 1950

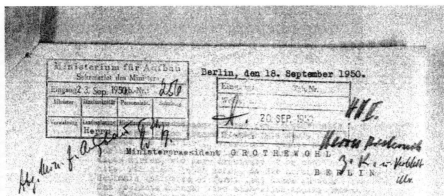

Berlin, den 18. September 1950.

Ministerpraesident GROTEWOHL
BERLIN

Sie können sich gewiss vorstellen, wie man gerade als Bewohner der "Insel" seinerzeit erschüttert war, als nach so vielen anderen grausamen Zerstörungen nun auch das Schloss so schwer betroffen wurde. Immerhin war man froh, dass der Bau wenigstens noch seine Form behalten hatte. Nach wie vor gewährten die wohlabgewogenen Masse beim Vorübergehen in der Unrast der Kriegs-und Nachkriegsjahre das Empfinden der inneren Erbauung, zumal man sich sagte, dass mindestens die grossen Breschen der Aussenmauern in absehbarer Zeit sich wieder ausfüllen liessen. Die Nachricht vom geplanten Abriss dieses Meisterwerkes, jetzt, nachdem man andere Schäden heilen sieht, musste deshalb als ein schwerer unverständlicher Schlag wirken. Ich war dann froh, beim Ausspracheabend in der Hannoverschen Strasse wenigstens die Motive für diesen Plan erläutern zu hören.

"Eines Mannes Rede, ist keines Mannes Rede,
Man muss sie hören, alle beede".

Dass man, wenn eine Gedenkstätte für die unglücklichen Opfer des Hitlerismus errichtet werden soll, dies nicht in Buchenwald oder sonst irgendwo, sondern in Berlin tut, ist richtig. Ebenso verständlich, dass man gerade die Spreeinsel als abgeschlossenen Raum hierfür geeignet hält, damit die hieraus sich ergebenden Demonstrationen entwickelt werden können. Aber einen Schlüterbau zu opfern, muss als ein Kulturvergehen angesehen werden. Es müsste sich hierfür eine Lösung finden lassen, die beiden Standpunkten gerecht wird.

Berlin hat keine baulich alte Vergangenheit. Dafür sind ihm in einer Zeit, wo mittelalterliche Städte vielleicht keine künstlerische Weiterentwicklung durchmachten, zwei Baukünstler geschenkt worden – Schlüter und Schinkel. Würde der Schlossbau beseitigt, so läge das alte Museum wirkungslos flach am riesigen Platz und alles wäre verloren. Warum sollte nicht lieber die "Insel" sich vergrössern lassen? Der Wasserlauf an der Schlossfreiheit entlang ist nicht die natürliche Spree, sondern ein, wenn auch aus einem Nebenarm geradlinig entwickelter Kanal. Könnte er nicht etwa unterhalb des Wehrs bei der neuen Reichsbank ausbiegen, über den Bebelplatz schliesslich beim Kupfergraben wieder einmünden. Da so vieles in dieser Gegend in Trümmer liegt, liesse sich dieser laienhaft geäusserte Plan durch die Techniker vielleicht doch gestalten. Die Geologen würden sicherlich den Lauf irgend eines Altwassers dort nachweisen können. Nach Ueberwölbung des jetzigen Kanals lägen dann Schinkelplatz, Gebiet des Kronprinzenpalais innerhalb der Insel. Da das Kronprinzenpalais als Ausstellungsgebäude geplant, doch ohnehin soviel wie neu errichtet werden müsste, könnte dies vielleicht an anderer Stelle

-2-

Bl. -2-

geschehen. Die Strasse "Unter den Linden" hatte hier eigentlich schon keine grosse Fluchtlinie mehr. Nach rechts ausbiegend und platzartig erweitert, könnte sie gerade auf das Schloss zuführen. So freigelegt, würde es nicht mehr als Klotz wirken, wie Herr Architekt ? es neulich abends bezeichnete. Man sieht jetzt schon, da die Kolonnade des Nationaldenkmals teilweise entfernt ist, diese günstige Wirkung. Das geplante Mahnmal wird sicherlich anders aussehen. Die Tribüne könnte etwa mit dem Rücken gegen die Werdersche Kirche schräg stehen. Hätte man auch wohl nicht den Blick bis zum Brandenburger Tor, so doch weit genug, um Heranziehende zu sehen, gleichzeitig aber Abziehende rechts und links des Schlosses. Ausserdem bestünde keine Störung durch die Sonne.

Ich bitte, meine Zeilen nicht zu verübeln. Es würde mich aber ewig bedrücken, hätte ich diesen Versuch in letzter Stunde nicht gemacht.

Ergebenst

[Unterschrift]

Schreiben des Oberbürgermeisters Ebert an Prof. Hamann, 20. September 1950

DER OBERBÜRGERMEISTER VON GROSS-BERLIN

BERLIN C 2, PAROCHIALSTRASSE 1-3 (NEUES STADTHAUS) · FERNRUF: 420051 UND 510391

21. September 1950

Herrn
Prof. H a m a n n
Kunstgeschichtliches Institut
der Humboldt-Universität

B e r l i n C 2
Unter den Linden 6

Sehr geehrter Herr Professor!

Ihr Schreiben vom 8. September 1950, mit dem Sie sich gegen die Beseitigung der Schloßruine wenden, habe ich erhalten.

Auch wenn Ihre Ausführungen rechtzeitig eingegangen wären, ehe der Ministerrat der Deutschen Demokratischen Republik und der Magistrat von Groß-Berlin die maßgebenden Beschlüsse gefaßt hatten, hätte es an der nunmehr endgültig getroffenen Entscheidung voraussichtlich nichts ändern können.

Sie können versichert sein, daß diese Entscheidung von allen damit befaßten Instanzen nach jeder Hinsicht reiflich überlegt worden ist. Wenn das Schloß noch unzerstört wäre, hätte niemand den Abbruch ernsthaft erwogen. Da das Schloß aber durch die englisch-amerikanischen Bombenangriffe, wie die Sachverständigen inzwischen festgestellt haben, zu etwa 80 % zerstört ist, gab es nur folgende Möglichkeiten:

<u>Die Ruinen stehen zu lassen;</u>

Das mußte abgelehnt werden, weil das neue Berlin keine Ruinenstadt wie Rom werden soll;

<u>die Ruinen auszubauen;</u>

das hätte, wie inzwischen berechnet worden ist, vier- bis fünfmal soviel gekostet wie ein Neubau des Schlosses und konnte bei den bedeutenden Bauvorhaben, die Berlin erfüllen muß, nicht verantwortet werden;

<u>die Trümmer des Schlosses unter Bergung des Erhaltungswürdigen zu beseitigen.</u>

Dieser letzte Weg erschien allen Beteiligten als der beste. Ich kann Ihnen erklären, daß sich sowohl im Ministerrat wie im

b.w.

Magistrat von Groß-Berlin keine Stimme für die Erhaltung
oder den Ausbau der Ruine erhoben hat und daß alle Beschlüsse einstimmig gefaßt worden sind. Der Herr Ministerpräsident wie auch ich haben die Zusicherung gegeben, daß
die historisch und künstlerisch wertvollen Teile des
Schlosses geborgen und für eine etwaige spätere Verwendung
zunächst sicher aufbewahrt werden sollen. Sie werden sich
sicherlich auch persönlich davon überzeugt haben, daß ein
Stab von Kunsthistorikern damit beschäftigt ist, diese
künstlerisch wertvollen Bestandteile festzustellen und
ihre Bergung zu überwachen. Es entstehen dadurch erhebliche
Kosten. Die Arbeiten werden wesentlich schwieriger und
komplizierter. Sollten Sie hinsichtlich der Erhaltung und
späteren Verwendung von Teilen der Schloßruine Vorschläge
haben, bin ich gern bereit, diese den zuständigen Stellen
zur Beachtung weiterzugeben.

Ich habe volles Verständnis dafür, daß es jedem Kunsthistoriker weh tut, ein Baudenkmal wie das ehemalige Schloß
nur noch in Abbildungen und in Museen sehen zu können.
Bedenken Sie aber bitte, daß nicht die fortschrittlichen
Kräfte es waren, die das ehemalige Schloß zerstörten, sondern daß wir jetzt nur die undankbare Aufgabe haben, die
Trümmer zu beseitigen, die andere geschaffen haben; besonders
undankbar deshalb, weil manche Kreise die Schuld uns zuschieben wollen, um von den wahren Urhebern der barbarischen
Zerstörungen abzulenken.

                                     Mit vorzüglicher Hochachtung!

                                              (Ebert)

Schreiben von Gerhard Strauss an Herrn Pisternik, 21. September 1950

Dr. Gerhard Strauss   Berlin, den 21. September 1950

Vertraulich

Gen. Hauptabteilungsleiter Pisternik,
Ministerium für Aufbau der DDR,
B e r l i n

Werter Genosse P i s t e r n i k !

Ich bestätige den heutigen Eingang der Dir vom Genossen Dr. Zuckermann übersandten Eingaben von

    Professor Hamann
    Professor Stroux, als Präsident der Deutschen Akademie
                                der Wissenschaften,
    Professor Friedrich, als Rektor der Humboldt-Universität,
    Professor Bickenbach,
    Kommentator Räther

betreffend Abbruch der Schlossruine Berlin.

Hinsichtlich meiner von Dir erbetenen Stellungnahme verweise ich auf meine Eingabe an das Politbüro der Partei vom 12.8.50. Die nachträglich und ohne jeden Zusammenhang mit mir von den oben Genannten gegebenen Darstellungen zur geschichtlichen Rolle und zur kunsthistorischen Bedeutung des ehem. Schlosses stimmen mit meinen Ausführungen überein, die ideologisch allerdings anders argumentieren.

Ich vermute mindestens bei Prof. Hamann und bei Prof. Stroux subjektiv ehrliches Interesse ohne reaktionäre politische Absichten. Da ich Prof. Friedrich, Prof. Bickenbach und den Gen. Räther nicht kenne, vermag ich über ihre Gesichtspunkte nichts auszusagen.

Nicht ausgeschlossen ist dagegen eine systematische Organisation der Opposition im Sinne meiner vertraulichen Mitteilung vom 12.9., die ich dem Gen. Dr. Kurt Liebknecht aushändigte, deren Inhalt ich auch Dir mündlich voraus mitgeteilt habe. Dort erwähne ich Beobachtungen, die zu denken geben hinsichtlich der Rolle der Assistentin von Prof. Hamann, Gräfin Rothkirch, und des Landesdenkmalpflegers Schubert aus Halle. Ihn betreffend verweise ich auf die auch Dir bekannte Tatsache, dass Schubert s. Zt., wie von mir vorausgesagt, nach Berlin kam, obwohl Dr. Schuster eingeladen wurde, und dass Dr. Schuster (Untergebener von Schubert) seine Mitarbeit am Schloss später ablehnte. Betreffs der genannten Gräfin Rothkirch verweise ich ausserdem auf eine Notiz vom 21.7.50, die ich dem Gen. Wandel übergab, deren Abschrift ich hier beifüge.

Ich lenke die Aufmerksamkeit auf die Äusserung von Prof.Hamann
in seinem Brief an den Gen.Oberbürgermeister Ebert(S.3,letzter
Absatz des Briefes vor der Unterschrift von Hamann),wo es heisst:
"...dass auch Sie auf meine Wirksamkeit in Berlin den Wert legen.."
Da mir gerüchteweise bekannt wurde,was ich schon mitteilte,dass
Hamann u.U.Rücktrittsabsichten hat,erscheint mir sorgfältige
Prüfung im Hinblick auf den Rang Hamanns und auf seine Bedeutung
als Nationalpreisträger angebracht.
Hinsichtlich des Vorschlages des Gen.Räther,eine offene Diskussion
aufzunehmen,sind für mich die Entscheidungen der Genossen
Otto Grotewohl und Walter Ulbricht massgebend,nicht mehr zu diskutieren.Vielleicht bleibt gemeinsam mit den Genossen des Volksbildungsministeriums zu prüfen,ob mit Prof.Stroux bezw.mit Prof.
Hamann in direkten Gesprächen Klarheit geschaffen werden kann.
Hierbei könnte Hamann u.U.darüber unterrichtet werden,dass hinter
seinem Rücken in seinem Institut jene reaktionäre Stimmung
herrscht,die oben erwähnt wurde.Bei der Gesamthaltung von Hamann,
den ich nur als fortschrittlichen Menschen kenne,wäre so vielleicht
seine Trennung von der Gräfin Rothkirch zu erreichen,ohne Verärgerung.
Wichtig erscheint mir in jedem Fall,durch ausführliche und grosszügige Mitteilung über die umfangreichen Forschungsmassnahmen am
Schloss und die eingeleitete Bergung,in der Öffentlichkeit korregierend zu wirken.Ich verweise in diesem Zusammenhang auf meinen
Vorschlag,zum 1.5.nächsten Jahres eine Ausstellung über diese
Arbeiten zu machen,und im gleichen Jahr eine umfangreiche Publikation über das Schloss herauszubringen.Letztere würde vor allem
im Bereich der Wissenschaftler Wirkung hinterlassen.
Die von Prof.Hamann in seinem Brief an den Gen.Ebert gemachte
Äusserung,dass meine Mitarbeiter und ich aus persönlichen Motiven
am Schloss arbeiten,weise ich zurück.Sie liegt auf der Linie,
uns fachlich und charakterlich zu diffamieren,die bereits bekannt
ist.
Die mir zugesandten Anlagen füge ich wieder bei.
    Mit sozialistischem Gruss!

Mitteilung des Oberbürgermeisters Friedrich Ebert zum Abbruch der Schlossruine an Presse und Rundfunk, 22. September 1950

Magistrat von Groß-Berlin
  Amt für Information
Referat: Presse, Film und Funk

Berlin, den 22. 9. 1950

Für Presse und Rundfunk

Oberbürgermeister Friedrich Ebert zum Abbruch der Schloßruine

Auf ein Schreiben, das Prof. Hamann vom Kunstgeschichtlichen Institut der Humboldt-Universität zur Beseitigung der Schloßruine am 8.9.1950 an Oberbürgermeister Friedrich Ebert sandte, gab Oberbürgermeister Friedrich Ebert eine Antwort von grundsätzlicher Bedeutung. In seinem Antwortschreiben erklärte er, daß niemand den Abbruch ernstlich erwogen hätte, wenn das Schloss noch unzerstört wäre. Da das Schloß aber durch die anglo-amerikanischen Bombenangriffe, wie die Sachverständigen inzwischen festgestellt haben, zu etwa 80 % zerstört ist, gab es nur die Möglichkeit, entweder die Ruine stehen zu lassen, diese Ruine auszubauen oder aber die Trümmer des Schlosses unter Bergung des Erhaltungswürdigen zu beseitigen. Die Ruinen stehen zu lassen mußte abgelehnt werden, weil das neue Berlin keine Ruinenstadt wie Rom werden soll.

Die Ruinen aufzubauen hätte, wie inzwischen berechnet worden ist, vier bis fünf Mal soviel gekostet, wie ein Neubau des Schlosses und konnte bei den bedeutenden Bauvorhaben, die Berlin erfüllen muß, nicht verantwortet werden. Also blieb nur die letzte Möglichkeit. Dabei wird natürlich darauf geachtet werden, daß historisch und künstlerisch wertvolle Teile des Schlosses geborgen und für eine etwaige spätere Verwendung zunächst sicher aufgewahrt werden. Bereits jetzt ist ein Stab von Kunsthistorikern damit beschäftigt, diese künstlerisch wertvollen Bestandteile festzustellen und ihre Bergung zu überwachen.

Oberbürgermeister Ebert erklärte in seinem Antwortschreiben an Prof. Hamann abschließend folgendes: "Ich habe volles Verständnis dafür, daß es jedem Kunsthistoriker weh tut, ein Baudenkmal wie das ehemalige Schloß nur noch in Abbildungen und in Museen sehen zu können. Bedenken Sie aber bitte, daß nicht die fortschrittlichen Kräfte es waren, die das ehemalige Schloß zerstörten, sondern dass wir jetzt nur die undankbare Aufgabe haben, die Trümmer zu beseitigen, die andere geschaffen haben, besonders undankbar deshalb, weil manche Kreise die Schuld uns zuschieben wollen, um von den wahren Urhebern der barbarischen Zerstörung abzulenken."

— Pressestelle —

Schreiben von Gräfin Rothkirch an Dr. H. Ladendorf (Leipzig), 23. September 1950

23.Sept. 1950

Herrn
Dr. H. Ladendorf
Leipzig C.1
Kunstgeschichtliches Institut
der Universität

Lieber Herr Dr. Ladendorf!

Ihr Name steht schon seit langem auf meinem "Schreibkalender", aber erst liessen mich die Vorbereitungen für die Münchner Reise zu nichts anderem kommen und jetzt sind es die Bemühungen, die Sprengung des Schlosses zu verhindern, die mich voll und ganz in Anspruch nehmen, da ich wegen der Ferien leider sozusagen allein im Institut bin.

Ich gebe Ihnen Durchschriften aller der Dinge, die von Berlin aus in Angriff genommen wurden, ohne dass man bis jetzt allerdings auch nur den geringsten Erfolg merkt. Abgesehen von den Sprengungen am Apothekenflügel ist nun leider in der vorigen Woche auch der ganze Flügel rechts vom Eosanderportal gesprengt worden. Noch ist von der Schlüterschen Substanz nichts angegriffen Scharoun hat einen Paln ausgearbeitet, der ihn als offene Ehrenhalle erhalten soll, ein Unsinn, aber natürlich besser wie garnichts. Wenn Sie unter Bezugnahme auf das Ihnen zugeleitete Material etwas unternehmen können, so müsste vor allem betont werden, dass es das sinnlose Bombardement vom 5. Februar 1945 war, das dem Schloss diese schweren Wunden beigebracht hat. Könnten Sie etwas präzises über die Art der Wiederherstellung sagen, über das, wie man sichern kann, wo man in erster Linie sichert, so wäre das sicher wünschenswert.

Ich möchte Ihnen nur kurz (natürlich vertraulich) die Reihenfolge der Hamannschen Bemühungen schildern:

Am 21. August erfuhr Hamann erstmals von einer Privatperson von der drohenden Gefahr für das Schloss, traf ebenso zufällig Strauss der Hamann auf Anfrage an Grotewohl verwies (an diesem Tage arbeitete das wissenschaftliche Kollektiv bereits an den Abbrucharbeiten, ohne dass Str. Hamann hiervon ein Wort sagte!) Grotewohl war wegen Diplomatenempfängen an diesem wie auch an dem nächsten Tage nicht zu sprechen, bat Hamann, sich mit Prof. Henselmann, der über alle Pläne orientiert sei, in Verbindung zu setzen. Dies geschah mit de

Erfolg, dass Henselmann die Gefahr für das Schloss nicht bestritt, Hamann gegenüber aber selbst für die Erhaltung eintrat, vor allem aber versicherte, dass die Angelegenheit nicht eilig sei, da sie erst im Frühjahr akut würde. Henselmann riet zu Briefen an die Regierung von namhaften Persönlichkeiten oder auch von wissenschaftlichen Gremien, notfalls zu dem Weg über die Besatzungsmacht.
Auf Grund dieser Aussagen ist Hamann dann nach Heiligendamm gefahren, aber sofort zurückgekehrt, als der Ministerratsbeschluss veröffentlicht wurde. Bei einer persönlichen Rücksprache am 30. August hat er seine eigenen Ausführungen (Berlin ist arm an Kunstwerken der Vergangenheit), das Memorandum der Akademie der Wissenschaften (verfasst von Prof. Weickert) und das Gutachten von Schubert, Halle dem Ministerpräsidenten Grotewohl unterstützt durch Photographien vorgelegt. Grotewohl zeigte wachsendes Interesse, igrgend eine Zusicherung ist aber nicht erfolgt, Grotewohl soll bei einer später erfolgten Besichtigung des Schlosses geäussert haben, dass sein Gewissen nunmehr entlastet sei. Der Rektor der Universität schrieb am 4.September an Grotewohl, Hamann dann am 8. September an Ebert. Durchschläge alle Schreiben haben mit persönlichen Briefen erhalten:
Grotewohl, Ebert, Pieck, Ulbricht, die Akademie der Wissenschaften, Der Rektor usw.
Das Sekretariat vom Staatspräsidenten antwortete, dass die Schriftstücke dem Ministerium für Aufbau (Boltz) zugeleitet werden würden, dieser Minister wird aber auch erst in der nächsten Woche zu sprechen sein.
Die beiden Memoranden für die Presse sind bislang noch nicht veröffentlicht, die Tägliche Rundschau sagte allerdings zu, die Antwort zu veröffentlichen.
An wesentlichen Zeitungsnotizen sind erschienen:
Berliner Zeitung 7.9.,15.9.,19.9.,23.9.
Der Morgen 15.9
Tägliche Rundschau 15.9. (darauf die Antwort von Hamann)
Neue Zeit 14.Sept.:Kunsthistoriker im Berliner Schloss
" " " " Denkmalschutz ist keine Spielerei (vielleicht könnten Sie an diesen Artikel anknüpfen?)
Wegen Hamann-Sohn ist immer noch alles unklar, unser Akademie-Geld ist auch noch nicht bewilligt.
Beifolgendes Paket ist auf nicht geklärten Wegen in unser Institut gekommen und sicher von Ihnen vermisst worden.
       In Eile mit herzlichen Grüssen
               Ihre

Brief von Dr. Hentschel an Dr. Strauss, 25. September 1950

Abschrift

Dresden, den 25. Sept. 1950

An
den Beauftragten Denkmalpfleger des Ministeriums für Aufbau
am Schloss Berlin

Herrn Dr. S t r a u s s

B e r l i n

Sehr geehrter Herr Dr. Strauss !

Aus Ihrem Schreiben vom 19.d.M. ersehe ich, dass Ihnen meine Erwiderung auf Ihre Thesen nicht in der von mir gewünschten Weise zugeleitet worden sind. Ich hatte Ihre Thesen durch Herrn Professor H a m a n n bekommen und habe deshalb die Erwiderung auch an ihn, bzw. da ich ihn auf Urlaub wusste, an das Kunsthistorische Institut gesandt, und zwar die Erstschrift und einen Durchschlag, mit der ausdrücklichen Bitte, erstere an der gleichen - mir unbekannten - Stelle auszuhängen wie Ihre Thesen. Ich entnehme erst Ihrem Briefe, dass dies leider nicht geschehen ist. Mir war auch unbekannt, dass Sie der Leiter des Wissenschaftlichen Aktivs im Schloss Berlin sind, da mir Professor W e i d h a a s bei unserem Zusammentreffen in Berlin davon nichts gesagt hatte und ich später erfuhr, dass auch andere Kollegen an der Arbeit dort beteiligt seien, z.B. Professor Clasen. Erst einige Tage, nachdem ich meine Erwiderung abgesandt hatte, habe ich Herrn Prof. Weidhaas, an unsere Unterhaltung in Berlin anknüpfend, meine persönliche Auffassung der Angelegenheit mitgeteilt und diesem Brief einen weiteren Durchschlag meiner Thesen begefügt, da ich keine Bestätigung von Seiten des Kunsthistorischen Instituts erhalten hatte und deshalb vermutete, dass die Weiterleitung vielleicht nicht erfolgt sei. Ich habe Sie also durchaus nicht wissentlich übergangen, was ja auch ganz sinnlos gewesen wäre, und sende Ihnen nun p e r s ö n l i c h ein Exemplar in der Hoffnung, dass Sie es nachträglich zum Aushang bringen und dass Sie nicht aus rein formalen, die Sache nicht berührenden Gründen der von Ihnen selbst geforderten Diskussion ausweichen wollen.

Mit besten Empfehlungen

Ihr sehr ergebener

gez. Hentschel

Brief des Fachausschusses Architektur der Kammer der Technik, Landeskammer Thüringen an den Präsidenten der Volkskammer der DDR Herrn Dieckmann, 25. September 1950

HUMBOLDT-UNIVERSITÄT
Kunstgeschichtliches Institut

BERLIN C 2, den
Unter den Linden 6
Telefon 52 02 91 / App. 235

Abschrift:

Fachausschuss Architekten
  Kammer der Technik
Landeskammer Thüringen

Erfurt, den 25. September 1950

An den
Präsidenten der Volkskammer
der Deutschen Demokratischen Republik
Herrn Dieckmann

Sehr verehrter Herr Präsident!

Die unterzeichneten Persönlichkeiten aus dem kulturellen Leben Thüringens, die ausnahmslos auf eine langjährige fachliche Erfahrung sowie auf eine intensive, aktive Tätigkeit für die Erneuerung unserer demokratischen Kultur zurückblicken können, bedauern den Abbruch des Berliner Schlosses aufs äusserste. Die unterzeichneten kennen das Berliner Schloss in seiner künstlerischen und städtebaulichen Bedeutung sowie in seinem Zustand nach der Bombardierung. Sie sind einmütig der Anschauung, dass ein Kunstdenkmal von dem Weltrang dieses Gebäudes auf alle Fälle erhalten werden muss und sind auf Grund ihrer Fachkenntnisse der Überzeugung, dass dieses Gebäude auch erhalten werden kann.

Es handelt sich hier um einen Fall von grundsätzlicher Bedeutung.

Während die unersetzlichen Stadt-Zentren von Nürnberg, Dresden, Würzburg, Lübeck, Frankfurt, München, Nordhausen usw. die Ausdruck des Wesens der besten deutschen Kultur waren, im Luftkrieg ausgelöscht oder stärkstens beschädigt worden sind, sind hingegen in den meisten der deutschen Städte die Kasernen, die Grossbauten des Nazismus, die grossen Industrieanlagen, fast alle unbeschädigt geblieben. Mit dem Abbruch künstlerisch wertvoller Gebäude, die erhalten werden können, würde man praktisch die Zerstörung der Zeugen deutscher Kultur fortsetzen. Nachdem während des Krieges in grossem Umfang bedeutende Kulturwerte vernichtet worden sind, haben wir die Verpflichtung, alle irgend noch vorhandenen bedeutenden Gebäude zu schützen und zu erhalten - auch wenn diese Erhaltung mit Unkosten verbunden ist.

Hausdruck der Uni 10. 50 92 (1000)

- 2 -

Die Verpflichtung zur Pflege und Erhaltung eines der gewaltigsten Bauwerke der Geschichte haben wir als Humanisten und Vertretern einer Kultur-Nation. Das Gebäude hat wenig zu tun mit Absolutismus und Militarismus. Nicht die Kurfürsten von Brandenburg oder die Könige von Preussen haben das Schloss erbaut, sondern erste Baukünstler Europas.

Herr Oberbürgermeister Ebert hat nach einer Pressenotiz angegeben, dass die Erhaltung des Schlosses das 4 bis 5 fache eines Neubaues kosten würde. Diese Angabe ist sachlich keinesfalls zutreffend.

Die Sowjetunion und die Volksdemokratien gehen uns in der Pflege ihrer Kunstdenkmale als Vorbilder voran. Die vor kurzem in Berlin von Polen veranstaltete Ausstellung über polnische Denkmalspflege zeigte diese vorbildliche Haltung. Hätte das Berliner Schloss in Warschau oder Moskau gestanden, so hätte niemand an seinen Abbruch zu denken gewagt. Im Sinne der im Osten gepflegenen Kunsterhaltung muss auch in Berlin- das so arm an bedeutenden Kulturdenkmalen ist - das Schloss mit allen Mitteln erhalten werden, trotz seiner uns in ihrem Umfang bekannten Beschädigung. Die moderne Technik der Gebäudeerhaltung ist so weit vorgeschritten, dass die Mehrzahl der beschädigten Mauerteile keineswegs abgebrochen werden muss. Es besteht die Möglichkeit unter Wahrung der städtebaulichen Silhouette und wichtiger Einzelteile im Innern des Schlosses eine Gestaltung zu finden, welche neuen Zwecken gerecht wird.

Wir verstehen das Bedürfnis zur Schaffung eines grossen Aufmarschplatzes in Berlin. Dieser Platz lässt sich auch ohne den Abbruch des Schlosses schaffen. Der einzige wirklich bedeutende Stadtraum im Centrum Berlins zwischen Universität, Oper, Zeughaus, Museum und Schloss wird durch den Abbruch des Schlosses in seinen städtebaulichen Zusammenhang zerstört. Die noch bestehenden historischen Gebäude in diesem Stadtraum insbesondere das Schinkelsche Museum verlieren mit dem Abbruch des Schlosses den ihnen zugeordneten Massstab.

Die unterzeichneten Persönlichkeiten bitten veranlassen zu wollen, dass die bereits begonnenen Sprengungen umgehend eingestellt werden.

In Verantwortung vor der Geschichte der Kunst bitten wir dringend in diesem und in ähnlichen Fällen zur Wahrung des kulturellen Erbes unseres Volkes, vor endgültiger Entscheidung und vor Vollziehung der Tatsachen die demokratische Fachwelt zu hören.

Mit vorzüglicher Hochachtung!

Dipl.Ing.W.Beck
Leiter des Fachausschusses
Architekten K.d.T.

Böcking
Landesdenkmalpfleger
Thüringen

b.w.

Antwortschreiben von Dr. Hentschel an Prof. Weidhaas, 25. September 1950

Dresden, den 25.Sept.1950

Herrn
Professor Dr.Dr. W e i d h a a s
B e r l i n C 1
Schloss

Sehr geehrter Herr Professor !

Ich bin Ihnen sehr dankbar, dass Sie die Mühe nicht gescheut haben, auf meinen Brief so ausführlich einzugehen. Ich glaube, wir dürfen uns beide zu den "Menschen guten Willens" zählen, zwischen denen eine loyale Verständigung auch bei abwegigen Standpunkten immer möglich sein wird.

Was zunächst den Vorwurf betrifft, den Sie mir wegen Uebergehung von Dr. Strauss machen, so darf ich Sie bitten, von meiner Antwort an Herrn Dr.Strauss Kenntnis zu nehmen, aus der Sie ersehen werden, dass diese angebliche Uebergehung durchaus nicht in meiner Absicht gelegen hat. Man kann ja nicht erwarten, dass wir hier in Dresden über die Berliner Zuständigkeiten im Bilde sind, wenn sogar die Tatsache des beabsichtigten und schon begonnenen Abbruchs gewissermassen nur zufällig und auf Umwegen hier bekannt geworden ist. Auf diesen Punkt komme ich noch einmal zurück.

Ich glaube, dass ich auf Ihre Ausführungen über die Unvermeidlichkeit des Abbruchs nicht weiter einzugehen brauche, da dies in genügendem Masse von anderer, kompetenterer Seite geschehen ist, und da ich selbstverständlich das Vertrauen zu Ihnen habe, dass Sie aus reiflicher Ueberlegung und auf Grund des Ihnen möglichen Einblicks zu Ihrer Ueberzeugung gekommen sind, während mir naturgemäss diese Kenntnisse fehlen müssen. Erstaunt bin ich, dass keine geeigneten Aufmessungen vorhanden sind, was ich allerdings als selbstverständlich angesehen hatte.

Mein Hinweis auf den Fünfjahresplan setzte gewiss nicht voraus, dass in diesem die Mittel für die Wiederherstellung enthalten wären, sondern sollte nur das Vertrauen bekunden, dass der durch den Plan gesicherte allgemeine wirtschaftliche Aufschwung auch die Aufbringung der nötigen Mittel für diesen Zweck gestatten würde. Ich möchte aber nicht unterlassen, in diesem Zusammenhang auf die Begründung hinzuweisen, die Polen für seine bewundernswerten denkmalpflegerischen Bemühungen anführt und die Sie in der Schrift anlässlich der Photo-Ausstellung polnischer Denkmalpflege in Berlin finden.

Ihre Mitteilungen über den Gang der Vorverhandlungen waren mir umso aufschlussreicher, als hier darüber kaum etwas bekannt war. Selbstverständlich hatte ich die Rede von Gen.Ulbricht aufmerksam gelesen, aber ich habe die Stelle: "Das Zentrum unserer Hauptstadt, der Lustgarten und das Gebiet der Schlossruine müssen zu einem grossen Demonstrationsplatz werden ..." keinesfalls als Ankündigung einer für mich unvorstellbaren Beseitigung des Schlosses angesehen, umso weniger, als es im gleichen Absatz der Rede, kurz vorher, hiess: "...Durch den Arbeitsenthusiasmus der Berliner Bevölkerung die alten herrlichen Gebäude im Zentrum der Stadt wiederherzustellen..." - was man ja in erster Linie auf das Schloss beziehen musste.

Angesichts dieser ganz unbestimmten Ankündigung erscheint mir die Vorbereitung der Aktion im demokratischen Sinne ganz ungenügend. Seit ich die Ausführungen von Dr.Strauss auf der Denkmalpflegerbesprechung in Weimar 1946 gehört habe, die mich seinerzeit stark beeindruckten, bin ich von der Notwendigkeit einer öffentlichen Diskussion solcher Probleme tief überzeugt. Im Falle des Schlosses ist dieser Weg nicht betreten worden. Ein Parteitag ist sicherlich nicht das geeignete Forum dafür, da nur ein Teil der in Frage kommenden Personen der Partei angehört und von den Erörterungen auf dem Parteitag Kenntnis nimmt. Zum mindesten hätte weiterhin eine Mitteilung für die gesamte Presse herausgegeben werden müssen. In Dresden ist dies jedenfalls nicht geschehen. Lediglich in der "Union" hat ein kurzer Artikel gestanden: "Das Berliner Schloss unter der Lupe", in welchem über im Gang befindliche Forschungs- und Bergungsarbeiten berichtet, aber schamhaft verschwiegen wurde, zu welchem Zwecke diese geschehen. Unter den Dresdner Kollegen wurde der beabsichtigte Abbruch erst durch das bekannt, was ich zufällig auf meiner Reise nach Berlin erfahren hatte. Ich habe Herrn Professor H a m a n n meine und der Dresdner Kollegen Mitwirkung bei der von ihm beabsichtigten Protestaktion angeboten, er bat mich, erst das Resultat seines Gesuches bei Gen. Grotewohl abzuwarten, von dem er mir Mitteilung machen wollte, was aber leider nicht geschehen ist. Wie hätte ich unter diesen Umständen " die Verantwortung wahrnehmen können, die dem fortschrittlichen Intellektuellen obliegt" (die in dieser Ihrer Formulierung enthaltene Forderung billige ich durchaus). Dass Sie selbst mit Dr.Strauss Ihren Einspruch sofort geltend gemacht haben, entnehme ich Ihren Zeilen mit Genugtuung, wenn ich auch, was den Anteil von Dr.Strauss daran betrifft, meine Zweifel nicht unterdrücken kann, da er sich ja in seinen Thesen durchaus gegenteilig äussert. Was mir unter den geschilderten Verhältnissen allein zu tun möglich war, nämlich auf die Thesen von Herrn Dr.Strauss zu antworten, habe ich umgehend getan, wenn dies auch leider nicht in der gewünschten Weise zur Wirkung kam.

Warum aber hat man nicht die Frage z.B. dem Kulturbund zur Diskussion übergeben, zumal da im Rahmen des Berliner Kulturbundes eine eigene Wirkungsgruppe "Freunde des alten Berlin" besteht.?(Ich habe selbst vor einigen Monaten Gelegenheit gehabt, an einer Veranstaltung dieser Gruppe teilzunehmen, in der auch schon die Sorge um den Bestand des Schlosses zum Ausdruck gebracht wurde). Oder warum hat man nicht die Denkmalpfleger rechtzeitig zusammengerufen und nicht erst, nachdem offenbar der Kabinettsbeschluss schon vorlag ? Wenn dieses Gremium von Fachleuten zu einer Billigung des Abbruchs gekommen wäre, hätte die Regierung eine ausgezeichnete Deckung gehabt gegen die Vorwürfe, die jetzt kommen müssen und die in der üblichen Weise politisch ausgeschlachtet werden.

Schliesslich vermisse ich in Ihren Ausführungen den Hinweis auf den Grund, der wohl in erster Linie für den Abbruch massgebend gewesen sein dürfte: die Schaffung eines grossen Aufmarschplatzes. Das erinnert in sehr fataler Weise an den Abbruch der klassizistischen Matthäuskirche in München, den Hitler befahl, um einen Parkplatz zu schaffen. Ein Aufmarschplatz mag ein etwas besserer Grund sein, dafür ist aber der zu zahlende Preis unendlich viel höher.

Doch es scheint, dass dies alles Ueberlegungen post festum sind. Wenn ich bedenke, dass Leute von der Bedeutung und dem Ansehen Hamanns mit den besten Argumenten und mit dem vollen Einsatz ihrer Persönlichkeit nichts vermögen, dann muss ich die Situation der Denkmalpflege, nicht nur in diesem Falle, als hoffnungslos ansehen. Ich denke mit Bangen daran, wie der Fall des Berliner Schlosses den hiesigen Destruktoren Auftrieb geben wird, und ich habe daher beschlossen, mich nicht mehr für die Dresdner Denkmäler einzusetzen, auch dann nicht, wenn die seit dem 20.Juni versprochene, aber immer wieder mit durchsichtigen Argumenten verschobene Diskussion darüber doch noch kommen sollte, und etwas zu tun, was ich bisher abgelehnt habe: mich nämlich in den bekannten Elfenbeinturm der Wissenschaft zurückzuziehen - was im Grunde ja das Gleiche ist, was auch Sie mit Ihren Kollegen tun.

Ich darf Ihnen versichern, dass die Verschiedenheit unserer Ansichten meine Wertschätzung für Sie nicht beeinträchtigen wird und hoffe, dass wir uns bald wieder auf friedlicheren Gefilden begegnen können.

    Mit besten Empfehlungen

     Ihr sehr ergebener

Brief des Dekans der Fakultät für Bauwesen der Technischen Hochschule Dresden an den Ministerpräsidenten Otto Grotewohl, 27. September 1950

Technische Hochschule Dresden
Abteilung für Architektur

Dresden, den 27.Sept. 1950

An
den Herrn Ministerpräsidenten Otto G r o t e w o h l
B e r l i n
Regierung der Deutschen Demokratischen Republik
Prinz-Albrecht-Strasse

Sehr geehrter Herr Ministerpräsident !

Die begonnene Beseitigung des Berliner Schlosses ist glücklicher Weise noch nicht so weit fortgeschritten, dass ein Einhalten auf Grund erneuter Prüfung nicht möglich wäre. Die Abteilung für Architektur an der Technischen Hochschule in Dresden darf wohl im Namen der deutschen Baukunst sprechen, deren Werke einen der grössten Ruhmestitel unserer Nation darstellen. Dem Bau Andreas Schlüters kann nur sehr weniges, wie etwa der Dresdner Zwinger, an die Seite gestellt werden. Es erscheint als Widerspruch, dass man den Zwinger bei einem gleichen Zerstörungsgrad wiederherstellt, während dies dem Berliner Schloss versagt werden soll, obgleich es vom städtebaulichen Standpunkt für den ganzen Stadtorganismus von noch höherer Bedeutung ist. Der grossartige Gedanke der in der Flucht der Linden schräg, in starker Verkürzung verlaufenden Front entstammt der hochentwickelten barocken Stadtbaukunst, die in ihren Leistungen nie wieder erreicht wurde. Zugleich ist hier ein schon von Leonardo da Vinci verfochtener Grundsatz verfolgt, durch Achsenbrechungen und grosse Blöcke der Windbildung zu steuern. Wie bekannt gemacht wurde, sollen einzelne Teile zur Verwendung an anderer Stelle ausgebaut werden. Die dazu notwendigen, sehr umfangreichen und kostspieligen Arbeiten, wenn sie einigermassen mit Erfolg durchgeführt werden sollen, werden sich kaum lohnen. Schlüters herrliche Bauplastik empfängt ihr Leben im Verband des von ihm entworfenen Baues. Eine aus einem musikalischen Gesamtwerk herausgelöste Arie hat ihre eigentliche Aufgabe verloren, einem Ganzen Glanz zu verleihen.

Eine erneute sorgfältige Prüfung würde den entscheidenden Stellen vor allem vergegenwärtigen, dass gerade von den wertvollen Teilen viel erhalten ist, so die grossen Tor-Risalite auf der Lustgartenseite, in deren Aufbau Permoser, der Bildhauer des Dresdner Zwingers, seine Atlanten eingefügt hat. Desgleichen sind im Schlüterhof gerade die wichtigsten Teile mit ihren Säulenfronten noch vorhanden. Ueberall ist soviel erhalten, dass eine Ergänzung ohne weiteres möglich wäre. Es kommt dazu, dass gerade am Berliner Schloss sich an den einzelnen Architekturteilen ausserordentlich viel originale Steinmetzarbeit, so an den Giebelverdachungen der Fenster, an den Säulen und Gesimsen, erhalten hat.

Da doch anstelle der sinnlosen Zerstörung vom 10.II.1945 planvoller Aufbau treten soll, kann dieser an folgenden drei Tatsachen nicht vorübergehen: Die Beseitigung des Berliner Schlosses steht im Gegensatz zu dem von uns erhobenen Anspruch, dass Berlin die Hauptstadt, das Herz Deutschlands, bleiben muss. Die Polen errichten das Warschauer Schloss in alter Gestalt, obgleich die grausame Zerstörung durch die SS nur einen traurigen Rest übriggelassen hat. Der Kreml behielt seine Bedeutung im Sowjet-Staat. Die in Moskau aufgestellten städtebaulichen Grundsätze verlangen eine organische Entwicklung vom historischen Kern aus, der erhalten bleiben müsste. Für uns Deutsche wird das charakteristische Bild von Berlin an entscheidender Stelle durch das Schloss geprägt. Seine Erhaltung ist eine Angelegenheit von hoher nationaler Bedeutung.

Zweitens: Das Berliner Schloss ist eins der schönsten Zeugnisse für die kulturelle Verbundenheit mit dem Osten. Schlüter hat nicht nur sein Asyl als gebrochener Mann im damaligen St.Petersburg gefunden, auch seinen Stil fand er in entscheidenden Jugendjahren bei seinen Arbeiten für Warschau. Der Kontakt mit dem künstlerisch so hochbegabten polnischen Volk hat auf ihn genau so stark gewirkt wie einst auf Veit Stoss das Schaffen in Krakau. Haben wir Anlass, gerade ein solches Denkmal zu beseitigen in Zeiten, wo dieser Kontakt neu belebt wird?

Und schliesslich drängt sich die Frage auf, warum in der Deutschen Demokratischen Republik, die so viel für die materielle Besserstellung und die Ausbildung der Intelligenz tut, dieser Intelligenz bei entscheidenden Fragen die Auswirkung versagt wird. Man kann nicht übersehen, dass in aller Entschiedenheit Vertreter der deutschen Intelligenz von solcher Bedeutung wie der Präsident der Deutschen Akademie Professor Dr.Stroux, der Rektor der Humboldt-Universität Professor Dr.Friedrich, eine so sachkundige Persönlichkeit wie Professor Dr. Richard Hamann, der erfahrene Denkmalpfleger in der DDR Professor Schubert mit dem ganzen Einsatz ihrer Persönlichkeit eindringlich mahnen, dieses unvergleichliche und unersetzliche Werk eines der grössten Söhne unseres Volkes nicht endgültig zu zerstören.

Dempf
Dekan der Fakultät
für Bauwesen

Festlegungen von Dr. Strauss über die „Bergung der künstlerischen Werte im Schloss Berlin", 28. September 1950

28. Sept. 1950

4237
A 20 - Pk./WB.

Herrn
Dr. Gerhard S t r a u s s
Beauftragter Denkmalpfleger
am Schloss Berlin
B e r l i n

Betr.: Bergung der künstlerischen Werte im Schloss Berlin.

Im Anschluss an die gestern gehabte Besprechung wird für die Bergung der künstlerischen Werte des Schlosses folgendes festgelegt:

Der Abbau der Werte im Elisabeth-Saal ist zu beschleunigen. Das Portal an der Marstallseite wird nicht ausgebaut.

Im Schlüterhof werden die vor die Front vorspringenden Teile abgebaut, soweit sie unbedingt erforderlich sind. Begonnen wird an der Marstallseite, damit die Schlossfront an der Marstallseite zur Sprengung freigegeben werden kann.

Am Eosander-Portal sind gleichfalls die vorspringenden Teile, soweit künstlerisch wertvoll und unbedingt erforderlich, abzubauen. Das Gewölbe der Durchfahrt ist zu untersuchen, um festzustellen, ob die Teile ausbaufähig sind, ohne den überliegenden Teil vorher abbauen zu müssen.

An der Lustgarten-Seite werden die zwei Portale ausgebaut.

Die künstlerisch wertvolle Ecke an der freistehenden Mauer kann wegen Unfallgefahr nicht abgebaut werden.

Das Ministerium für Aufbau wird in Verbindung mit dem Magistra sofort dafür Sorge tragen, dass verstärkte Rüstung und Arbeitskräfte eingesetzt werden.

(Pisternik)
Hauptabteilungsleiter

Verteiler:
Herrn Jahnke II/4
z.d.A.
Tageskopie

Schreiben „Spektabilität" von Dr. Ladendorf an den Dekan der Philosophischen Fakultät der Universität Leipzig, 1. Oktober 1950

1.10.1950

An den
Herrn Dekan
der Philosophischen Fakultät der Universität Leipzig
(10 b) Leipzig C 1
Ritterstr. 16/22

Spektabilität,

erst am 26. 9. 50 ist mir eine ausführlichere Information über die Vorgänge um das Berliner Schloss im Auftrage des Nationalpreisträgers und Mitgliedes der Deutschen Akademie der Wissenschaften, Herrn Prof. Dr. R. Hamann, der stellvertretender Direktor des Kunsthistorischen Institutes der Universität Berlin ist, zugegangen. In den letzten Tagen habe ich dann weitere erschütternde Einzelheiten erfahren.
Zehn Jahre wissenschaftlicher Arbeit habe ich dem Zeitalter Schlüters gewidmet. Die bisherigen Ergebnisse liegen in meinen beiden, in zwei Auflagen erschienenen Büchern und mehreren Einzeluntersuchungen vor. Sie sind von der gesamten Forschung aufgenommen worden, nur jene sektiererischen Herostraten, die in blinder Zerstörungswut das wichtigste Architekturdenkmal des nördlichen Deutschland zu vernichten drohen, haben es geflissentlich vermieden, bei mir als einem der wenigen Sachkenner in der DDR anzufragen.
Es ist dies ein Zeichen unter anderen, dass der Versuch gemacht wird, einen Nebel falscher Vorwände zu erzeugen, unter denen den verantwortlichen Stellen die Sprengung des Berliner Schlosses als notwendig vorgespiegelt wird.
Seine Magnifizenz, der Herr Rektor der Humboldt-Universität, hat sich für die Erhaltung des Berliner Schlosses eingesetzt. Die Bedeutung dieses Bauwerkes für die deutsche Kultur zwingt dazu, alle Wege zu versuchen, seine Rettung aus den Händen der Destrukteure zu erreichen, die nicht einmal der naheliegende Hinweis auf die Denkmalpflege in Warschau und Moskau beeindruckt.
Als Dozent des Faches Kunstgeschichte an der Universität Leipzig, stellvertretender Direktor des Kunsthistorischen Institutes und Mitglied der Engeren Philosophischen Fakultät bitte ich daher Ew. Spektabilität, die Fakultät möge bei seiner Magnifizenz, dem Herrn Rektor der Universität Leipzig, darauf anfragen, sich mit dem Rektor der Humboldt-Universität in Verbindung zu setzen. Ich zweifle nicht daran, dass die von dem Berliner Rektor und von Herrn Professor Hamann gemachten Eingaben angesichts der Weltbedeutung des Berliner Schlosses Rektor und Senat der Universität Leipzig bewegen werden, sich dem Berliner Vorgehen anzuschliessen.

Blatt 2 des Schr. an den Herrn Dekan der Philos. Fakultät
der Univ. Leipzig
_____

In Unkenntnis des für den erbetenen Schritt verfahrensgemäss
notwendigen bitte ich, diese Angelegenheit, falls es notwendig
sein sollte, zum Gegenstande eines Punktes der Tagesordnung
der nächsten Sitzung der Engeren Fakultät machen zu wollen.
Mein Fachkollege, Herr Prof. Dr. J. Jahn, hat mich ermächtigt,
zu erklären, dass er sich meiner Bitte anschliesst.

        Ergebenst

         4.

Schreiben von Dr. Ladendorf an den Präsidenten der Deutschen Akademie der Wissenschaften Prof. Stroux, 1. Oktober 1950

Dozent Dr. H. Ladendorf
(10b) Leipzig C1
Universitätsstr. 375

Leipzig, den 1.10.1950

An den
Herrn Präsidenten der Deutschen Akademie der Wissenschaften
Herrn Professor Dr. S t r o u x

(1) B e r l i n C 2
Platz der Deutschen Akademie

Sehr geehrter Herr Professor,

die erste Nachricht, die ich von den Vorgängen um das Berliner Schloss habe, erhielt ich am 26.9.1950 im Auftrage von Herrn Prof. Dr. R. Hamann. In den letzten Tagen habe ich dann weitere erschütternde Einzelheiten erfahren.

Will man zugeben, dass das wichtige Architekturdenkmal des nördlichen Deutschland, das der Weltkunstgeschichte angehört, auf Betreiben eines Herostraten sinnlos vernichtet wird? Die Sache erfordert es, neue Mittel zu finden, um den Nebel falscher Vorwände zu durchdringen, unter denen Sektierer versuchen, ein Hauptwerk der deutschen Architektur zu zerstören. Deshalb hoffe ich auf das Dringendste, dass Sie, Herr Präsident, im Rahmen der öffentlichen Vorträge der Akademie der Wissenschaften die Möglichkeit haben, einen Vortrag über das Berliner Schloss anzusetzen, hierfür stehe ich zur Verfügung.

Zehn Jahre wissenschaftlicher Arbeit habe ich dem Zeitalter Schlüters gewidmet. Die bisherigen Ergebnisse liegen in meinen beiden, in zwei Auflagen erschienenen Büchern und mehreren Einzeluntersuchungen vor. Es ist bezeichnend, dass sie von der gesamten Forschung aufgenommen worden sind und nur die Destrukteure es geflissentlich vermieden haben, bei mir als einem der wenigen Sachkenner im Gebiet der DDR anzufragen.

Ergebenst

Ladendorf

Dozent für Kunstgeschichte a.d.Univ. Leipzig
Stellv. Direktor des Kunsthist. Instituts
Mitglied der Engeren Philos. Fakultät

Brief von Dr. H. Ladendorf an den Präsidenten der Sächsischen Akademie der Wissenschaften Prof. Dr. Theodor Frings[370], 1. Oktober 1950

```
Dozent Dr. H. Ladendorf
(10 b) Leipzig C 1
Universitätsstr. 3/5                    Leipzig, den 1.10.1950


An den
Herrn Präsidenten
der Sächsischen Akademie der Wissenschaften

Herrn Professor Dr. Th. Frings

(10 b) Leipzig C 1
Universitätsstr. 3/5
```

Sehr geehrter Herr Präsident,

erst am 26.9.50 ist mir eine ausführlichere Information über die Vorgänge um das Berliner Schloss im Auftrage des Nationalpreisträgers und Mitgliedes der Deutschen Akademie der Wissenschaften, Herrn Prof. Dr. R. Hamann, der stellvertretender Direktor des Kunsthistorischen Institutes der Universität Berlin ist, zugegangen. In den letzten Tagen habe ich dann weitere erschütternde Einzelheiten erfahren.
Zehn Jahre wissenschaftlicher Arbeit habe ich dem Zeitalter Schlüters gewidmet. Die bisherigen Ergebnisse liegen in meinen beiden, in zwei Auflagen erschienen Büchern und mehreren Einzeluntersuchungen vor. Sie sind von der gesamten Forschung aufgenommen worden, nur jene sektiererischen Herostraten, die in blinder Zerstörungswut das wichtigste Architekturdenkmal des nördlichen Deutschland zu vernichten drohen, haben es geflissentlich vermieden, bei mir als einem der wenigen Sachkenner in der DDR anzufragen.
Es ist dies ein Zeichen unter anderen, dass der Versuch gemacht wird, einen Nebel falscher Vorwände zu erzeugen, unter denen den verantwortlichen Stellen die Sprengung des Berliner Schlosses als notwendig vorgespiegelt wird.
Die deutsche Akademie der Wissenschaften hat sich für die Erhaltung des Berliner Schlosses eingesetzt. Die Bedeutung dieses Bauwerkes für die deutsche Kultur zwingt dazu, alle Wege zu versuchen, seine Rettung aus den Händen der Destrukteure zu erreichen, die nicht einmal der naheliegende Hinweis auf die Denkmalspflege in Warschau und Moskau beeindruckt.
Daher bitte ich Sie, Herr Präsident, sich mit der Deutschen Akademie der Wissenschaften in Verbindung zu setzen. Ich zweifle nicht daran, dass die von der Deutschen Akademie der Wissenschaften und von Herrn Professor Hamann gemachten Eingaben die Sächsische Akademie der Wissenschaften bewegen werden, sich dem Berliner Vorgehen anzuschliessen. Die überlokale Bedeutung

der Sache

Dozent Dr. H. Ladendorf
(10 b) Leipzig C 1
Universitätsstr. 3/5

Blatt 2 d. Schr. a.d.Herrn Präsidenten der Sächs. Akademie
der Wissenschaften Herrn Prof.Dr.Th.Frings

der Sache näher zu erläutern, wird Herr Prof. Dr. E. Hempel als Fachvertreter für Kunstgeschichte in der Akademie sicher bereit sein.

Für nähere mündliche Auskünfte stehe ich jederzeit zur Verfügung.

Ergebenst

4.

Dozent für Kunstgeschichte a.d.Universität Leipzig
Stellv. Direktor des Kunsthistorischen Institutes

---

370 Theodor Frings (1886–1968); 1906–1911 Studium der deutschen und neueren Sprache in Marburg und Leipzig; 1911 Promotion; 1911–1917 im Schuldienst; 1915 Habilitation; 1917 Professor; 1927–1957 ordentlicher Professor für Germanistik und Direktor des Instituts für Deutsche Sprache und Germanistische Philologie in Leipzig; 1930 Mitglied der Sächsischen Akademie der Wissenschaften; 1945 Ordinarius und Institutsdirektor an der Universität in Leipzig; 1946 Präsident der Sächsischen Akademie der Wissenschaften; 1952–1964 Direktor des Instituts für deutsche Sprache und Literatur der Deutschen Akademie der Wissenschaften. In: Wer war wer – DDR, Berlin 1992, S. 124.

Berliner Schloss vor dem Untergang von Margarete Kühn (veröffentlicht im „Der Tagesspiegel"), 1. Oktober 1950

„Am 15. September ist der südwestliche Teil des Berliner Schlosses bis zum Eosanderportal gesprengt worden, nachdem schon vorher Teile des vorbarocken Baus niedergelegt worden waren. Dieser Akt der Zerstörung muß tiefstes Befremden erregen. Bauwerke von der künstlerischen und geschichtlichen Bedeutung des Berliner Schlosses sind zeitlos. Es gibt kein politisches Argument, das den Abbruch rechtfertigen könnte. Im Gegenteil: die Erhaltung wäre eine politische Forderung. Das Schloss, das einzige erhaltene Bauwerk Andreas Schlüters, ist das Gebäude, das den hauptstädtischen Rang Berlins am großartigsten verkörpert.

Nur ein einziger Grund könnte den Abbruch des Schlosses rechtfertigen: wenn der Zustand, in den der Luftangriff vom 3. Februar 1945 das Schloss versetzt hat, eine Wiederherstellung nicht zuließe, wenn die Erhaltung des Schlosses nur durch einen Neuaufbau möglich wäre. Zwar scheut man sich anderswo, zum Beispiel in Polen, nicht, ein Baudenkmal von Grund auf im alten Stil neu zu errichten, wie man es mit dem Schloss in Warschau unternommen hat. Unsere Einstellung zum Kunstwerk der Vergangenheit ist eine andere. Sie beruht auf der Forderung unbedingter künstlerischer Originalität, dem Glauben an die Unwiederholbarkeit der schöpferischen Leistung. Das Schloss Andreas Schlüters ist bis in alle Einzelheiten hinein das Werk einer schöpferischen Individualität. Dennoch erlaubt der Zustand des Schlosses eine Wiederherstellung, die unseren Ansprüchen an die Originalität der architektonischen Substanz gerecht wird. Wenn man heute die Morbidität des Baus ›feststellt‹, so muß dem entschieden entgegengetreten werden. Es ist kein wirklich Sachverständiger hinzugezogen worden, niemand, der jemals verantwortliche Denkmalpflege geleistet hat und über gründliche praktische Erfahrung auf diesem Gebiet verfügt. Wer die Möglichkeit der Wiederherstellung leugnet, stellt der modernen Denkmalpflege ein Armutszeugnis aus. Weder Mauerrisse noch Abweichungen vom Lot stellen den Fachmann vor wirkliche

Schwierigkeiten. Torkretierungen und Anankerungen sind längst erprobte Methoden, mit Schäden des Mauerwerkes fertig zu werden, wie die Wiederherstellungsarbeiten am Dresdner Zwinger und an der Münchener Frauenkirche gezeigt haben.

Es heißt, daß man einzelne Teile an anderer Stelle ›wiederverwenden‹ will. Aber Architektur ist keine Summe von Bausteinen oder Bauteilen, aus denen man wie beim Steinbaukasten bald dieses, bald jenes zusammenbauen kann, sondern sie ist ein unveränderliches Ganzes, in das alle Einzelheiten nach einem immanenten künstlerischen Gesetz eingeordnet sind. Wer glaubt, Schlüter damit am Leben zu erhalten, daß er mit Einzelheiten wie mit Versatzstücken operiert, irrt ebenso grotesk wie jemand, der Themen und Teile einer Bachschen Fuge voneinander löst und in ein neues Musikstück einfügt. Wer solche Absichten hegt, hat nie Größe und den ornamentalen Reichtum des Schlüterhofes zu erleben vermocht, hat nie den mitreißenden, befreienden Schwung empfunden, der durch diese kühne und dennoch harmonisch beruhigte Architektur geht. Die Totalität des Kunstwerkes schließt nicht aus, daß auch das Einzelne selbständigen Wert hat. In jeder Dekoration des Berliner Schlosses lebt der Wille des schaffenden Künstlers. Glich doch der Baubetrieb einer riesenhaften Bauhütte, die von dem Geist des einen Baumeisters beherrscht wurde und beherrscht werden konnte, weil in Schlüter der Architekt und der Handwerker eins waren. Er hat ein Heer von Bildhauern, Steinmetzen, Stukkateuren befähigt, selbstschaffend seinen künstlerischen Impulsen zu folgen. Was bedeutet es daher, wenn man etwa eine Fensterbekrönung, eine Umrahmung, ein Stück Gesims mit Gehänge und Adler ausbaut. Man hat das System des Baus, aber man rettet nichts von seinem Leben. Man hat ein paar Kunstwerke in der Hand, aber man hat Hunderte vernichtet, denn jeder Adler, jede Girlande, jede Bekrönung ist die schöpferische Leistung eines Handwerkers.

Ebenso zerstört man den Bau, wenn man ihn versetzt. Die Architektur hat unter allen Künsten die engste Umweltbeziehung. Was die Amerikaner tun, wenn sie italienische Klosterhöfe in ihrem Lande wiederaufbauen, ist museale Mumifizierung. Schlüter aber ist uns lebendige Gegenwart; sie gilt es zu erhalten. Das ist nur möglich, wenn der Bau an dem Ort bleibt, an dem er seinen Zweck erfüllt hat. Der Kunstwert eines Baus ist von seiner öffentlichen Bestimmung nicht zu trennen, denn Architektur ist nicht zweckfreie Kunst.

Das Berliner Schloss steht in enger Beziehung zum Stadtbild. Als Schlüter 1706 die Leitung des Schlossbaus an Eosander abtreten mußte, geschah dies in einem bedeutsamen Moment der Bauentwicklung. Das Schloss sollte durch die Umbauung des Vorhofes auf das Doppelte vergrößert werden. Mit der Ausführung dieser Aufgabe wurde dem Bau zugleich eine neue Funktion zugewiesen. Nach Westen zu waren zu seiten der Linden neue Städte planmäßig angelegt worden, und das erweiterte Schloss übernahm es, die beiden Stadtorganismen - das alte Berlin-Kölln und die neuen Gründungen - miteinander zu verknüpfen. Der Schlütersche Bau beherrscht die alte Stadt Kölln, das vergrößerte Schloss wendet sich den neuen Städten zu und bildet zusammen mit den Monumentalbauten der Linden die städtebaulich bedeutendste Anlage Berlins. So ist das Schloss der Kristallisationspunkt eines Kraftfeldes geworden, den man aus dem Gefüge der Stadt nicht entfernen kann, ohne die Ordnung des Ganzen ins Wanken zu bringen.

Die Verbindung der beiden aneinandergrenzenden Stadtteile erfordert es auch, daß der Schlüter-Eosandersche Bau, der eine organische Einheit bildet, als Ganzes erhalten bleibt. Der Schlüterteil allein steht funktionslos im Stadtbilde, denn die Konzeption dieses Baus hatte andere Voraussetzungen. Sie war durch die Anlagen der Dominikaner-Kirche auf dem westlichen Teil des Schlossplatzes bedingt. Legt man heute den Schlüterschen

Teil des Schlosses frei, so ist er durch die Veränderung des ganzen Platzes entstellt und um seinen Maßstab gebracht; er steht fremd und zusammenhangslos in einem Raum, für den er nicht bestimmt war. Die Schlüterschen Schlossteile bilden kein Ganzes mehr. Von dem Gesamtorganismus getrennt, sind sie ein Torso, in dem aber nicht mehr die Schönheit des Ganzen erlebbar ist.

Es gibt für das Berliner Schloss nur eines: den Bau Schlüters und Eosanders an seinem Platz wiederherzustellen. Mit der Beseitigung des Schlosses wird der Baumeister Schlüter ausgelöscht sein und mit ihm die

große moralische Kraft, die von seinem Werk ausgeht."
Schreiben von Dr. Rochlitz an den Oberbürgermeister Ebert, 2. Oktober 1950

Dr.W.Rochlitz Berlin-Zehlendorf,
Hochsitzweg 67
den 2.Oktober 1950

An

Herrn Oberbürgermeister Ebert,
Magistrat von Gross-Berlin,
Russ.Sektor

in Berlin C 2

Parochialstr.

betrifft : den Abbruch
des Berliner Schlosses

Sehr geehrter Herr Oberbürgermeister !

Der von den zuständigen Instanzen von Ost-Berlin beschlossene Abbruch des Berliner Schlosses bewegt viele Berliner ,ganz unabhängig von den leidigen Sektorengrenzen und ohne Rücksicht auf die Weltanschauung der Betreffenden. Auch ich gehöre zu denen,die an dem Abbruch dieses historischen Baudenkmals Anteil nehmen.Auf Grund der Tatsache,dass wir einmal in einer demokratischen Behörde der Weimarer Republik zusammengearbeitet haben,und der dadurch geknüpften Beziehungen nehme ich mir die Freiheit, Ihnen einige Gesichtspunkte zu der Abbruchsangelegenheit vorzutragen.

Sie haben,geehrter Herr Oberbürgermeister,seinerzeit selbst die Anregung zu der Niederlegung des Berliner Schlosses gegeben und tragen damit,wie Sie selbst bekannt haben,auch die Mitverantwortung dafür.

Der geplante Abbruch des Berliner Schlosses hat eine historische und eine architektonische Seite.

Zur historischen ist zu sagen,dass das Berliner Schloss ein Stück Geschichte bedeutet.Dieser Satz stammt nicht von mir,sondern aus einem Artikel von Joachim Schulz in der " Berliner Zeitung" (Nr.vom 27.Sept.50).--Sie sehen ,ich lese auch Zeitungen des Ostsektors,sogar sehr häufig,

--2--

und bilde mir selbständig mein Urteil-- ein Stück Geschichte weniger deshalb, weil es die Residenz preussischer Könige und der Schauplatz von Festlichkeiten war, sondern weil hier ein Grossteil deutscher Geschichte sich abgespielt hat. Ich denke dabei auch an die Vorgänge im Revolutionsjahr 1848. Auch wenn das Gebäude heute stark angeschlagen und beschädigt ist--als eine zerstörte Ruine kann man es m.E. noch nicht bezeichnen ----bleibt es doch ein Wahrzeichen und Denkmal Berlins, das aus der Geschichte dieser grossen Stadt nicht wegzudenken ist und von der Gesamtbevölkerung als ein solches empfunden wird. Als Folge des unseligen Hitlerkrieges haben wir leider so wenig historische Denkmäler und Wahrzeichen in Berlin, dass man ohne Not eins der wenigen übrig gebliebenen nicht zerstören sollte.

Sollten einzelne Teile der Einsturzgefahr unterliegen, könnten ja diese Teile abgerissen werden. Aber als Ganzes lässt es sich wohl reparieren, wenn nicht bloss der Ostsektor, sondern auch sämtliche Westsektoren dazu beitragen würden. Persönlich bin ich überzeugt, dass Berliner aus allen Teilen der Stadt ihr Scherflein zu den Wiederherstellungskosten beitragen würden. Im übrigen sind ja einzelne wertvolle Teile, wie der Weisse Saal und die Eosandertreppe so gut erhalten, dass sie jederzeit für Kundgebungen, festliche Veranstaltungen, auch für Ausstellungen, noch benutzt werden könnten. Ich erinnere Sie daran, dass das ja auch bereits geschehen ist. Im Erinnerungsjahr 1948 ist dort die Gedächtnisausstellung zur Erinnerung an das Revolutionsjahr 1848 untergebracht worden, die ich selbst mit Interesse besucht habe.

Schliesslich könnte man auch daran denken, das Schloss als trauriges Mahnzeichen der unseligen Hitlerzeit zu erhalten, zu ewigen Erinnerung daran, was Militarismus und verbrecherischer Wahnsinn über ein Volk und eine Stadt heraufbeschworen haben.

Noch ist erst der Anfang mit der Niederlegung des Schlosses gemacht, noch sind keine besonders wertvollen Teile abgebrochen, wie ich mich selbst überzeugt habe.

Daher appelliere ich noch in letzter Stunde an Sie, die bisherige Anordnung rückgängig zu machen und alles zu tun, um das Schloss als Wahrzeichen Berlins zu er-

—––3—––

halten, und seinen weiteren Abbruch zu verhindern.

Die Angelegenheit hat aber schliesslich noch eine architektonische Seite.

Alle Wissenschaftler und Sachverständige stimmen darin überein, dass das Berliner Schloss einen ungeheuren Kunstwert darstellt. Wie aus dem angezogenen Artikel in der "Berliner Zeitung" hervorgeht, sind die Kunsthistoriker dabei, die Baugeschichte des Schlosses zu ergründen, und sind dabei auf bemerkenswerte Ergebnisse gestossen. Es wird zugegeben, dass sich hier ein Stück Geschichte der Stadt Berlin, ja ganz Deutschlands dokumentiert.

Die Namen Schlüter und Eosander, der Erbauer des Schlosses, leuchten mit ihrer Kunst in fernste Zukunft hinein. Es gibt keinen kunstbegeisterten Berliner, der sich nicht an der Schönheit der von ihnen gestalteten Kunstwerke und -Teile erfreut. Werden diese in ihrem Zusammenhange unvergänglichen Teile aus einander gerissen und xxxx abgebrochen, und werden sie selbst fein säuberlich in irgend einem Museum aufgestellt oder an einer andern würdigen Stülke Stelle, dann ist doch die Schönheit dieser Kunstwerke für immer dahin, und ihr intimer Reiz nicht mehr im entferntesten zu ahnen. Solche Museumsstücke erinnern dann mehr oder weniger an Mumien.

Auch diese Seite der Angelegenheit bitte ich freundlichst zu bedenken.

Sollte aber trotz aller hier geltend gemachten Bedenken der gefasste Beschluss nicht mehr rückgängig zu machen sein, was ich tief bedauern würde, dann bin ich persönlich nebst vielen Westberlinern immer noch an der sorgfältigen Erhaltung der niedergelegten Kunstwerke und -Teile interessiert. Sobald die wissenschaftliche Kommission ihre Arbeiten beendet hat, und die niedergelegten Kunstteile sortiert und den Konservatoren zur zweckmässigen Erhaltung übergeben werden, würde ich es begrüssen, wenn Sie mir eine Einladung zur Besichtigung dieser Kunstteile zukommen lassen würden. Dan will ich gern der Wahrheit die Ehre geben.

Mit den besten Empfehlungen
bin Ihr hochachtungsvoll ergebener

Dr. W. Rochlitz

(zu erreichen
auch Traupausstr. 32
Zeitschrift "Sonntag")

Was ist das Berliner Schloss? – Dr. Walter Hentschel erwidert auf die Thesen von

Was ist das Berliner Schloss ?
Erwiderung auf die Thesen von Herrn Dr. Strauss,
von Dr. Walter Hentschel, Dresden.

Bei seiner Entstehung:

Ergebnis des Repräsentationsbedürfnisses des sich zentralisierenden preussischen Absolutismus,

Jeder Staat hat das Bestreben, seine wirkliche oder angestrebte Bedeutung in repräsentativen Bauwerken zu dokumentieren. So war es zur Zeit des Absolutismus - einer Staatsform, die damals in den meisten Ländern Europas Geltung hatte -, und so ist es noch heute, wenn auch die gesellschaftliche Bedeutung der Bauten sich entsprechend der allgemeinen gesellschaftlichen Wandlung geänder hat (Untergu grundbahnhöfe in Moskau).

....dessen Hausmacht seitdem 30-jährigen Kriege vergrößert wurde im Bündnis mit oder gegen den deutschen Kaiser, mehr mit als gegen ausländische Staaten und nie im Interesse des deutschen Volkes und seiner nationalen Existenz, sondern in demjenigen der eigenen Hausmacht.

Der Wehsel der Verbündeten, der Helfer und der Gegner ist erklärlich in einer Zeit, in der das Nationalbewußtsein in den allerersten Anfängen lag er ist als Mittel zum Zweck sogar heute noch üblich.
"Die "Hausmacht" war im 17. und 18. Jahrhundert die Verkörperung des Staatsbegriffes.

....die zudem ihre Untertanen bis zur Leibeigensklaverei ausbeutete...

Die "Leibeigensklaverei" - ein stark übertreibender Ausdruck - war die damalige Form der gesellschaftlichen Organisation, deren Unmoral erst in langem geistigem Ringen erkannt und bekämpft werden konnte. - Die Organisierung der Massen zur Verwirklichung von Zielen der jeweiligen Staatsführung ist zu allen Zeiten üblich gewesen. Der Kreml zu Moskau ist in viel höherem Maße auf Grund von "Leibeigensklaverei" erbaut, trotzdem wird er von der Suwjetunion sorgfältig gepflegt und erhalten.

... und schon während des Schloßbaues Akkordarbeit verlangte.

Akkordarbeit gibt es, wenn auch mit veränderter Zielsetzung, auch heute.

Dank dem Genie Schlüters und seinem kongenialen Nachfolger Eosander von Göthe eine großartige architektonische Leistung.

Nicht nur eine hervorragende architektonische, sondern auch eine großartige geistige Leistung, welche das Ergebnis über alle zeitgebundene Bedingtheit hinaushebt. Eosander "erreicht Schlüter weder als Mensch noch Künstler" (W. Pinder).

.....in der die Bezüge zur aufkommenden bürgerlichen Baukunst der Niederlange und zum Realismus der

Das könnte man mit gleichem oder besserem Recht auch umgekehrt sagen ! Als das entscheidende Vorbild Schl ters ist

./.

Renaissance die Architektur des Absolutismus zu überwinden beginnen,	der römische Barock (Palazzo Madama) nachgewiesen. Für die Frage der Erhaltung des Baues sind solche Beziehung ohne Bedeutung.
...entstanden in dauernder Auseinandersetzung mit dem feudalen Bauherrn und seiner Bürokratie	Der dillettierende Bauherr ist ein aus der Geschichte der Barockarchitektur nicht hinwegzudenkendes, meist sehr positiv zu wertendes Element.
...mit Spionen des Kurfürsten von Sachsen, der seinen "Kollegen" in Berlin überwachen ließ, ob er die ihm zum Sonderpreis für den Schloßbau gelieferten Bausteine nicht gewinnbringend weiterverkaufte.	Eine Anekdote, die für die Bewertung des Baues völlig bedeutungslos ist.
Unvollendet geblieben, da die vorwärtsweisende Persönlichkeit Schlüters vom reaktionären Bauherrn entlassen wurde, ebenso kurz darauf sander von Goethe.	Das Schicksal unzähliger Großbauten der Geschichte: mittelalterliche Dome, St. Peter in Rom, Juliusgrabmal, Medicäergräber, Maximiliansgrabmal. Die künstlerische Leistung bleibt auch im Torso erkennbar. Die mangelnde Vollendung in Schlüters Sinn hinderte nicht, dass das Schloß Jahrhunderte hindurch als fertiges Ganzes angesehen und für wechselnde Zwecke verwendet wurde.
1950: Symbol des völligen Verfalls jener feudalistischen und imperialistischen Macht, die es einst hatte entstehen lassen	Bei neuer Verwendung nicht mehr Symbol des Feudalismus und des Imperialismus, sondern des überwundenen Feudalismus und Imperialismus.
...in deren Untergang es dann ähnliche Wunden erhielt wie das ganze deutsche Volk.	Wie das deutsche Volk trotz aller Wunden auferstehen wird, so kann dies auch der Bau Schlüters.
...... ein von anglo-amerikanischen Brand- und Sprengbomben ausgehöhlte Ruine. Die Fassaden lassen den Kundigen die Leistungen Schlüters und Eosanders noch ahnen. Die Substanz dahinter ist bis auf Ausnahmen ausgeglühter Schutt.	Die moderne Denkmalpflege hat Methoden entwickelt, eine solche Ruine so wiedererstehen zu lassen, daß sie nicht nur den "Kundigen", sondern dem ganzen Volke wieder etwas zu sagen hat (Zwinger in Dresden, die Zarenschlösser von Peterhof und Oranienbaum).
Das deutsche Volk, das erstmalig in seiner Geschichte durch seine Majorität für seine Majorität handelt,	Berlin ist die Hauptstadt nicht nur der DDR, sondern des ganzen Deutschlands. Wenn der Abbruch durch die Majorität des deutschen Volkes sanktioniert werden soll, so müßte dies unter Einbeziehung jener drei Viertel des deutschen Volkes geschehen, die jetzt noch jenseits der Grenzen der DDR leben.
.....hat das Recht, seiner Hauptstadt Berlin ein Antlitz zu geben, das der neuen Phase seiner Geschichte würdig ist.	Aus der "Kulturverordnung" der DDR: "Die neue deutsche fortschrittliche Kultur baut auf dem großen nationalen Kulturerbe des deutschen Volkes auf".

./.

in ihm wird gutes Altes Teil seiner charakteristischen Züge sein.	Der Satz, als Begründung nicht der Erhaltung, sondern der Beseitigung des Schlosses, widerspricht sich selbst.- Lenin(Über die Kunst): "Man soll Schönes erhalten, zum Muster nehmen, daran anknüpfen, auch wennes "alt" ist.
Die neue Aufgabenstellung wird einen Widerschein von Freiheit und Zuversicht hinzufügen.	Die Beseitigung des Schlosses wäre eher ein Zeugnis geistiger Unfreiheit und des Mangels an Zuversicht, mit den großen Bauten der Vergangenheit konkurrieren zu können.
Die Ruine des Schlosses im Stadtzentrum wäre ein Hindernis bei der heute einmaligen Gelegenheit, den Mittelpunkt der Hauptstadt in großzügiger Weise zu ordnen.	Die Lage des Schlosses ist für einen Kulturbau ideal und durch die Verbindung mit der Linden-allee auch städtebaulich hervorragend.
Der für die Wiederherstellung der Ruine notwendige Aufwand würde mehr als das Zehnfache der Zeugnauskonstruktion betragen und erst in Jahren zur Verfügung stehen.	Die großartigen Perspektiven, die der Fünfjahresplan eröffnet, geben die Gewißheit, daß die Mittel für den Wiederaufbau des Schlosses, wenn nicht innerhalb des Planes, so doch nach seiner Erfüllung zur Verfügung stehen werden. Auch ist der Wiederaufbau nicht vordringlich.
Da die Zerstörungen im Schloß so weitgehend sind, daß auch bei einer Wiederherstellung am alten Platze der größte Teil der Substanz rekonstruiert werden müßte, wäre selbst in diesem Falle die geniale Leistung Schlüters im wesentlichen nur als eine Nachschöpfung erhaltbar.	Nicht rekonstruierbar sind zerstörte Innenräume (Stukkaturen) und ein Teil der dekorativen Plastik am Äußeren, die aber durch neuzeitliche Schöpfungen ersetzt werden kann, um ihre Funktion im Rahmen des ganzen zu erfüllen. Auch wenn der Außenbau zur Hälfte neu geschaffen werden müßte - was denkmalpflegerisch kein Problem bedeutet, würde das Schloß in nicht höherem Maße "Nachschöpfung" sein als fast alle mittelalterlichen Dome
Deshalb aus Achtung vor der humanistischen Leistung der Baumeister Sicherung der sie charakterisierenden guterhaltenen Details zwecks wiederverwendung an anderer Stelle.	Die Leistung der Baumeister ist nicht humanistisch, sondern künstlerisch. Sie wird endgültig vernichtet, wenn man sie nur in "Details", also in aus ihrem organischen Zusammenhang gerissenen Teilen erhalten will. Die denkmalpflegerische Erfahrung zeigt, wie kümmerlich ein solcher in vergangenen Zeiten öfters vernichteter Ersatz auszufallen pflegt. Auch die Erhaltung auf dem Papier, durch noch so genaue Aufmessungszeichnungen, wird bestenfalls wenigen Fachleuten eine Vorstellung von der einstigen künstlerischen Größe des Baues vermitteln, - so, wie wenn man der Symphonien von Haydn, die bekanntlich für Feudalherren geschaffen wurden deswegen nicht mehr aufführen, sondern nur den Partiturlesern vorbehalten wollte.
....aber Freigabe des Platzes selbst	Der Abbruch wird keinen neuen "Zugang"

– 4 –

durch Abbruch des Schlosses, um einen lebensvollen Zugang im Zentrum Berlins Raum zu geben.

schaffen, der auf allen Seiten vorhanden ist, sondern nur eine riesige tote Fläche.

Meine Thesen

1.) Das Berliner Schloß ist eines der bedeutendsten Baudenkmäler Deutschlands, ja der ganzen Welt.

2.) Die Beschädigungen, die die angloamerikanischen Bomber dem Schloss zugefügt haben, sind schwerster Art, jedoch nicht derart, daß Weiterbestehen und Wiederaufbau dadurch ausgeschlossen sind.

3.) Die Erhaltung und Wiederherstellung des Berliner Schlosses wird den entschlossenen kulturellen Aufbauwillen der DDR dokumentieren und die in der Kulturverordnung ausgesprochene Absicht, an die besten Überlieferungen der deutschen Vergangenheit anzuknüpfen, zu denen Schlüter ebenso gehört wie Goethe und Bach.

4.) Der Fünfjahresplan schafft die materiellen Voraussetzungen für die Wiederherstellung des Schlosses.

5.) Art und Umfang der Wiederherstellung sind von Vertretern der Kunstgeschichte, der Denkmalpflege und der schaffenden Künstlerschaft zu diskutieren und festzulegen.

6.) Da die größtenteils zerstörten Innenräume nicht wiederherstellbar sind, wird hier Gelegenheit sein, den lebenden Meistern der Kunst großartige Aufgaben zu stellen.

7.) Die zukünftige Verwendung des Schlosses – als Repräsentationsbau der Regierung, als Museum u.dergl. – ist im Verein mit den in Frage kommenden Fachleuten von der Regierung der DDR zu bestimmen.

Dr. Walter Hentschel, Dresden.

Herrn Dr. Strauss, 4. Oktober 1950
Bericht von Kurt Reutti über eine Unterredung mit Dr. Strauss und Dr. Kaiser, sowie über eine anschließende Besichtigung der Abbauarbeiten im Schloss unter Führung

Bericht

über eine Unterredung mit Dr. Strauß und Dr. Kaiser, sowie über anschließende Besichtigung der Abbauarbeiten im Schloß unter Führung von Dr. Kaiser am 4.10.50.

Ich traf Dr. Strauß und Dr. Kaiser im Lustgarten. Dr. Strauß fragte mich, ob ich nicht einen Rat wüßte, wie man Kapitäle vom Eosanderportal bergen könnten, ohne sie auszubauen. Es handle sich um Kapitäle, die beschädigt seien und deren Ausbau nicht lohne. Er sagte, er hätte daran gedacht, ob man die Kapitäle mit Ton umkleiden oder mit Holzwolle einpacken könnten, sodaß sie den Sturz bei der Sprengung heil überstehen. Ich sagte, daß ich hierin keine Erfahrung hätte, aber bei der Höhe des Sturzes kaum an den Wert solcher Maßnahmen glaube. (Die Frage von Dr. Strauß scheint zu beweisen, daß die praktische Erfahrung von Herrn Dr. Strauß in solchen Bergungsdingen nicht sehr groß sein kann).

Im Eosanderhof waren die beiden Gruppen der Posaune blasenden Genien in der Höhe des obersten Stocks des Südflügels im Ausbau.

Der Renaissance-Mittelbau zwischen den beiden Höfen war gesprengt.

Im Schlüterhof wurde mit Ausbauarbeiten am Südrisalit begonnen.

Wie Herr Dr. Kaiser sagte, ist es nicht möglich, Ausbauten an dem oberen Stock und an dem Gesims im Schlüterhof vorzunehmen. Diese Teile, die aus verputztem Mauerwerk bestehen, halten den Ausbau von Einzelteilen nicht aus. (Die ganze obere Hälfte des Schlüterhofes fällt somit der Vernichtung anheim.)

An der Treppe des Mittelrisalits werden die Atlanten in Gips abgeformt. Die Marmorfiguren der Oranier von Eggers sind abgenommen worden.

Im Portal I werden zwei sich selbst tragende Gerüste bis zur Höhe des Figuren des Elisabethsaales aufgeführt, von denen aus diese Figuren abgeformt oder geborgen werden sollen. - Der verantwortliche Bauleiter hatte untersagt, diese Gerüste an der Wand hochzuführen, da angeblich Einsturzgefahr bestehen soll. (Herr Dr. Strauß hatte mir vor Beginn des Abrisses gesagt, daß für diesen Zweck ein Stahlrohrgerüst angefordert wäre, eine Rüstungsart, wie sie im Westen jetzt allgemein üblich ist. Offenbar ist diese Stahlrohrrüstung nicht zu beschaffen gewesen.)

An der Außenfassade ist an der Schloßplatzseite im Anschluß an die weggesprengte Ecke in der Breite von ca. 4 Fenstern ein Gerüst bis zum Dach hochgeführt. Es wurden bisher ausgebaut: 4 einzelne Adler, 2 einzelne Widderköpfe ohne Gehänge am Mezzaningeschoß, sowie offenbar eine komplette Fensterumrahmung im 2. Stock. (Wie die dort beschäftigten Arbeiter mir erklärten, müssen sie den weiteren Ausbau abbrechen, da der Abbruchleiter das Gerüst an anderer Stelle benötigt.)

An der Spreeseite werden die Abbrucharbeiten mit Spitzhacke und Einreißwinden weitergeführt. Die Neringsche Galerie ist ziemlich abgerissen. z.Zt. werden die Ecktürme des Hauses der Herzogin niedergelegt.

Der linke Trakt neben dem Eosanderportal, der die Sammlungen des Schloßmuseums enthielt, ist inzwischen geräumt worden. Tapeten und sonst noch verwertbare Stücke wurden zur Weiterverwendung nach Sanssouci transportiert.

Im Weißen Saal wird ein Kran errichtet, mit dem nach Abtragung des Daches die Bauelemente nach außen auf die Straße abgeseilt werden sollen.

Abschließend ist zu sagen, daß bis jetzt wesentliche Eingriffe in den Schlüterschen Bauteil noch nicht vorgenommen worden sind.

Bei der Kürze der Besichtigung kann ich nicht sagen, ob der offenbar nur ungenügende Ausbau auf Unfähigkeit der Leiter oder auf ungenügende technische Hilfsmittel zurückzuführen ist. Unter den beschäftigten Leuten, die ich z.T. von früheren Abrissen kenne, ist mir niemand bekannt, dessen Fähigkeiten eben über Abrisse hinausgeht, gar nicht zu reden davon, daß offenbar niemand denkmalspflegerische Erfahrung hat.

                                        Kurt Reutti.

von Dr. Strauss, 4. Oktober 1950

Technische Hochschule Dresden   Dresden, den 4.Okt.1950
Kunstgeschichtliches Institut
Dr.W.Hentschel

An
Herrn Dr. Siegfried A s c h e
G ö r l i t z
Postfach 675

Lieber Herr Dr.Asche !

Am Sonnabend war ich in Halle, wo anlässlich einer Denkmalpflege-Ausstellung eine Anzahl Kollegen zusammenkamen. Wir haben dabei eingehend über das Berliner Schloss gesprochen und waren der Ansicht, dass wir den Kampf gegen den Abbruch in verstärktem Masse fortsetzen müssen. Dr.Ladendorf, der erst ganz kürzlich von der Angelegenheit erfuhr, hat sich besonders stark eingesetzt und Einspruch der Leipziger Universität und der Sächsischen Akademie beantragt. Prof. Hempel hat bereits eine Eingabe der Architektur-Abteilung der Technischen Hochschule Dresden veranlasst.

Es scheint doch sehr wichtig, eine gemeinsame Front der ostzonalen Kunsthistoriker herzustellen, schon um die Strauss usw. zu isolieren. Ich bin der Ansicht, dass der Kampf ausschliesslich von uns in der DDR geführt werden muss, da die Stimmen des Westens von vornherein als solche des politischen Gegners gewertet werden dürften,und daher von vornherein ohne Gewicht bleiben müssen. Da Einzelschreiben wenig Eindruck machen, müsste ein Einspruch der Leiter der grösseren sächsischen Museen erfolgen, und ich halte Sie für den richtigen Mann, ihn aufzusetzen. Dr.Maedebach, den ich gestern kurz sprach, ist bereit, sich zu beteiligen, und ich glaube, dass Zittau, Bautzen, Chemnitz, Zwickau (?), Plauen, Leipzig (Jahn und Bothe) mitmachen werden; Balzer wohl auch. Bitte nehmen Sie das auf sich. Formulierung nicht zu aggressiv, damit niemand unnötig belastet wird, aber eindringlich. Anschrift "an das Aufbau-Ministerium Berlin" mit Durchschlägen an Oberbürgermeister Berlin, Prof. Ramann, Prof. Hempel, Ladendorf, Schubert. In einem Begleitschreiben müssten Sie die Weitergabe regulieren und vorsorgen, dass etwaige Versager die Weitergabe nicht unterbinden. Auch müsste das Schreiben als Eilbrief von Ort zu Ort weitergehen.

                        Mit besten Grüssen

                            Ihr sehr ergebener

Anlage

Brief von Dr. Walter Hentschel an Dr. Siegfried Asche, 4. Oktober 1950
Position der Arbeitsgemeinschaft der Kunstwissenschaftler im Wissenschaftlichen Nachwuchs, 5. Oktober 1950

Arbeitsgemeinschaft der Kunstwissenschaftler
im Wissenschaftlichen Nachwuchs
(Hochschullehrer)

Berlin, d. 5.Okt.1950

Die Arbeitsgemeinschaft der Kunstwissenschaftler im Wissenschaftlichen Nachwuchs hielt heute eine Sitzung im ehem. Stadtschloss Berlin ab. Es wurde folgendes festgestellt:

In Würdigung aller mit der Existenz des ehem. Stadtschlosses Berlin zusammenhängenden Fragen sind wir nach eingehender Besichtigung der Ruine und nach ausführlicher Diskussion einhellig zu folgender Ansicht gekommen:

1.) Der ausserordentlich hohe Grad der Zerstörungen bedingt, verbunden mit den technischen Mängeln aus der Erbauungszeit, leider die Notwendigkeit zum Verzicht auf einen Wiederaufbau, da der für eine Rekonstruktion oder auch nur für eine laufende Erhaltung der Ruine notwendige finanzielle und Materialaufwand untragbar hoch wäre im Hinblick auf die Verpflichtung zur Überwindung der gesamten Kriegsschäden.

2.) Der Beschluss der Regierung der Deutschen Demokratischen Republik, das Schloss abtragen zu lassen, trägt daher den objektiven Gegebenheiten Rechnung.

3.) Die Anordnung der Regierung, die erhaltenen wertvollen Teile des Schlosses auszubauen und den gesamten Schlosskomplex vor Beginn des Abbruchs wissenschaftlich umfassend durchforschen zu lassen, gewährleistet die Überlieferung der der Zerstörung entgangenen Teile dieses kulturellen Erbes an spätere Generationen.

4.) Im Interesse einer wirklich grundsätzlichen Neugestaltung des Zentrums der Hauptstadt Deutschlands erscheint es uns notwendig, die Ruine des wilhelminischen Domgebäudes ebenfalls abzuräumen, da sie zudem ohne jeden kunsthistorischen Wert ist.

5.) Wir bitten die Regierung, durch die beschleunigte Verabschiedung eines neuen Denkmalpflegegesetzes die gesamte Denkmalpflege mit neuen Gesichtspunkten zu versehen, die einmal die Erhaltung wertvollen kulturellen Erbes im Bild unserer Heimat gewährleisten und die die erhaltenen Schätze nationaler Tradition zum lebendigen Bestandteil unserer fortschreitenden, humanistischen Zielen zustrebenden Entwicklung machen.

Zu unserer Freude haben wir auf dem Bauplatz erlebt, dass alle auf der Baustelle Tätigen die Bergung der wertvollen erhaltenen Details als unlösbaren Bestandteil der Gesamtaufgabe betrachten, und an ihrer Erfüllung oft unter schwierigsten Bedingungen arbeiten.

gez. Ernst Wüsten
(Leiter der Arbeitsgemeinschaft)

Brief von Konservatoren und Kunsthistorikern aus Westdeutschland an Prof. Hamann, 10. Oktober 1950

10. Oktober 1950.

An

Herrn Universitätsprofessor Dr. R. Hamann
   Mitglied der deutschen Akademie der Wissenschaften
   Unter den Linden
   <u>Berlin</u>

Sehr verehrter Herr Professor Hamann,

Es ist bekannt geworden, dass man beschlossen hat, die noch stehenden Reste des Berliner Schlosses niederzulegen. Mit der Sprengung ist bereits begonnen worden.

Die unterzeichneten Konservatoren und Denkmalpfleger sind der Auffassung, dass es sich bei dem Berliner Schloss, dem letzterhaltenen Werk Andreas Schlüters, um ein Meisterwerk europäischer Bedeutung handelt und dass damit die Erhaltung der Ruine eine Frage ist, die die gesamte Kulturwelt angeht.

In dieser grossen Sorge wenden sich die Unterzeichneten daher an Sie, sehr verehrter Herr Professor, mit der Bitte, alles Ihnen geeignet Erscheinende unternehmen zu wollen, um diesen nicht mehr gut zu machenden Schritt zu verhindern.

In vorzüglicher Hochachtung

Dr. Bleibaum, Marburg
Dr. Ritz, Direktor, München
Prof. Dr. Grundmann, Hamburg
Dr. Seeleke, Braunschweig
Dr. von Bornheim, Koblenz
Dr. Hirschfeld, Kiel
Dr. Rieth, Tübingen
Prof. Haupt, Karlsruhe
Dr. Reinhold, Freiburg i. Br.
Reg.-u. Baurat Genzmer, Sigmaringen
Präsident Prof. Esterer, München
Dr. André, Hannover
Prof. Dr. Georg Lill, München

Schreiben von Dr. Ladendorf an das Kunsthistorische Institut der Universität Berlin (Prof. Dr. R. Hamann), 10. Oktober 1950

10.10.1950

An das
Kunsthistorische Institut
der Universität Berlin
für Herrn Prof. Dr. R. Hamann
z. Hd. Frau Ass. Dr. C. Rothkirch

(1) B e r l i n C 2
Unter den Linden
Universität, Kunsthistor. Institut

Sehr geehrter Herr Professor,
Sehr geehrte Frau Gräfin,

die Nachricht vom 23.9.50 ist mir am 26.9.50 zugegangen. Sie enthielt die ersten Mitteilungen über die Sprengungen, die ich erhalten habe.

1.) Vor allem bitte ich, mir mitzuteilen, in wie weit ich die Beilagen des Schreibens dritten Personen zugänglich machen darf, besonders etwa dem Dekan der Philosophischen Fakultät und dem Rektor der Universität Leipzig, Herrn Prof. Dr. E. Hempel und dem Präsidenten der Sächsischen Akademie der Wissenschaften.

2.) Ihrem Brief habe ich leider nicht entnehmen können, welche Schritte Sie von mit erwarten und welche Sie zu tun überhaupt für möglich halten; ich bitte Sie, sich dazu rückhaltslos zu äussern.

3.) In Anknüpfung an einen Zeitungsartikel in der Neuen Zeit eine Entgegnung zu schreiben, halte ich für sinnlos, wenn die Pressemitteilungen eines Nationalpreisträgers nicht veröffentlicht werden. Eine Möglichkeit, in einer hiesigen Zeitschrift einen Aufsatz unterzubringen, besteht nicht.

4.) Finden die bisherigen Eingaben keine Beachtung, so ist es, fürchte ich, von sehr geringem Wert, wenn ich versuche, andere Stellen zu dergleichen zu veranlassen.

5.) Für die Erhaltung des Berliner Schlosses erwarte ich, von Ihnen Berlin, von Ihnen zu anderen, geeigneteren Mitteln aufgefordert zu werden; dies habe ich Ihnen sagen lassen.

6.) Nach Rücksprache mit einigen ernst zu nehmenden Fachkräften füge ich hinzu, dass meine Vermutung, noch andere werden einer solchen Aufforderung Folge leisten, berechtigt ist.

7.) Also bitte.

8.) Die gleichen Personen konnten mir von einigen das Bild wesentlich bereichernden, ja verändernden Einzelheiten berichten, die mich dazu veranlasst haben, meinen Ihnen vorgetragenen Vorschlag eines Vortrages in der Akademie auch selbst zu machen und darüber hinaus einige Schreiben abzufassen, deren Durchschläge ich insoweit zu Ihrer Unterrichtung beilege, als ich hoffe, dass sie Ihnen hinwiederum als Anknüpfungsmöglichkeiten dienen können, in gleichen Richtungen auch von dort aus einzuwirken.

9.) Es wurde mir ein Text zugänglich gemacht und, leider nicht genau genug, berichtet, es sei als Anschlag an einem Schwarzen Brett (im Institut??) angebracht worden: Ein Diskussionsbeitrag sei aber wegen angeblichen Formfehlers nicht ausgehängt, sondern nur eine öffentliche Antwort darauf in Aussicht gestellt worden (!).

10.) Von besonderer Seite zugängliches Teilmaterial hierzu soll ich in nächster Zeit erhalten, bitte senden Sie mir das Berliner Material mit einer aufklärenden Bemerkung über die Umstände.

11.) Mit den Sektierern, die Destrukteure des deutschen Kulturerbes und Saboteure des Aufbaues sind, kann man nicht verhandeln. Es muss dem vereinten Ansehen der Wissenschaft gelingen, sie durch eine von wirklichen Denkmalpflegern und Architekten gebildete Arbeitsgemeinschaft ersetzen zu lassen.

12.) Bitte teilen Sie mir mit, an welchem Wochenende des Semesters für Sie die Möglichkeit besteht, etwa eine kleiner Besichtigung des Berliner Schlosses gelegentlich einer Exkursion des Kunsthistorischen Institutes der Universität Leipzig teilzunehmen.

                    Mit der Bitte, den Empfang dieses Briefes kurz
                    zu bestätigen und mich weiter unterrichten zu
                    wollen

                            ergebenst

Anschreiben von Dr. Strauss an Dr. Liebknecht zu einem Dokumentationsfilm, mit einer Ideenskizze, 10. Oktober 1950

Dr. Gerhard Strauss   Berlin, den 10. Oktober 1950

Herrn
    Dr. Kurt L i e b k n e c h t ,
    Ministerium für Aufbau,
    B e r l i n

Sehr geehrter Herr Dr. Liebknecht!

Seiner Zeit habe ich angeregt, von den Arbeiten am Schloss einen Kulturfilm zu drehen, aus dem sowohl die Notwendigkeit zum Abbruch ersichtlich ist wie auch der grosse Aufwand der Regierung, Wertvolles zu bergen.
Eine Ideenskizze zu einem solchen Film habe ich heute Herrn Prehm zu geleitet. Ich überreiche auch Ihnen einen Durchschlag und bitte, ihn durchzusehen und, falls er Ihre Zustimmung findet, den Vorschlag bei Herrn Prehm zu unterstützen.

                                Mit besten Grüssen Ihr

Dr. Gerhard Strauss   Berlin, den 10. Oktober 1950

Dokumentarfilm Stadtschloss Berlin

Ideenskizze

Allgemeine Thematik:

Am Beispiel des ehemals berühmten Stadtschlosses kulturfeindliche Barbarei des faschistischen Krieges und der Terrorangriffe imperialistischer Kriegsführung zeigen. Aufweisen, wie durch die Spaltung Deutschlands auch die Erhaltung seiner Kulturdenkmale beeinträchtigt wird.
Verdeutlichung der Richtigkeit des Regierungsbeschlusses auf Abbruch der Schlossruine durch Nachweis des grossen Umfanges der Zerstörungen. Dabei sofort Hinweis auf jenen Teil des Beschlusses, der Erhaltung aller noch überlieferten wertvollen Teile vorsieht.
Darlegung des grossen Umfanges der wissenschaftlichen und denkmalpflegerischen Arbeit an der Schlossruine (Bildung des 1. Wissenschaftlichen Aktivs der DD) begleitet von Bildern des Abbruches.
Ausklingen in Bildern der neuen Planung des Stadtzentrums der Hauptstadt Deutschlands.

Disposition:

Anschlagen d. Themas:	Durch Gegenüberstellung von Bildern des unzerstörten und des zerstörten Stadtschlosses kulturfeindliche Barbarei des faschistischen Krieges zeigen und der Terrorangriffe imperialistischer Kriegsführung (im Begleittext Hinweis auf gleiche Praxis in Korea).
Hintergrund des Einzelfalles "Stadtschloss"	Bilder von zerstörten Stadtteilen Berlins, von zerstörten Städten Deutschlands, darin zerstörte Produktionsstätten, Kulturbauten, Wohnungen und auch allg. bekannte charakteristische historische Stadtbilder (z.B. Dresden, Potsdam, Magdeburg).
	Deutschlands Spaltung erschwert normalen Wiederaufbau aus geeinter Kraft. Sie nötigt die DDR z.B. zum Neuaufbau der Grundstoffindustrie als Lebensbasis. Damit unausweichliche Notwendigkeit zur Konzentration Hauptmerkmal auf diese Aufgabe, dazu Verkehrsmittel, Wohnungen, Gesundheitsbauten, Kulturbauten usw.
	Der Abbruch der Schlossruine öffnet ausserdem das Zentrum der Hauptstadt Deutschlands für eine umfassende Neuplanung, die eine grosszügige Lösung der meisten dort seit Jahrzehnten bestehenden städtebaulichen Schwierigkeiten ermöglicht.

Ausführlicher Beleg über Zerstörungen am "Stadtschloss"	Aufnahmereihe von den Zerstörungen, den ausnahmslos verlorenen historischen Innenräumen, der berühmten Gigantentreppe Schlüters usw.
Eventuelle Wiederherstellung in ihrem Widerspruch zu den allg. Aufbauverpflichtungen zeigen	laufende Unterhaltung der Ruine würde jährl. 1-2 Millionen DM kosten, völlige sofortige Wiederherstellung 40 - 50 Millionen. Mit diesem Betrag wären alle beschädigten historischen Bauten der DDR vor Verfall zu sichern (Bilder d. Zwingers, des Magdeburger Domes usw. zeigen) oder es liessen sich damit bauen x Wohnungen, y Fabriken, z MAS usw.
Beschluss der Regierung trägt objektiven Verhältnissen Rechnung	In Erwägung all dieser Tatsachen Beschluss der Regierung zum Abbruch (Bilder von Ministerratssitzung) zwecks Bewahrung des kulturellen Erbes aber auch Beschluss, erhaltene Werte zu bergen und die Substanz zu durchforschen (entsprechender Ausschnitt aus der Rede von Oberbürgermeister Ebert in der Volkskammer).
Realisation des Beschlusses:	Noch vor Beginn des Abbruchs Bildung des Wissenschaftlichen Aktivs (erstes in der DDR). Bilder seiner Arbeit (Messungstätigkeit, Forschungsgrabungen, Fotoarbeiten) unterstützt durch Feuerwehrtrupp mit längster mechanischer Leiter der DDR aus Dessau, umfangreiche Einrüstungen, Turmkräne usw.
Praktische Bergungstätigkeit:	Aufnahmen vom Abformen der Plastiken und Schmuckteile, Ausbau solcher Teile, Bergung des Silberschatzes des Schlossmuseums aus verschütteten Kellern usw. Diese Aufnahmen durchsetzen mit Bildern der Abbrucharbeiten. Dabei zeigen, mit welchem Interesse die Bauarbeiter auch an den Arbeiten des Wissenschaftlichen Aktivs beteiligt sind.
Ausklang:	Ausblick auf neue Planung der Hauptstadt Deutschlands und auf Verwertung der wissenschaftlichen Arbeiten. Aufnahmen von Modellen des neuen Stadtzentrums u. damit Vorstellung vom Bild der neuen Hauptstadt Deutschlands geben. Dazu Hinweis auf Auswertung der wiss. Arbeiten in der Kunstwissenschaft, in der Architekturwissenschaft usw.

Eingabe der sächsischen Museumsleiter an Prof. Dr. Hamann, 10. Oktober 1950

Eingabe der sächsischen Museumsleiter an:

Abschrift

den 10. Oktober 1950

Herrn Professor Dr. H a m a n n

B e r l i n
Humboldtuniversität
Kunsthistorisches Institut

Mit grosser Besorgnis haben wir Unterzeichnete als Museumsleiter der größeren Kunstmuseen im Lande Sachsen von den Plänen zum Abbruch des Berliner Schlosses gehört. Wir fühlen uns für den Kunstbesitz des deutschen Volkes soweit mit verantwortlich, daß wir dringend bitten, diese Frage nicht eher zu einer Entscheidung zu führen, als bis wir in einer Diskussion aller Fachleute, die zur Beurteilung berufen sind, unseren Standpunkt ausführlich begründet haben.

Grundsätzlich ist zu sagen, daß das Berliner Schloss zum wertvollsten europäischen Kunstbesitz gehört. Es ist irrig, dieses Bauwerk als verabscheuungswertes Denkmal des Feudalismus hinzustellen, vielmehr ist es das Werk größten Künstlertums. Das Bauwerk ist dies ebenso sehr wir z.B. der Kreml, die Bauten in Versailles oder aber das Warschauer Königsschloß oder die Bauten des Prager Hradschin. Alle diese Bauwerke haben grundlegende Wandlungen der Weltanschauung miterlebt. Und eben diese Bauwerke, deren Zahl man beliebig erweitern kann, stehen noch. Ja, sofern sie beschädigt sind, sei es durch ihr Alter oder sei es durch Kriegswahnsinn, werden sie aufs Sorgfältigste wieder hergestellt. Mit größter Bewunderung haben wir davon Kenntnis genommen, dass das Warschauer Schloß, welches als Bauherren wahrhaftig keine Freunde des polnischen Volkes hatte, von eben dem polnischen Volke lt. Beschluß des Sejm vom 2.7.49 in 5 Jahren wieder errichtet wird. Von dem Bau steht weniger als von unserer Dresdner Frauenkirche. Vielmehr noch, der Bau des Berliner Schlosses ist zugleich eines der erschütterndsten Dokumente für die Tatsache, wie der künstlerische Schöpferwille an der Despotie eines Herrschers zerbrach und wie zugleich die künstlerische Schöpfung sich trotzdem so durchsetzte, daß ein Kunstwerk höchsten Ranges entstand. Wenn auch Andreas Schlüters Nachfolger Eosander v. Göthe sich nicht im entferntesten mit jenem Genius messen kann, so hat er doch immerhin, räumlich gesehen, eine großartige Lösung vollbracht.

Den Einwand, dass das Schloss eine nicht ausbaufähige Ruine sei, kann jeder Fachmann entkräften. Über diese Tatsache hinaus verweisen wir wiederum auf die Arbeit der Volksdemokratie Polen an der Erhaltung und Wiederherstellung ihrer Kunstschätze. Und selbst wenn dieser Bau nicht wieder hergestellt werden könnte, wird jeder wahrhafte Architekt nur die Ansicht vertreten, dass ein würdiger Platz zur Demonstration nicht durch eine große Fläche auf dem Papier geschaffen wird, sondern dass ein Platz ein Raum ist, der durch Wände begrenzt wird. Es würde sich wahrhaftig sogar nach dem Abbruch die Notwendigkeit ergeben, an dieselbe Stelle etwas anderes zu setzen, um den riesenhaften Raum einzugrenzen. Der Gedanke, sogenannte erhaltenswerte Teile an anderer Stelle aufzubauen, ist sehr gefährlich und denkmalpflegerisch seit Jahrzehnten überwunden. Erst dann wird ein Kunstwerk sich recht entfalten, wenn es an der Stelle steht, für die es vom Künstler bestimmt wurde und zu dem Ort gehört auch der Zusammenhang mit dem Organismus des Bauwerkes, ohne den das Einzelglied Fragment bleibt, ganz abgesehen davon, dass man ein Werk nicht außerhalb des Gefüges sehen kann, in dem allein es lebendig geworden ist. Schließlich wäre es völlig verfehlt, neue Ruinen zu schaffen, denn die Aufstellung der Fragmente würde nur eine Ruinenschau sein.

Es wäre ferner zu überlegen, ob die Kosten des Abbruchs nicht bereits einen wesentlichen Teil für die Sicherung des Bauwerks ausmachen werden. Wir glauben, dass diese Kosten noch weiterreichen.

Die Verwendungsmöglichkeit des Bauwerkes im Sinne unserer neuen Zeit ist so vielseitig und ergibt so große Perspektiven, dass sich in dieser Hinsicht ein Einsatz lohnt.

Wollen wir doch Reste vergangener Gesinnung nicht dadurch bekämpfen, daß wir Werke unserer größten Künstler vernichten und uns und die Welt damit ärmer machen, sondern wollen wir doch einmütig den Gesinnungswandel in den Menschen selber herbeiführen.

Wir bitten deshalb eindringlich zu diesen Fragen in aller Offenheit und mit tiefem Ernst gemeinsam Stellung zu nehmen, denn es handelt sich um die Lebensfrage der Kultur überhaupt.

Stellungnahme der Historischen Gesellschaft zu Berlin an den Ministerpräsidenten Grotewohl, 11. Oktober 1950

Historische Gesellschaft zu Berlin

Berlin-Dahlem, 11. Oktober 1950
Archivstr. 12

An den
Herrn Ministerpräsidenten
der Deutschen Demokratischen Republik

B e r l i n

Der Beschluss, das Berliner Schloss niederzulegen, hat allgemein grosse Bestürzung hervorgerufen. Das Schloss Andreas Schlüters – auch in der von Eosander vergrösserten Gestalt ist es als sein Werk zu betrachten – ist eine der markantesten Schöpfungen der abendländischen Baukunst und repräsentiert eine Epoche, in der sich unser künstlerisches Schöpfertum nächst der romanischen Baukunst am grossartigsten ausgesprochen hat. Wir wissen, dass das Innere des Schlosses bis auf geringe Reste zerstört ist. Es ist dies einer der schmerzlichsten Verluste, welche das deutsche Volk an Kunstwerten erlitten hat. Aber die bildnerisch prachtvoll durchgeformte Architektur ist im wesentlichen erhalten, und gerade in ihr liegt die Wirkung nach aussen und die Kraft beschlossen, für das geschichtliche Dasein des Volkes und nicht zuletzt für die politische Bedeutung Berlins zu zeugen.

Die Tatsache, dass die hohenzollernschen Landesfürsten das Schloss errichten liessen, besagt nichts Wesentliches. Die Berliner haben es gebaut, und die Zweckbestimmung eines Baues ist veränderlich. Seit einer Generation war das Schloss bereits neuen Zwecken zugeführt, und der Berliner, der seine Heimat liebt, erblickt in ihm das ehrwürdige Symbol der bedeutenden Vergangenheit seiner Stadt.

Die Historische Gesellschaft zu Berlin spricht hiermit die dringende Bitte aus, dieses einzigartige Baudenkmal der Stadt Berlin und damit dem deutschen Volke zu erhalten.

D. J. Schultze
1. Vorsitzender

Brief von Walter Hentschel an Hermann Weidhaas, 17. Oktober 1950

„Sehr geehrter Herr Professor,

als wir uns neulich vor der Nationalgalerie trafen, machten Sie über den Zweck Ihres Berliner Aufenthaltes einige dunkle Andeutungen, die ich erst verstand, als mir Kollegen von dem neuesten herostratischen Vorhaben berichteten. Da ich nun einmal, ganz gegen meine an sich friedliche Natur, zu einem Rufer im Streit geworden bin, kann ich zum Abbruch des Schlüterbaues ebensowenig schweigen wie zu der Zerstörung der Meißner Gasse. Ich bedaure daher ganz besonders, daß Sie, eine der Hoffnungen der deutschen Kunstgeschichte, sich an den papiernen und detailkonservierenden Arbeiten beteiligen. Glauben Sie nicht, daß man mit solcher ›Gewissensbeschwichtigung‹ die Zerstörungsabsichten geradezu fördert? Hier sollte man streiken! Ich persönlich würde mich lieber vor der Sprengung in das Schloss hineinsetzen, als so etwas mitmachen. Die ganze Sache erinnert an den berühmten ›Nürnberger Komplex‹, aus dem wir doch alle gelernt haben sollten, und ich glaube, daß Sie im Grunde Ihrer kunsthistorischen Seele das auch empfinden. Ich bitte Sie ebenso herzlich wie dringend, sich diese Seite der Angelegenheiten durch den Kopf gehen zu lassen – vielleicht kommen Sie zu einem anderen Entschluß.
Prof. Hamann gab mir die ›Thesen‹ von Dr. Strauß. Ich bin der Aufforderung des Verfassers, dazu Stellung zu nehmen, nachgekommen und lege Ihnen meine Erwiderung samt Antithesen bei. Ich darf Sie bitten, beides ebenso öffentlich auszuhängen wie die Straußschen Thesen.

Mit besten Grüßen
Ihr sehr ergebener
(gez.) Hentschel"

Brief von Prof. Weidhaas an Prof. Hamann, 17. Oktober 1950

STAATLICHE HOCHSCHULE FÜR BAUKUNST
UND BILDENDE KÜNSTE WEIMAR

~~XXXXXXXXXX~~
Lehrstuhl für Denkmalpflege
Prof. Dr.Dr.Weidhaas

Herrn
Prof.Dr. Richard H a m a n n,
Nationalpreisträger
B e r l i n NW 7
Unter den Linden, Universität,
Kunstgeschichtliches Institut

Weimar, den 17.10.1950
- Prof. We/Ja-

Hochverehrter Herr Professor !

Mitte September habe ich mit Frau Gräfin Rothkirch ein Gespräch über das Berliner Schloß gehabt und daraufhin den Entschluß gefaßt, Sie in Bad Liebenstein zu besuchen.
Leider mußte ich mich kurz nach meiner Rückkehr aus Berlin einer Operation unterziehen und liege jetzt im Krankenhaus, sodaß ich diesen Entschluß nicht ausführen kann. Mein Bedürfnis bleibt aber bestehen, es auch vor Ihnen zu vertreten, daß ich mich an dem Werke beteilige, das Sie bekämpfen. Der Winter wird mich des öfteren nach Berlin führen, und ich hoffe, einmal Gelegenheit zu haben, mit Ihnen ausführlich zu sprechen.

In der Angelegenheit beschäftigt mich folgendes vordringlich: Nachdem es gelungen ist, eine Verfügung der Regierung der Deutschen Demokratischen Republik des Sinnes zu erwirken, daß die erhaltungswürdigen Teile der historischen Substanz, soweit sie noch vorhanden sind, sorgfältig abgebaut und geborgen werden, ist bisher keine der zuständigen Stellen zu einer Beschäftigung mit der Frage anzuregen gewesen, wie man diese Stücke einmal wieder verwenden wird. Allein schon, daß diese Details erst weit außerhalb der Stadtmitte abgelagert werden, bereitet Sorgen. Es ist zu befürchten, daß diese Kostbarkeiten dort sehr schnell vergessen und der Vernachlässigung und Zerstörung anheim fallen werden.

./.

Eine solche Entwicklung wäre allein schon wegen der ungeheueren Kosten, welche die Bergung verursacht (ich schätze auf 1,8 Millionen Mark), nicht zu vertreten. Ich selbst habe vorgeschlagen, der am Schloßplatz zu planenden neuen Oper einen geschlossenen Vorhof zu geben und in diesem den Schlüterhof zu wiederholen. Aber, wie gesagt, niemand interessiert sich dafür, was einmal aus den Dingen werden soll.

Im Zusammenhang mit dem Schloßabbruch taucht immer wieder der Gedanke auf, die Abbruchsmaßnahmen gleich auch auf den Dom auszudehnen. Über den künstlerischen und städtebaulichen Wert dieses Bauwerks besteht Einigkeit. Dennoch glaube ich, ist es jetzt nicht unsere Sache, die Lust am Zerstören, die unserer Generation eignet, noch dadurch zu befördern und legitimieren, daß man sie von einer Seite, die berufen ist, den Gedanken der Ehrfurcht aufrecht zu erhalten, auf Objekte hinweist, auf die sich ihr zerstörerisches Interesse noch gar nicht einmal gerichtet h. Der Dom wird übrigens in seinem Maßstab den neuen städtebaulichen Planungen viel mehr angemessen sein als etwa das alte Museum, das Zeughaus oder die Bauakademie. Es wird kaum zu verhindern sein, daß die Hauptgesimshöhe der geplanten Kongreßhalle noch die des zerstörten Schlosses übertreffen wird. Auch hier sollte man sein Augenmerk von vornherein darauf richten, daß die erwähnten Bauten von Schlüter und Schinkel nicht durch gigantomanische Objekte erdrückt werden. Angesichts dessen, was man vorhat, wäre der Dom immer noch eher geeignet, zu zügeln und zu zähmen, als der Maßlosigkeit Platz zu machen, indem er ganz verschwindet. Und es ist grundsätzlich zu bedenken, daß der Dom als Kunstwerk nicht so hoffnungslos schlecht ist, daß es nicht möglich sein sollte, ihn unter gewissen Veränderungen mit seiner doch immerhin schon reichlich aufgespeicherten historischen Substanz der Stadtmitte zu erhalten.

Ich hoffe, daß Sie sich in Bad Liebenstein gut erholen und begrüße Sie in bekannter alter Verehrung als Ihr ganz ergebener

(W e i d h a a s)

Stadtplanungskommission Berlin über „Planung Berlin", 18. Oktober 1950

Stadtplanungskommission Berlin, den 18. Oktober 1951
Berlin

Planung Berlin.

Die Hauptstadt Deutschlands, Berlin, soll in Struktur und architektonischer Gestaltung Ausdruck des politischen Lebens und des nationalen Bewußtseins des deutschen Volkes sein.

Das Ziel der Planung Berlin ist die Sorge um den Menschen, nämlich die harmonische Befriedigung des menschlichen Anspruchs auf Arbeit, Wohnung, Kultur und Erholung.

Der Planung Berlin zugrunde liegen die natürlichen Gegebenheiten, die sozialen und wirtschaftlichen Grundlagen des Staates und die höchsten Errungenschaften von Wissenschaft, Technik und Kunst, bei kritischem Aneignen der fortschrittlichen Elemente des Kulturerbes des deutschen Volkes.

Durch den Beschluss der Regierung der Deutschen Demokratischen Republik und des Magistrats von Gross-Berlin vom Juli 1950 war bereits festgelegt worden:

> Marx-Engels-Platz (Zentraler Platz). Das Gebiet des Zentrums und des Zentralen Bezirkes mit den Ringstraßen, die Ost-West-Magistrale Stalinallee - Alexanderplatz - Rathausstrasse - Marx-Engels-Platz - Unter den Linden - Charlottenburg. Hiermit war der entscheidende Grundzug für die Planung Berlins als Hauptstadt Deutschlands bestimmt.

Zur Schaffung einer künstlerischen Gesamtkonzeption für die Gestaltung Berlins ist erforderlich, über die Flächennutzung, das Hauptstraßennetz, den Verkehr, die Versorgung und die Bebauung des Stadtzentrums Beschlüsse zu fassen, denn durch diese Anlagen und Baulichkeiten werden das Gesicht der Stadt und die Gesamtkonzeption bereits maßgeblich bestimmt.

Bei Gen. Grotewohl beraten. Infolge Ablehnung des Vorschlages
Nr. 1 durch Gen. Grotewohl und Ulbricht nicht eingereicht.

Ministerium für Aufbau   Berlin, den 3.August 1950
                               Pic./WS./Hg.

Vorschlag zur Gestaltung des Zentrums
der Hauptstadt Deutschlands Berlin.

Das Zentrum Berlins, gestaltet nach den 16 vom Ministerrat beschlossenen Grundsätzen des Städtebaues, kann vom Brandenburger Tor bis zum Luxemburgplatz und der Stalinallee reichen. Es führt über die Linden zum Lustgarten über das neu zu schaffende Demokratische Forum und den Alexanderplatz zum Luxemburgplatz.

Um sofort einen ausreichend großen Platz für Standdemonstrationen und fließende Demonstrationen zu haben, ist das Schloß abzureißen. Eine weitere Vergrößerung des Platzes auf der Spreeinsel in Richtung Breite Straße und Brüderstraße empfiehlt sich nicht, da hiermit das vom Brandenburger Tor zur Stalinallee führende Zentrum mit dem Mittelpunkt Lustgarten (später Lustgarten und Demokratisches Forum) unterbrochen würde. Die Vergrößerung des Lustgartens senkrecht zur Achse Unter den Linden (also zur Achse des vorgeschlagenen Zentrums) gibt zwar einen Abschluß für die Linden, aber keinen organischen Anschluß an Stalinallee, Alexanderplatz, Leninallee und Luxemburgplatz. Der von der Stalinallee über die Königstraße nach den Linden führende Verkehr würde den Platz schneiden, anstatt ihn zu tangieren. Ein Zuschütten des einen Spreearmes ist nicht möglich, da er als Umfluter benötigt wird.

I. Vorgeschlagen wird deshalb:

Gewinnen eines großen Platzes durch sofortigen Abriß des Schlosses und Benutzen dieses Platzes (bis an den Marstall) als Demonstrationsplatz für stehende und fließende Demonstrationen. Bildung eines neuen Platzes, begrenzt durch Königstraße, Hoher Steinweg, Liebknechtstraße und Spree. Nach Fertigstellung dieses Platzes wäre an der Stelle, wo das Schloß stand, das Gebäude der Volksvertretung für ganz Deutschland zu errichten. (Zeichnung Ia)

Im einzelnen sei hierzu bemerkt:

a) Vergrößerung des Lustgartens durch Abriß des Schlosses: Durch Abriß des Schlosses wird ein Platz für Standdemonstrationen von rd. 75.000 qm Größe und rd. 300.000 Personen (4 auf den Quadratmeter gerechnet) gewonnen. Hierbei sind die sich bei Demonstrationen üblicherweise auf den Treppen des Domes, des Alten Museums sowie an den Spreeufern, am Zeughaus usw. aufstellenden Menschenmassen, die mit 20 000 - 25 000 angenommen werden können, nicht berücksichtigt. Die Tribünen können am Spreeufer in Blickrichtung von den Linden oder am Marstall liegen. (Vergl. Zeichnung I b).

b) Schaffung eines neuen Platzes, begrenzt durch Königstraße, Hoher Steinweg, Liebknechtstraße und Spree.
Größe 260 x 360 - 400 m = rd. 100 000 m².
Gelände von Ruinen bestanden, davon einige bereits wieder im Ausbau, darunter das Postamt C 2, dessen Ausbau jedoch von der Post selbst als Behelfslösung betrachtet wird.

Geeignet für stehende Kundgebungen von 400 000 Personen und fließende Demonstrationen mit Reihen von 70 Personen = 125 000 pro Std. Nähe S- und U-Bahnhöfen. Haupt- und Abmarschstraßen günstig an den Stirnseiten, durch Verbreiterung der Liebknecht- und Königstraße für fließende Demonstrationen leicht zu verbessern.

Dieser Platz läßt sich zu einem Forum der Demokratie durch Errichtung von Großbauten der demokratischen Massenorganisationen gestalten. Vor der Kongreßhalle in der Karl-Liebknechtstraße können massive Tribünen für Stand- und fließende Demonstrationen errichtet werden. An Stelle des jetzt abzureißenden Schlosses wird nach der Einigung Deutschlands das Haus der Volksvertretung, in der Achse der Linden und im Mittelpunkt des Schlosses liegend, errichtet werden.

c) Erreicht wird ferner: Steigerung der räumlichen städtebaulichen Eindrücke von den Linden über den Lustgarten bezw. von der Stalinallee oder dem Luxemburgplatz über den Alexanderplatz zum neuen Forum. Besondere Wirkung durch die in Berlin ungewohnte Größe des Platzes, die ihn aus allen vorhandenen Platzanlagen heraushebt. Der Lustgarten wird zum "Vorhof" des zentralen Platzes, den man für kleinere Veranstaltungen benutzen kann. Auf der anderen Seite bildet der Alexanderplatz den "Vorhof".

d) Anschluß der Stalinallee und des Alexanderplatzes sowie des Luxemburgplatzes über das neue Forum an Lustgarten und die Linden, Einbeziehung des Roten Rathauses in die architektonische Komposition des Zentrums, Erhalten der alten Form und Größe des Lustgartens, wenn das Haus der Volksvertretung gebaut ist, in ihrer vor allem von Schinkel gestalteten Schönheit, besonders wertvoll in einer Stadt, die arm ist an schönen und politisch bedeutenden Plätzen.

II. Bildung eines Platzes auf der Spreeinsel.

Zu bemerken ist hierbei:

a) Größte Abmessungen 180 x 550 m. Fläche 96 000 m²., geeignet für stehende Kundgebungen von 385 000 Personen und fließende Demonstrationen mit Reihen zu 70 Personen = 125 000 pro Std. Nähe von S- und U-Bahnhöfen. An- und Abmarschwege günstig. Nachteilig das Einschwenken der wichtigsten Marschsäule Unter den Linden vor der Tribüne.

b) Die Möglichkeit der Ausgestaltung des neuen Platzes zu einem Forum der Demokratie, gegeben durch den Bau der Kongreßhalle, des Fiapp-Denkmals und eines Opernhauses. Es entsteht jedoch ein unregelmäßiges Forum ohne geschlossene Platzwände (kein Platzcharakter). Die vorhandenen historischen Gebäude zu klein, um den Platz zu beherrschen. Die Raumwirkung kann erzielt werden durch die Kongreßhalle (in

- 4 -

der Achse der Linden) und das gegenüber liegende Fiapp-Denkmal an Stelle des alten Nationaldenkmals.

Die Achse Kongreßhalle - Fiappdenkmal wird ebenso wenig wie die durch das Opernhaus angeschlagene Achse durch Gebäude, Platzräume oder Straßenzüge aufgenommen oder fortgeführt, das räumliche Auseinanderfallen des Platzes wird damit sehr betont.

c) Anknüpfung des Alexanderplatzes und des Luxemburgplatzes an das neue Forum nicht überzeugend. Verkehrszug Alexanderplatz - Spittelmarkt (Leipziger Straße) tangiert das Forum und liegt abseitig. Der Verkehr vom Alexanderplatz über König- und Liebknechtstraße überquert den Platz und ist ungünstig. Vollständige Umwandlung des historischen Platzcharakters.

d) Auch dieser Platz hat für Berlin eine ungewohnte Größe, ohne allerdings Platzcharakter zu haben.

III. Die Vorschläge sind Ausarbeitungen von Genossen (ein parteiloser Fachmann) vom Magistrat von Groß-Berlin, vom Institut für Bauwesen und vom Ministerium für Aufbau - Teilnehmer der Delegation in die Sowjetunion.

(Dr. Liebknecht)   (Pisternik)

Einladung des Beauftragten für Denkmalpflege Dr. Strauss zu einer Exkursion zum Schloss Berlin an den Direktor des Kunsthistorischen Instituts der Universität Jena, 19. Oktober 1950

Abschrift!

Beauftragter Denkmalpfleger　　　　　　　　　Berlin, den 19.Okt.1950
des Ministeriums für Aufbau　　　　　　　　　C 2, Schloß
am Schloß Berlin

　　　An den
　　　Herrn Direktor des Kunsthistorischen Instituts
　　　　　　　der Universität Jena

Betr.: Einladung zu einer Exkursion zum Schloß Berlin.

　　Wie Ihnen, sehr verehrter Herr Professor, bekannt sein wird, hat der Ministerrat der Regierung der DDR am 23.8.50 beschlossen, die Ruine des ehem. berliner Stadtschlosses abzubrechen, das durch anglo-amerikanische Bomben zu mehr als 80% zerstört wurde. Beschlossen wurde auch, vor Beginn des Abbruches die gesamte Substanz wissenschaftlich durchforschen zu lassen und alle erhaltenen wertvollen Einzelheiten zu bergen bzw. auszubauen zwecks Überführung in ein Museum bzw. für eine spätere Rekonstruktion der berühmtesten Bauteile.
　　Zur Realisation dieser wissenschaftlichen und denkmalpflegerischen Aufgabe wurde ein Wissenschaftliches Aktiv gebildet, dem die Herren Professoren Dr. Clasen, Greifswald, Professor Dr. ing. Dr. phil. Weidhaas, Weimar, und Dr. C. Kaiser, Berlin, als leitende Mitarbeiter angehören, dazu rund 25 studentische Mitarbeiter der Baukunst und der Kunstgeschichte.
　　Es wäre zu begrüßen, wenn alle Kunsthistorischen Institute die Gelegenheit wahrnehmen würden, sich sowohl vom Umfang der Zerstörungen wie auch von den ungewöhnlichen Maßnahmen zur wissenschaftlichen Behandlung und denkmalpflegerischen Sicherstellung eine exakte Vorstellung zu machen uns sich dabei gleichzeitig mit einem Werk Schlüters und Eosanders befassen, das vor der Zerstörung des faschistischen Krieges zu den bedeutendsten seiner Art gehörte. Dank des Verständnisses des Volksbildungsministeriums der DDR und seiner Förderungsbereitschaft können pro Exkursionsteilnehmer bis 50,-DM Reisekosten und 12,-DM Tagegeldzuschuß gezahlt werden.
　　Da der Abbruch schnell vor sich geht, bitte ich Sie um telegrafische Nachricht ob und wann mit einer Exkursion Ihres Instituts zu rechnen ist (Zahl der Teilnehmer getrennt nach Dozenten, Studenten und Studentinnen). Sollten sich aus Ihrem Institut weniger als 15 Teilnehmer melden, so erlaube ich mir den Vorschlag, interessierte Studenten anderer Fachrichtungen hinzuzuziehen (z.B. der Gesellschaftswissenschaftlichen oder der pädagogischen Fakultät), da die oben genannten Zuschüsse bis zu 15 Reisenden pro Institut berechnet sind. An Zeit wird in der Schloß-ruine selbst etwa einhalber Tag benötigt, wobei um 17 Uhr die Besichtigung abgeschlossen sein müßte.

　　　　　　　　　　　　　　　　　gez. Strauß
　　　　　　　　　　　　　　　　　(Dr. Strauß)

Protestschreiben des Vereins für die Geschichte Berlins, 27. Oktober 1950

Verein für die Geschichte Berlins

Der Verein für die Geschichte Berlins erhebt, eingedenk seiner langjährigen Überlieferung und getreu seiner Verpflichtung gegenüber den Denkmälern Berlins, entschiedenen und einstimmigen Protest gegen die begonnene Zerstörung des ehrwürdigen Berliner Schlosses. Der Verein spricht damit im Sinne der Bevölkerung, die in dem Schloss kein Denkmal unzeitgemössen monarchistischen Machtwillens, sondern ein edelstes Zeugnis deutschen Kunstgeistes erblickt, das der Pflege umsomehr Wert ist, als wir in ihm das letzte erhalten gebliebene Werk des grossen Baumeisters Andreas Schlüter besitzen.

Berlin, den 27. Oktober 1950

Bericht über eine Exkursion von Studenten der Technischen Hochschule Dresden zum Berliner Stadtschloss, 31. Oktober 1950

HUMBOLDT-UNIVERSITÄT
Kunstgeschichtliches Institut

BERLIN C 2, den
Unter den Linden 6
Telefon 52 02 91 / App. 235

Abschrift.

Elf Studierende der Technischen Hochschule Dresden haben am 30. und 31. Oktober 1950 die Schlossruine B e r l i n besichtigt und ausführlich über alle damit zusammenhängenden Probleme diskutiert. Einhellig wird folgende Ansicht vertreten:

1.) Infolge der hohen Ruinösität des ursprünglich so wertvollen Baues und im Hinblick auf die allgemeinen Verpflichtungen zur Überwindung der gesamten Kriegsschäden und zum Aufbau einer neuen nationalen Existenz wurde auch uns leider keine Möglichkeit sichtbar, die Ruine zu erhalten.

2.) Es erscheint wünschenswert und notwendig, dass bei allen grundsätzlichen denkmalpflegerischen und Baugelegenheiten die Öffentlichkeit rechtzeitig und ausreichend Gelegenheit hat, sich mit den Projekten bekannt zu machen, damit die zu fällenden Entscheidungen den Gesichtspunkten der Öffentlichkeit Rechnung tragen können.

3.) Auch wir werden uns bemühen, mehr als bisher zur Verwirklichung des Punktes 2 beizutragen.

4.) Wir bitten die Regierung, durch baldige Verabschiedung eines neuen Denkmalpflegegesetzes für die Erhaltung des kulturellen Erbes im Bild unserer Heimat zu sorgen und die in ihm enthaltenen Errungenschaften zum aktiven Bestandteil unserer neuen, humanistischen Zielen zustrebenden Entwicklung zu machen.

Wir freuen uns, dass die auf dem Bau Tätigen alles daran setzen, die der Zerstörung des anglo-amerikanischen Bombenangriffes entgangenen Werte zu bergen.

Berlin, den 31. Oktober 1950

für die Teilnehmer der Exkursion

gez. Gerhard Trölitzsch   gez. Günther Schlege

Die Richtigkeit
der Abschrift
bescheinigt:

wiss. Ass.

Hausdruck der Uni 10. 50 92 (1000)

Notruf in letzter Stunde von Carl Georg Heise, Ende Oktober 1950

Notruf in letzter Stunde.

Das Berliner Schloß soll abgerissen werden, nicht etwa nur seine unrettbar beschädigten Teile, es soll ausgerottet werden mit Stumpf und Stiel, das Denkmal der "Fürstentyrannei" soll einem Paradeplatz für kommunistische Brigaden Platz machen. Wir werden nicht hoffen dürfen, durch Proteste aus "westlichem Geist" eine Sinnesänderung der östlichen Machthaber zu bewirken. Wir dürfen uns nicht darauf berufen, daß für uns dieses Gebäude eines der wichtigsten Zeugnisse unserer deutschen Geschichte ist - wir wissen, daß gerade das den Unheilstiftern nur Ansporn sein würde. Wir müssen versuchen, aus sowjetischer Mentalität heraus die Argumente zu finden, um eine Erhaltung des architektonischen Meisterwerks noch in allerletzter Stunde - schon sind der alte Apothekenflügel und gar Teile des Eosanderbaues gesprengt - doch noch zu erhalten, und das sollte durchaus möglich sein. Zunächst sei darauf hingewiesen, daß in Rußland selbst nicht nur Stalin im Kreml regiert, der zaristischen Hochburg von ehedem, sondern daß sehr erhebliche Summen aufgewendet werden, um alte Paläste wieder aufzubauen. Das Palais Alexander I. und auch das Katharinas der Großen erstehen neu, man liest dort Schilder mit der Aufschrift, daß "dieses Erbe der russischen Kultur durch die Fürsorge der sowjetischen Regierung und des sowjetischen Volkes ganz wieder so errichtet werden wird wie es vor der faschistischen Invasion gewesen ist". Was soll das anders heißen, als daß auch die neuen Machthaber Wert darauf legen, jedenfalls vor ihrem eigenen Volke nicht als Kulturbarbaren zu gelten? Glauben sie, die Deutschen der Ostzone dadurch zu gewinnen, daß sie diese Überlegungen hier außer acht lassen? Niemand erwartet Rücksichten auf die Hohenzollern-Dynastie, auch nicht, daß die noch erhaltenen Reste des Berliner Schlosses künftig solchen Zwecken dienen werden, die uns im Westen als die geeignetsten erscheinen. Aber was wir erwarten, was die Welt erwartet, das ist Respekt vor einer der Höchstleistungen des Barock, wie sie die großartigen Schlüter'schen Bauteile des Schlosses darstellen, des letzterhaltenen Werkes desselben Baumeisters, der am Ende seines Lebens von Berlin nach St. Petersburg übergesiedelt ist, also seinerseits auch dem Osten sich

-2-

verbunden fühlte.

Wie stehen die Dinge? Der Ministerrat hat ein Gesetz über den Wiederaufbau der Städte im Osten beschlossen, das der Volkskammer zur Verabschiedung vorgelegt wurde. Die städtebauliche Neugestaltung Berlins spielt dabei eine Hauptrolle. Die "Schloß-Ruine" soll verschwinden, damit der erweiterte Lustgarten "bei fließenden oder stehenden Demonstrationen bis zu 350.000 Menschen aufnehmen kann". Das Abreißen wird von "Sachverständigen" damit begründet, daß die Restaurierung des Gebäudekomplexes angeblich 30 Mill. kosten würde, die dem Volk nicht zugemutet werden könnten. Zum Trost wird verkündet, daß "noch vorhandene künstlerisch wertvolle Teile wie der Schlüterhof und das Eosander-Portal erhalten bleiben sollen, um sie evtl. an anderer Stelle wieder aufzubauen". Selbst wer ernstlich solcher "Eventualität" Glauben schenken sollte, wird sich darüber klar sein müssen, daß solche Mumifizierung, die überdies technisch kaum befriedigend durchzuführen wäre, die alte Schöpfung, einmal aus ihrem organischen Zusammenhang gerissen, um allen Wert bringen würde. Und tatsächlich steht es mit den Kosten ganz anders. Von den stark zerstörten vorbarocken Teilen des Schloßbaues wird kaum noch etwas zu retten sein mit Ausnahme des sog. "Grünen Hutes", des weltberühmten ältesten Befestigungsturmes der Stadt aus dem 13. Jahrhundert, der ohne jede Gefahr als Ruine für die Nachwelt erhalten bleiben könnte. Schlüters Fassade des berühmten Portalbaues im zweiten Hof des Schlosses und wesentliche Teile der großartigen Anlage von Schlüters Nebenbuhler und Nachfolger Eosander v.Göthe könnten mit relativ bescheidenem Aufwand wieder hergestellt werden. Ja, es ist nachgewiesen, daß die Mittel für die Erhaltung der baulichen Substanz dieser Gebäudeteile wesentlich geringer sein würden als diejenigen, die für die vollständige Abräumung (und gar ihren Wiederaufbau an anderer Stelle!) ausgegeben werden müßten.

Verantwortungsbewußte östliche Institutionen und Persönlichkeiten kämpfen zäh und mutig für die Rettung des Schlosses und klagen darüber, daß der Westen die bevorstehende Vernichtung fast stillschweigend hinnimmt. Wir wissen, daß unsere Stimme unter den gegebenen Umständen wenig Durchschlagskraft besitzt, aber wir denken an den Wahlspruch Wilhelms von Oranien, der

sein Denkmal auf der Lustgartenseite des Schlosses hatte:
"Point n'est besoin d'espérer pour entreprendre, ni de
réussir pour persévérer" - die großartigste Aufforderung,
auch ohne Hoffnung auf Erfolg eine Sache zu unternehmen,
nur deswegen, weil sie die rechte ist. Es kann kein Zweifel
darüber bestehen, daß derjenige, der ein Kulturdenkmal wie
Schlüters Schloßbau zu zerstören unternimmt, vor der Nachwelt
den fluchwürdigen Ruf des Herostatus von Ephesus teilen wird.

        Carl Georg Heise

Brief von Dr. Margarete Kühn, 1. November 1950

Dr. Grete Kühn
Berlin-Schöneberg
Innsbrucker Str. 37, IV.

Berlin, den 1. November 1950

Sehr geehrter Herr Professor !

In der Sorge um das Berliner Schloss, dessen Abbruch von dem Ministerrat der Deutschen Demokratischen Republik beschlossen worden ist, um Raum für einen grossen Aufmarschplatz zu gewinnen, hatte ich auf einen freundlichen Rat von Herrn Dr. Steneberg Ihnen soeben die Bitte vorgetragen, das Gewicht Ihres Namens für die Erhaltung dieses Baudenkmals – vielleicht durch einen Artikel in einer dortigen Zeitung – in die Wagschale werfen zu wollen, als ich telefonisch die Nachricht erhielt, dass der Schlossplatzflügel des Schlüterschen und Eosanderschen Baues in den letzten Tagen gesprengt worden sei. Damit ist das Schicksal des Schlosses besiegelt, und weitere Proteste können zwar noch die moralische Entrüstung dokumentieren, aber den Gang der Dinge nicht mehr beeinflussen. Wenn ich Ihnen trotzdem schreibe, so gebe ich dem Bedürfnis nach, Sie auch über das Geschehene zu verständigen, da Ihnen die Bedeutung des Baues wohl bekannt ist und ich annehmen darf, dass Sie an seinem Schicksal Anteil nehmen. Ob hinter dem Befehl des Abbruchs eine russische Weisung steht, wissen wir nicht. Von deutscher Seite sind zahlreiche Einsprüche erhoben worden, denn die architektonische Substanz ist keineswegs so mitgenommen, dass die Architektur nicht hätte erhalten werden können. Das möchte ich betonen, weil anscheinend jetzt die "Baufälligkeit" der "Ruine" als Rechtfertigung des Abbruchs ins Feld geführt wird. Einige architektonische und plastische Details hat man ausgebaut, um sie an anderer Stelle wieder zu verwenden. Einen vor mehreren Wochen erschienenen Artikel von mir und einige Photos, die Ihnen nun zu einer nachträglichen Information dienen mögen, erlaube ich mir diesem Brief beizufügen.

Sollten Sie sich auch bei der eben eingetretenen Sachlage zu der Vernichtung des bedeutenden Baudenkmals äussern wollen, so ist es vielleicht nicht tunlich, sich auf mich zu berufen. Als Leiterin der "Verwaltung der ehem. Staatlichen Schlösser und Gärten von Berlin" gehöre ich zum West-Magistrat, und die Urheber des Planes – oder seine Vollstrecker – werden eine Stellungnahme, die auf "westlicher" Information beruht, womöglich diffamieren.

Schliesslich möchte ich Ihnen bei dieser Gelegenheit mitteilen, dass ich mich in einem Buch über das Charlottenburger Schloss, das der "Deutsche Verein für Kunstwissenschaft" demnächst herausgeben wird, auch mit den von Ihnen behandelten Beziehungen Tessins zu Charlottenburg befasst habe. Ich hoffe, im nächsten Jahr die Bauten Tessins selbst kennen zu lernen.

Mit der Bitte um Ihr Verständnis für mein Unterfangen, mich in unserer Bedrängnis an Sie gewendet zu haben, und mit dem Ausdruck meiner grössten Hochachtung
bin ich Ihre sehr ergebene

Grete Kühn

Brief von Dr. Hentschel an Dr. Ladendorf, 2. November 1950

Dr. W. Hentschel   Dresden, den 2. Nov. 1950
Dresden A 16
Reinickstr. 3

Herrn
Dr. Heinz L a d e n d o r f
L e i p z i g
Kommandant-Prendel-Allee 10

Sehr geehrter Herr Dr. Ladendorf!
Gestern war ich privat in Berlin. Während ich in den Museen war, dröhnten die Sprengschüsse vom Schloß herüber. Dann sah ich den Schauplatz der Tragödie. Die Hälfte des Eosanderflügels rechts der Kuppel und der ganze anschließende Flügel am Schloßplatz, mit Ausnahme eines Risalits sind schon verschwunden, ebenso die Zwischenbauten im Hof. Von außen sieht man, daß auch im Schlüterhof schon viel zerstört ist. Ich habe es aber nicht über mich gewinnen können hineinzugehen, einmal um nicht Strauß in die Arme zu laufen, vor allem aber, weil es mir einfach nicht möglich war. Ich bin wahrhaftig an den Anblick von Ruinen gewöhnt, aber dieser Anblick hat mich fertig gemacht. Ich weiß nicht, was größer war, meine Entrüstung über dieses Verbrechen oder das Gefühl der Scham darüber, daß Kunsthistoriker dabei mitmachen.

Die Dresdner Studenten haben sich recht wacker gehalten, obwohl ein Teil von ihnen von vorn herein für den Abbruch war. Sie haben sechs Stunden mit Strauß diskutiert und alle möglichen Einwände vorgebracht. Weitere zwei Stunden hat die Abfassung der Resolution gedauert, die zu erlangen der Zweck der Einladung war. Sie ist im wesentlichen von St. skizziert worden, doch haben die Studenten vieles abgeschwächt oder hineingebracht, so vor allen Dingen Punkt 3. Wenn Sie hinfahren, nehmen Sie nur zuverlässige Leute mit, die gut über den Kern der Sache unterrichtet sind. Eine der Argumente von St. sind die 50 Millionen, die die Wiederherstellung kosten soll. Es ist ihm aber entschlüpft, daß die genaue Schätzung erst jetzt (!) erfolgen soll. Weiter redet er sich immer auf das fabelhafte städtebauliche Projekt hinaus, welches den Schloßabbruch rechtfertigen soll, ohne daß er etwas Positives vorlegen kann. Er behauptet ferner, er sei erst ganz gegen den Abbruch gewesen, aber er habe sich überzeugen lassen. Fragen Sie ihn, wie diese angebliche ursprüngliche Überzeugung sich mit seinen "Thesen" vereinbaren lasse. Sagen Sie ihm, daß seine Weigerung, meine Antwort auszuhängen, deutlich genug seine Schwäche zeige und daß ich nunmehr meine Erwiderung in anderer Weise den Fachgenossen zugänglich machen würde. Weisen Sie das Argument zurück, daß die Öffentlichkeit nicht auf die sogenannte Ankündigung des Abbruchs in der Rede von Ulbricht reagiert habe. (Das Nähere dazu finden Sie in meinem Briefwechsel mit Feidhaas).

Den Einspruch der sächsischen Museumsleiter versucht "Jene Dame in immer wütenderen Briefen zu durchkreuzen. Ich hoffe, daß das Schreiben inzwischen von Leipzig aus sein Ziel erreicht hat.

Verhindern können wir nichts mehr, aber die Lager müssen klar abgesteckt werden. Alles Gute !

Ihr

Eben bekomme ich von einem unserer Studenten die Resolution, die er abgeschrieben hat. Verwenden Sie die Kenntnis, aber machen Sie keinen öffentlichen Gebrauch davon, damit der junge Mann keine Schwierigkeiten bekommt.

Brief von W. Hentschel an Dr. Asche, 2. November 1950

Dr. Walter Hentschel   Dresden, den 2.Nov.1950

Lieber Herr Dr. Asche !

Ihr Urteil über R.H. entspricht durchaus dem Bilde, welches ich mir aus ihrem Verhalten in den letzten Monaten gebildet habe. Man muß Sie wohl als eine der unseren abschreiben, sie gehört zu Strauß, Weidhaas usw. Es täte mir leid, wenn Ihnen aus der Angelegenheit, an der ich ja eigentlich schuld bin, ernste Schwierigkeiten erwachsen wollten, aber ich glaube, man kann nicht alle 10 Museumsleiter entlassen. I

Ich war gestern in Berlin. Das Schloß ist bereits zu einem Drittel verschwunden. Es geht so eilig, daß, wie mir Winkler sagte, kaum Zeit zu Abformungsarbeiten ist. Trotzdem hat Strauß alle kunsthistorischen Institute eingeladen, um sich mit seinen 'denkmalpflegerischen' Maßnahmen zu brüsten. Wir haben abgelehnt. Darauf Einladung an die Studenten, die natürlich, da ihnen die Fahrt bezahlt wurde, gefahren sind. Ergebnis: sie mußten eine Resolution unterschreiben. Sie haben sich aber acht Stunden lang tapfer zur Wehr gesetzt und manches abgeschwächt. Anbei die Abschrift der Resolution, die ich vertraulich zu behandeln bitte. Ebenso soll es Strauß mit Dr. Junecke in Halle gemacht haben. Ladendorf will in den nächsten Tagen fahren, da wird es wohl nicht so glatt gehen. Er erfährt von mir das Nötige.

Winkler hat am 1.11. seine Stelle gekündigt, ohne Angabe von Gründen und unter Verzicht auf alle Rechte. Ebenso haben Kühnel und Rave gekündigt. Rave, den ich in Dahlem traf, sagte mir, daß der von Ihnen angekündigte Brief noch nicht eingetroffen sei.

Die Maecenas-Dame hat sich bei mir angemeldet.

Der Tausch ist perfekt. Prof. Hempel hat Ihren Wünschen zugestimmt, nachdem er etwa den gleichen Wert der Tauschobjekte herausgerechnet hat. Die Sachen sind wohl schon in Görlitz.

Mit vielen Grüßen
          gute Erholung
                    Ihr

Bericht über die wissenschaftlichen und denkmalpflegerischen Arbeiten bis 30. September 1950, 8. November 1950

Beauftragter Denkmalpfleger
des Ministeriums für Aufbau
am Schloss Berlin

Berlin, den 8.11.1950

Bericht über die wissenschaftlichen und denkmalpflegerischen Arbeiten bis 30.9.1950

A) Allgemeiner Überblick

Durch das Ministerium für Aufbau, Herrn Junghans, wurde der Unterzeichnete am 9.Aug.1950 über den beschlossenen Abbruch der Ruine des berliner Stadtschlosses unterrichtet und ebenso von der Übertragung der dabei notwendig werdenden denkmalpflegerischen Angelegenheiten an ihn lt. Sitzung beim Herrn Stellv. Ministerpräsidenten Walter Ulbricht vom 4.8.1950.

Zwecks Erörterung des ganzen Komplexes schlug der Unterzeichnete eine Kommission vor mit den Herren Prof.Dr. Willy Kurth, Sanssouci, und Professor Dr.Ing.Dr.phil. Hermann Weidhass, Inhaber des Lehrstuhles für Denkmalpflege an der Bauhochschule Weimar. Die Kommission tagte, ergänzt durch Herrn Geyler, Ministerium für Aufbau, und Herrn Collein, Leiter des Stadtplanungsamtes des Magistrat von Gross-Berlin, am 11.8.50 im Schloss.

Unter dem gleichen Datum übergab der Unterzeichnete dem Ministerium für Aufbau den Vorschlag, zur Bewältigung der beim Abbruch der Schlossruine anfallenden wissenschaftlichen und denkmalpflegerischen Aufgaben ein Wissenschaftliches Aktiv zu bilden. Dem Vorschlag wurde eine gemeinsam mit Prof. Dr. Weidhass erarbeitete Arbeits-, Finanz- und Geräteübersicht beigegeben, zu deren Ermittlung die Erfahrungen vom Wiederaufbau des ehem. Zeughauses ausgewertet wurden.

Gemäss dem Wunsch der Regierung, aus dem Abbruch die den Zerstörungen des anglo-amerikanischen Bombenangriffes entgangene Substanz an kulturellem Erbe auszunehmen und entsprechende Objekte zu bergen usw., enthielt der Vorschlag folgende Hauptgesichtspunkte:

1.) Die wissenschaftliche Durchforschung der gesamten Substanz (einschliesslich notwendig werdender Forschungsgrabungen, eine wissenschaftlichen Ansprüchen voll genügende Fotodokumentation mit einer wissenschaftlich exakten Massaufnahme des gesamten Komplexes)

2.) Die denkmalpflegerische Behandlung der Schlossruine während ihres Abbruches (Kennzeichnung auszubauender Details, Ermittlung geeigneter Ausbau-, Transport- u. Lagerverfahren, Überwachung entsprechender Arbeiten und Führung des Bergungsregisters.

Als <u>Arbeitsziel</u> wurden bezeichnet:

1.) Zusammenfassung aller die Geschichte des Schlosses betreffenden historischen Fakten, besonders solcher der Bau- u. Kunstgeschichte, die nur am Objekt selbst zu ermitteln sind, zwecks Herausgabe einer Publikation.

2.) Erhaltung der wesentlichen und kennzeichnenden Details der Substanz, entweder zu musealer Nutzung oder zwecks Wiederverwendung gelegentlich einer Rekonstruktion der wichtigsten Bautrakte, insbesondere des Schlüterhofes.

Dieser Vorschlag fand die Billigung des Ministeriums für Aufbau und wurde am 23.8.50 auch mit Herrn Ministerpräsidenten Otto Grotewohl erörtert, der Vorlage der Bergungsvorschläge verfügte, um selbst die Entscheidungen zu fällen.

Dieser Besprechung vorausgehend hatte auf Wunsch des Ministeriums für Aufbau die Bildung des Wissenschaftlichen Aktivs begonnen, das seine fachliche Arbeit nach Heranziehung des Kunsthistorikers Dr. phil. Conrad Kaiser, Hochschullehrernachwuchs des Ministeriums für Volksbildung, als stellv. Leiter am 15.8. aufnahm. Es wurden geschaffen die <u>kunsthistorische Arbeitsgruppe</u> (einschliesslich Fotogruppe) unter Leitung von Professor Dr. K.H. Clasen, Direktor des Kunstgeschichtlichen Instituts der Universität Greifswald, und

die <u>architekturwissenschaftliche Arbeitsgruppe</u> unter Leitung von Professor Dr. Ing. Dr. phil. H. Weidhaas, Weimar (s.o.).

Die Zahl der studentischen Mitarbeiter (je zur Hälfte etwa Kunsthistoriker u. Architekten) stieg auf insgesamt 25, wobei die Hauptkontingente aus Weimar und Greifswald kamen, da das Kunsthistorische Institut der Humboldt-Universität im wesentlichen unzugänglich gegenüber der Aufgabe des Wissenschaftlichen Aktivs blieb und die Architekturstudenten der Hochschule für angewandte Kunst, Berlin-Weissensee, bereits anderweitig gebunden waren.

Die gesetzte Aufgabe konnte, soweit sie für die Zeit bis zum 30.9. vorgesehen wurde, mit diesen Kräften bis zum 29.9. bewältigt werden.

./.

Die wissenschaftliche Durchforschung des Baues führte dabei zu völlig neuen Einblicken in seine Entstehungsgeschichte und auch in die Andreas Schlüter als Architekten betreffenden Probleme.
Der Zustand des Baues wurde im Lichtbild und durch die Aufmessungen voll ausreichend festgehalten.
Bei den Aufmessungen wurden aufgefundene historische Pläne verwertet, ohne dass letztere ein Aufmass unnötig gemacht hätten. Die Fotodokumentation erfolgte auf den Formaten 24x36 mm, 6x6 cm, 13x18 cm je nach Art des aufzunehmenden Objekts. Dabei wurden ausser der Architektur usw. als künstlerischer Leistung auch systematisch charakteristische oder auffällige technische Einzelheiten im Lichtbild festgehalten (Mauerstruktur, Eisenkonstruktionen, Stucktechniken usw.) ebenso Arbeitsvorgänge auf der Baustelle.
Die praktisch-denkmalpflegerische Tätigkeit wurde organisiert, die Auswahl der zu bergenden Details in gemeinsamen Besprechungen mit dem Ministerium für Aufbau erörtert, die systematische Sammlung wichtiger Fundstücke aus den Trümmermassen laufend vorgenommen.
Dabei wurde auf die Erhaltung charakteristischer oder künstlerisch wertvoller Stücke Wert gelegt.
Empfindliche Details, die ausgebaut werden sollten, wurden <u>vor</u> Beginn des Ausbaues nicht nur vollständig fotografiert, sondern auch abgeformt. Die Einformung begann auch an solchen wichtigen Einzelheiten, deren Ausbau nicht möglich war (z.B. Kapitell in Marmortreppe).
Leider hat die Absage von Dr. Schuster, Halle, die Bergungsarbeiten am Hausteinmaterial erschwert, da ein anderer Spezialist nicht zu ermitteln war.
Infolge Änderungen in der Gerätestellung, durch Vorverlegung des Schlusstermins vom 30.3.51 auf Mitte Januar 1951 und unüberwindlicher technischer Schwierigkeiten (Gefahr für Menschenleben usw.) wegen, wurde der vom Wissenschaftlichen Aktiv am 25.8. aufgestellte Ausbauplan mehrfach revidiert und blieb letztlich in seinen Einzelheiten ohne exakte Bestätigung seitens des Ministeriums für Aufbau.
Die Ausbauarbeiten liefen trotzdem an, da Übereinstimmung zwischen dem Ministerium für Aufbau und dem Wissenschaftlichen Aktiv erreicht werden konnte, ausgenommen Schlüterportal I und Details in der oberen Zone der Fassade des Schlüterhofes, die durch das Ministerium für Aufbau (Hauptabteilungsleiter Pisternik) im Interesse des allg. Bauablaufes und der Ausschaltung von Gefahren für Menschenleben vom

./.

Ausbauplan abgesetzt wurden. Gleiches gilt für die Marmor- und die
Eosandertreppe. Im Gesamten wurde die Arbeit des Wissenschaftlichen
Aktivs durch das Ministerium für Aufbau in jeder Weise unterstützt,
besonders durch Herrn Hauptabteilungsleiter Pisternik und durch
Herrn Jahnke. Dem laufenden Eingreifen von Herrn Pisternik auf der
Baustelle ist es zu verdanken, dass die Mitte September beim Anlaufen
der Kran-, Gerüst- usw. Arbeiten auftretenden Schwierigkeiten über-
wunden worden sind. Die Unterstellung des Wissenschaftlichen Aktivs
direkt unter das Ministerium für Aufbau hat sich dabei als richtig
erwiesen, da die wissenschaftlichen und denkmalpflegerischen Notwendigkeiten so nachdrücklich vertreten und realisiert werden konnten.
Die Zusammenarbeit mit der Oberbauleitung des Magistrats entwickelte
sich zunehmend positiv.
Das gilt auch hinsichtlich der ausführenden VEB-Abräumung und Erdbau,
Berlin.
Deren weitgehendes Gelingen wäre jedoch nicht möglich geworden, ohne
das grosse Verständnis der auf der Baustelle eingesetzten Arbeiter
und Spezialisten (Krantrupps, Mehrzahl der Steinmetzten usw.), die in
zahlreichen Überstunden und teils unter Lebensgefahr ihre Aufgaben
termingerecht und fast ohne Verluste an Substanz erfüllten, z.T.
sogar aus eigener Initiative Objekte geborgen haben, die aus Gründen
des Arbeitsschutzes oder weitgehender Zerfallserscheinungen wegen
vom Ausbauplan abgesetzt worden waren. Mit Zustimmung des Ministeriums
für Aufbau konnten solche besonderen Leistungen prämiert werden, ausserdem erfolgte Bekanntgabe auf der Baustelle und Nachricht an die
Presse.
Erwähnenswert ist auch das Arbeitsethos der Mitarbeiter des Wissenschaftlichen Aktivs, die ebenfalls ohne Rücksicht auf die eigene
Person jegliche Aufgaben bewältigten (z.B. Forschungsgrabungen an
Stellen, die durch den Arbeitsschutz gesperrt worden waren, vornahmen
usw.). Durch Einbau des Prämiensystems in die Honorarregelung konnte
auch hier den Leistungsgraden Rechnung getragen werden, wobei sich
die Anwendung des Leistungsprinzips auch für wissenschaftliche Arbeiten
als durchaus möglich erwies.
Bedauerlicherweise unterblieb m.W. ein ähnliches Vorgehen bei den
Gipsformern trotz schon geäusserter Zusagen. Zwar haben auch sie
in Überstunden ihre Arbeit zum Teil sogar etwas vorfristig erfüllt.
In der Bewältigung schwieriger denkmalpflegerischer Angelegenheiten
wurde jedoch das Arbeitsniveau anderer Spezialistengruppen nicht
erreicht.

Im Wissenschaftlichen Aktiv hat sich ausserdem die regelmässig betriebene Erörterung ideologischer und politischer Probleme als ausgesprochen fördernd erwiesen. Die Mitarbeiter lernten dadurch, die Einzelaufgabe in Verbindung mit den allgemeinen gesellschaftlichen Notwendigkeiten zu sehen. Die Aktivierung des Bewusstseins äusserte sich u.a. in einer Sammlung für Korea (insgesamt rund 300,— DM) und in Ausarbeitung ausführlichen Materials und eines Plakates über die in Westdeutschland durch die Westmächte vorbereiteten Sprengungen.

Das Interesse der gesamten Öffentlichkeit an den Arbeiten des Wissenschaftlichen Aktivs war ungewöhnlich gross. Nachteilig wirkte sich aus, dass das Gesamtprojekt "Schlossruine" nicht vor Beginn der Abbrucharbeiten öffentlich ausreichend erörtert worden ist. Nach dem 11.9. setzte jedoch ein Klärungsprozess ein, vorbereitet seit der Besprechung mit Herrn Pressereferenten Prehm vom Ministerium für Aufbau am 29.8.50.

Trotz gegenteiliger Absicht unterblieb eine laufende Unterrichtung der Belegschaft der Baustelle über alle mit dem Abbruch der Schlossruine und mit den wissenschaftlichen wie denkmalpflegerischen ~~Fragen~~ Aufgaben zusammenhängenden Fragen. Als Ursache für die Unterlassung kann die volle Inanspruchnahme des Wissenschaftlichen Aktivs durch seine speziellen Aufgaben genannt werden. Zwar wurde dem so erfreulich grossen Interesse der Werktätigen in Einzelgesprächen Rechnung getragen, doch hätte ein systematisches Vorgehen sich mit Sicherheit auch positiv bei der Erledigung der Spezialaufgaben ausgewirkt.

Die Finanzierung der Arbeiten des Wissenschaftlichen Aktivs wurde durch das Ministerium für Aufbau im Rahmen der Vorschläge vom 11.8.50 geregelt. Alle bis Ende September anfallenden Verpflichtungen konnten erfüllt werden. Der Verbrauch von rund 17000,— DM lag wesentlich unter der Schätzung vom 11.8.50.

Zur besseren Übersicht über Arbeitsablauf, Arbeitsleistung und Arbeitsergebnis wird eine statistische Zusammenstellung beigefügt. Alle Spezialfragen werden in den folgenden Abschnitten einzeln behandelt.

Zu A) **Allgemeiner Überblick**

Statistische Übersicht
20.8. – 30.9.1950

I) Entwicklung des Wissenschaftlichen Aktivs:

ab	Stärke	ab	Stärke
19.8.	2/6	31.8.	4/11
20.8.	3/6	16.9.	4/13
21.8.	4/6	5.9.	4/16
25.8.	4/7	7.9.	4/17
26.8.	4/6	11.9.	4/24
28.8.	4/8	14.9.	4/26
29.9.	4/9	18.9.	4/25
30.9.	4/10		

II) Aufgewandte Leistungen:

    a) Wissenschaftliches Aktiv   7197 Arbeitsstunden
    b) Leitertrupp d. Feuerwehr   1020 "
       (f. Messungen, Demontagen, Fotoarbeiten)

ausserhalb des Etats des W.A.:
    c) Bauhilfsarbeiten (bei Forschungsgrabungen, Bergung d. Silbersammlung, Aufmessungen, Freilegung v. Bauzuständen usw.)   1528 "
    d) Krantrupp (Turmdrehkran)   1794 "
    e) Derricktrupp   2491 "
    f) Steinmetzen   752 "
    g) Gipsformer   880 "
    h) Rüstung   1615 m^2

} Hauptaufwand folgt im Oktober

III) Arbeitsergebnisse:

    a) Fotos etwa   1500
    b) Aufmessungen etwa   450
       (davon 40 in Umzeichnung begriffen)
    c) ausgebaute Plastiken usw. 18 Hauptnummern, Registernummern   73
    d) demontierte Stuckteile (Decke)   1
    e) Einformen von Plastiken usw.   3
    f) ausgegrabene Silbersammlung des Schlossmuseums etwa   6 Ztr.
    g) dto. Eisensammlung etwa   120 Stücke
    h) dto. Kachelsammlung   3 Kisten

Das Schicksal des Berliner Schlosses von Prof. Dr. Ernst Gall in »Frankfurter Rundschau«, 16. November 1950

„Im Anfang des Jahres 1946 ging in Berlin das Gerücht um, ›man‹ wolle das Brandenburger Tor beseitigen, weil man die ein Viergespann lenkende Göttin auf der krönenden Mitte, die der Erbauer des Tores, Carl Gotthard Langhans, als ›Triumph des Friedens‹ bezeichnet hatte, für eine Siegesgöttin hielt. Es verblieb bei dem Geraune, und die Angstträume verwehten. Jetzt ging die Nachricht durch die Zeitungen, das Berliner Schloß solle gesprengt werden. Dieses Mal wurde bereits Hand angelegt: die südliche Hälfte der Westfront mit der anschließenden Ecke der Südseite ist in den Abendstunden des 16. September tatsächlich gesprengt worden.

Warum?

Das Berliner Schloß, im russischen Sektor der ehemaligen Reichshauptstadt gelegen, ist keine gefahrdrohende Ruine, die aus Sicherheitsgründen niederzulegen wäre. Ein amerikanischer Bombenangriff am 3. Februar 1945 brachte zwar dem Ostflügel an der Spree schweren Schaden, auch stürzte etwa die Hälfte des die beiden großen Binnenhöfe trennenden Zwischenbaues ein, und die meisten Räume, bis auf einige Teile des Süd- und Westflügels, brannten aus, aber die Hauptmauern hatten standgehalten; das Schloß ist, nachdem bei der Eroberung Berlins Ende April 1945 seine Wände noch von einigen Artilleriegeschossen getroffen waren, als Ganzes wenigstens in seiner Grundsubstanz und vor allem in seinen Hauptfassaden erhalten geblieben. Die mächtigen sandsteinverkleideten Backsteinmauern trotzten auch bis jetzt den Unbilden der Witterung, man hätte also mit einigem guten Willen das Bestehende nutzen und zu einem repräsentativen Verwaltungsgebäude ausbauen können. Niemand kann sich auf einen schlechten baulichen Zustand berufen, um die Niederlegung des Schlosses zu begründen. Aber was bezweckt man in Wirklichkeit?

Das Schloß soll einem ›Aufmarschplatz‹ weichen, an der Spree im Osten ist eine Tribüne geplant, und vor dem westlichen Spreearm soll ein ›Denkmal‹ errichtet werden. Das gibt städtebaulich gesehen eine grauenvolle Mißgeburt: bekanntlich liegt das Schloß zwischen zwei Plätzen, dem kleineren ›Schloßplatz‹ im Süden und dem größeren ›Lustgarten‹ im Norden. Beseitigt man das Schloß, so entstände eine riesige Freifläche ohne optisch faßbare Begrenzung, die den Namen ›Platz‹ in keiner Weise mehr verdient, denn ein architektonisch gebildeter Platzraum bedarf der umschließenden Wände und eines festen sichtbaren Maßstabes, wenn er wirken soll. Die dann entstehende gestaltlos zerfließende Fläche würde an ihrem Ostrand, aber nicht einmal in dessen Mitte, als einzigen Akzent den Dom tragen, eben jenes pseudotektonische Gebilde mißverstandener Pompentfaltung, das schon immer störte und jetzt in der Isolierung um so aufdringlicher zur Geltung kommen müßte. Will man das wirklich? Neben der hochragenden Domkuppel kann keine horizontal gelagerte Tribüne, die in gleicher Flucht nur um Straßenbreite getrennt errichtet werden soll, irgendwie platzbeherrschend wirken, stets wird der Dom sie erdrücken. Die Initiatoren dieses fragwürdigen

Projektes würden später sehr enttäuscht auf dieser Tribüne stehen – wer auf Massen suggestiv wirken will, bedarf eines eindrucksvollen architektonischen Rahmens.

Wer Aufmarschplätze im Zentrum Berlins sucht, müßte sich raumbeherrschende Wände wie die des Schlosses erbauen, wenn sie nicht da wären! Statt dessen will man eine im Laufe der Jahrhunderte gewordene Platzordnung, an der so geniale Meister wie Schlüter und Schinkel gewirkt haben, zerstören und zerstört dabei nicht nur das Schloß und eben dieses Ganze, sondern auch noch jedes seiner Teile, denn um ihre Wirkung wird auch die noch erhaltene Fassade des ›Alten Museums‹ gebracht. Sie ist in ihrer heiter-offenen und doch so würdevollen Erscheinung mit glücklich empfundenem künstlerischem Feingefühl als edle ›Apollo und den Musen geweihte Stätte‹ auf die räumlichen Verhältnisse des alten Lustgartens und die ihr gegenüber sich erhebende Schloßfassade abgestimmt. Fällt das Schloß, so fällt mit ihm auch der breit gelagerte massive Baublock, der in gegensätzlicher Wirkung der plastisch gelockerten Säulenfront des Museums ihren vornehmen Reiz sicherte, eine platte Leere wird sich auftun, die alles verschlingt bis auf den in aufdringlicher Geschmacklosigkeit sich erhebenden Dom. Anscheinend will man mit dem Schloß eine monarchische und aristokratische ›Tradition‹ vernichten. Welch naiv-unerfahrenes Mißverstehen künstlerischer Inhalte und Gegebenheiten! Gewiß: Jeder gute alte Bau diente einem bestimmten objektiven Zweck, aber jeder große Künstler schafft nicht nur für seine Zeit, er sieht zugleich in die Ewigkeit. Das Berliner Schloß verkörperte nicht nur Machtstreben und Würde des jungen preußischen Königtums in der Stunde seiner Geburt, es zeugt auch in seiner Gestaltung von hochgemutem Wollen und kraftvollem Sein schlechthin. Die ägyptische Pyramide, der griechische Tempel, das römische Pantheon, die gotische Kathedrale – sie alle sind Denkmale begrenzter weltanschaulicher Denkformen, als Kunstwerke reichen sie jedoch weit darüber hinaus. Ihr zweckgebundenes Dasein im Sinne der Erzeuger ist seit langem erfüllt, aber geblieben ist das geheimnisvolle Leben ihrer gestalteten Form, schöpferisches Vermögen ausstrahlend, das in verwandelter Gestalt sich immer neu gebiert. Schlüter löste, als er die plastisch durchgliederten Fassaden des Berliner Schlosses schuf, hohe Aufgaben aus idealem Bereich, dahinter stand nicht nur der zeitlich beschränkte und realistisch gebundene Wille seines Auftragebers, sondern auch die größere Idee der geistigen Erhöhung menschlichen Daseins – mag sie ihm bewußt geworden sein oder nicht –, denn in ihr wurzelte sein Künstlertum. Auch wenn der neue König nur Macht und Prunk gesucht haben sollte, Schlüter baute in höheren Sphären. Jeder wird das verstehen, der einmal ein Konzert im ›Schlüterhof‹ gehört hat: Ton und tektonische Form vermählten sich in einer gesteigerten Gefühlswelt, denn jede groß gedachte Architektur versetzt uns in einen dem gewöhnlichen Tagestreiben entrückten Bereich seelischer Wirklichkeit. Wir beten nicht zu Zeus oder Hera, wenn wir innerlich ergriffen vor ihren Tempeln stehen, denn es gibt eine Schönheit und allgemein menschliche Sinnbezogenheit der Form, die sich über den anfänglichen Zweck erhebt; so wird auch niemand deshalb zum Monarchisten, weil Schlüter streng geformte Wände des Berliner Schlosses ihn bewundernd aufschauen lassen. Zerstört man das Berliner Schloss, so vernichtet man eines der gestaltreichsten baulichen Kunstwerke, die unsere Welt nach so vielen Verlusten noch ihr eigen nennen darf.

Aus dieser Zeit um die Wende des 17. und 18. Jahrhunderts gibt es in Europa wenig, was diesen Bau in der Kraft und der eindringlich plastischen Gestaltung seiner Fassadengliederung übertreffen könnte. Stadt- und Gartenseite tragen einen sehr unterschiedlichen Charakter zur Schau; zerstört man das Berliner Schloß, so vernichtet man eines der gestaltreichsten baulichen Kunstwerke, die unsere Welt nach so vielen Verlusten heute noch ihr Eigen nennen darf.

Die Fronten an sich sind zwar gleichartig behandelt, aber durch die abweichende meisterhaft abgestimmte Bildung ihrer Portale ist jede von eigenem Leben erfüllt; machtvoller Ernst spricht gewaltig aus der Stadtseite, während gelöste Feierlichkeit und weltoffene Anmut über der Gartenseite walten. Und dann der ›Schlüterhof‹! In der ganzen Welt wüßte ich nichts Vergleichbares an eigenwilliger Originalität zu nennen: nicht sehr groß in den Abmessungen, aber voll großartiger Gestaltung in der kraftvollen Gliederdichte seiner in den gewagtesten Gegensätze aufgebauten und gerade dadurch zu raumbindender Struktur geformten Schauseite, denen wieder die Portale mit ihren wuchtigen Säulenstellungen und reichdurchfensterten Risaliten sowie dem krönenden Schmuck ihrer Figuren rhythmische Ordnung voll unvergeßlicher Feierlichkeit verleihen. Hier steht wahrhaft zeitlos große Form vor uns, auch aus der Ruine spricht sie noch laut und eindrucksvoll genug. Man sollte sie retten, wiederherstellen und den Bau zu repräsentativen staatlichen Zwecken nutzen. In Warschau hat das Parlament beschlossen, das Schloß innerhalb 5 Jahren wieder erstehen zu lassen. Schloß Lazienki vor den Toren Warschaus ist bereits errichtet.

In Berlin aber wird weiterhin gesprengt und eingerissen – ein unbegreiflicher Akt fanatischen Zerstörungswillens, den die Geschichte als sinnlos und frevelhaft verurteilen wird.

Nachwort der Redaktion: Wie nach der Abfassung dieses Aufsatzes bekannt wird, ist das Schloß mittlerweile nahezu eingeebnet worden."

Das Berliner Schloss vor seinem Untergang von Prof. Ragnar Josephson, in »Svenska Dagbladet« Stockholm, 19. November 1950

Svenska Dagbladet, Stockholm, 19.11.1950

Das Berliner Schloss vor seinem Untergang

Von Professor Ragnar Josephson

Bei dem grossen Luftangriff auf das Berlin im Februar 1945 fielen Bomben auf das Berliner Schloss herab. In der abschliessenden Kraftanstrengung fielen unersetzliche künstlerische Werte der Vernichtung anheim, damit das einzige Ziel erreicht würde: die Befreiung der Welt von der Unterdrückung. Die Hüter der Kultur mussten während dieser entscheidenden Zeit mit der Klage zurückhalten. Glücklicherweise erwiesen sich die Beschädigungen des gewaltigen Schlossbaus nicht als unreparierbar. Die Mauern hatten standgehalten, wenn auch mit tiefen Rissen, und der ornamentale Reichtum war so gross, dass das Bauwerk trotz der gewaltigen Verluste seinen Rang in der europäischen Barockarchitektur behauptete. Während der letzten fünf Jahre hat das angeschlagene Schloss gestanden und gewartet. Es hat auf die Zeit gewartet, die hätte kommen sollen, wo Kräfte und Mittel zur Verfügung stehen würden, um es wieder einigermassen instand zu setzen. Dies ist nach Angaben, die ich jedoch nicht habe nachprüfen können, bei zwei anderen hervorragenden deutschen Bauwerken geschehen: dem Zwinger in Dresden und die Frauenkirche in München. Die deutschen Sachverständigen wussten, dass es mit der bereits erprobten modernen Konservierungsmethode möglich sein würde, auch das Berliner Schloss für künftige Zeiten zu bewahren.

Aber die Sachverständigen, die sich in die unvermeidliche Zerstörung der Kriegszeit hatten finden müssen, hatten nicht mit der blinden Unsicherheit der Friedenszeit gerechnet. Plötzlich, ohne Ankündigung, wurden am 15. September 1950 Sprengschüsse vom Schlossplatz gehört. Es war der südwestliche Teil des Schlosses, der zerstört wurde. Man weiss nicht, ob diesem Vorgehen ein fremder Befehl zugrunde lag, auch nicht, welche Pläne in Vorbereitung waren. Sollte das Schloss abgetragen werden, um es im alten Stil wiederzuerrichten, wie es mit dem Warschauer Schloss geschehen soll? Handelte es sich darum, worauf gewisse Anzeichen deuteten, einige architektonische und plastische Einzelteile an eine andere Stelle zu schaffen und sie dort aufzubauen, das alte Gebäude jedoch zu vernichten? Alles beides wäre abzulehnen gewesen und traf auch auf Proteste. Das Berliner Schloss ist mit seinem Platz organisch verwachsen, so wie es das Stockholmer Schloss mit seinem ist; der historisch-künstlerische Wert ist nur erhalten, wenn er an Ort und Stelle in architektonischer Ursprünglichkeit und Echtheit erhalten wird.

In Oktober wurde es dann klar, was beabsichtigt war. Der Ministerrat der Deutschen Demokratischen Republik hatte beschlossen, das Schloss dem Erdboden gleichmachen lassen, um Platz für einen grossen Aufmarschplatz zu schaffen. Die Warnungen und Proteste, die sich hervorwagten, blieben ohne Erfolg. In den letzten Oktobertagen wurde ein weiterer Schlossflügel gesprengt und zur Zeit dürfte die Sprengtätigkeit in vollen Gange sein. Meine letzten Nachrichten sind vom 1. November. Man scheint zu diesem Zeitpunkt noch nicht jegliche Hoffnung aufgegeben zu haben, man wollte an ein Wunder glauben—an einen Widerruf dieses unsinnigen Beschlusses, der bereits zum Teil ausgeführt worden war.

Was vor sich geht, ist offensichtlich eine schwere Form einer in der Kunstgeschichte wohlbekannten Erscheinung: Verfolgung oder Vernachlässigung von Kunstwerken, geschaffen zu Ehren eines Regimes, einer Gesellschaftsordnung, einer Idee, die Missfalen erregen. Am häufigsten pflegt diese Jagd auf missliebige Kunstwerke Denkmälern der Bildhauerkunst zu gelten; die Revolutionen werfen die Königsstandbilder um. Hier handelt es sich hingegen um ein gewaltiges Bauwerk, das für seine Geschichte büssen muss. Das Schloss war vermutlich bereits vom Grossen Kurfürsten geplant, wurde jedoch erbaut von Kurfürst Friedrich III., dem späteren König Friedrich I. von Preussen. Sein Architekt war ein genialer Bildhauer, Andreas Schlüter, der sich nach und nach, nach schwerem Missgeschick auch der Baukunst widmete und dem schliesslich im Jahre 1699 der gewaltige Auftrag anvertraut wurde. Aber er durfte die Leitung bloss bis 1707 behalten, in welchem Eosander von Göthe, schon vorher an Ort und Stelle tätig, Leiter des Baues wurde; dieser fügte zu der würfelförmigen Schlüterschen Burg ein gewaltiges Rechteckgebäude hinzu. Trotzdem die beiden Baumeister die erbittertsten wurden, sind ihre beiden Teile organisch zusammengebaut, und der Komplex bildete den architektonischen Hauptschmuck der wachsenden Königsstadt. Die architektonische Sprache ist römisch, vom gleichen Klange wie im Stockholmer Schloss. Aber im Schlüterschen Teil hat ein feuriger Bildhauer Massen modelliert; es ist plastisches Leben in der Mauer, starke Betonungen, hohes Relief, tiefe Schatten, freie, abwechslungsreiche und originelle Gestaltung. In Eosanders Teil ist die architektonische Sprache gelehrter und ruhiger, mehr akademisch. Eosander war ein ausgebildeter Architekt, und er hatte Sinn für das Regelrechte und Nüchterne, aber auch für das, was hofmässig als mode war.

Das grosse Bauwerk steht in einer eigentümlichen Beziehung zu Schweden. Die deutschen Kunsthistoriker haben sich lange gefragt, woher die strenge römische Sprache, damals unbekannt in Berlin, eigentlich gekommen ist. "Ich kenne in ganz Europa kein Bauwerk des 17. und 18. Jahrhunderts, das so römisch aussieht wie das Berliner Schloss", sagte der alte Gurlitt und weiter, es "gehöre einem altertümlichen, gewaltigen Barockstil an, den um 1700 kein anderes Land kannte". Pinder antwortete Gurlitt mit dem Hinweis, das Stockholmer Schloss sei der Vorläufer des Berliner Schlosses. Dieser Forscher ist auf stilistischem Wege zu einem Ergebnis gekommen, das die Urkundenforschung nach ihm bestätigt hat. Kurfürst Friedrich stand in nahen Beziehungen zu dem Baumeister des Stockholmer Schlosses, Tessin, und bestellte bei ihm eine Reihe von Zeichnungen. Es war auch Tessin, welcher, da es ihm selber an Zeit und Möglichkeit fehlte, dem Kurfürsten seinen Schüler Eosander hinunterschickte, und zwar in den Jahren, ehe Schlüter den Auftrag erhielt. Eosander war ein begeisterter Bewunderer Tessins, welcher Bewunderung er auch schriftlich starken Ausdruck gegeben hat. Wie dieser Einfluss Tessins in einzelnen gewirkt haben kann während der ersten Planung des Berliner Schlosses und während seines späteren Ausbaues unter Eosander, ist eine verwickelte Geschichte. Dass die römische Stilbewegung die Hauptstadt Brandenburgs erst nach einem grossen Umweg über Schweden erreichte dürfte jedoch als sicher gelten.

Wenn also auch Schweden ein ganz besonderes Interesse an dem Schicksal des Berliner Schlosses gelten machen kann, so geht dies Schicksal doch alle an. Es war in grossgeformter, kraftvoller Ganzheit und in leuchtender Detailkunst ein energisch lebendes Denkmal der souveränen Barockkunst in Europa, und es gab dem zerstreuten Stadtbild in dem architektonisch misshandelten Berlin hauptsächlich grosse bestimmende Akzente von dem grossen Augenblick überfen wird, und von dem Lande, wo es entsteht. Aber wenn es bedeutend ist, dann gehört es in der Tat allen Ländern an und soll so weit wie möglich zu allen Zeiten geschützt werden.

Die Machthaber des Tages in östlichen Berlin, die zweifelsohne wichtigere Probleme zu lösen haben als die Restaurierung von

Königsburgen, waren anderer Meinung. Sie haben offensichtlich, wie es die Deutschen während der verwilderten dreissiger Jahre leider der oft taten, in diesem Schloss vor allem eine politische Manifestation erblickt. Ein deutscher Kunsthistoriker von der zweifelhaften Sorte, wie die damals üppig gedieh, sang ein Loblied auf seine Architektur, weil sie ihn zu erinnern schien an "ein Getöse zusammenstossender Stahlschilde, ein Dröhnen kriegerischer Trompeten". Dies waren für ihn die schönsten architektonischen Laute. Diese Laute sind es offenbar, die jetzt als Misslaute eines seit langem vergangenen Fürstenkultes vernommen wurden. Sie haben die empfindlichen Trommelfelle der augenblicklichen Machthaber irritiert und sollen zum Verstummen gebracht werden. Sie wollen lieber ihre eigenen Laute hören auf dem Aufmarschplatz, den sie auf dem Grundstück des abgerissenen Schlosses anlegen. Auch dieser öde Platz wird eines Tages ein Denkmal sein--ein Denkmal der Pietätlosigkeit, der Engstirnigkeit und der geistigen Armut.

Unter dem Bild: Eine Partie von Schlüters Schlossteil nach der Bombadierung des Schlosses.

Bericht einer FDJ-Funktionärskonferenz im Bereich Kunstgeschichte der Philosophischen Fakultät der Humboldt-Universität zu Berlin, 26. November 1950

Bericht für die FDJ-Funktionärkonferenz am 26.11.50.

Fachschaft Kunstgeschichte der Phil.Fak. Humboldt-Uni.Berlin

1. Inwieweit befassen sich die Studenten mit dem Studium der Naturwissenschaften?
   Von den in der FDJ organisierten Studenten befassen sich etwa 20 % mit dem Studium der Naturwissenschaften. Bei den übrigen Studenten der Fachschaft liegt der Prozentsatz noch niedriger.

2. Werden Versuche gemacht, um Studenten vom wissenschaftlichen Studium abzuhalten?
   a) Das Fotomaterial des kunstgeschichtlichen Instituts ist den Studenten nicht allgemein zugänglich (Als Begründung wird Diebstahlsgefahr vorgeschützt, siehe hierzu noch Punkt 2 d)
   b) Das Institut wird bereits um 18 Uhr geschlossen. Besonders die als fortschrittlich bekannten Studenten werden zu dieser Zeit aufgefordert, nach Hause zu gehen, während in anderen Fällen diese Regelung durchaus nicht eingehalten wird.
   c) Das Institut hat seinerzeit die Zeitschrift "bildende Kunst" nicht gehalten, mit der Begründung, dass diese Zeitschrift wissenschaftlich nicht qualifiziert sei. Diese Unterschlagung hat die ideologische Auseinandersetzung auf dem Gebiet der Kunst im kunstgeschichtlichen Institut erheblich gehemmt. (Verantwortlich ist die Assistentin Rothkirch (Gräfin Rothkirch)
   d) Das Institut hat es bisher versäumt, eine Handbibliothek des Marxismus-Leninismus anzuschaffen (Im Institut befinden sich lediglich 4 Exemplare von Marx/Engels, über Kunst und Literatur, die der Bibliothek zugeschickt wurden).
   e) Die Entnazifizierung des wissenschaftlichen Materials hat nicht stattgefunden.
   f) Die im wissenschaftlichen Aktiv beim Abbruch des Berliner Schlosses beschäftigten Studenten wurden bedroht und diffamiert. In diesem Zusammenhange ist folgendes festgestellt worden: Die Assistentin Rothkirch hat im Zusammenhang mit dem Abbruch des Schlosses ohne Auftrag Wissenschaftler nach Berlin geholt. Diese wurden von ihr aufgefordert, sich erst bei ihr zu informieren. Schreiben dieser Art sind von der Assistentin Rothkirch und dem Denkmalpfleger Schubert (Halle) gemeinsam ausgefertigt worden. Die am Schloss beschäftigten Wissenschaftler wurden von dieser Seite gegenüber den Studenten des Instituts und der Öffentlichkeit als unqualifiziert diskriminiert (siehe Aufsatz von Dr. Grete Kühn im Tagesspiegel, Anfang Okt.50) an dieser Diffamierung beteiligte sich der Student Krüger (Gothestipendium !, in englischer Kriegsgefangenschaft im Sinne der englischen Interessen kulturpolitisch tätig gewesen). Wegen der Verleumdungskampagne gegen den Schlossabbruch war das wissenschaftliche Aktiv gezwungen, die notwendigen wissenschaftlichen Kräfte zum Teil aus Greifswald und Weimar heranzuziehen.
   g) Fortschrittliche Studenten des wissenschaftlichen Nachwuchses wurden als "gefährlich" bezeichnet (Dr. Kaiser von Assistentin Rothkirch)
   h) Mit all diesen (unter a bis g genannten) Machenschaften hat der Leiter des Instituts für Kunstgeschichte Prof. Homann nichts zu tun.

Brief von Margarete Kühn an Prof. Josephson, 4. Dezember 1950

Berlin, den 4. Dezember 1950

Sehr geehrter Herr Professor!

Es hat mich sehr gefreut, dass Sie sich so ausführlich zu der Niederlegung des Schlosses geäußert haben, und ich danke Ihnen vielmals für Ihr Interesse. Weitere Sprengungen sind inzwischen nicht erfolgt. Aber das ist bedeutungslos. Das Schloss ist als vernichtet zu betrachten. Dass der Befehl zu der Zerstörung von Moskau gekommen ist, wird hier kaum noch bezweifelt. Ein Kunstwerk kann in mancherlei Hinsicht im Wege sein. Ich erlaube mir noch, Ihnen mit der beiliegenden Kunstchronik einen Aufsatz von Professor Gall über das Schloss zur Kenntnis zu geben, wenn auch seine Argumentierung überholt ist.

Den Artikel über den Dresdner Zwinger habe ich nicht geschrieben.

Mit ausgezeichneter Hochachtung
Ihre sehr ergebene

Zusammenfassung des Amtes für Abräumung über die einzelnen Schritte der Beräumung des Stadtschlosses, 12. Dezember 1950

Folgenden Posten wurden aufgeführt:

13. September	Abräumung	113 000,00 DM
23. September	Abräumung	6 700,00 DM
10. Oktober	Abtragearbeiten des Schlüterhofes	34 950,00 DM
16. Oktober	Apothekerflügel	71 500,00 DM
18. Oktober	Zimmerarbeiten und Herstellung von Kisten	290,00 DM
18. Oktober	Zimmerarbeiten, Ausbau- und Abrißarbeiten	16 000,00 DM
	Ausbau kunsthistorischer Bildhauer- und Steinmetzarbeiten	100 200,00 DM
20. Oktober	Abbau von Stucksachen	10 790,00 DM
	Abbau von Stuck und Atlanten	46 885,00 DM
25. Oktober	Ausbau historischer Bildhauer- und Steinmetzarbeiten	16 270,00 DM
2. November	Ausbau der Wand- und Deckenverkleidung bzw. Türen und Fenster	6.220,00 DM
	Herstellung von Kisten (85 Stück)	3.550,00 DM
4. November	Angebot 183/50/21 (EO-Süd-Angebot des Aufmaß Bl. 18)	166 169,69 DM
7. November	Ausbau	3 130,60 DM
	Absteifung des Liebknechtportals	5 904,09 DM
8. November	Demontage der Wandverkleidungen Abbau von Türen und Fenstern Korridor, Parterre Wendelgang Korridor, Parterre Nebengang Toiletten, Parterre Keller Haupteingang Korridor 1. Etage, Wendelgang Korridor 1. Etage, Nebengang Raum 17, Fußboden aufnehmen Schlüterhof – Südflügel 110 Lfd.m. Sockelleisten 6 Türen 2 Türen 1 Tür 22 Lfd.m. Paneel 2 Fensterläden 1 eingebauter Schrank	2 631,71 DM

9. November	Abbau von Stuckteilen	5 180,46 DM
	Abbau kunsthistorischer Bildhauer- und Steinmetzarbeiten	43 283,29 DM
	Schlüterhof Portal I Risalitteil-Südseite	
	2 x Sandsteinfiguren mit Postamenten	
	4 x Säulenkapitelle und Architravgesims	
	4 x Pilasterkapitelle im Zwischengeschoß	
	1 x Balkonplatte mit Metallgitter	
	1 x Gurtgesims über 1. Stockwerk	
	1 x Postament der Sandsteinfiguren	
	Fassade an der Wendeltreppe	
	Portal IV Risalitteil-Ostseite	
	Portal V Risalit-Nordseite	
	Kostenvoranschlag	
	Arbeit des „Wissenschaftlichen Aktiv" Schlossruine 1. 10. 50 – 31. 5. 51	84 000,00 DM
11. November	Abbau des Erkers Schlüterteil	2 251,07 DM
14. November	Nachtrag	10 000,00 DM
15. November	Abräumung Terrasse – Spreeseite	19 620,00 DM
16. November	Gerüstbau obere Treppe zum Kuppelsaal	853,25 DM
18. November	Leiterrüstung im Marmorsaal	1 705,00 DM 24.
November	Erstellung einer Außenrüstung	85 100,00 DM
5. Dezember	Steinmetzarbeiten	1 249,00 DM 7.
Dezember 50	Obere Treppe zum Kuppelsaal, II. Teil einrüsten	750,00 DM
12. Dezember	Auftrag 1/1892 v. 5. 9. 50 (Abbauarbeiten EO-Süd Aufmaß)	170 000,00 DM
	Auftrag 1/1892, 143/50 19/183/50 Abbauarbeit-Eishof Angebot Bl. 13	103 000,00 DM
	Abbau EOS-Südwest, Bl. 12	130 900,00 DM
	Teileinrüstung, Portal am Lustgarten	12 420,82 DM
	Aufstellung eines Gerüstes zwecks Durchführung von Abbauarbeiten Schlossruine – obere Treppe zum Kuppelsaal	500,00 DM

	Abbauarbeiten Schlossruine – Tor am Begas-Brunnen und Rest Mittelteil, Bl. 30	125 000,00 DM
	Abbauarbeiten Elisabethflügel/ Ecke Spreeflügel	100 000,00 DM
	Einrüsten der Treppe am Marmorsaal	1 140,06 DM
14. Dezember	Demontage von Wandverkleidungen, Ausbau v. Fenstern und Türen	1 900,00 DM
	Abbau v. Stucksachen	28 800,00 DM
	Abbau historischer Bild- und Steinmetzarbeiten	2 000,00 DM
18. Dezember	Ausbau und Transport kunsthistorischer Bildhauer- und Steinmetzarbeiten	1 967,00 DM
28. Dezember	Flügel am Lustgarten	166 550,00 DM
	Spreeflügel bis Eishof	199 900,00 DM
	Anräumung der Straßenbahngleise an der Schlossruine, Trspt.	985,00 DM
4. Januar 1951	Auftrag 1/1892 Mittelbau Aufmaß, Bl. 15 Teilanrüstung	6 470,00 DM
	Bewachung der Berliner Schlossruine	61 000,00 DM
6. Januar	Zimmerarbeiten	730,00 DM
23. Januar	Abbrucharbeiten und Gestellung von Kränen für Schlossruine	7 150,00 DM
	Abbrucharbeiten und Gestellung v. Kränen	32 700,00 DM[371]

---

[371] LAB, C Rep. 110, Nr. 425.

Zusammenstellung der Sprengungen vom 28. August 1950 bis 31. Dezember 1950

Schlossruine Berlin

Zusammenstellung
der Sprengungen an der Schlossruine in der Zeit
vom 28.8. – 31.12.1950

lfd. Nr.	Datum	Zeit der Sprengung	Bezeichnung des Gebäudeteiles	Bemerkungen
1	7.9.50	10.28 Uhr	Apothekenflügel	
2		13.00 "	Mitteltrakt (Ge-	
3		13.37 "	wölbe, Durchfahrt)	
4	15.9.50	14.30 "	Eishof	
5		15.30 "	Eosander-Südteil	
6		16.50 "	(Schlossplatz)	
7		18.20 "	Eosander-Südwest- teil (Straßenseite)	
8	23.9.50	12.00 "	Teil d. Mitteltrakts	
9	27.9.50	11.30 "	Rest d. Mitteltrakts	
10	14.10.50	10.45 "	Eosander-Südflügel vom Hauptportal I bis Treppenhaus	
11		14.20 "		
12		15.20 "		
13	19.10.50	14.25 "	Südost-Schlüter- Eckteil	
14		15.20 "		
15	29.10.50	11.08 "	Schlüter-Südteil	
16		13.40 "		
17	4.11.50	11.00 "	Schlüter-Ostflügel bis Achse Treppenhaus	100 m³ in die Spree gestürzt
18		13.45 "		
19	6.11.50	11.00 "	Eosander-Südportal	
20		14.00 "		
21	9.11.50	16.07 "	Schlüter-Ostflügel	
22	29.11.50	12.00 "	Schlüter-Nordteil	
23		14.15 "		
24		16.30 "	Rückfront, Portal V	
25	7.12.50	13.30 "	Portal V	größtenteils mißglückt
26		11.30 "	Rückfront d. beider- seitigen Gebäudean- schlußteile am Portal V	
27	11.12.50	10.10 "	Eosander-Nordwest- flügel	
28		12.10 "		

– 2 –

- 2 -

lfd. Nr.	Datum	Zeit der Sprengung	Bezeichnung des Gebäudeteiles	Bemerkungen
29	12.12.50	10.08 Uhr	Eosander-Nordwest (Hofseite)	
30		12.15 "	Eosander-Nord (Zwischenwände)	
31	13.12.50	12.12 "	Eosander-Nord	
32		12.35 "	Spreeteil	
33	19.12.50	10.15 "	Eosander-Hauptportal (rechts u. links anschließende Teile)	
34	20.12.50	13.00 "	Eosander-Hauptportal	zu geringe Ladung, kein Einsturz
35	30.12.50	14.40 "	wie vor	

Zusammenstellung der Sprengungen vom 5. Januar bis 9. März 1951

5. Januar 1951 –	10.40 Uhr Rückwand des Eosander-Hauptportals
	12.18 Uhr Mauerreste und Blöcke
	13.25 Uhr/13.40 Uhr Kellersohle Eosander-Nordteil[372]
10. Januar 1951 –	12.40 Uhr und 13.00 Uhr, Kellersohlen[373]
16. Januar 1951 –	12.00 Uhr Eosanderflügel-Keller
	13.40 Uhr Restlicher Teil des Spreeflügels
	14.15 Uhr Trümmerbrocken des Eosanderflügels[374]
22. Januar 1951 –	11.15 Uhr Trümmerbrocken Eosanderflügel, Straßenseite
	11.40 Uhr Trümmerbrocken Eosanderflügel, Hofseite[375]
30. Januar 1951 –	11.47 Uhr /13.50 Uhr Sprengung des Karl-Liebknecht-Portals (IV)
	14.55 Uhr/17.10 Uhr die Kelleranlage am
	Eosander-Nord-West-Flügel[376]
16. Februar 1951 –	10.45 Uhr und 11.50 Uhr Sandsteinbrocken
	13.10 Uhr restliche Spreeteile des „Grünen Huts"[377]
9. März 1951 –	Zwischen 10.00 Uhr und 15.00 Uhr vier Sprengungen
	zur Zerkleinerung von Trümmerbrocken[378]

---

372 BArch, DH 1, Nr. 39076, 19. Wochenbericht vom 8. Januar 1951.
373 BArch, DH 1, Nr. 39076, 20. Wochenbericht vom 15. Januar 1951.
374 BArch, DH 1, Nr. 39076, 21. Wochenbericht vom 22. Januar 1951.
375 BArch, DH 1, Nr. 39076, 22. Wochenbericht vom 29. Januar 1951.
376 BArch, DH 1, Nr. 39076, 23. Wochenbericht vom 5. Februar 1951.
377 BArch, DH 1, Nr. 39075, 27. Wochenbericht vom 7. März 1951.
378 BArch, DH 1, Nr. 39075, 28. Wochenbericht vom 12. März 1951.

Abschluß der Sicherungsarbeiten von Kunstwerken am ehemaligen Schloss Berlin, 28. März 1951

VVBB Bauwesen und Baustoffe
VEB Abräumung im Erdbau

An den
Magistrat von Groß Berlin
Abt.Aufbau, Amt für Abräumung

B e r l i n - C 2
Klosterstrasse 47

A b s c h r i f t /Ku

Berlin-Weissensee
Pistoriusstr.108

Abt.I Mitte, Berlin NW 7, Schiffbauerdamm 35, Tel. 42 17 58

Fg/V.   28.März 1951.

Betr. Abschluss der Sicherungsarbeiten von Kunstwerken am ehemaligen
Schloss Berlin
Bezug: Rücksprache mit Herrn Feige am 21.3.1951 und Herrn
Schulze (OBL)

Unter Hinweis auf die genannten Rücksprachen und auf die Ortsbesichtigung am 21.3.1951 bitte ich, dafür zu sorgen, dass umgehend ein Kostenvoranschlag an die OBL gegeben wird für die in den Monaten April, Mai und erste Hälfte Juni noch notwendigen Arbeiten.
Es handelt sich dabei
1.) um die Schlusslagerung in Heinersdorf
    Dazu
    a) um die abschliessende Durchordnung des Freigeländes und des Schuppens nach Hauptbautrakten,
    b) bei gleichzeitiger Schaffung der bisher noch nicht ausreichenden Unterlager für die Werksteine (Ziegelsteine o.ä. darüber Pappe oder Holz, so, dass etwa 15 cm Luft unter dem Werkstein bleiben. Bei gleichzeitiger Verhinderung des Eindringens der Bodenfeuchtigkeit in den Werkstein),
    c) und gleichzeitiger Aufstellung der Werksteine in der gleichen Lage, wie sie sich am Bau befanden (so dass die Witterung in ähnlicher Weise angreift wie am Bau)
    d) bei gleichzeitigem Verbringen der restlichen empfindlichen wertvollen Stücke unter Dach),
    e) bei Ziehen von Entwässerungsgräben quer durch das Freigelände und um das Lagerfeld herum lt.vorliegendem Plan.
2.) Um die Schaffung einer zusätzlichen Überdachung für die empfindlichsten Stücke (Entweder als Pultdach am vorhandenen Schuppen bei Witterungsschutz nach Nordosten oder als Pultdächer auf dem Lagerplatz.
3.) Transport restlicher Stücke aus dem Marstall bezw. der Ausstellung nach Heinersdorf (etwa 2 kleine Werksteinkapitelle und 5 bis 6 Gipsabgüsse, Transport zweier Eggers-Marmorfiguren aus der Hochschule in Weissensee nach Sanssouci (sind in Weissensee zur Reparatu
4.) Verglasung der Fenster im Schuppen(sofort notwendig, da anderfalls Gipse und Formen leiden und Verlust befürchtet werden muss.
5.) Beseitigung der Lehmverkleidungen von einzelnen Kapitellen usw.

Durch das Kunstwissenschaftliche Aktiv werden die Grundsätze der Lagerung, der Auswahl usw. festgelegt, ebenso wird die Beseitigung der Lehmverkleidung angeleitet werden. Eine Mitarbeiterin des Aktivs wird laufend zur Verfügung stehen. Durch sie wird auch die Schlussbeschriftung der Objekte vorgenommen werden.

Ich verweise darauf, dass sich sich diese Arbeiten in den zurückliegenden Monaten nicht bewältigen liessen, da wegen des stossweisen und

b.w.

ungeordneten Anfalls der Transporte bei nur beschränkt zur Verfügung stehenden schweren Hebwerkzeugen eine sofortige Ordnung nicht möglich war, da weiter wegen des Mangels an dem zwar wiederholt angeforderten aber ausgebliebenen Unterlagenmaterials die Werksteine nur behelfsmässig auf Blech usw. gelagert worden sind und da die bisher verwandten Farben trotz mannigfaltiger Versuche immer wieder abgeblättert sind.

Bei den durch das Wissenschaftliche Aktiv (Dr.Strauss) angeführten Arbeiten ist es unmöglich, einen Kostenanschlag darüber zu erstellen. Nach Besichtigung in Weissensee bin ich zu der Überzeugung gekommen - was bereits auch schon mit Herrn Dr.Strauss besprochen wurde,- dass die geforderten Arbeiten nur in Lohn ausgeführt werden können. Es kommen für <u>ca. 2 Monate 1 Vorarbeiter und 20 Mann in Frage,</u> die nach den Forderungen des Aktivs die Arbeiten ausführen müssten .... ca. DM 17.000.--

Ferner kämen die Kosten für die Erstellung des Schuppens und die Verglasung in Frage. Dabei ist zu berücksichtigen, dass das Material dafür (Holz und Glas) aus Beständen des Magistrats gestellt wird (Dachpappe wird durch den VEB Abräumung und Erdbau gestellt) ..
ca. DM 900.
Ferner werden sämtliche Fuhrkosten gesondert in Anrechnung gebracht.

Die oben angeführten Preise können nicht als verbindlich angesehen werden, da der Umfang der zu leistenden Arbeiten noch nicht ganz klar ersichtlich ist. Jedoch ist anzunehmen, dass die angeführten Kosten ausreichen werden.

Wir bitten um baldige Stellungnahme von Seiten des Amtes für Abräumun

       VVB Berlin
       Bauwesen und Baustoffe
       VEB Abräumung

       gez. Feige

Angebotslisten des VEB Abräumung und Erdbau zur Enttrümmerung der Schlossruine vom 5. Juni 1951

Jetzt: VEB Tiefbau   Berlin N 4, Chausseestr. 8
VEB BAUWESEN und BAUSTOFFE
VEB ABRÄUMUNG UND ERDBAU
ENTTRÜMMERUNG
ERDBAU
ABBRUCHARBEITEN — SPRENGUNGEN
GEFAHRENSTELLENBESEITIGUNG
TRÜMMER-AUFBEREITUNG UND -VERWERTUNG
Abt. Mitte, NW 7, Schiffbauerdamm 35   Tel. 42 1758
Telefon: 56 42 01

An den
Magistrat von Gross-Berlin
Abt. Aufbau, Amt f. Abräumung
Berlin C 2
Klosterstr. 47

Bankkonto: Berliner Stadtkontor
Berlin-Weißensee, Berliner Allee 241
Konto Nr. 154/8881

Postscheckkonto: Berlin Nr. 696 26

Kostenstelle: 58 210
Kostenträger: T 902

BERLIN-WEISSENSEE, Pistoriusstr. 108

Ihr Zeichen   Ihre Nachricht   Unser Zeichen Fg/Zi   den   5. Juni 1951

A n g e b o t Nr. 183/50-51/63

Bei Auftragserteilung Angabe der Angebotsnummer unbedingt erforderlich

Betr. Schlossruine Los Nr. 143/50

Dieses Angebot umfaßt sämtliche bisher erstellten Angebote betr. der direkten Enttrümmerung der Baustelle Schloss-Ruine sowie einige Arbeiten, welche noch nicht angeboten waren:

Angebot-Nr.	vom		Auftrag 1/1892/50 vom	
1	26. 8.50	die Trümmer		5. 9.50
2	11. 9.50	"		23. 9.50
7	28. 9.50	Apothekenflügel	"	14.11.50
7a	30.10.50	"	"	14.11.50
16	19.10.50	Terrasse Spreeseite	"	15.11.50
18	4.11.50	Eosander Südwest	"	12.12.50
19	4.11.50	Eishof	"	12.12.50
20	4.11.50	Mittelbau	"	12.12.50
21	4.11.50	Eosander/Böhme Süd	"	12.12.50
31	20.11.50	Elisabeth/Spreeflügel	"	12.12.50
32	20.11.50	Spreeflügel	"	12.12.50
32a	30.12.50	Portal II Bereich	"	27. 1.51
33	20.11.50	"	"	12.12.50
44	13.12.50	Spreeflügel, Eishof	"	28.12.50
45	19.12.50	Flügel Lustgarten	"	28.12.50
46	28.12.50	Fassade Lustgarten	"	6. 1.51
47	29.12.50	Eosanderbau Nordwest	"	9. 1.51
48	30.12.50	Diverses	"	26. 1.51

-2-

2. te Seite zur Rechnung Nr. Angebot 63   vom: 5. Juni 1951

Betr.: Los Nr. 143/50-51 Schlossruine

Angebot- Nr. 50   vom 30.12.50 div Auftrag 1/1892/50 vom 27.1.51
"   51   "   30.12.50 Ewanderportal "   "   27.1.51
"   52   "   30.12.50   "   "   "   27.1.51
"   53   "   30.12.50   "   "   "   27.1.51
"   57   "   16. 1.51   "   "   "   27.1.51
"   58   "   1. 2.51   "   "
"   63   "   5. 6.51 Schlußangebot "   "
          10   Schlüterhof

V o r b e m e r k u n g
----

a) In den Einheitspreisen der folgenden Positionen sind alle Nebenarbeiten, die An- und Abfuhr, Vorhaltung der erforderlichen Geräte und Fahrzeuge sowie der Baustelleneinrichtung einschl.-räumung sowie alle Nebenkosten enthalten. Die Zuschläge für die Verlegung der Baubeleuchtung, sowie für evtl. Sonntags- und Nachtarbeiten sind in den Angebotspreisen nicht enthalten und werden gesondert in Rechnung gestellt.

Der Abtransport der Schuttmassen erfolgt im Lkw- und Lok-Betrieb.

b) Besondere Erschwernisse sind dadurch gegeben, dass

1. der Mauerwerksabbrch im Trümmerkegel durch die Stärke des Mauerwerks von 1,50 - 2,50 m wesentlich höher liegt als bei einer normalen Enttrümmerung und nur unter Zuhilfenahme von Kompressoren erfolgen kann,

2. die Sortierung der Schuttmassen besonders sorgfältig gehandhabt werden muß, weil von Seiten des wissenschaftlichen Aktivs gefordert wird, daß sämtliche Plastiken und Ornamente, sowie sämtliche Keramiken, Porzellane, Kacheln, bronze- und schmiedeeisernen Verzierungen und Anker geborgen werden müssen.

c) Verbindlich für die Abrechnung ist das Aufmaß des öffentlich zugelassenen Landmessers, der vom Auftraggeber benannt wird. Die Vermessungskosten trägt der Auftragnehmer. Die bauausführende Firma verpflichtet sich, das Aufmaß de Landmessers bei Vorliegen sofort dem Hauptamt für Hochbau - Amt für Abräumung - einzureichen.

d) die Massen, die in vorhandene Kellerräume verfüllt werden sind nach gemeinsamem Aufmaß mit der örtlichen Bauleitung von der Transport-, Ablade- und Planierleistung abzusetzen.

e) Durch die Arbeiten des wissenschaftlichen Aktivs ist es unvermeidlich, daß Zwischenlagerungen von Schuttmassen erforderlich sind, die nur mit Genehmigung der örtlichen Bauleitung durchgeführt werden.

f) Erfolgt während der Bauausführung bei LKW-Abtransport di Anweisung einer anderen Kippstelle, so ändert sich der Einheitspreis um die Differenz des preisamtlichen Fahrtarifs.

VEB Abr. u. Erdbau - 87/9 - 13119

3 te Seite zu m Rechnung Nr.: Angebot 63 vom: 5. Juni 1951

Betr.: Los Nr. 143/50-51 Schloss-Ruine

g) Forderungen durch Nachtragsangebote werden nur in besonderen Ausnahmefällen berücksichtigt.

h) Die Bestimmungen des Rundschreibens des Hauptamtes für Hochbau - Amt für Abräumung - vom 19.1.50 betr. Abgrenzung zwischen Nutzeisen und Schrott, sind strikte innezuhalten.

i) Es werden anerkannt die besonderen Vertragsbedingungen der Stadt Berlin und die Verdingungsordnung für Bauleistungen.

– – – – – – – – – –

Pos.				DM
1)	2.636,58 m3	Trümmermassen, welche im Hof der Schloßruine lagern, lösen, nach den mit dem Hauptamt getroffenen Vereinbarungen sortieren, einschl. Verladen auf Lkw	je m3 5,00	13.182,90
1a)	3.581,89 m3	Trümmermassen, welche in Vorgärten der Straßenfronten lagern, lösen und nach den mit dem Hauptamt getroffenen Vereinbarungen sortieren einschl. Verladen auf LKw	je m3 4,00	14.327,56
1b)	4.487,08 m3	Trümmermassen lösen, besonders sorgfältig sortieren, 1/1 Steine, Schrott, Nutzeisen bis 12 cm Profil und sonstige Materialien bergen, Abbruch des im Trümmerkegel vorhandenen Mauerwerks bis Terrainhöhe einschl. Verladen oder in vorhandene Kellerräume verfüllen	je m3 7,55	33.877,45
1c)	1.751,93 m3	Trümmermassen, welche auf der Terrasse an der Spreeseite lagern, lösen, nach den mit dem Hauptamt und dem technischen Aktiv getroffenen Vereinbarungen sortieren einschl. Verladen auf LKw	je m3 4,50	7.883,69
1d)	80.471,09 m3	Trümmermassen lösen, besonders sorgfältiges Sortieren der in der Vorbemerkung, Abschn. b2 angeführten Gegenstände, Sortieren von 1/1 Steinen, Schrott, Nutzeisen bis 12 cm Profil und sonstigen Materialien, Abbruch des im Trümmerkegel vorhandenen Mauerwerks bis Terrainhöhe		

Übertrag: 69.271,60

4 te Seite zum Rechnung-Nr. Angebot 63   vom: 5. Juni 1951

Betr.: Los Nr. 143/50-51 Schloss-Ruine

Pos.   DM

Übertrag: 69.271.60 √

      wie in der Vorbemerkung unter
      Abschn. b1 beschrieben, im Hand-
      betrieb verladen sowie in vor-
      handene Kellerräume verfüllen
           je m3 7.65 √   615.603.84 √
               (6.73) √

1e) 66.782.26 m3 / Trümmermassen wie vor, jedoch
      im Baggerbetrieb verladen
           je m3 2.10 √   140.242.75 √
               (1.93) √

    66.782.26 m3 / für Abbruch des im Trümmer-
      kegel vorhandenen Mauerwer-
      kes als Zulage zu Pos. 1e
           je m3 1.70 √   113.529.84 √
               (1.50) √

1f) 156.36 m3 / Trümmermassen, welche auf der
      Lustgartenseite lagern, ver-
      laderecht zerkleinern und auf
      LKw verladen   je m3 3.10 √   484.72 √

2) 1.270.00 m3 / Mutterboden lösen, auf Lkw ver-
      laden einschl. Abfuhr von 3 km
      sowie Abladen und Einplanieren
           je m3 8.35 √   10.604.50 √

2a) 1.748.50 m3 / Mutterboden wie Pos. 2, jedoch
      in Loren verladen ohne Lkw-Ab-
      fuhr
           je m3 3.20 √   5.595.20 √

3) 122.646.75 m3 / Trümmermassen im LKw-Betrieb
      bis zur Kippe Friedrichsfelde
      (15 km) abfahren, daselbst ab-
      laden und einplanieren
           je m3 9.84 √   1.205.844.02 √
               (9.63) √

3a) 2.000.00 m3 / Trümmermassen auf dem Gelände
      der Schlossruine zur Auffüllung
      der Tribüne im LKw-Betrieb trans-
      portieren einschl. Abladen und
      Planieren   je m3 (5.43) √   10.860.00 √

3b) 2.000.00 m3 / Trümmermassen im LKw-Betrieb
      (bis 3 km), sonst wie Pos. 3
           je m3 ~~6.64~~
               6.43   43.280.00 √

               Übertrag: 2.186.316.47 √

VEB Abr. u. Erdbau – 87/9 – 13119

5 te Seite zum Rechnung Nr. Angebot 63   vom: 5. Juni 1951

Betr.: Los Nr. 143/50-51 Schloss-Ruine

Pos.   DM

                        Übertrag: 2.186.316,47 ✓

3c) 10.000,00 m3 Trümmermassen im Lokbetrieb bis 1000 m abfahren
                     je m3 3,33 ✓
       + abkippen   0,48 ✓
                             3,81 ✓   38.100,00 ✓

4) ca 5.041,15 m3 Mauerwerksbrocken in Kalkzementmörtel über Trümmerhaut in Größen von 1-54 m3 unter Zuhilfenahme eines Kompressors verladerecht zerkleinern
                   je m3 18,00 ✓
                      (16,10) ✓   90.740,70 ✓

4a) ca 2.307,12 m3 Mauerwerksbrocken wie vor, jedoch von Hand zerkleinern
                   je m3 8,00 ✓
                     (7,04) ✓   18.456,96 ✓

4b) 172,85 m3 auf dem Trümmerkegel lagernde Mauerwerksbrocken in Kalkzementmörtel von 1-3 m3 Größe verladerecht von Hand zerkleinern
                   je m3 5,30 ✓   916,11 ✓

5) 2.625,08 m3 Werksteinbrocken auf Anweisung der örtlichen Bauleitung für den Abtransport im Lok- und Lkw-Betrieb ab 0,25 m3 verladerecht von Hand zerkleinern
                   je m3 7,20 ✓
                     (6,34) ✓   18.900,58 ✓

5a) ca 1.400,0 m3 Säulentrommeln (Sandstein) sowie grosse Sandsteine bohren und sprengen
                   je m3 (13,82) ✓   19.348,00 ✓

6) 3.216,00 m2 Mosaikpflaster aufnehmen, Pflastersteine bergen, im Handbetrieb bis 50 m transportieren und nach Angabe der örtlichen Bauleitung lagern
                   je m2 0,60 ✓   1.929,60 ✓

7) 80 Stück ✓ Sandsteinpfeiler der Vorgärten 60 x 60 x 80 cm vorsichtig abnehmen, bis 30 m transportieren und seitlich lagern
                   je St. 3,86 ✓   308,80 ✓

                        Übertrag: 2.375.017,22 ✓

VEB Abr. u. Erdbau - 87/9 - 13119

6 te Seite zum ~~Rechnung~~ Angebot 63   vom: 5. Juni 1951

Betr.: Los Nr. 143/50-51 Schloss-Ruine

Pos.			DM
		Übertrag:	2.375.017.22
8)	980.000 Stck	aussortierte 1/1 Steine in Kalkzementmörtel abputzen und zählbar stapeln, einschl. Transport je 1000 St. 30.59 (26.92)	29.978.20
9)	ca 40.00 lfm	Balustraden der Vorgärten einschl. Abdeckung von Puppen zwischen den Pfeilern abnehmen, einschl. 30 m Transport und seitlich lagern je lfm 3.40	136.00
9a)	8.41 m3	Sandsteinbalustrade vorsichtig abbrechen und seitlich lagern je m3 9.68	81.41
10)	320.00 lfm	Werksteinsockel der Vorgärten ca 80 cm hoch einschl. Abdeckung im Handbetrieb lösen, ausbauen, bis 30 m Transport, und zur Wiederverwendung seitlich lagern je lfm 7.35	2.352.00
10a)	135.00 lfm	Werksteinsockel wie vor, jedoch 1.60 m hoch, sonst wie Pos. 10 je lfm 11.90	1.606.50
11)	230.33 m3	Mauerwerk der Vorgärten hinter der Sandsteinverkleidung in Kies und Zement gemauert von Hand abbrechen je m3 14.00	3.224.62
11a)	6.00 m3	Zementmauerwerk abbrechen je m3 9.68	58.08
12)	945.00 to	Profileisen jeder Art ab 12 cm Profil und 2 m Länge aus dem Trümmerkegel herausholen, Winkel und Laschen lösen und auf bereits abgeräumte Flächen stapeln (ohne Kennzeichnung) je to 24.83 (21.85)	23.464.3
13)	ca 8.050.00	m2 Kreuzkappengewölbe in Kalkzementmörtel, 0,25 m dick, mit einer 0,15 m starken Aufmauerung im Scheitel sowie vollkommener Ausmauerung der abfallenden Bogenteile einschlagen je m2 3.19 (2.81)	25.679.5
		Übertrag:	2.461.597.8

7 te Seite zur Rechnung-Nr. Angebot 63   vom: 5. Juni 1951

Betr.: Los 143/50-51   Schloss-Ruine

Pos.   DM

                                        Übertrag: 2.461.597,88 ✓

13a) ca 2100,00 m2 ✓ Kreuzkappengewölbe wie vor, jedoch 0,60 m dick in Klosterformat und Feldsteinen einschlagen
                          je m2 4,80 ✓   10.080,00 ✓
                              (4,22) ✓

13b) ca 1050,00 m2 Kreuzkappengewölbe, 1 m dick, sonst wie vor
                        je m2 7,17 ✓   7.528,50 ✓
                          (6,31) ✓

14)   120,75 m3 Mauerwerksbrocken über Trümmerhaut im Maschinenbetrieb einreißen
                        je m3 2,08 ✓   251,16 ✓

15) ca 200,00 m3 ✓ Trümmermassen, 3,50 m unter Terrain lösen, besonders sorgfältiges Sortieren der in der Vorbemerkung Abschn. b2 angeführten Gegenstände, Aussortieren von 3/1 Mauersteinen, Schrott, Nutzeisen und sonstigen Materialien, einschl. der im Trümmerkegel stehenden Wände bis Kellersohle abbrechen, im Handbetrieb bis zu 5 m auf eine Pritsche übersetzen und von dort aus in Schuten verladen
                        je m3 9,00 ✓   1.800,00 ✓

15a) 1.285,43 m3 ✓ Trümmermassen wie vor, im Handbetrieb bis zu 5 m auf eine Pritsche übersetzen, bis Terrainhöhe schaffen und auf Lkw verladen
                        je m3 9,00 ✓   11.568,87 ✓

16)   405,99 m2 ✓ Steineisendecke 0,15 m stark mit einer Eiseneinlage in jeder Fuge, sowie einer Unterbetonschüttung von 0,15 m und einer 3 cm starken Estrichschicht im Handbetrieb einschlagen
                        je m2 2,60 ✓   1.055,57 ✓

17)   371,72 m3 ✓ Trümmermassen, welche in dem Silsberkeller lagern, lösen, äußerst sorgfältig sortieren, bis 3 m Höhe herausschaffen und oben beiseite setzen
                        je m3 9,00 ✓   3.345,48 ✓

18)   10 Stück ✓ Luftschutzkellertüren einschl. Zargen ausbauen
                        je St. 10,60 ✓   106,00 ✓

                                    Übertrag: 2.497.333,46 ✓

VEB Abr. u. Enttr. u - 87/9 - 13119

8 te Seite zum Rechnung-Nr.: Angebot 63   vom: 5. Juni 1951

Betr./: Los 143/50-51 Schloss-Ruine

Pos.   DM

                                Übertrag: 2.497.333.46

19) 103.00 lfm Eisengitter in den Kellerhälsen ausbauen und bis 50 m transportieren
                      je lfm 1.85   190.55

20) 52 Stück Fenstergitter 1,90 x 4,20 m ausbauen, Steinschrauben freistemmen und 50 m transportieren
                      je St. 5.35   278.20

20a) 10 Stück Fenstergitter 1,30 x 2,00 m, sonst wie vor
                    je St. 1.86   18.60

20b) 1 Stück Eisentür aus dem Apothekerflügel 2.00 x 4.50 m (ca 15 Ztr schwer) ausbauen und bis 50 m transportieren
                    je St. 17.00   17.00

21) 917.00 m3 Trümmermassen von Hand 1x bis 6 m übersetzen und den Trümmerberg von Mauerwerksbrocken freimachen. Desgleichen übersetzen der Massen zur Freilegung der Decke der Kraftstation
                    je m3 3.88   3.557.96

21a) 2.478.50 m3 Trümmermassen von Hand übersetzen von 6 - 10 m, sonst wie Pos. 21
                    je m3 5.74   14.226.59

21b) 320.00 m3 Trümmermassen mittels Bagger zur Verbreiterung des Trümmerberges am Portal V übersetzen, um kunsthistorische Teile zu erhalten, die auf vorbereiteter Fläche abgefangen werden sollen, damit ein nachträgliches Bergen genannter Gegenstände erfolgen kann.
                    je m3 1.57   502.40

22) 840.00 m2 Fläche des Trümmerberges für die Sprengung des Portals V planieren; um eine glatte Aufschlagfläche zu erzielen, muß der Trümmerberg einwandfrei planiert sein
                    je m2 0.34   285.60

22a) 840.00 m2 Fläche des Trümmerberges mit einer Strohballenauflage und einer 0,40 m starken Schicht mit losem Stroh versehen, einschl. 60 m Transport
                    je m2 0,74   621.60

                              Übertrag: 2.517.031.96

9 te Seite zur Rechnung Nr.: Angebot 63   vom: 5. Juni 1951

Betr./: Los 143/50-51   Schloss-Ruine

Pos.			DM
		Übertrag:	2.517.031,96 ✓
23)	184,00 m3 ✓	Mauer der Kellerhälse an der Lustgarten-Schlossplatz-Seite 0,70 m breit und 0,40 – 0,60 m unter Terrain in Zement gemauert, mittels Kompressor abbrechen	
		je m3 18,05 ✓ (16,10) ✓	3.321,20 ✓
23a)	555,72 m3 ✓	Trümmermassen der Pos. 17 u. 23 auf Lkw verladen	
		je m3 2,66 ✓ (2,34) ✓	1.478,22 ✓
24)		entfällt	
X 25)	405,99 m2 ✓	Decken, 0,33 m dick, im Handbetrieb einschlagen	
		je m2 3,00 ✓ (2,60)	~~1.217,97~~ ✓
X 26)	44,20 m2 ✓	Riemchenverkleidung im Schlüterteil (Keller) vorsichtig abnehmen und zur Wiederverwendung seitlich lagern	
		je m2 2,80 ✓ ✓	123,76 ✓
X 27)	41,00 lfm ✓	Granitstufen lösen, aufnehmen und zur Wiederverwendung seitlich lagern, bis einschl. 30 m Transport	
		je lfm 2,45 ✓ (1,95)	~~85,10~~ ✓
X 28)	713,92 m2 ✓	Kopfsteinpflaster aufnehmen	
		je m2 0,95 ✓ (0,90)	~~678,22~~ ✓
X 29)	120,00 m3 ✓	Sandsteine mit Hilfe des E-Baggers auf Lkw verladen und seitlich lagern (Transport ca 150 m)	
		je m3 5,30 ✓	636,00 ✓
X 30)	50,86 m3 ✓	Sandsteinsockel in Bleiverdübelung an der Einfahrt zu Portal IV abbrechen, gewonnene Steine zur Wiederverwendung seitlich lagern	
		je m3 15,00 ✓	762,90 ✓
		Insgesamt:	2.525.336,33 ✓

V E B Tiefbau

VEB Abr. u. Erdbau - 87/9 - 13119

Aufstellung über die Schlußlagerung ausgebauter Sandsteinteile aus der Schlossruine in Heinersdorf, 19. Juli 1951

Berlin, den 19.Juli 1951.

Aufstellung

Auf dem Lagerplatz Heinersdorf sind zu einer sachgemässen Schlußlagerung der ausgebauten Sandsteinteile aus der Schloßruine folgende Arbeiten vorzusehen:

1a) Anlieferung des Unterlagermaterials für etwa 2000 Objekte zwecks bodenfreier und gegen aufsteigende Feuchtigkeit gesicherter Lagerung der Haussteine. Diese Art der Lagerung wurde seit Oktober v.J. immer wieder angestrebt und mit der Oberbauleitung an der Schloßruine verabredet. Benötigt werden dazu entweder 3000 lfd.Meter Kantholz 10/12 (auch Altholz) oder rund 54.000 Ziegelsteine; die Methode der Lagerung ist genau fixiert.

b) Dachpappe als Zwischenlager (ist meines Wissens bereits angeliefert)

2.) Anbringung eines Schleppdaches mit westlicher Wetterwand am Nordgiebel des Schuppens.(Schuppenbreite und etwa 8m tief) Die Herstellung des Schleppdaches grösstenteils aus Altmaterial war szt. besprochen. Der so überdachte Raum reicht aus zur Aufnahme jener empfindlichen Stücke, die wegen Platzmangels im Schuppen selbst nicht mehr abgestellt werden können.

3.) Regalbau im Gipsraum des Schuppens zwecks bodenfreier Lagerung der Stuckaturen.

4.) Reparatur aller Türen und Fenster des Schuppens, um Wetterzutritt auszuschliessen.

5.) Umlagerung der Objekte nach Anweisung eines wissenschaftl. Mitarbeiters.

6.) Endgültige Beschriftung der Objekte mit wetterbeständiger Farbe (Gudron?) bei Bereitstellung der betreffenden Farbe.

7.) Ziehen eines umlaufenden Entwässerungsgrabens (30 cm tief) um das gesamte Freilager; Zwischengräben zwischen den einzelnen Lagertrakten nach Bedarf. (15 cm tief)

8.) Verhinderung der Unkrautwucherungen zwischen den Objekten durch Schlackenschicht oder Ähnliches nach Vorschlag des VEB Abräumung.

9.) Transport von etwa 3 kleinen Stuckarbeiten aus dem Marstall nach Heinersdorf.

10.) Schlussbehandlung der Stuckfiguren, da sie z.T. auf dem Transport beschädigt worden sind.

11.) Fotodokumentation aller bisher genannten Arbeiten und der erfolgten Schlußlagerung.

Die Personal- und Materialkosten für die Fotodokumentation und für die wissenschaftliche Betreuung der Umlagerung und der Beschriftung sind im Kostenvoranschlag des kunstwissenschaftlichen Aktivs selbst enthalten, brauchen also nicht mehr vom ausführenden Betrieb vorgesehen zu werden, wohl aber die Farben für die Kennzeichnung. Die Arbeitsdauer wird etwa 3 Monate betragen.
Wir bitten, sich wegen der Auftragserteilung mit Herrn Feige VEB Tiefbau, Schiffbauerdamm in Verbindung zu setzen.

Die Übernahme dieser Stücke in museale Wartung und Nutzung erscheint wübschenswert. Vielleicht wäre der Weg gangbar, dass die in Frage kommenden Stücke den Staatlichen Museen als Leihgabe überlassen würden, mit der Ermächtigung und Bedingung, die Objekte sofort in restauratorische Pflege zu nehmen. Vor allem wäre die Entfernung alten Oelfarbenanstriches geboten.

Es ergibt sich hier ein Anlass zu der Vorstellung, dass diese Dinge, vereinigt mit einigen Schlüter nahestehenden Stücken im Museum am Kupfergraben und den oben bezeichneten Gipsabgüssen Material zu einem " Schlüter - Saal " bieten würden. - Fotomaterial würde von seiten der Bauakadamie, Institut für Theorie und Geschichte der Baukunst, zur Verfügung gestellt werden können.

                                   Institut für Denkmalpflege
                                    Aussenstelle Berlin
                                Berlin, den 23. Sept, 1955

                                         (J. H a s s)

Magistrat (Plankommission) an Magistrat, Referat Denkmalschutz zum schmiedeeisernen Tor des ehemaligen Berliner Schlosses, 14. August 1953

Magistrat von Gross-Berlin
Plankommission
HR Materialversorgung
A 2041/Matt/Tr.

Berlin, den 14.8.53
Charlottenstr. 55
Tel. 22 04 21 App. 243

An den
Magistrat von Gross-Berlin
Referat Denkmalsschutz
B e r l i n C 2
Klosterstr.
Altes Stadthaus

Betr.: Schmiedeiserne Tore des ehemaligen Berliner Schlosses

Von unserem Schrottbeauftragten des Stadtebzirks Pankow, Koll. Streiber, wurde uns mitgeteilt, dass seit langer Zeit auf dem Lagerplatz des VEB Tiefbau, Berlin-Heinersdorf, ca. 20 to schmiedeiserne Tore des ehemaligen Berliner Schlosses lagern. Von unserem Schrottbeauftragten wurde darüber eine Schrotterklärung ausgeschrieben.

Das Referat Denkmalsschutz des Magistrats erhob gegen diese Schrotterklärung Einspruch mit der Begründung, dass es sich hierbei um handwerkliche Schmiedearbeiten aus dem 18. Jahrhundert handelt und diese Tore deshalb nicht dem Schrott zugeführt werden können.

Das hohe Schrottaufkommen zwingt uns ernstlich Überlegungen anzustellen, inwieweit die Möglichkeit besteht, nachdem Skizzen (Fotoaufnahmen) von den Toren angefertigt wurden, sie doch noch dem Schrott zuzuführen, falls nicht in absehbarer Zeit die Absicht besteht, sie irgendwo zweckentsprechend zu verwenden.

Wir bitten Sie, uns darüber eine Stellungnahme bis zum 24.8.53 zukommen zu lassen.

(M a t t h a y)
Hauptschrottbeauftragter

Gutachten von Dr. Hans Müther über die Lagerung der aus dem Abbruch des Berliner Stadtschlosses geretteten, wissenschaftlich und künstlerisch wertvollen Materialien bis zu ihrer Wiederverwendung an einem repräsentativen Neubau, 15. November 1953

Dr.-Ing. Hans Müther
Wissenschaftl. Mitarbeiter der
   Deutschen Bauakademie

G u t a c h t e n
über die Lagerung der aus dem Abbruch des Berliner Stadtschlosses geretteten, wissenschaftlich und künstlerisch wertvollen Materialien bis zu ihrer Wiederverwendung an einem repräsentativen Neubau.

Beim Abbruch des Berliner Stadtschlosses im Jahre 1950/51 hat das damals dort tätige wissenschaftliche Aktiv unter anderem wesentliches wissenschaftlich und künstlerisch wertvolles Material geborgen und in Heinersdorf auf dem Platz des VEB Tiefbau gelagert.

Ein Register, das nach Bautrakten geordnet ist, alle geretteten Einzelstücke durchnummeriert und zum Teil in Fotos mit ihrer Lage im abgebrochenen Schloßbau darstellt, erfaßt alle Teile einzeln. Diese tragen mit Farbe aufgetragene Nummernbeschriftungen, die mit dem Register übereinstimmen.

Das Lagergut besteht aus Werksteinteilen (Cottaer Sandstein), Werksteinplastiken, Gipsdeckenteilen, Gipsabgüssen von Plastiken und Profilen, Ziegel- und Mörtelproben und eisernen, z.T. vergoldeten Vergitterungen.

Gelagert ist dieses Material in einem Schuppen von 480 qm Grundfläche, in dem ein besonders abschließbarer Raum von 108 qm die z.T. in Kisten verpackten, z.T. lose lagernden empfindlichen Teile aufnimmt. In dem anderen Schuppenteil lagern die figürlichen und sonst gefährdeten Werksteinplastiken.

Ein Freilager von ca. 1 200 qm Grundfläche, das in Streifen von 24 m Länge und 4 - 7 m Breite so aufgeteilt ist, daß dazwischen ein Feldbahngleis verlegt werden kann, erfaßt ca. 1 800 Werksteineinzelteile mit z.T. sehr hohem Eigengewicht bis zu 120 Zentner.

Die Lagerung der besonders empfindlichen Teile im Schuppen ist im allgemeinen nicht zu beanstanden, da der Fußboden trocken und das Dach sowie die Wände dicht sind. Unbedingt erforderlich ist aber das Verglasen der Fenster, vor allem in dem kleinen abgetrennten Raum, der die Gipsabgüsse aufnimmt.

Wünschenswert ist das auch in dem übrigen Schuppen. Hier wird aber für jede zweite Öffnung eine jalousieartige Verbretterung vorgeschlagen, um ständigen Durchzug zu ermöglichen, direktes Eindringen von Regen und Schnee jedoch zu verhindern. Im übrigen muß dem VEB Tiefbau endgültig untersagt werden, den Schuppen auch zum Abstellen anderer Materialien zu verwenden und Bauteile fremder Art auf dem Lagergut abzustellen oder abzulegen, da hierdurch mechanische Beschädigungen hervorgerufen werden können. Bei dicht schliessendem fremden Lagergut kann außerdem die erforderliche möglichst gleichmässige Temperierung und Klimatisierung unseres Materials verhindert werden. Besonders bedenklich ist es aber, wenn VEB Tiefbau in dem Schuppen große Zeltplane trocknet, da hierdurch erhöhte Feuchtigkeit gerade in den Raum getragen wird, den man davor schützen sollte. Hier muß Ordnung gehalten werden. Es darf nicht geduldet werden, dass der unseren Lagerzwecken dienende Schuppen von der VEB Tiefbau daneben noch für betriebseigene Zwecke genutzt wird.

Die Mehrzahl der Werksteinbauteile mit zum Teil wertvollsten Detaillierungen und Ornamenten liegt nördlich des Schuppens in dem bereits beschriebenen Freigelände, das eben und anscheinend auch ausreichend trocken ist. Unterzeichneter hat das Gelände jedoch nicht bei ausgesprochenem Regenwetter gesehen. Es ist daher möglich, daß das Ausheben flacher Entwässerungsgräben zwischen den einzelnen Lagerstreifen empfehlenswert ist. Dem wissenschaftlichen Aktiv ist es, wie aus den Akten hervorgeht, s. Zt. nicht gelungen, die notwendigen Lagerhölzer und die erforderliche Dachpappe zum Abdecken zu erhalten. Andererseits mußte der Abtransport zur Sicherung und Rettung des Materials damals flüssig und ohne Verzögerung durchgeführt werden. Hieraus erklärt sich der auf die Dauer unzureichende Zustand dieses Freilagers. Dieser ist um so bedenklicher, als viele Werksteinteile bei der Zerstörung des Schlosses unter Brand- und Schlageinwirkungen gelitten haben, die ihre Struktur angriffen. Im Laufe der verflossenen drei Jahre haben Witterungseinflüsse auch die in Farbe aufgetragenen Nummern teilweise zunehmend nahezu unleserlich gemacht.

Noch im Frühjahr dieses Jahres bestand berechtigte Aussicht, daß die ausgebauten Teile bei einem repräsentativen Neubau in absehbarer Zeit wieder verwendet werden könnten. Unter diesen Umständen wäre eine auch aus sonstigen Gründen erforderliche Umlagerung nicht zu empfehlen gewesen, zumal sich bei Bewegung der sehr schweren Sandsteinteile mittels Hebezeugen weitere Beschädigungen nicht völlig ausschließen lassen. Sollte sich nunmehr aber auch für etwa die nächsten zwei Jahre keine Aussicht auf Wiedereinbau ergeben, so muß eine Umlagerung unbedingt in nächster Zeit verlangt werden.

Der Zustand des Freilagers macht heute einen besonders ungünstigen Eindruck. Das auf ihm wachsende Kraut hat das Werksteinlagergut an Höhe überwuchert. Das Material steht, soweit festgestellt werden konnte, zum Teil direkt und ohne Pappunterlage auf dem gewachsenen Boden, so daß die Bodenfeuchtigkeit in den Werkstein aufgesogen wird. Soweit geringe Lagerhölzer untergelegt waren, sind diese durch die hohen Eigengewichte der Blöcke in den Erdboden eingedrückt. Infolge ihrer viel zu geringen Höhe sind sie bereits von vornherein ungeeignet gewesen, eine ausreichende Luftzirkulation zwischen Erdboden und Werkstein zu erreichen. Eine Pappabdeckung von oben fehlt gänzlich, so daß die Feuchtigkeit auch aus dieser Richtung ungehindert in den Sandstein eindringen und Frost- sowie andere Temperaturschwankungen einschließlich der Sonneneinstrahlung und der Schattenkühlung weiter Sprengungen kleinsten und größten Ausmasses in dem an sich schon angegriffenen Gestein hervorrufen können.

Diese Wirkung ist hier außerdem deswegen besonders zu befürchten, weil, wie in Berlin leider an so vielen Bauwerken festzustellen, auch hier das Werksteinmaterial an der Bauoberfläche mit porenschliessenden Anstrichmitteln "konserviert" war. Diese Konservierungsmethode hat sich als von sehr negativem Erfolg überall dort herausgestellt, wo ich ihr begegnet bin. So ist es auch hier. Durch den Anstrich sollte am stehenden Bauwerk ein Eindringen von Feuchtigkeit von außen verhindert werden. Das trat jedoch in Wirklichkeit nie ein, da der Farbfilm unter klimatischen Einflüssen rissig wurde. Durch diese Risse konnte dann also doch Feuchtigkeit eindringen, sie konnte aber aus dem Steinmaterial kaum wieder entweichen, dem Verfall ausgesetzt. Im Interesse der Erhaltung muß auch hier eine Umlagerung auf ausreichenden Unterlagen vorgenommen werden.

Für das Freilager mache ich also den Vorschlag der Umlagerung wie folgt: Entfernung des Bewuchses ohne chemische Mittel, die sich auf den Stein nachteilig auswirken könnten! - durch Abmähen und ständiges Kurzhalten, Umlagerung durch Werksteinfachleute bei Unterlage ausreichender und auch genügend hoher Lagerhölzer, Lagerung werkgerecht bei Durchordnung nach Hauptbautrakten und Vergleich mit den Registereintragungen, Neunummerierung durch Einschlagen der Nummern an Stelle des bisherigen, nicht dauerhaften Aufmalens der Kennzeichnung mit Farben, Pappabdeckung der besonders empfindlichen Werksteinstücke bei Umlagerung eines geringen Teils in den Schuppen.

Eine ständige Kontrolle des gesamten Lagers erscheint mir auch nach der durchgeführten Umlagerung mit Rücksicht auf den hohen Wert der Materialien dringend geboten.

Die besprochenen Maßnahmen sind unabweisbar erforderlich, soll nicht einmaliges Kulturgut für immer verloren gehen! Ebenso dringend sind aber ernsthafte Überlegungen der hierfür verantwortlichen Stellen über die möglichst baldige Wiederverwendung an einem repräsentativen Neubau gesamtdeutschen Charakters.

Berlin, den 15. 11. 1953

(Dr.-Ing. Müther)

Vermerk des Chefarchitekten Prof. Henselmann zum Gutachten Dr. Müther vom 15. November 1953 betr. Schlossteile, 1. April 1955

Herrn Professor Henselmann

Chefarchitekt
Architekturkontrolle
– H 1322 –

Berlin, den 1. April 1955
Kü./Hei.

Vermerk
----

zum Gutachten Dr. Müther vom 15.11.53 betr. Schloßteile

Die derzeitige Lagerung der Architekturteile vom ehem. Stadtschloß in Berlin ist nicht nur ungenügend, sondern gibt zu ernsten Besorgnissen Anlaß.
Es handelt sich dabei in erster Linie um die Schöpfungen von Andreas Schlüter, der als einer der bedeutendsten Bildhauer überhaupt angesehen werden kann. Da viele Arbeiten Schlüters der Barbarei des Krieges zum Opfer fielen, sind wir verpflichtet, die noch vorhandenen Reste zu konservieren.

Für das Markttor von Milet, für das Ischtar-Tor und den Pergamonaltar wurden mit erheblichem Aufwand geeignete Räume zur sicheren Aufbewahrung und Erhaltung geschaffen. Die Reste der Schlüter'schen Arbeiten aber liegen ungeschützt und dem Verfall preisgegeben auf einem Acker in Heinersdorf, wo sie bereits durch Unkraut überwuchert und verdeckt werden.

Deshalb ist jede Möglichkeit, diese besonders wertvollen Teile zu erhalten, auszunutzen. Die Berliner Innenstadt zeigt noch einige Ruinen von ehemaligen Kirchen, die für religiöse Zwecke kaum wieder verwendet werden können. Andererseits fehlt es an Raum zur Unterbringung der zahlreichen wertvollen Architekturteile die aus Trümmern geborgen werden konnten.

Der Vorschlag, die ehemalige Garnisonkirche als "lapidarium" Schlüter'scher Arbeiten herzurichten, ist aus den genannten Gründen als recht günstig anzusehen. Für die Nikolaikirche besteht der Vorschlag, sie als Museum für kirchliche Kunst wieder herzustellen. Damit könnten historisch wertvolle Gebäude einem nützlichen Zweck zugeführt werden.

Die Aufstellung von Bildwerken Schlüters im Freien halte ich für bedenklich, weil diese meist schon unter den Einwirkungen von Detonationen, Temperaturschwankung und Feuchtigkeit gelitten haben und deshalb schnell verwittern werden. Wenn auch die Beziehungen Schlüters zum Zeughaus eine Aufstellung von Plastiken

– 2 –

— 2 —

und Architekturteilen im Hofe des Zeughauses rechtfertigen würden, so scheint mir bei einer Aufstellung im Freien die Substanz zu stark gefährdet, insbesondere, weil das derzeitige Klima die Verwitterung sehr beschleunigt. Darüberhinaus liegen in Berlin an vielen Stellen erhaltenswerte Architektur- und Plastikteile bedeutenden Wertes, die an einer Stelle zusammengeführt und konserviert werden sollten.
(z.B. Torsi von Figuren Permosers in Friedrichsfelde)

Die Möglichkeit, derartige künstlerisch sehr bedeutsame und in Beziehung zu unserer Stadt und ihrer Geschichte stehende Arbeiten an einem Orte zu sammeln, wird auch die heutigen bildenden Künstler in die Lage versetzen, diese Arbeiten zu studieren und ihre eigenen Leistungen zu steigern.

Die zur Sicherung der ehemaligen Garnisonkirche und zur Erhaltung der wertvollen Kunstdenkmale entstehenden Kosten werden folgendermaßen geschätzt:

1. Enttrümmerung der Garnisonkirche,
   Abbruch besch. Teile . . . . 60.000,— DM

2. Errichten eines Notdaches und
   Sicherungsmaßnahmen . . . . 140.000,— "

3. Transport der Teile von Heinersdorf
   zur Garnisonkirche . . . . 30.000,— "

4. Aufstellen in der Garnisonkirche . . . . 20.000,— "

   Gesamtkosten etwa 250.000,— DM
   ==============================

Bei dieser Gelegenheit ist auch eine Indentifizierung unbekannter Teile möglich, die im geschlossenem Raum eher durchzuführen ist, als wenn solche Teile im Sand und Unkraut liegen.

(K ü t t l e r)

Verteiler:
1) Professor Henselmann
2) Dr. Müther
3) Kollegin Seewald
4) Kollege Nerger
5) "   Küttler

Aktenvermerk zur Lagerung ausgebauter Schlossteile in Berlin-Heinersdorf, 1. Juli 1957

Berlin C 2, den 1.7.1957
32-21/Sch.

Aktenvermerk

Betr.: Lagerung der ausgebauten Schlossteile in Berlin-Heinersdorf

Ein Besuch des Lagerplatzes Heinersdorf am 28.6.1957 ergab folgendes:

1. Die Situation im Freigelände ist unverändert. Die Sandsteinteile sind hoch mit Unkraut überwuchert, so dass sie kaum noch sichtbar sind. Sie sind tief im Boden versunken. Die ehemals vor dem Lagerschuppen liegenden Teile des Schlossportales und anderer Eisengitter sind auf die Steine gelegt worden, und zwar so, dass sich in ihnen das Wasser sammelt und die Gitter durchrosten.

2. Der Lagerschuppen selbst ist in sehr schlechtem Zustand, die Seitenwände sind zum Teil herausgedrückt, so dass man durch die Lücken Zutritt hat. Im Innern selbst sind die Bestände stark gelichtet. Der Boden ist teilweise mit Brocken von zerschlagenem Sandstein bedeckt. Welche Teile fehlen, müssten noch durch eine genauere Untersuchung festgestellt werden. Die wertvollen Skulpturen, z.T. von Andreas Schlüter, sind zum Teil schwer beschädigt, Köpfe von wertvollen Reliefs und Sockel von den Figuren vom Schlüterhof sind abgeschlagen. Zwischen die Figuren sind Möbel gestellt, im Gipsraum sind die Kisten aufeinandergestellt, die wertvollen Gipsabgüsse beschädigt und achtlos zwischen die Sandsteinteile geworfen. Ein Originalgipsrelief von Andreas Schlüter ist stark beschädigt.

Der Lagerverwaltung vom VEB Tiefbau kann nicht der geringste Vorwurf gemacht werden, da sich von Seiten des HR Denkmalpflege in den letzten drei Jahren niemand um diese Dinge gekümmert hat. Ein Mietsvertrag mit VEB Tiefbau von Seiten des Magistrats ist nie gemacht worden, so dass auch kein rechtlicher Anspruch auf Sicherheit und Erhaltung besteht. Die Hauptschuld an diesen katastrophalen Zuständen muss stets dem HR Denkmalpflege zugeschrieben werden. M.E. ist weder der umfangreiche Schriftwechsel, der übrigens nur bis 1955 geführt worden ist, noch die schriftliche Erklärung des Konservators, Herrn Küttler, vom 5.10.1956, er lehne die Verantwortung für den Zustand dieser Teile ab, eine hinreichende Entschuldigung für diese Verantwortungslosigkeit. Im übrigen fehlt in den Akten seit 1955 jeglicher Bericht über den Zustand des Lagerschuppens, so dass anzunehmen ist, dass keine Besichtigung in den letzten zwei Jahren stattgefunden hat.

- 2 -

Nach den Bruchstellen zu urteilen, sind die Beschädigungen nicht erst kürzlich vorgenommen worden.

Zur Behebung dieses katastrophalen Zustandes schlage ich vor:

1. Die wertvollsten Stücke den Staatlichen Museen zu übergeben. Dabei handelt es sich um

   5 Figuren 2,70 m hoch, vom Schlüterportal Original Schlüter

   2 Reliefs vom Lustgarten-Portal Original Schlüter

   1 Relief Gips 2 Teile Original Schlüter.

   Die Gipsabgüsse (Kernstücke in Kisten) vom Elisabethsaal ca. 12 Figuren. Entwurf von Schlüter.

   Die Gipsabgüsse von den Giganten der Schlüter-Treppe. Entwurf von Schlüter.

   In einer diesbezüglichen Rücksprache mit der Skulpturen-Abteilung der Staatlichen Museen erklärte sich diese bereit, diese Dinge zu übernehmen und museal zu nutzen, die Sandsteinplastiken wie auch die Gipse, da das Museum jetzt auch Ausstellungsräume für Gipsagüsse einrichtet. Diese Lösung für die kostbarsten Stücke des Schlossausbaues wäre die günstigste, da dann die Stücke nicht nur vor mechanischen Zerstörungen geschützt wären, sondern auch durch erfahrene Museumsrestauratoren der Zersetzung von Innen her Einhalt geboten würde, da die Figuren zum Teil noch mit einem dicken Ölanstrich versehen sind.

2. Für die Bergung der anderen rund 1500 Einzelteile schlage ich folgende Massnahmen vor:

   Schaffung eines Lagerplatzes (durch Anweisung einer geeigneten Freifläche durch den Chefarchitekten) nicht nur für die Schlossteile, sondern für die gesamten ausgebauten Sandsteinteile, die vom HR Denkmalpflege gelagert werden müssen. Für die Verlagerung der Schlossteile schlage ich Teilung in zwei Abschnitte vor: In diesem Jahr noch Auslagerung der Teile, die im Schuppen gelagert sind, weil diese am stärksten der Gefahr einer mechanischen Beschädigung ausgesetzt sind. Unterbringung dieser Stücke unter ein Schleppdach auf einer soliden Balkenunterlage. Anfang nächsten Jahres, März/April, vor Beginn des starken Pflanzenwuchses, Umlagerung der im Freien lagernden Teile, nach vorheriger sorgfältiger Vorbereitung des zukünftigen Lagergrundes, unter Aussortierung unbrauchbarer Stücke.

   Die Teilung in zwei Abschnitte hat den Vorteil, dass die erheblichen Transportkosten mit weitaus grösserem, im Freien liegenden Teil für das Haushaltjahr 1958 eingeplant werden kann. Ausserdem sind diese Stücke, abgesehen von dem inneren Zersetzungsprozess, keinen äusseren Beschädigungen ausgesetzt.

Volk

Vermerk über die ausgebauten Schlossfiguren auf dem Lagerplatz in Heinersdorf, 11. November 1957

HR Denkmalpflege
Klosterstr. 59

Berlin C 2, den 11.11.57

Vermerk für die Abteilungsleitung

Betr.: Ausgebaute Schloßfiguren auf dem Lagerplatz in Heinersdorf

Um die beabsichtigte Unterbringung der wertvollsten Schlüterfiguren in die Staatlichen Museen endgültig abzuschließen, besuchte ich am 4. November 1957 zusammen mit dem Direktor der Skulpturenabteilung der Staatlichen Museen den Lagerplatz in Heinersdorf, nachdem ich am 28. 6.1957 das letzte Mal draußen war (siehe Aktenvermerk vom 1.7.1957). Bei unserem jetzigen Besuch mußten wir feststellen, daß die Lagerhalle, in der sich die wertvollsten Figuren befanden fast vollständig ausgeräumt worden ist. Die Figuren sind unsachgemäß auf sumpfiges Freigelände geschleppt worden. Durch den gewaltsamen Transport, die Figuren haben Gewichte bis zu 2 t, sind sehr schwere Beschädigungen eingetreten. Ein Teil der Köpfe ist gewaltsam abgeschlagen worden, die vorstehende Sandsteinteile, wie Gewandfalten, Arme Füße, sind abgeschlagen, die Holzverkleidung von Kapitälen, sehr eindrucksvollen Stücken, sind gewaltsam abgerissen worden. Man kann sich bei einer Besichtigung des Eindrucks nicht erwehren, daß ein Teil dieser Beschädigungen mutwillig erfolgt sind. Bei einer Rücksprache mit dem Leiter des Lagerplatzes stellte es sich heraus, daß diese Umlagerung geschehen ist, um einen Unterkunftsraum für Jugendbrigaden zu schaffen. Eine Verständigung irgendeiner Dienststelle ist nicht erfolgt. Eine Rücksprache mit VEB Tiefbau, Herrn Direktor Jahnke, ergab, daß vor Jahren die Deutsche Bauakademie Herr Dr. Strauß, der damals noch verantwortlich für die Schloßteile war, wegen einer Umlagerung mehrmals vergeblich angesprochen worden ist. Eine Zuständigkeit der Denkmalpflege war Herrn Jahnke angeblich nicht bekannt.

Aus dieser Sachlage ergibt es sich, daß eine sofortige Umlagerung der wertvollsten Teile, die sich zum Teil noch in Schuppen befinden, sofort innerhalb von 2 Wochen nötig ist. Da trotz unserer wiederholten Bemühungen uns immer noch kein Lagerplatz zur Verfügung gestellt worden ist, ist die Situation erheblich erschwert, da wir nicht wissen, wohin wir die Schloßteile transportieren sollen, die rund 2.000 einzelne Teile umfassen. Vorläufig habe ich die bis jetzt offen stehende Scheune verschließen lassen und sämtliche Ausräumungsarbeiten gestoppt.

Meine Bemühungen gingen im Sommer 1957 darauf aus, erst einmal die wertvollsten Stücke von Schlüter sicher unterzubringen. Auf meine Anfrage hin haben sich die Staatlichen Museen, Skulpturenabteilung entschlossen, sämtliche Gipsabgüsse und Gipsreliefs mit samt der Form sowie 2 Sandsteinreliefs von Schlüter zu übernehmen. Außerdem sind sie nach der letzten Besichtigung am 4. November bereit, die 5 Originalfiguren von Schlüter vom Schlüterportal aufzustellen. Für die anderen Teile konnten sie sich nicht entscheiden, da diese nicht von Schlüter sind und sie nur Plastiken 1. Qualität übernehmen. Die neue Situation in der Lagerung ergibt aber nun auch für uns neue Gesichts-

- 2 -

punkte der Unterbringung und Sicherstellung. Inzwischen hat sich der neue wissenschaftliche Direktor des Märkischen Museums, der am folgenden Tag mit mir den Lagerplatz besichtigte, bereit erklärt, ebenfalls die fünf Figuren von Schlüter und die Reliefs aber auch 2 wertvolle Portale, die allerdings nicht von Schlüter stammen sowie weitere sechs Monumentalplastiken, sowie eine größere Anzahl Architekturteile zu übernehmen. Ich bin im Sommer deswegen an die Staatlichen Museen herangetreten, weil die Situation im Märkischen Museum in dieser Zeit es nicht ratsam erscheinen ließ, deratig wertvolle und schwer zu stellende Stücke dorthin zu übergeben. Durch die Ernennung eines wissenschaftlichen Direktors sind aber derartige Bedenken überholt. Nach einer Besichtigung der Räumlichkeiten im Märkischen Museum sowie nach einer Rücksprache mit Frau Stadtrat Blecha ist das HR Denkmalpflege zu folgendem Entschluß gekommen:
Eine Aufstellung der wertvollsten Schloßteile in einem Museum ist bereits eine politische Angelegenheit. Es geht also nicht an, daß die in verschiedenen getrennt ausgestellt werden. Dem Charakter nach entspricht das Märkische Museum weitaus mehr den Anforderungen einer solchen Ausstellung, da es ja Berliner Plastik zeigen soll als die Staatlichen Museen. Es würde also bedeuten, daß den Staatlichen Museen mitgeteilt werden muß, daß die fünf Schlüterfiguren sowie die 2 Schlüterreliefs nicht an sie abgegeben werden können. Die Gipsabgüsse, die doppelt sind, könnten sie dagegen erhalten. Diese Mitteilung müßte in entsprechender Form erfolgen. Wir müssen uns klar darüber sein, daß wenn diese Aufstellung in der gemeinsam mit Herrn Dr. Brockdorff vom Märkischen Museum vereinbarten Form geschehen soll, es eine durchaus positive politische Leistung sein wird. Der Bevölkerung wird damit die Gelegenheit gegeben, die besten Arbeiten Berliner Bildhauer des Barocks zu besichtigen. Gleichzeitig hat sie die Möglichkeit, die von der westlichen Presse verbreiteten Hetzparolen über den radikalen Abriß des Berliner Schlosses zu revidieren und sich zu überzeugen, mit welcher Sorgfalt das wertvolle Kunstgut sichergestellt worden ist. Die Klärung der technischen Einzelheiten (Aufstellung und Hineinschaffen der Figuren in den Aufstellungsraum) ist bereits erfolgt. Ebenfalls ist eine Finanzierung der Aufstellung innerhalb des Märkischen Museums sowie der notwendigsten Restaurierungsarbeiten bis Ende 1957 in der Höhe von 5.000,-- DM mit unserem Haushaltsreferenten Herrn Reisbach abgesprochen, mit Einwilligung von Frau Stadtrat Blecha, so daß sich in dieser Beziehung keine Schwierigkeiten mehr ergeben. Eine statische Berechnung des Raumes ist eingeleitet worden. Da dieser in neuerer Zeit mit Eisenträgern und Stahlbetonkappen unterfangen worden ist, werden sich wohl kaum Schwierigkeiten in dieser Hinsicht ergeben.

Lediglich die Schuldfrage an der Beschädigung der Figuren wäre noch zu klären. Dafür ist eine Besprechung mit dem Direktor vom VEB Tiefbau, Herrn Jahnke, am Dienstag, dem 12.11. vorgesehen. In diesem Zusammenhang wird gleichzeitig mit ihm die Frage des Transports besprochen werden. Die restlichen skulpierten Teile, die wegen ihrer enormen Ausmaße von keinem Museum übernommen werden können, müssen von uns aus auf einen Lagerplatz umtransportiert werden. Im Augenblick sind wir noch auf der Suche nach einem solchen Platz. Der Umtransport der Figuren nach dem Märkischen Museum könnte bereits in den nächsten 14 Tagen erfolgen, da es uns nicht ratsam erscheint, schon aus politischen Gründen, diese beschädigten Figuren so sichtbar liegen zu lassen.

Schwierigkeiten bei der Umlagerung macht lediglich noch das Fehlen der Bestandsliste, die damals bei der Übergabe von der Deutschen Bauakademie an den Magistrat mit übergeben wurde. Trotz allseitigen Nachfragens ist die Liste nicht auffindbar. Sie muß seinerzeit von Herrn Prof. Henselmann an Herrn Küttler weitergegeben worden sein. In den Akten des HR Denkmalpflege befindet sie sich nicht.

(Volk)
Hauptreferent

Schreiben zu den Problemen auf dem Lagerplatz in Heinersdorf (Volk), 8. April 1960

Denkmalpflege   Berlin, den 8.4.60

An
Kollegen Gißke
===============

Betr.: Lagerplatz Heinersdorf

Eine Besichtigung des Lagerplatzes Heinersdorf, die gestern stattfand, ergab, daß in der Zwischenzeit die empfindlichen Gipsabgüsse und wertvollen Steinteile u.a. auch die vom Eosander-Portal, die sich bisher noch im Schuppen befanden, völlig zerschlagen und zerstört sind. Diese Teile, die sich deshalb noch im Schuppen befanden, weil sie noch sehr wertvoll waren, sind von Schwertransportern in einem sehr engen Raum zusammengedrängt worden, so daß kein Stück ohne schwere Zerstörung davon gekommen ist. Die Gipse sind völlig unbrauchbar geworden. Die Kisten, in denen sich die Formteile befinden, sind geworfen worden, so daß auch diese unbrauchbar geworden sind. Eine Umlagerung war bisher von uns aus nicht möglich, da es uns trotz großer Bemühungen nicht gelungen ist, Transportmittel und Autokräne zu erhalten. Es ist zwar verständlich, daß VEB Tiefbau den Raum benötigt, es ist aber nicht verständlich, daß derartig mit Kulturgut umgegangen wird. Da dieser Fall sich zum sechsten oder siebenten Male wiederholt und zur endgültigen Zerstörung geführt hat, wäre es vielleicht doch richtig, in diesem Falle einen Strafantrag zu stellen, zumal die Teile betroffen sind, die zum Wiedereinbau vorgesehen waren. Wenn wir in kürzester Frist nicht die Möglichkeit haben, die Sachen abzutransportieren, lehne ich die Verantwortung für diese Dinge ab. Im Augenblick ist es bei der schlechten Besetzung des Referats einfach nicht möglich, hier eine Abänderung zu schaffen, indem die Schloßteile laufend beobachtet werden.

(Volk)

10. Verzeichnis wichtiger Zeitungsbeiträge bis 1952

Berliner Zeitung	13.12.1945	Denkmalstrümmer werden gesammelt – Es ist noch Leben im Berliner Stadtschloß
Neues Deutschland	23.3.1948	Fortschrittliche Denkmalpflege Dr. Gerhard Strauss
Neue Zeit	18.11.1948	Das Schicksal unserer Baudenkmäler; Diskussion im Arbeitskreis für die Geschichte Berlins
Der Morgen	18.11.1949	Was von unserem Alt-Berlin erhalten bleibt; Pläne, Hoffnungen und Wünsche – Ein Vortrag im Kulturbund
Der Tagesspiegel	18.5.1949	Schlossmuseum und Museumsinsel „Kunstpflege" des Stadt-Sowjets – Provinzielle Nationalgalerie
Neues Deutschland	17.7.1949	W. Fr., Das neue Berlin
BZ (Ost)	16.1.1950	Zutritt streng verboten; Besuch im Schlossmuseum; Die Baupolizei
Berliner Zeitung	26.1.1950	Zutritt streng verboten
Berliner Zeitung	12.2.1950	Das Zukunftsgesicht Berlins
Berliner Zeitung	23.2.1950	Die Schlosskuppel
BZ	4.3.1950	Noch einmal das Schloss
Neues Deutschland	23.7.1950	Rede Ulbrichts „Der Fünfjahrplan und die Perspektive der Volkswirtschaft"
Tägliche Rundschau	23.7.1950	Wiederaufbau Berlins – Wiederaufbau von 53 Städten in der DDR
BZ am Abend (Ost)	8.8.1950	Das Geisteserbe Schlüters Kurt Reutti
BZ (Ost)	22.8.1950	Zerstörte Städte werden neu entstehen; Sechzehn Grundsätze des Städtebaus; Vom Ministerrat für die Deutsche Demokratische Republik beschlossen; So wird bei uns gebaut
BZ (Ost)	22.8.1950	Wie soll die Deutsche Hauptstadt aussehen? Eine Großstadt ist kein ländliches Idyll
Nachtexpress	25.8.1950	Berliner Innenstadt – groß und schön. Erste Einzelheiten aus dem großzügigen Wiederaufbauplan
Berliner Zeitung	27.8.1950	Aufbauplan für das Zentrum des neuen Berlins

Sozialdemokrat	2.9.1950	Das Schloss steht im Weg
Der Tag	3.9.1950	Angeklagter Andreas Schlüter schuldig – Urteil wird vollstreckt
Der Abend	5.9.1950	Ostberliner Eigengewächs
Berliner Zeitung	7.9.1950	Lenin und die Schlossruine
Neue Zeitung	7.9.1950	Ostmagistrat läßt heute das Schloss sprengen
Neues Deutschland	7.9.1950	Das neue Berlin – Symbol des nationalen Lebenswillen
Telegraf	7.9.1950	Kulturbarbarismus
Sozialdemokrat	8.9.1950	Schlossapotheke zerfiel zu Staub
Die Neue Zeitung	8.9.1950	Hofapotheke wurde gesprengt, Robert Normann
Der Tag	8.9.1950	Apothekenflügel gesprengt
Telegraf	8.9.1950	Hof-Apotheke sank in Trümmer Schlosssprengung begann – Ebert braucht Platz zum „Demonstrieren"
Der Tagesspiegel	8.9.1950	Kommunisten ließen Berliner Stadtschloß sprengen
Der Kurier	9.9.1950	Lach nicht, Mona Lisa!
Der Tag	9.9.1950	Kulturwerte müssen bleiben
Der Tagesspiegel	9.9.1950	Bildersturm an der Spree Restaurierung des Berliner Schlosses möglich – Muß es dem „Roten Platz" weichen?
Vorwärts (Ost)	10.9.1950	Trümmer, die andere geschaffen haben; Oberbürgermeister Ebert zum Abbruch der Schlossruine
Telegraf	10.9.1950	Demontage der Vergangenheit Trauriger Spaziergang Unter den Linden bis zum Schloss – Ehrenwache als Pförtnerhäuschen
Die Neue Zeitung	10.9.1950	„... damit sie aufmarschieren können" – Berliner Stadtschloß, Vandalismus und ostzonale Kultur
Nationalzeitung	12.9.1950	Postkartenplunder – noch nicht vergessen (Das Berliner Schloss muß abgerissen werden/künstlerisch wertvolles wird geborgen)
BZ (Ost)	14.9.1950	Schatzgräber im Schloss; Südwestecke der Schlossruine
Neue Zeit		14.9.1950 Kunsthistoriker im Berliner Schloss, Denkmalschutz ist keine Spielerei
Die Zeit (Hamburg)	14.9.1950	Roter Platz in Berlin
Berliner Zeitung	15.9.1950	Kunsthistoriker im Schloss – Sicherstellung von Kunstschätzen

Berliner Rundschau	15.9.1950	Historische Werte werden gerettet
Der Morgen	15.9.1950	Berliner Schloss unter der Lupe
Bild der Zeit (Beilage)	17.9.1950	Abschied von Schlüter; Dynamit zerreißt Berlins historisches Gesicht
Berliner Kurier	17.9.1950	Die Demontage des Berliner Schlosses
Berliner Zeitung	23.9.1950	Eine undankbare Aufgabe. Zum Abbruch der Schlossruine
Nationalzeitung	23.9.1950	Um den Abbruch der Schlossruine
Die Woche in Bild	24.9.1950	An der Ruine des Berliner Schlosses
Sozialdemokrat	24.9.1950	Proteste nützen nicht – Die SED läßt sprengen
Berliner Zeitung	27.9.1950	Wie entstand das Schloss – Interessante baugeschichtliche Untersuchung beim Abbruch der Berliner Schlossruine
BZ am Abend (Ost)	30.9.1950	Berliner Schloss
National Zeitung	30.9.1950	„Unser Erbe – aus Trümmern gerettet"
Der Morgen	30.9.1950	Die Schlossruine wird gründlich durchforscht
Tagesspiegel	1.10.1950	Berliner Schloss vor dem Untergang Margarete Kühn
Die Welt	7.10.1950	Kalkwolken über den Ruinen Carl Georg Heise
Der Spiegel	18.10.1950	Das Schloss muß fallen
Sonntag	29.10.1950	Das ließen die Bomben übrig
FAZ	1.11.1950	Appell wegen des Schlosses, A. Halangk
Neue Zeitung	10.11.1950	Wahre Freude Alt-Berlins
Der Morgen	10.11.1950	Eosander Portal wird jetzt abgebaut
Sydsvebska Dagbladet Snällposten	14.11.1950	Slottet i Berlin jämnas med Marken av de röda
Frankfurter Rundschau	16.11.1950	Das Schicksal des Berliner Schlosses Prof. Dr. Ernst Gall
Svenska Dagbladet	19.11.1950	Berlins slott inför sin undergang Prof. Ragnar Josephson
Neue Zeit	30.11.1950	Tabula rasa – Gleichschaltung der sowjetischen Kultur, Karl Wilbe
Kunstchronik	Nov. 1950	Das Schicksal des Berliner Schlosses Ernst Gall
Planen und Bauen Bd. 4	Dez. 1950	Denkmalpflege an der Schlossruine in Berlin, Dr. Gerhard Strauß
Planen und Bauen Nr. 12	Dez. 1950	Denkmalpflege an der Schlossruine in Berlin, Dr. Gerhard Strauß
Berliner Anzeiger		Berliner Schloss

Der Abend	16.3.1951	Die Beute beim Schlossabbruch, Eigenbericht Der Abend
Der Kurier		Es regnet noch immer auf Pergamon/ Plan „Schlossabriß" vorfristig erfüllt, Kurt Reutti
Tagesspiegel	27.5.1951	Zerstörung und Rekonstruktion?
Telegraf	22.7.1951	Schloss-Film
Der Abend	25.7.1951	Kultura [Zum Abriß des Berliner Schlosses]
Steglitzer Anzeiger	27.7.1951	Der Film „Das Berliner Schloss"
Die Neue Zeitung	27.7.1951	Über den Untergang des Berliner Schlosses
Berliner Anzeiger	29.7.1951	Das Berliner Schloss/Eine Erinnerung
Die Neue Zeitung	31.7.1951	Rund um ein zerstörtes Schloss/ Flaggengala und Bedrückung im Ost-Sektor Berlins, Georg Pleß
Telegraf	4.8.1951	Der Untergang des Schlosses
Bild-Rundschau	23.8.1951	[Marx-Engels-Platz]
Der Abend	4.9.1951	Berlin diskutiert
Der Abend	20.9.1951	Das Berliner Schloss
Steglitzer-Anzeiger	23.9.1951	Geist der Steppe [Rezension des Buches „Das Berliner Schloss und sein Untergang" von Karl Rodemann]
Düsseldorfer Nachrichten	29.9.1951	Ein Schloss wurde Aufmarschplan; unersetzliche Kunstwerke in die Luft gesprengt – Das Ende des Berliner Schlosses
Ruhr-Nachrichten	5.10.1951	Haß wütet gegen Steine; Der Untergang des Berliner Schlosses
General-Anzeiger f. Bonn und Umgebung	8.10.1951	Das Ende des Berliner Schlosses; Ein Bildbericht ostzonaler Zerstörungswut und Kulturbarbaren
Stader Tagesblatt	16.10.1951	Vom Erdboden verschwunden; vor einem Jahr wurde das Berliner Schloss gesprengt
Oberschlesische Presse	15.2.1952	So riß man das Herz aus Berlin; Die Vernichtung des Berliner Schlosses – Ein Akt planmäßiger Kultur-Demontag
Berliner Morgenpost	17.10.1952	Jede Kamera bedeutet Tod; Der Untergang des Berliner Schlosses wurde im Film festgehalten
Revue	1952	[Das Berliner Schloss am 4. 8. 1914]
Der Kurier	30.4.1954	Man nimmt dieser Stadt die Seele Ernst Feder
Neue Zeitung	27.6.1954	Erinnerung an das Schloss Karl Rodemann

Tagesspiegel	12.2.1956	[Denkmalpflege in Ostdeutschland] Interessiert nicht mehr, Karl Rodemann
Die Welt	28.4.1958	Kulturpalast ersetzt das Kaiserschloß; So stellt sich Ostberlin das neue Stadtzentrum vor: Marx-Engels-Forum mit Turmhaus
Die Zeit Beilage Nr. 16	1961	Preußen unter der Spitzhacke, Jürgen v. Kornatzki
Tagesspiegel	16.1.1964	[Portal des Berliner Schlosses]
Berliner Zeitung (Ost)	24.1.1965	Das Zentrum unserer Hauptstadt, Interview mit Dr. Heinz Prässler
Die Welt	14.11.1970	Gesprengtes Barock/Wie das Berliner Schloss vor zwanzig Jahren zerstört wurde Schlossruine Berliner Schloss unter der Lupe/Überall wissenschaftliche Untersuchungen Reste des Schlossmuseums gefunden

11. Abkürzungen

A.	Anfang
ABBAW	Archiv der Berlin-Brandenburgischen Akademie der Wissenschaften
a. D.	außer Dienst
Abt.	Abteilung
Abtg./Abtlg.	Abteilung
Anl.	Anlage
Anm.	Anmerkung
Art.	Artikel
b.	bei
BArch	Bundesarchiv
Bd.	Band
bes.	besonders
Betr.:	Betrifft
bezw.	Beziehungsweise
Bibl.	Bibliothek
Bl.	Blatt
BLHA	Brandenburgisches Landeshauptarchiv
BArch	Bundesarchiv
bürgerl.	bürgerlich
BVG	Berliner Verkehrsgesellschaft
BZ	Berliner Zeitung
bzw.	beziehungsweise
c./ca.	cirka
CDU	Christlich Demokratische Union
d. Ä	der Ältere
DAW	Deutsche Akademie der Wissenschaften
DBA	Deutsche Bauakademie
DDR	Deutsche Demokratische Republik
DEFA	Deutsche Film-AG
DFD	Deutscher Frauenbund Deutschlands
dgl.	dergleichen
d. h.	das heißt
d. J./d. Js.	des Jahres
DM	Deutsche Mark
Dr.	Doktor
Dts.	Deutschland
DSF	Deutsch Sowjetische Freundschaft
Dt.	Deutschen
DV	Deutsche Verwaltung

d. Verf.	der Verfasser
DVV	Deutsche Verwaltung für Volksbildung
DWK	Deutsche Wirtschaftskommission
ehem.	ehemalige
EKKI	Exekutivkomitee der Kommunisten Internationalen
EOS	Eosander
f./ff.	folgend/fortfolgende
FAZ	Frankfurter Allgemeine Zeitung
Febr.	Februar
FDGB	Freier Deutscher Gewerkschaftsbund
FDJ	Freie Deutsche Jugend
Frl.	Fräulein
ebd.	ebenda
geb.	geboren
Gen./Ge.	Genossen
gest.	gestorben
gez.	gezeichnet
G. Z.	Geschäftszeichen
ha	Hektar
Hrsg.	Herausgeber
HV	Hauptverwaltung
insg.	insgesamt
ital.	italienisch
i.V.	in Vertretung
Jb.	Jahrbuch
Jg.	Jahrgang
Jh.	Jahrhundert
KJVD	Kommunistischer Jugendverband Deutschlands
KPD	Kommunistische Partei Deutschlands
KPdSU	Kommunistische Partei der Sowjetunion
KZ	Konzentrationslager
LAB	Landesarchiv Berlin
LDPD	Liberaldemokratische Partei Deutschlands
Lfdm.	Laufende Meter
Lt./lt.	laut
M-E-Pl.	Marx-Engels-Platz
m.	mit
Mill.	Millionen
Mts.	Monats
NDPD	Nationaldemokratische Partei Deutschlands
NKFD	Nationalkomitee Freies Deutschland
NL	Nachlass
Nr.	Nummer
NSDAP	Nationalsozialistische Partei Deutschlands
o./od.	oder
OdF	Opfer des Faschismus

Okt.	Oktober
pers.	persönlich
pol.-ideo.	politisch-ideologisch
Prof.	Professor
Präs.	Präsident
Ref.	Referat
reg.	registriert
Rep.	Repositur
RM	Reichsmark
russ.	russisch
S.	Seite
s.	siehe
SAP	Sozialistische Arbeiter Partei
SAPMO-BArch	Stiftung Archiv der Parteien und Massenorganisationen der DDR im Bundesarchiv
S/A	Sachsen-Anhalt
SBZ	Sowjetische Besatzungszone
SED	Sozialistische Einheitspartei Deutschlands
SMAD	Sowjetische Militäradministration in Deutschland
sowj.	sowjetisch
SPD	Sozialdemokratische Partei Deutschlands
St.	Stand
Stellv.	Stellvertreter
t	Tonne
teilw.	teilweise
Trspt.	Transport
u. ä.	und ähnlich
UdSSR	Union der Sozialistischen Sowjetrepubliken
USPD	Unabhängige Sozialdemokratische Partei Deutschlands
usw.	und so weiter
u. W.	unseres Wissens
v.	von
VEB	Volkseigener Betrieb
vgl.	vergleiche
Vorg.	Vorgang
VVN	Vereinigung der Verfolgten des Naziregimes
z. B.	zum Beispiel
z. Hd. d.	zu Händen des
ZK	Zentralkomitee
ZPA	Zentrales Parteiarchiv
z. T.	zum Teil
z. Zt./z. Z.	zur Zeit

12. Ortsverzeichnis

Athen 85

Berlin
- Bauakademie 130
- Charlottenburger Schloss 37, 38, 39
- Dom 19, 63, 82, 130, 131
- FIAPP-Denkmal 69, 71
- Grunewald-Schloss 38, 39
- Haus Kamecke 38
- Marstall 11, 59, 63, 130, 132
- Marx-Engels-Denkmal 129
- Marx-Engels-Platz 76, 77, 80, 116, 129, 130, 131, 144
- Palast der Republik 11, 129
- Pfaueninsel 37
- Schinkelmuseum 130
- Staatsoper 70, 130
- Staatsratsgebäude 127, 130, 143
- Stalinallee 131
- Zeughaus 11, 60, 130

Berliner Stadtschloss
- Adlersäule 18
- Alabastersaal 12, 16, 88
- Apollosaal 19
- Audienzzimmer 16
- Bibliothek 17
- Blaue Französische Kammer 17
- Böhmebau 109, 109
- Eckkabinett 17
- Elisabeth-Kammern 17
- Elisabethsaal 19, 32, 38, 39, 44, 64, 75, 81, 124, 125, 136, 137
- Elisabethtreppe 127
- Elisabethsaaltreppe 19
- Eosanderbau 59, 92
- Eosanderflügel 109, 124
- Eosanderhof 35, 88, 126
- Eosanderportal 18, 19, 34, 35, 57, 80, 97, 109, 127, 136, 137, 143
- Eosandertreppe 78, 124
- Erasmuskapelle 28, 109

- Galeriebau 12
- Galerie Nehring 101
- Gesellschaftszimmer 17
- Gigantentreppe 125, 136
- Große Bildergalerie 113
- Großer Saal 11
- Grüne Damastene Kammer 17
- Grüne Französische Kammer 17
- Grüne Hut 11, 109, 116
- Grünes Vorzimmer 17
- Haus der Herzogin 11, 12, 18, 101
- Joachimbau 11
- Joachimsaal 19
- Konzertzimmer 17
- Königskammern 17, 21, 35, 137
- Lange Saal 11
- Lustgarten 11, 12, 13, 16, 18, 21, 22, 23, 26, 59, 63, 65, 68, 69, 70, 85, 100, 116
- Lustgartenflügel 13, 16, 17, 19, 20, 59, 143
- Lustgartenfront 127
- Lustgartenterrasse 18, 20, 23, 138
- Lustgartenportal 126
- Lustgartenseite 35, 97, 111, 113
- Marmorsaal 137
- Marmortreppe 19, 38, 75, 78, 124, 136
- Mecklenburgischen Kammern 19
- Münzturm 13
- Neuwieder Zimmer 17
- Paradegeschoss 19, 136
- Paradekammer 13, 17, 18, 19, 21, 22
- Parolesaal 17, 29, 51, 124
- Pfeilersaal 17, 30
- Pförtnerhaus 12
- Polnische Kammern 16, 19
- Portal I 18, 25, 32, 44, 75, 78, 92, 106, 115, 126, 127, 136
- Portal II 17, 19, 25, 92, 108, 115, 126, 127
- Portal III 13, 16, 18, 19, 115, 127, 136, 137, 138
- Portal IV 17, 18, 19, 22, 75, 97, 113, 115, 127, 138, 143
- Portal V (Schlüterportal) 13, 18, 19, 18, 52, 75, 97, 111, 113, 125, 126, 127, 136, 138
- Portal VI 125, 126
- Prinzess-Marie-Wohnung 19
- Rittersaal 13, 16, 39, 124, 138
- Rote Damastene Kammer 17
- Rot-lackiertes Zimmer 17
- Rossebändiger 18, 138
- Schlafzimmer 17
- Schlossapotheke 11, 12, 20, 24, 88, 91, 92

- Schlossfassade 26
- Schlossfreiheit 13, 17, 18, 19, 35, 44, 64, 83
- Schlossfreiheitsflügel 16, 19, 54
- Schlosshof 11, 12, 13, 18, 19, 39, 50
- Schlosskapelle 11, 16, 18, 19, 34
- Schlosskeller 97
- Schlosskuppel
- Schlossmuseum 22, 54, 55, 65
- Schlossplatz 16, 21, 64, 85, 92, 105, 109
- Schlossplatzfassade 25, 135
- Schlossplatzflügel 11, 12, 17, 19, 35, 38, 59
- Schlossplatzfront 13, 19, 35, 44, 95, 97, 106, 108, 109
- Schlosstor 12
- Schlüterbau 17, 38, 44, 55, 59, 75, 108, 124, 136, 137
- Schlüterhof 19, 26, 27, 32, 44, 45, 49, 50, 54, 57, 64, 66, 74, 75, 76, 77, 78, 80, 83, 84, 85, 88, 96, 97, 101, 105, 106, 107, 109, 111, 123, 126, 136, 137, 138
- Schlüterportal 21, 75, 78, 126, 127
- Schlütertreppe 19, 55, 127, 136
- Schweizersaal 19, 111
- Speisesaal 17
- Spreefassade 24
- Spreeflügel 11, 12, 16, 19, 74, 115
- Staatsratssaal 38, 39, 43, 51, 81
- Sternsaal 31
- Südfassade 97
- Thronzimmer 17
- Weißer Saal 16, 18, 19, 31, 35, 38, 39, 40, 43, 53, 54, 65, 81, 113, 137
- Weiße-Saal-Galerie 19
- Weiße-Saal-Treppe 18, 137
- Wendeltreppe 32, 33, 39

Buchenwald 95
Budapest 66

Casel 44
Cölln 9, 10

Dessau 121
Dobitschen 35, 44
Doorn 21
Dresden 96, 100, 111

Gebersdorf 44
Grasleben 35

Halle/S. 121

Heidelberg 111
Hoyerswerda 121

Kaiseroda 35
Köln 97
Küstrin 10

Leipzig 97
Lausanne 71

Moskau 63, 71, 91, 94, 130, 131
München 96, 100

Oegeln 35

Paretz 35
Paris 79, 94
Potsdam 16, 56, 61, 141, 141
Prag 66, 94

Rheinsberg 35
Rom 13, 79

Schönebeck 35
Schweden 110
Schwedt 121, 141
Sonnewald 35, 44
Sophienhof 35
Stockholm 110

Tamsel 10

Venedig 94

Warschau 91, 101, 109, 110
Weimar 63, 88, 122
Weißensee 35, 44
Wiesbaden 138

Zützen 35

13. Namenverzeichnis

Arlt 66
Axen, Hermann 62

Baumann, Edith 62
Bersarin, Nikolai Erastowitsch 36
Bersing 55
Bickerbach, Helmuth 85, 95, 143
Blümel 83
Bode, Wilhelm v. 21
Bolz, Lothar 58, 73, 93, 95, 144
Böhme, Martin Heinrich 16
Bonatz, Karl 43
Boumann, Michael Philipp Daniel 17
Brockdorf 126
Brockschmidt 66
Buntschuh, Kunz 11

Churchill, Winston 83
Clasen, K. H. 67, 121, 122
Collein, Edmund 59, 60, 61, 66, 68
Cremer, Fritz 86

Deiters, Heinrich 80
Deiters, Ludwig 74
Demmler, Theodor 23
Dieckmann, Johannes 96

Ebert, Friedrich 56, 57, 59, 70, 71, 72, 85, 90, 95, 96, 103
Elisabeth Christin – Königin
Engels, Friedrich 129
Eosander von Göthe 13, 16, 18, 19, 35, 37, 39, 64, 67, 73, 98, 106, 110, 113, 115
Erdmannsdorff, Friedrich Wilhelm v. 16, 17, 29, 35, 137

Falk, Otto Ritter v. 21, 23
Feist, Günter 143
Friederike Luise – Königin 137
Friedrich, Walter 83, 86, 143
Friedrich II., gen. Eisenzahn – Kurfürst 9, 11
Friedrich II. gen. Friedrich der Grosse 16, 17

Friedrich III./König Friedrich I. 12, 55
Friedrich IV. v. Nürnberg – Hauptmann der Mark 9
Friedrich August I., gen. August der Starke 16
Friedrich Wilhelm I. 16
Friedrich Wilhelm II. 16, 35, 137
Friedrich Wilhelm III. 18, 19
Friedrich Wilhelm IV. 18, 55
Friedrich III. – Kaiser 19

Gall, Ernst 23, 67, 110, 109
Girnus, Wilhelm 100
Gontard, Carl Philipp Christian v. 17, 35
Gropius, Walter 121
Grotewohl, Otto 55, 57, 58, 60, 61, 69, 70, 72, 74, 78, 79, 84, 85, 86, 94, 96, 123, 131
Gurlitt 110

Hamann, Richard 67, 70, 71, 72, 77, 78, 79, 86, 90, 91, 93, 94, 95, 96, 100, 101, 102, 105, 143
Heise, Carl Georg 108
Heisig 69
Henselmann, Hermann 60, 70, 74, 78
Hentschel, Walter 89, 96, 99, 103, 107, 109
Hoppenhauer, Johann Michael 16
Hoppenhauer, Johann Christian 16
Heyden, Adolf 19
Hübner, Paul 23

Ihne, Ernst Eberhard v. 19

Jendretzky, Hans 66
Joachim II. – Kurfürst 10, 11
Joachim Friedrich – Kurfürst 12
Johann Georg – Kurfürst 11
Josephson, Raguar 109, 110
Justi, Ludwig 42, 54, 111

Kaiser, Konrad 67, 98, 101, 103, 123
Kiß, August 19
Knobelsdorff, Georg Wenzeslaus v. 16
Kranefeldt, Ferdinand 39, 53
Krebs, Konrad 11
Krieger, Bogdan 20
Kühn, Margarete 53, 71, 100, 103, 109, 110
Kühnel 54
Kurth, Willy 102, 103, 117, 141

Ladendorf, Heinz 97, 107
Langhans, Karl Gotthard 17, 30
Lenin, Wladimir Iljitsch 71, 72, 85, 129
Liebknecht Karl 20, 21, 97, 113, 118, 127
Liebknecht, Kurt 56, 60, 61, 66, 68, 70, 72, 78, 83, 102, 103, 130, 142
Lynar, Rochus Guerrini v. 11

Mächler, Martin 71, 72
Malik 141
Markert 68
Marx, Karl 129
Memhardt, Johann Gregor 12, 13
Mordwinow, Arkadie Grigorjewitsch 57
Müller, L. L. 12
Müther, Hans 125
Munter, Arnold 58, 88, 89

Nadler, Hans 108
Nahl, Johann August 16

Oelßner, Fred 62

Paulick, Richard 65, 121
Pieck, Artur 37
Pieck, Wilhelm 37, 56, 85, 90, 92, 93, 95
Pinder 110
Pisternik, Walter 66, 67, 74, 78, 83, 93, 123, 143

Räther, Helmut 92, 93, 95, 143
Rave, Paul Ortwin 83, 103, 108, 111
Reinherz 54
Reisig 103
Reutti, Kurt 55, 64, 77, 83, 101, 111, 116, 117
Rodemann, Karl 117
Rosenberg, Johann Carl Wilhelm 17
Rothkirch, Clara v. 77, 92, 103

Sartori, Constantin Philipp Georg
Schadow, Johann Gottfried 17, 18, 29, 124
Scharoun, Hans 36, 37, 38, 39, 40, 43, 61, 71, 74, 75, 76, 77, 80, 85
Scheidemann, Philipp 20
Schinkel, Karl Friedrich 18, 31, 35, 38, 65, 124
Schlüter, Andreas 13, 19, 35, 38, 52, 64, 66, 67, 68, 73, 75, 78, 81, 84, 97, 98, 100, 101, 106, 108, 110, 125, 126, 127, 136, 138, 144
Schubert, Wolf H. 78, 81, 82, 91, 102
Semjonow 72

Selmanagic, Selman 53, 54
Sigismund – König 9
Simonetti, Giovanni 136
Sindermann Horst 62
Sophie Dorothee – Königin 16
St. Petersburg 13
Staimer, Richard 61
Stalin, Joseph Wissarionowitsch 57, 72, 83, 129, 131
Stengel, Walter 82
Stoph, Willi 62, 66
Strack, Heinrich 40
Strauss, Gerhard 55, 56, 59, 60, 61, 66, 68, 70, 74, 75, 79, 86, 89, 90, 91, 92, 97, 98, 100, 101, 102, 105, 107, 117, 118, 120, 121, 122, 123, 143
Stroux, Johannes 58, 82, 91, 143
Stüler, Friedrich August 18

Tassaert, Jean Pierre Antoine
Tessin 110
Theiss, Caspar 11, 28

Ulbricht, Walter 57, 59, 60, 62, 63, 64, 66, 68, 72, 80, 81, 85, 89, 91, 93, 132, 141, 142, 143, 144
Unger, Johann Christian 137

Verner, Paul 62
Vietör 103
Volk, Waltraud 121, 123, 125

Weidhaas, Hermann 63, 67, 88, 90, 103, 105, 121, 122
Weigert 69
Weickert 78
Wilhelm der Schweiger 138
Wilhelm I. – König und Kaiser 18, 54
Wilhelm II. – Kaiser 19, 55, 67
Wirth, Hermann 122

Zweig, Arnold 86
Zuckermann, Leo 93, 95, 143

14. Literaturverzeichnis

Berlin, Quellen und Dokumente 1945–1951, in: Schriftenreihe zur Berliner Zeitgeschichte, Bd. 4, 1. Halbband, Berlin 1964.
Berlin, Kampf um Freiheit und Selbstverwaltung 1945–1946 (Chronik), Berlin 1961.
Böhne, Carl-Georg; Ludwig, Kristian: Das Stadtschloß, Mitten im Leben – mitten in Berlin, Berlin 1998.
Bolz, Lothar: Vom Deutschen Bauen, Reden und Aufsätze, Berlin 1951.
Bormann, Richard: Die Bau- und Kunstdenkmäler von Berlin, Berlin 1893.

Collein, Edmund (Hrsg.): Beiträge zu Städtebau und Architektur – Edmund Collein, Berlin 1986.
Chronik Bauwesen der DDR, 1945–1971, Berlin 1974.
Cyran, Eberhard: Das Schloss an der Spree – Die Geschichte eines Bauwerks und einer Dynastie, Berlin 1995.

Damwerth, Ruth: Arnold Munter – Jahrhundertzeuge, Berlin 1994.

Feist, Günter: Finale Schlossmuseum. Die letzten 33 Jahre des Berliner Stadtschlosses, in: Museums Journal IV, 5. Jg. (1991); I, 6. Jg. (1992).
Feister, Günter (Hrsg.): Kunstdokumentation SBZ, DDR 1945–1990, Köln 1996.

Gall, Ernst: Das Berliner Schloss, in: Deutsche Kunst, Bd. 9/2, Bremen 1943.
Gall, Ernst: Das Schicksal des Berliner Stadtschlosses, in: Kunstchronik 3 (1950), S. 205ff.
Gall, Ernst: Das Ende des Berliner Schlosses, in: Atlantis 23 (1951), S. 77 ff.
Geist, Johann Friedrich; Kürvers, Klaus: Das Berliner Mietshaus 1945–1989, München 1989.
Geyer, Albert: Die historischen Wohnräume im Berliner Schloss, Berlin 1929.
Geyer, Albert: Die Geschichte des Schlosses zu Berlin – Die kurfürstliche Zeit bis zum Jahre 1698, Erster Band, Reprint der Originalausgabe, Berlin 1936.
Geyer, Albert: Die Geschichte des Schlosses zu Berlin – Vom Königsschloß zum Schloss des Kaisers (1698–1918), Berlin 1993.
Grotewohl, Otto: Berlin, die Hauptstadt Deutschlands baut auf, Berlin 1946.

Hain, Simone: Berlin »schöner denn je« – Stadtideen im Ostberliner Wiederaufbau, in: Jahrbuch Architektur, Frankfurt am Main 1992, S. 9–22.
Hain, Simone (Hrsg): Reise nach Moskau – Quellenedition zur neueren Planungsgeschichte, in: Dokumentenreihe des IRS, Nr. 1, Erkner 1995.
Hain, Simone: Archäologie und Aneignung – Ideen, Pläne und Stadtfigurationen. Aufsätze zur Ostberliner Stadtentwicklung nach 1945, in: Regio-Beiträge des IRS, Nr. 10, Erkner 1996.

Hanemann, Regina: Das Berliner Schloss – Ein Führer zu einem verlorenen Bau, in: Aus Berliner Schlössern · Kleine Schriften XII, Berlin 1992.
Hans Scharoun – Architekt Deutschland 1893–1972, München 1992.
Henselmann, Hermann: Drei Reisen nach Berlin, Berlin 1981.
Hubala, Erich: Das Berliner Schloss und Andreas Schlüter, in: Gedenkschrift Ernst Gall, München 1965, S. 311–344.

Jahn, Peter (Hrsg.): Bersarin, Nikolaj – Generaloberst – Stadtkommandant (Berlin), Berlin 1999.

Keisch, Christian: Das große Silberbuffet aus dem Rittersaal des Berliner Schlosses, Berlin 1997.
Kirschmann, Jörg C.; Syring, Eberhard: Hans Scharoun, Stuttgart 1993.
Konter, Erich: Das Berliner Schloss im Zeitalter des Absolutismus – Architektursoziologie eines Herrschaftsortes, Berlin 1991.
Kühn, Margarete: Das Berliner Schloss Andreas Schlüters – Eine Metropole in der europäischen Kunstlandschaft, in: Die Zukunft der Metropolen, Paris – London – New York – Berlin 1, Berlin 1984, S. 226-240.
Krieger, Bogdan: Das Berliner Schloss in den Revolutionstagen 1918, Erinnerungen und Eindrücke, Leipzig 1923.
Kühn, Margarete: Preußische Schlösser in der Zeit vom Großen Kurfürsten bis zu Friedrich Wilhelm IV, Berlin 1934.
Kühnel-Kunze, Irene: Bergung – Evakuierung – Rückführung. Die Berliner Museen in den Jahren 1939–1959, in: Jahrbuch preußischer Kulturbesitz, Sonderband 2, Berlin 1984.

Ladendorf, Heinz: Andreas Schlüter – Baumeister und Bildhauer des preußischen Barock, Leipzig 1997.
Lerm, Matthias: Abschied vom alten Dresden, Leipzig 1993.
Liebknecht, Kurt: Die Bauten in der Sowjetunion, in: Planen und Bauen, Bd. 4, 8 (1950).
Liebknecht, Kurt: Das grosse Vorbild und der sozialistische Realismus in der Architektur und in der Malerei, Berlin 1952.
Liebknecht, Kurt: Mein bewegtes Leben, Berlin 1986.

Maether, Bernd: Brandenburgs Schlösser und Herrenhäuser 1945–1952, in: Brandenburgische Historische Hefte Nr. 12, Potsdam 1999.

Pfannkuch, Peter (Hrsg.): Hans Scharoun – Bauten, Entwürfe, Texte, Berlin 1974.
Peschken, Goerd: Das Berliner Schloss Andreas Schlüters – Eine Metropole in der europäischen Kunstlandschaft, in: Die Zukunft der Metropolen. Paris, London, New York, Berlin 1, Berlin 1984, S. 241-244.
Peschken, Goerd: Berlin: zur Restitution von Stadtraum und Schloss, Berlin 1991.
Peschken, Goerd: Das Berliner Schloss, Berlin 1991.
Peschken, Goerd: Das königliche Schloss zu Berlin I. Die Baugeschichte von 1688–1701, München 1992.
Petras, Renate: Das Schloss in Berlin, Berlin 1999.

Pitz, Helge; Hofmann, Wolfgang; Tomisch, Jürgen: Geschichte und Schicksal einer Stadtmitte, Bd. 1, Berlin 1984.

Räther, Helmut: Vom Hohenzollernschloß zum roten Platz, Berlin 1952.
Riedemann-Feireiss, Kristin: Das Schloss? [Eine Dokumentation], Berlin 1992.
Rodemann, Karl (Reutti, Kurt) – Hrsg. von Ernst Gall: Das Berliner Schloss und sein Untergang. Ein Bildbericht über die Zerstörung Berliner Kunstdenkmale, Berlin 1951.
Rollka, Bodo; Wille, Klaus-Dieter: Das Berliner Stadtschloß, Berlin 1993.

Scharoun, Hans: Zur Ausstellung »Berlin plant«, in: Neue Bauwelt 10 (1946).
Schlüter, Andreas, das Stadtschloß und der Ostberliner Aufbauplan, in: Neue Bauwelt, 1950, S. 165 ff.
Schloss – Palast – Haus Vaterland, Gedanken zu Form, Inhalt und Geist von Wiederaufbau und Neugestaltung, Hrsg. Jakubeit, Barbara; Hoidn, Barbara, Berlin 1998.
Schüler, Ralf: Studie und Vorschlag für den Wiederaufbau der Fassade des Berliner Stadtschlosses und die Anordnung innenliegender Neubauten, Berlin 1993.
Starck, Heinrich: Berlin plant und baut, in: Bauplanung und Bautechnik 11 (1949).

Volk, Waltraut: Historische Straßen und Plätze heute – Berlin, Hauptstadt der DDR, Berlin 1977.

Wer war wer – DDR, Berlin 1992.
Wiesinger, Liselotte: Das Berliner Schloss, Darmstadt 1989.
Wiesinger, Liselotte: Deckengemälde im Berliner Schloss, Berlin 1992.

Zettler, Hela (Hrsg.): Das Berliner Schloss, Berlin 1991.
Zuchold, Gerd-H.: Der Abriß der Ruinen des Stadtschlosses und der Bauakademie in Ost-Berlin. Vom Umgang mit Denkmälern preußischer Geschichte in der Frühzeit der DDR, in: Deutschland Archiv, 18. Jg., Februar 1985, S. 178-206.

15. Bildnachweis

Akademie der Künste – Bauarchiv
S. 76, 77

Sammlung-Boddien
S. 24 (oben), 26, 27, 28 (oben), 45, 92

Bundesarchiv
S. 65, 84, 99, 107

Albert Geyer: Die Geschichte des Schlosses zu Berlin, Erster Band, Berlin 1936.
S. 10, 12, 14

Albert Geyer: Die historischen Wohnräume im Berliner Schloss, Berlin 1929.
S. 28 (unten), 29, 30, 31 (unten), 32

Bogdan Krieger: Das Berliner Schloß in den Revolutionstagen 1918, Erinnerungen und Eindrücke, Leipzig 1923. S. 22

Landesarchiv Berlin
S. 25 (oben und unten), 31 (oben), 34, 45 (oben), 104

Landesbildstelle Berlin
S. 24 (unten), 33, 40, 42, 44,

Reutti-Sammlung, Schloss Charlottenburg
S. 46, 47, 48, 49, 50, 51, 52, 87, 88, 106, 112, 113, 114, 115, 116, 117, 118, 119, 120, 128, 140

16. Grundrisse des Schlosses zu Berlin

Grundriss vom Erdgeschoss des Schlosses zu Berlin.

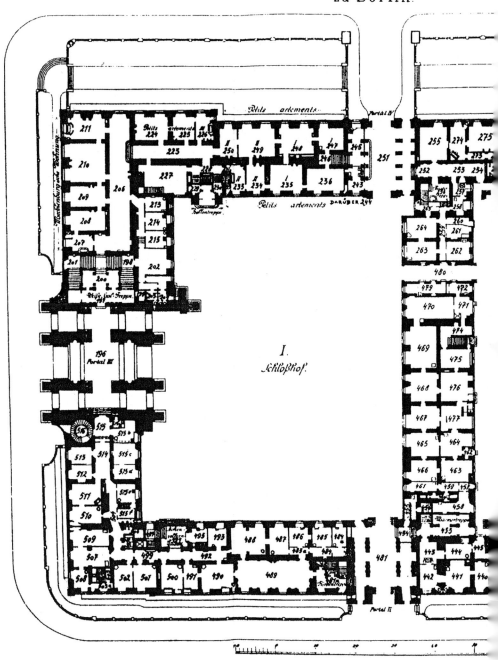

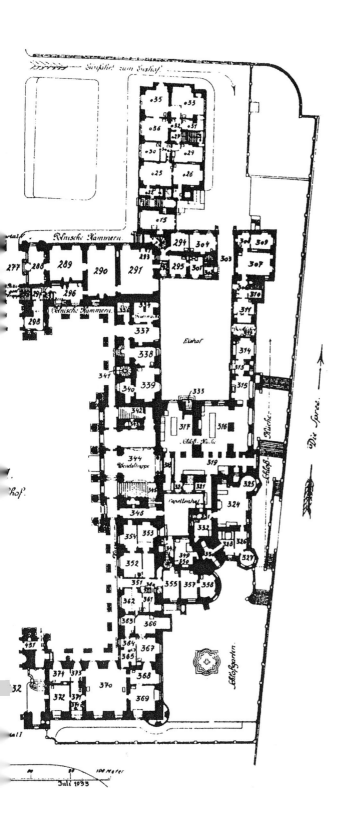

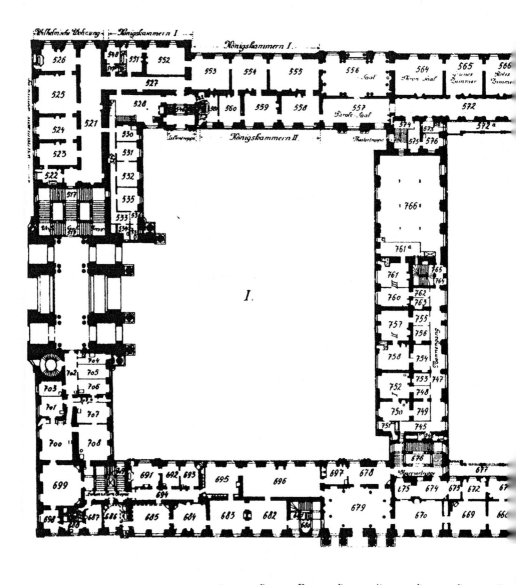

Grundriss vom I.ten Stockwerk des Schlosses zu Berlin.

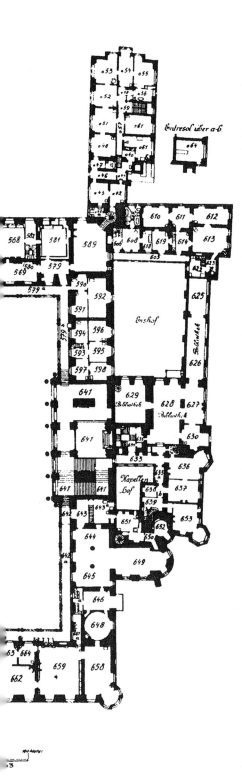

Grundriss vom II.ten Stockwerk des Sch[losses] zu Berlin.

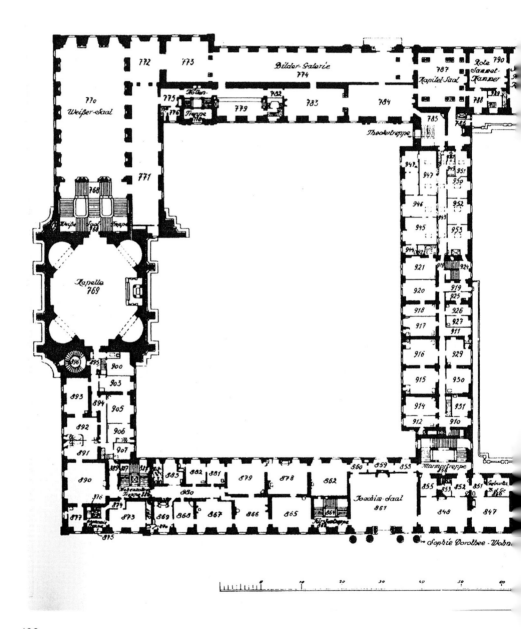

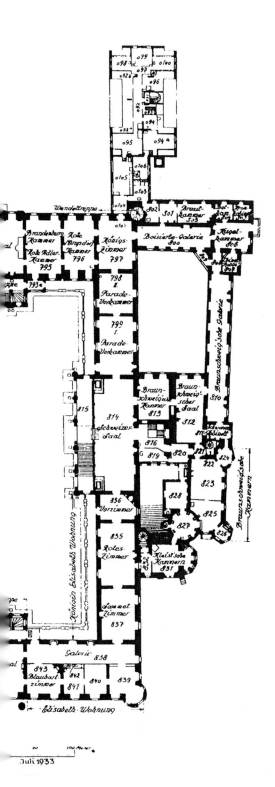